utb 6056

Eine Arbeitsgemeinschaft der Verlage

Brill | Schöningh – Fink · Paderborn
Brill | Vandenhoeck & Ruprecht · Göttingen – Böhlau · Wien · Köln
Verlag Barbara Budrich · Opladen · Toronto
facultas · Wien
Haupt Verlag · Bern
Verlag Julius Klinkhardt · Bad Heilbrunn
Mohr Siebeck · Tübingen
Narr Francke Attempto Verlag – expert verlag · Tübingen
Psychiatrie Verlag · Köln
Ernst Reinhardt Verlag · München
transcript Verlag · Bielefeld
Verlag Eugen Ulmer · Stuttgart
UVK Verlag · München
Waxmann · Münster · New York
wbv Publikation · Bielefeld
Wochenschau Verlag · Frankfurt am Main

Foto: Martin Bahr

Prof. Dr. Michael Utsch, Dipl.-Psych., ist Referent der Ev. Zentralstelle für Weltanschauungsfragen, Berlin, als approbierter Psychotherapeut niedergelassen und Lehrbeauftragter für Religionspsychologie an verschiedenen Hochschulen und psychotherapeutischen Weiterbildungsinstituten.

PD Dr. Sarah Demmrich, Dipl.-Psych., ist wissenschaftliche Post-doc-Mitarbeiterin am Lehrstuhl Religionssoziologie der Universität Münster und Privatdozentin für Empirische Religionsforschung und Interreligiöse Studien an der Universität Bern.

Michael Utsch und Sarah Demmrich

Psychologie des Glaubens

Einführung in die Religionspsychologie

Vandenhoeck & Ruprecht

Online-Angebote oder elektronische Ausgaben sind erhältlich unter **www.utb.de**

Mit 63 Abbildungen und 3 Tabellen

Bibliografische Information der Deutschen Nationalbibliothek
Die Deutsche Nationalbibliothek verzeichnet diese Publikation in der Deutschen Nationalbibliografie; detaillierte bibliografische Daten sind im Internet über https://dnb.de abrufbar.

Umschlaggestaltung: siegel konzeption | gestaltung, Stuttgart
Satz: SchwabScantechnik, Göttingen
Druck und Bindung: Elanders Waiblingen GmbH
Printed in the EU

Vandenhoeck & Ruprecht Verlage | www.vandenhoeck-ruprecht-verlage.com

UTB-Band-Nr. 6056
ISBN 978-3-8252-6056-9

Inhalt

Vorwort von Bernhard Grom 11

Einführung: Warum Religionspsychologie heute bedeutsam ist 15
Die menschliche Glaubensfähigkeit ist psychologisch relevant 15
Die innere Glaubenshaltung entspricht nicht unbedingt der formalen Religionszugehörigkeit 17
Im Fokus: Existenzfragen und Sinnsuche, nicht theologisch verstandener Glaube 18
Glaube kann in einem Verschwörungsdenken münden – oder Berge versetzen 19
Zum Aufbau des Buchs 20
Dank 22

I Glauben ist menschlich – Religiosität und Spiritualität aus Sicht der Psychologie 23
1 Religiosität, Spiritualität – oder Glaube? 23
1.1 Religiosität, Spiritualität und Glauben 24
1.1.1 Begriffsbestimmungen 24
1.1.2 Glaube als zentrales psychologisches Konzept der Religionspsychologie 26
1.1.3 Verhältnis von Religiosität, Spiritualität und Glaube 30
1.1.4 Glaube »von innen« und »von außen« 34
1.2 Die psychologische Messung von Religiosität, Spiritualität und Glaube 37
1.2.1 Religiositätsskalen 37
1.2.2 Spiritualitätsskalen 41
1.2.3 Die psychologische Erfassung der menschlichen Glaubensfähigkeit 43
1.3 Psychologische Auswirkungen der Glaubensfähigkeit 48

2 Existenzielle Krisen, Sinnhaftigkeit und »gläubige« Antwortversuche 51
2.1 Existenzielle Krisen und Sinnsuche ... 52
2.2 Spirituelle Krise ... 55
2.3 Gläubige Sinngebung kann existenzielle Fragen beantworten 58
2.4 Sinnfragen in der psychologischen Beratung und der Psychotherapie ... 62
2.4.1 Sinnfragen aufseiten der Therapeutinnen und Therapeuten ... 62
2.4.2 Sinnfragen aufseiten der Klientinnen und Klienten ... 63
2.4.3 Innere Stellungnahme zur Bewältigung existenzieller Krisen ... 64
2.4.4 Die Glaubensdimension der Bewältigung existenzieller Krisen ... 66
3 Glaube kann die Todesangst reduzieren ... 70
3.1 Todesangst und ihre Bewältigung durch Glaubensvorstellungen ... 70
3.2 Exkurs: Anthroposophie und Nahtodforschung ... 74
3.3 Psychologische Ansätze zur Bewältigung der Todesangst ... 78
3.4 Der Glaube kann Todesangst schüren oder mildern ... 81
3.5 Glaube in der Palliativmedizin und Glaubensbedürfnisse Sterbender ... 82

II Außenperspektiven: Glaube aus psychologischer Sicht ... 89
4 Evolutions- und neuropsychologische Zugänge ... 89
4.1 Evolutionspsychologie des Glaubens ... 90
4.1.1 Frühe evolutionspsychologische Theorien des Glaubens: Pawlow und Freud ... 91
4.1.2 Aktuelle evolutionspsychologische Zugänge ... 92
4.1.3 Kritische Würdigung des evolutionspsychologischen Ansatzes ... 98
4.2 Neuropsychologie des Glaubens ... 99
4.2.1 Zentrale Erkenntnisse ... 99
4.2.2 Kritische Würdigung des neuropsychologischen Ansatzes ... 107

5 Entwicklungspsychologie des Glaubens ... 110
5.1 Jean Piagets Stufentheorie der kognitiven Entwicklung (1926) ... 111
5.2 Theorien der moralischen Entwicklung nach Piaget (1932/2017) und Kohlberg (1973) ... 114
5.3 Stufen der religiösen Entwicklung nach Oser und Gmünder (1984) ... 117
5.4 Exkurs: Die kulturpsychologische Theorie der religiösen Entwicklung nach Lars Allolio-Näcke (2022) ... 124
6 Sozialpsychologische Ansätze ... 127
6.1 Religiöser Glaube und Vorurteile ... 128
6.1.1 Erwachsen aus der Vorurteilsforschung: Erste Ansätze mehrdimensionaler Konzepte religiösen Glaubens ... 128
6.1.2 Wieso trägt religiöser Glaube häufig zu Vorurteilen bei? ... 133
6.2 Religiöser Glaube und prosoziales Verhalten ... 133
6.2.1 Wer verhält sich prosozial gegenüber wem? ... 136
6.2.2 In welchem Kontext wird prosoziales Verhalten gezeigt? ... 137
6.2.3 Wieso führt religiöser Glaube zu prosozialem Verhalten? ... 138
6.2.4 Eine integrierte Sicht auf religiösen Glauben, Prosozialität und Vorurteile ... 140
6.3 Religiöser Glaube und Selbstwertgefühl ... 142
6.3.1 Die Rolle des Selbstwertgefühls im Gottesbild ... 143
6.3.2 Selbstwertgefühl und religiöse Attributionen ... 145
6.3.3 Rolle der religiösen Gemeinschaft und Kultur für das Selbstwertgefühl ... 148
7 Klinische Religionspsychologie ... 151
7.1 Krankheitsfaktor Glaube: Ein Fallbeispiel ... 152
7.2 Die Wiederentdeckung religiös-spiritueller Therapieansätze 155
7.3 Drei Phasen des Umgangs mit Glaubensfragen in der Psychotherapie ... 156
7.3.1 Phase 1: Religiöse Psychotherapie ... 157
7.3.2 Phase 2: Szientistische Psychotherapie als Gegenbewegung ... 161
7.3.3 Phase 3: Ein Spiritual Turn in der Psychotherapie ... 162

7.4 Berücksichtigung der Glaubensdimension in der Psychoanalyse, kognitiven Verhaltenstherapie und systemisch-humanistischen Psychotherapie 167
7.4.1 Psychoanalyse 167
7.4.2 Kognitive Verhaltenstherapie 170
7.4.3 Systemisch-humanistische Psychotherapie 172
7.5 Einschluss oder Ausschluss religiös-spiritueller Interventionen? 175
7.5.1 Die Wirksamkeit religiös-spiritueller Therapiemethoden 175
7.5.2 Das therapeutische Erbe der Religionen 176
7.5.3 Umgang mit Glaubensthemen in der Psychotherapie 177
8 Religiöser Glaube und psychische Gesundheit 183
8.1 Die Komplexität der Konstrukte Glauben und psychische Gesundheit 184
8.1.1 Verschiedene Gesundheitsindikatoren und ihre Beziehung zum Glauben 185
8.1.2 Verschiedene Glaubensindikatoren und ihre Beziehung zu psychischer Gesundheit 190
8.2 Die Komplexität des Zusammenhangs zwischen Glauben und psychischer Gesundheit 193
8.3 Theoretische Erklärungen und integrierendes Modell 194
9 Schattenseiten des Glaubens: Fundamentalismus, Extremismus und Missbrauch 201
9.1 Fundamentalismus 202
9.1.1 Begriffsbestimmung 202
9.1.2 Kognitive Perspektive auf den Fundamentalismus: Das Modell der Intratextualität von Hood et al. (2005) 205
9.1.3 Sozialpsychologische Sichtweise auf den Fundamentalismus 207
9.2 Extremismus 213
9.2.1 Begriffsbestimmung 213
9.2.2 Sind Extremisten gestört und irrational? Klinische und kognitive Ansätze 213
9.2.3 Die Gruppe zählt: Der sozialpsychologische Ansatz ... 214
9.2.4 Religiöser Fundamentalismus als Grundlage für Extremismus: Der endogene Ansatz 214

9.3 Missbrauch ... 218
9.3.1 Beispiele totalitärer Kontrolle ... 219
9.3.2 Bindungserfahrungen und die Bedeutung der Gruppe 220
9.3.3 Gruppen werden durch Zwang und Bindung destruktiv 222
9.3.4 Wie Missbrauch verhindern? ... 225

III Innenperspektiven: Positive und negative Glaubenserfahrungen ... 229
10 Religiöse Erfahrungen und Praktiken ... 229
10.1 Die Erforschung religiöser Erfahrungen im Wandel der Zeit ... 230
10.1.1 Die religiöse Erfahrung als emotionales Phänomen: William James und Rudolf Otto ... 231
10.1.2 Die religiöse Erfahrung als kognitives Phänomen: Karl Girgensohn ... 234
10.1.3 Forschungsboom ab den 1960er Jahren bis heute: Walter T. Stace, Ralph W. Hood, Ann Taves ... 235
10.2 Zentrale Impulse für religiöse Erfahrungen ... 239
10.2.1 Psychoaktive Substanzen ... 239
10.2.2 Reizdeprivation ... 241
10.2.3 Musik ... 242
10.2.4 Religiöse Rituale ... 243
10.3 Religiöse Erfahrungen in einer säkularisierten Gesellschaft 252
11 Umgang mit negativen Gottesbildern und »Sekten«-strukturen 256
11.1 Negatives Gottesbild ... 257
11.1.1 Definition ... 257
11.1.2 Ursachen und Implikationen ... 259
11.2 Soziale Strukturen in geschlossenen religiösen Gruppen ... 271
11.2.1 Begriff und Verbreitung ... 271
11.2.2 Zentrale Merkmale geschlossener religiöser Gruppen ... 273
11.2.3 Wer lässt sich auf die Versprechen und Angebote geschlossener Gruppen ein? ... 273
11.2.4 Empfehlungen zum Umgang mit Betroffenen und deren Angehörigen ... 277

12 Bekehrung, Erleuchtung und die gläubige Identitätsbildung 280
12.1 Die Bedeutung von Krisen in der Identitätsentwicklung ... 281
12.2 Religionspsychologische Konversionsforschung 282
12.3 Esoterischer Glaube: Erleuchtung und Erwachen als ein religiöses Entwicklungsziel 287
12.4 Psychologische Hilfen zur gläubigen Identitätsbildung 293

Ausblick: Reflektierter Glaube fördert das Gemeinwohl 303

Literatur 307

Vorwort

»Glauben ist menschlich.« Daran erinnert das erste Kapitel dieses Buches in seiner Überschrift. Zwar haben sich Kirchenbindung und Religiosität in Europa, dem am meisten säkularisierten Kontinent, in den letzten Jahrzehnten enorm abgeschwächt, doch sollte man darüber nicht übersehen, dass sich gemäß »Religionsmonitor 2023« zwei Drittel der in Deutschland lebenden Menschen als zumindest mittel oder wenig religiös einstufen und drei Viertel stark oder wenig ausgeprägt an Gott oder etwas Göttliches glauben. Je nachdem wie zentral diese Menschen ihren Glauben verinnerlicht haben, können sie aus ihm Sinn für ihr Leben, Motivation zu sozialem Verhalten und Kraft zur Bewältigung von Belastungen gewinnen: Während der europäischen Migrationskrise 2015/2016 fühlten sich Befragte, die sich als religiös einschätzten, weniger durch Migration bedroht als andere. Zu Beginn der Coronapandemie 2020 stiegen die Google-Suchen nach Gebeten weltweit um mehr als 50 Prozent an. Während dieser Krise haben religiöse Menschen problemorientierter und proaktiver reagiert und eine höhere Lebenszufriedenheit aufgewiesen als nichtreligiöse. Religiosität kann eine bedeutsame Ressource darstellen, aber auch mit problematischen Entwicklungen verbunden sein. Wie immer man zu ihr steht – es gibt gute Gründe, sich gesicherte Grundkenntnisse über sie zu erwerben.

Erstens ist dies ganz allgemein eine Frage unseres Wissens um den Menschen, unserer »Menschenkenntnis«. Wer wissen will, wie Menschen denken, empfinden und handeln können, kann den religiösen Bereich nicht ausklammern. Er würde ein Potenzial und eine Dynamik ignorieren, die das Leben und Zusammenleben unter Umständen stark bestimmen können. Die Folge wäre eine verkürzte Anthropologie.

Zweitens ist es für den Zusammenhalt in der Bevölkerung nicht belanglos, ob man weiß, wie Glaube »funktioniert« und ob Religiöse und Nichtreligiöse einander verstehen. Die Kluft zwischen dem Drittel der Bevölkerung, das sich als »gar nicht religiös« einschätzt, und der etwa halb so starken Gruppe derer, die sich als »sehr/ziemlich« religiös bezeichnen, nimmt zu, und gut ein Drittel der Menschen in Deutschland halten die religiöse Vielfalt in unserer pluralen Gesellschaft für eine Bedrohung – Menschen ohne Religionszugehörigkeit mehr als die anderen (Religionsmonitor 2023).

Drittens sind religionspsychologische Grundkenntnisse für eine religionssensible psychologische Beratung, Psychotherapie, Sozialarbeit mit Migrantinnen und Migranten und für die Altenpflege unerlässlich.

Nun ist aber Religiostät, gelebter Glaube, höchst komplex. Sie ist nicht identisch mit einem Glaubensbekenntnis, das viele teilen, sondern kann sich auch innerhalb ein und derselben Glaubensgemeinschaft von Mensch zu Mensch unterschiedlich ausprägen, und religiöse Gruppen können ihre Mitglieder verschieden beeinflussen. Wie lässt sich dieser verwirrend bunte Lebensbereich über unser Alltagswissen hinaus wissenschaftlich verstehen und klären? Neben Religionswissenschaft, einschlägigen Theologien und Sozialwissenschaften wird man vor allem jene Wissenschaft zu Rate ziehen müssen, deren Aufgabe es ist, das Erleben und Verhalten von Menschen zu erforschen: die Psychologie. Tatsächlich hat sich, angeregt von Gordon W. Allport und Charles Y. Glock in den USA, seit etwa 1950 eine empirische *Religionspsychologie* entwickelt, die an die wissenschaftliche, akademische Psychologie anschlussfähig werden konnte, weil sie sich um theoretische Grundlagen und Forschungsmethoden bemühte, die deren Standards entsprechen: Religionspsychologie als *Spezialgebiet der Psychologie* – so wie beispielsweise Differentielle Psychologie, Klinische Psychologie, Sozialpsychologie, Entwicklungspsychologie und Gesundheitspsychologie, mit denen sich auch oft eine Zusammenarbeit nahelegt.

Der Vielfalt religiösen Erlebens und Verhaltens musste und muss auch eine Vielfalt von theoretischen Konzepten und Forschungsmethoden entsprechen. Man ging und geht von verschiedenen Theorieansätzen (Paradigmen) der Psychologie aus: von phänomenologisch-psychiatrischen, psychodynamischen, soziologischen, emotions- und kognitionspsychologischen und vor allem von empirisch-behavioristischen (lerntheoretischen). Auch wurden unterschiedliche Methoden angewandt, qualitative und quantitative: Inhaltsanalysen, Interviews und vornehmlich Fragebogen. Idealerweise sollte religionspsychologische Forschung in einem Wettbewerb betrieben werden, in dem jeweils der Ansatz (und die Methode) zum Zug kommt, der den Bereich des Glaubenslebens, den man gerade untersucht, am überzeugendsten erklären kann: beispielsweise religiöse Wahnvorstellungen anders als religiös motivierte Krankheitsbewältigung oder Vorurteile. Zu wünschen wäre eine Gesamtsicht, die Forschungsergebnisse mit unterschiedlichen Ansätzen pluralistisch-integrativ so zusammenführt, dass sie sich ergänzen und nicht widersprechen – sozusagen in einem »kohärenten Eklektizismus« (Gordon W. Allport). Eine solche Synthese ist nicht leicht herzustellen. Auf sie verzichten die meisten großen Überblicksdarstellungen und berichten stattdessen additiv Forschungsergebnisse zu verschiedenen Themenkomplexen.

Heute findet man in den großen psychologischen Datenbanken mehrere Tausend Veröffentlichungen zum Stichwort »Religion/Religiosität« und der Beziehung zu anderen Themen. Sie entstanden großenteils in den Teilbereichen Sozial- und Gesundheitspsychologie, die in den USA wie auch in Europa institutionell besser verankert sind als das Stiefkind Religionspsychologie. Als besonders aufschlussreich haben sich Fragebogenerhebungen erwiesen, in denen man in unzähligen Korrelationsstudien die Religiosität von Individuen gemessen und mit anderen Merkmalen in Beziehung gesetzt hat. Längsschnittstudien sind hingegen äußerst selten. In dem riesigen Strom von Resultaten ist zwar nicht alles von gleicher wissenschaftlicher Qualität und Relevanz, doch kann eine Religionspsychologie, die sie sammelt und kritisch sichtet, manch erhellende und gesicherte Auskunft geben über die Beziehung bestimmter Formen von Religiosität zu so wichtigen Themen wie Lebenszufriedenheit, Bewältigung von Krankheit und anderen Lebenskrisen, prosoziales Verhalten, Vorurteil, Depressivität, Besessenheitserlebnisse, Visionen, religiöse Wahnideen und Einflüsse von unter Umständen problematischen spirituellen Gruppen auf ihre Mitglieder.

Damit kann die Religionspsychologie unser Wissen um das religiöse Erleben, Denken und Verhalten von Menschen beachtlich erweitern. Dabei ist sie, richtig verstanden, eine unparteiische, weltanschaulich neutrale Quelle. Denn sie hat weder Religionskritik noch Religionsapologetik zu betreiben, sondern das Glaubensleben von Menschen mit den Fragestellungen, Konstrukten und Methoden erfahrungswissenschaftlicher Psychologie unbefangen zu beschreiben und im Hinblick auf ihre psychosozialen und intrapsychischen Bedingungen zu erklären, so gut ihr das möglich ist. Engagierte Wissenschaft soll und kann sie nur insofern sein, als sie sich aufgrund der psychohygienisch-therapeutischen Grundausrichtung der Psychologie für das psychische Wohlbefinden und eine günstige Persönlichkeitsentwicklung verantwortlich fühlen muss. Darum hat sie sich auch für die Fragestellungen der Gesundheitspsychologie und der Lebensqualitätsforschung zu interessieren, die erforschen, welche religiösen Einstellungen das Wohlbefinden und die Persönlichkeitsentwicklung beeinträchtigen oder fördern.

Die bisher geleistete Forschung hat erfreuliche Ergebnisse erbracht, doch bedürfen viele Fragen einer weiteren Klärung. Darum enden nicht wenige Studien mit dem Befund: »Further research is needed«. Themen, die derzeit vor allem beforscht werden müssten, sind die Neigung zu Fundamentalismus, Verschwörungserzählungen, geistlichem und sexuellem Machtmissbrauch, Radikalisierung mit religiösem Hintergrund sowie Religiosität in einer Migrationsgesellschaft.

Während in den USA zahlreiche religionspsychologische Untersuchungen durchgeführt werden und eigene Fachzeitschriften für dieses Fach existieren, erscheinen in Deutschland solche Studien eher selten. Im deutschen Sprachraum gibt es – im Unterschied etwa zu Belgien, den Niederlanden und Schweden – an keiner Universität einen Lehrstuhl für Religionspsychologie; damit fehlt ein Zentrum, das gezielt Studien zu bestimmten Themenkomplexen anregen könnte. Das Fach und seine Aufgaben sind weitgehend unbekannt. Wer hierzulande sagt, er unterrichte Religionspsychologie, muss auch bei akademisch gebildeten Gesprächspartnern mit der erstaunten Frage rechnen: »Gibt es das jetzt auch?« Manche Lehrende an Hochschulen und Universitäten sind gegenüber religiösen Themen vermutlich deshalb befangen, weil sie befürchten, sie müssten ihre weltanschauliche Einstellung offenbaren oder gerieten in den Verdacht, einer Konfession zu dienen. So gehen von ihnen kaum Anregungen zu Arbeiten mit religionspsychologischer Thematik aus.

Möge dieses Buch entgegen diesem Trend möglichst viele Leserinnen und Leser an Ergebnisse und Arbeitsweise moderner Religionspsychologie heranführen und neugierig machen. Denn Religionspsychologie ist »ein pluriformes Unternehmen auf dem Weg in die Zukunft« (Jacob van Belzen, 2015, S. 234) – und »glauben ist menschlich«.

Bernhard Grom

Einführung: Warum Religionspsychologie heute bedeutsam ist

Religion hat einen schlechten Ruf. Über Jahrhunderte war es in Deutschland normal, in einer katholischen oder evangelischen Familie aufzuwachsen. Aber im Jahr 2022 ist der Anteil der Kirchenmitglieder auf unter 50 % gefallen. Während im Jahr 1970 noch 49 % der westdeutschen Bevölkerung evangelisch und 44 % katholisch waren – zusammen also 93 %, hat sich dieser Anteil innerhalb einer Generation fast halbiert und ist unter die 50-%-Marke gerutscht. Das ist nicht allein mit der Wiedervereinigung und den neuen Bundesländern zu erklären, deren Bevölkerung eher sozialistisch als kirchlich geprägt wurde. Soziologen sehen in der 50-%-Marke im Jahr 2022 einen historischen Einschnitt und erklären das mit gesellschaftlichen Veränderungsprozessen der Säkularisierung und Individualisierung. Erschreckend viele ans Licht gekommene Fälle von Machtmissbrauch und sexualisierter Gewalt in Gemeinden und kirchlichen Einrichtungen haben das Vertrauen in das Christentum in den letzten Jahren weiter schwinden lassen. Religiöser Glaube wird heute eher mit Eigenschaften wie unwissenschaftlich, naiv, weltfremd, dogmatisch, fundamentalistisch oder »scheinheilig« in Verbindung gebracht. Der fromme Schein trüge, das Vertrauen in eine höhere Macht sei nur vorgetäuscht und diene eigenen Interessen, lautet eine verbreitete Meinung.

Trotz dieser negativen Vorzeichen und ungünstigen Umstände haben wir diese Einführung in die Religionspsychologie gern und mit Überzeugung erarbeitet. Denn es gibt mehrere gute Argumente, warum eine psychologische Erforschung des Glaubens gerade im 21. Jahrhundert in einem religionsarmen Land wie Deutschland bedeutsam ist:

Die menschliche Glaubensfähigkeit ist psychologisch relevant

Die seelischen Möglichkeiten des Vertrauens, Glaubens und Hoffens stellen eine komplexe emotional-kognitive Fähigkeit dar, die insbesondere Entscheidungsprozesse beeinflusst. Glauben, Selbstvertrauen und zwischenmenschliches Vertrauen beruhen auf einer verpflichtenden Hingabe an eine Wirklichkeitsdeutung. Die mit dieser Kurzdefinition zusammenhängenden psychologischen Prozesse werden in Kapitel 1 ausführlich erläutert. Zur Einstimmung ein Beispiel: Wenn bei einer Wanderung ein Flusslauf zu überqueren ist, muss ich realistisch einschätzen, ob ich das Wasser mit meiner Sprungkraft überwinden kann oder ob ich lieber den Umweg zur nächsten Holzbrücke in Kauf nehme. Hoffnungsvolles Vertrauen ist nötig, um die Angst zu überwinden und den Sprung zu wagen. Genauso wichtig sind die Risikoabwägung und eine realistische Selbsteinschätzung, um die körperlichen Kräfte nicht zu überschätzen und dann vielleicht im Wasser zu landen (siehe die folgende Abbildung).

Abbildung: Der Sprung in den Glauben © Nelly Nieter

Glauben ist eine menschliche Möglichkeit, die sich nicht nur auf die eigene Person und das Gegenüber beziehen kann, sondern auch auf eine größere Wirklichkeit, das Schicksal oder eine Schöpferkraft. Glauben und Vertrauen wirken sich in vielfältigen Bereichen aus: auf das Selbstbild, auf zwischenmenschliche Beziehungen, ja sogar auf die Arbeit und die Unternehmenskultur. Mittlerweile werden Firmenwerte nach dem Vertrauen in eine Marke eingeschätzt (Neser, 2016). Damit bringt die psychologisch schwierig zu erfassende Glaubenshaltung handfeste ökonomische Konsequenzen mit sich – was die Forschung motiviert, noch mehr darüber herauszufinden. Erstaunlicherweise gibt es bisher wenige psychologische Untersuchungen über den Glauben (Schweer, 2021). Unser Buch konzentriert sich auf den Glauben, der in früheren Jahrzehnten in den Religionen kultiviert wurde und durch Glaubenspraktiken das Tragische und Absurde des menschlichen Lebens zu bewältigen half.

Die innere Glaubenshaltung entspricht nicht unbedingt der formalen Religionszugehörigkeit

Als empirische Sozialwissenschaft orientiert sich die Psychologie an Studien. Dabei ist die Messgenauigkeit ein wichtiges Kriterium, um Studienergebnisse zu verstehen. Der Befund, dass im Jahr 2022 weniger als 50 % der deutschen Bevölkerung Mitglied einer Kirche ist, muss ergänzt werden. Deutschland wird als ein beliebtes Einwanderungsland mittlerweile religiös immer vielfältiger und bunter. Beispielsweise bekennt sich eine wachsende Anzahl Deutscher zum muslimischen Glauben, das waren im Jahr 2023 fast sechs Millionen Menschen und damit knapp 7 % unserer Bevölkerung. Zweifellos ist auch die Gruppe der Konfessionslosen in Deutschland in den letzten Jahrzehnten größer geworden. Doch diese breite und vage Kategorie gibt keine Auskunft darüber, woran diese Menschen glauben: an bestimmte wissenschaftliche Ergebnisse, an das Gute, an das Nichts?

Ganz bewusst stellt unsere Einführung die persönliche Glaubenshaltung und -praxis in den Mittelpunkt und nicht den konfessionellen Status. Denn die Mitgliedschaft in einer Religionsgemeinschaft sagt nicht unbedingt etwas über die innere Haltung aus. Manche Kirchenmitglieder glauben nicht an Gott und gehören aus traditionellen, ästhetischen, kulturellen oder berufspolitischen Gründen zu einer christlichen Kirche. Anderen wiederum ist die »Amtskirche« wegen verkrusteter Strukturen oder Überorganisation ein Dorn im Auge. Sie vertiefen den für sie persönlich bedeutsamen Glauben in einer unabhängigen Freikirche, die sie mit großzügigen Spenden fördern, und lehnen es ab, mit ihren Steuern einen überalterten Organisationsapparat aufrechtzuerhalten.

Deshalb bevorzugt dieses Buch das Konzept des Glaubens. In Kapitel 1 wird unser Ansatz ausführlich begründet und von ähnlichen Begriffen wie »Religiosität«, »Transzendenz« oder »Spiritualität« abgegrenzt.

Im Fokus: Existenzfragen und Sinnsuche, nicht theologisch verstandener Glaube

Der im Untertitel des Buches verwendete Begriff »Religionspsychologie« bezieht sich auf einen weiten, umfassenden Religionsbegriff (siehe Kapitel 1). Nicht die traditionell gewachsenen Strukturen etablierter Religionsgemeinschaften mit ihren sozialpsychologischen Mechanismen und Auswirkungen stehen im Zentrum. Auch der Glaube als ein Zentralbegriff des Christentums wird von uns nicht untersucht, dazu gibt es viele kulturgeschichtliche und theologische Studien (z. B. Angel, 2022 oder Härle, 2022). Unsere Einführung verfolgt keinen theologischen, sondern einen psychologischen Ansatz. Damit unterscheidet sie sich von einer kirchlichen Sichtweise wie etwa die »Religionspsychologie« (Marks, 2018) in der Buchreihe »Kompendium Praktische Theologie«.

Psychologinnen und Psychologen[1] tun sich seit jeher schwer mit dem religiösen Glauben. Die deutschsprachige Religionspsychologie ist seit vielen Jahrzehnten verwaist, obwohl sie zu Anfang des letzten Jahrhunderts ein weltweit beachtetes Zentrum dafür bildete (van Belzen, 2015). Historische Gründe dafür werden in Kapitel 1 erläutert. Wir sind davon überzeugt, dass es sich aus individuellen Gründen (»Wie bewältige ich eine existenzielle Krise?«) und gesellschaftlichen Gründen (»Was hält unsere Gesellschaft zusammen?«) lohnt, die Psychologie des Glaubens wieder intensiver zu erforschen und sie für den Einzelnen und die Gemeinschaft nutzbar zu machen.

Die junge Wissenschaft der Psychologie versucht, menschliches Erleben und Verhalten (immer besser) zu verstehen und zu erklären, stößt dabei aber auch immer wieder an Grenzen. Zur Veranschaulichung ein analoger Fall: Ein Kind ist neugierig auf sich und die Welt. Wissbegierig möchte es verstehen, wie der Körper, die Umwelt und später auch die Mitwelt »funktionieren«. Eine wichtige, aber oft unlösbare Frage im Kleinkindalter lautet »Warum?«. Lässt man sich als Erwachsener ehrlich auf diese Frage ein, kann man sie nur bis zu einem gewissen Punkt beantworten. Zu komplex ist die Wirklichkeit, zu widersprüchlich, zu überraschend, teilweise zu absurd und zu tragisch erweist sich das Leben. Auf die drängende Warum-Frage gibt es keine logischen und objektiv eindeu-

1 In diesem Buch verwenden wir im Sinne der Gendersensibilität des Öfteren die weibliche und die männliche Form nebeneinander, jedoch nicht durchgängig, um den Lesefluss nicht allzu sehr zu stören. Bei referierten Studien ist exakt benannt, ob sowohl »Probandinnen und Probanden« teilgenommen haben oder aber ausschließlich männliche »Probanden«.

tigen Antworten, sondern es kommen Vorannahmen, Überzeugungen und der Glaube ins Spiel.

Aus fachlicher Sicht stehen bei einer Psychologie des Glaubens die persönliche Suche nach Sinn und Glück, nach Antworten auf existenzielle Fragen, nach Hoffnung und Vertrauen und die Bewältigung spiritueller Krisen im Mittelpunkt. Diese Funktionen haben früher religiöse Überzeugungen und Praktiken übernommen. Ausführlich werden diese Fragen in Kapitel 2 behandelt. Mache Fachleute haben vorgeschlagen, diesen psychologischen Forschungsbereich als Existenzanalyse (Frankl, 2007) oder neuerdings Spiritualitätspsychologie (Allolio-Näcke, 2021; Bucher, 2014; Marks, 2018) zu bezeichnen. Das hat sich aber bisher (noch) nicht durchgesetzt, deshalb verwenden wir die bekannte Bezeichnung Religionspsychologie.

Glaube kann in einem Verschwörungsdenken münden – oder Berge versetzen

Glauben ist menschlich, aber Menschen können sich auch täuschen. Die seit einigen Jahren um sich greifenden Verschwörungserzählungen machen deutlich, wie schmal der Grat zwischen einer berechtigten Hoffnung oder realistischen Erwartung und einem Verschwörungsdenken ist. Die menschliche Glaubensfähigkeit kann leicht vereinnahmt werden und durch Feindbilder, einseitige Faktenverzerrungen und Endzeitängsten zu einer gefährlichen Perspektivverengung führen (Lamberty, 2022). In Kapitel 1 wird Glauben als eine Vorform des Wissens beschrieben, das aber auf die kritisch-rationale Realitätsprüfung angewiesen ist, um nicht im Wunschdenken und Irrtum zu enden. Deshalb ist die psychologische Untersuchung der Glaubensfähigkeit besonders wichtig. Dabei fällt der Psychologie die Aufgabe der Realitäts- und Alltagstauglichkeitsprüfung zu.

Andererseits enthält die Glaubensfähigkeit einen Optimismus, der die Welt des Faktischen durchbricht. Jesus versuchte, seinen Nachfolgerinnen und Nachfolgern eine besondere Glaubenshaltung vorzuleben und zu vermitteln, durch die angeblich Berge versetzt werden können (Bibel, 1. Korinther 13,2). Die positiven Kräfte des Glaubens werden heute gezielt in der Medizin, im Coaching und in der Psychotherapie eingesetzt (Lermer, 2019). Der Glaube an eine positive Wirkung einer Arznei wird neben dem eigentlichen Medikament in der Medizin seit einigen Jahren intensiv erforscht. Studien belegen, dass bei einer ärztlichen Behandlung neben der Medikamentengabe die positive Erwartungshaltung, der sogenannte Placebo-Effekt, den Heilungsprozess massiv beeinflussen (Fischer et al., 2018). Dabei ist der Anteil der Glaubenshaltung am Heilungsprozess noch unklar, wird aber zunehmend erforscht und in der ärztlichen Weiterbildung systematisch geschult (Esch, 2017). Weil gerade Heilungsprozesse stark mit der Glaubenshaltung verbunden sind, werden diese Zusammenhänge in Kapitel 7 und 8 dargestellt. Weil Glauben psychologisch aber nicht nur positive Wirkungen nach sich ziehen kann, sondern auch im Irrtum und Wahn enden kann, wird im Kapitel 9 auf seine Schattenseiten – nämlich Fundamentalismus, Extremismus und Missbrauch – eingegangen. Eine psychologisch-kritische Untersuchung der Glaubensdimension dämmt das menschliche Wunschdenken sowie die Sehnsucht nach esoterischen und magischen Hilfsmitteln ein. Dabei sollen die enormen Möglichkeiten des Glaubens nicht wegrationalisiert werden, sondern kritisch geprüft und »geerdet« werden.

Zum Aufbau des Buchs

Das Buch richtet sich an Interessierte und Professionelle, die die psychologischen Vorbedingungen und Auswirkungen des Glaubens besser verstehen wollen. In einer weltweit angespannten gesellschaftlichen Lage, die von vielen globalen und individuellen Unsicherheitsfaktoren bedroht wird und bei vielen Menschen Stressreaktionen sowie Ängste vor Kontrollverlust erzeugt, zeigt die Förderung der Glaubensfähigkeit neue Lösungsmöglichkeiten auf. Das Buch ist sowohl zum Eigenstudium als auch in der Weiterbildung geeignet. Der didaktische Rahmen jedes Kapitels mit Lernzielen, Erschließungsfragen und Literaturempfehlungen soll die Beschäftigung mit der Stofffülle erleichtern. In der Rubrik »Persönliche Vertiefung/Selbsterfahrung« laden grundsätzlichere Fragen am Ende jedes Kapitels dazu ein, sich persönlich auf einzelne Aspekte einzulassen, sich emotional berühren zu lassen und zu reflektieren. In einer geeigneten Runde können diese Fragen auch ausgetauscht werden und damit intensivere Selbsterfahrungsprozesse anstoßen. Um die emotionalen Zugänge zum Thema zu verstärken und auch die Seitengestaltung aufzulockern, wurden Grafiken und Abbildungen erstellt, die das Gesagte veranschaulichen. Manche Inhalte lassen sich durch treffende Zeichnungen einprägsamer vermitteln als durch langatmige Erklärungen.

Das Buch untersucht den Glauben systematisch in drei Teilen:

- Teil I stellt psychologische Anknüpfungspunkte zum Glauben her und liefert Definitionen.

- Teil II beleuchtet Glaubensphänomen aus der psychologischen Außenperspektive.
- Teil III ergänzt diese durch subjektive Innenperspektiven persönlicher Erfahrung.

Teil I beginnt mit dem psychologischen Begriff des Glaubens in Abgrenzung zu verwandten Konzepten (Kapitel 1). Glauben ist deshalb menschlich, so wird argumentiert, weil existenzielle Fragen, das Scheitern und Sinnkrisen zum Leben gehören (Kapitel 2). Als eine große existenzielle Herausforderung wartet am Ende jeden Lebens das Abschiednehmen und Sterben (Kapitel 3), das bei einer angemessenen Vorbereitung allen Beteiligten viel leichter fällt und seinen Schrecken verlieren kann.

Teil II, der Hauptteil, erläutert die Glaubensmöglichkeit aus unterschiedlichen fachlichen Perspektiven in sechs Kapiteln. Behandelt werden evolutions- und neuropsychologische Zugänge, sozialpsychologische Ansätze sowie die Entwicklungspsychologie des Glaubens. Krankmachende Aspekte und heilungsfördernde Ansätze werden ebenso dargestellt. In jedem dieser Kapitel werden die relevanten Forschungsergebnisse erläutert, Begriffe definiert, Zusammenhänge mit anderen psychologischen Dimensionen hergestellt und Folgerungen gezogen.

Teil III blickt auf die subjektive Seite des Glaubens. Die subjektive Erfahrungsdimension ist gerade beim Glauben bedeutsam, weil dieser tief in der Emotionalität und dem Selbstbild des Menschen verwurzelt ist. Außergewöhnliche Erfahrungen, wie sie beispielsweise beim Meditieren auftreten, verlangen nach Erklärungen. Häufig kommt da irgendeine Form der Deutung und des Glaubens ins Spiel (Kapitel 10). In manchen Lebensgeschichten wurde die Glaubensfähigkeit durch rigide Erziehung und ein angstvolles Gottesbild verdunkelt und beeinträchtigt (Kapitel 11). Welche Rolle der Glaube bei der Identitätsbildung übernehmen kann und welchen Einfluss darauf Bekehrungserfahrungen nehmen, stellt das Kapitel 12 dar.

Der abschließende Ausblick plädiert für einen reflektierten Glauben, weil eine solche Form dem Gemeinwohl dient und damit vor allem die Gefahren der sozialen Isolation, Depression und Einsamkeit vermindert.

Dank

Der Erstautor dankt seiner Co-Autorin, Sarah Demmrich, sehr dafür, dass sie mit Geduld, Zielstrebigkeit, Übersicht und akribischer Fachkenntnis wesentlich dazu beigetragen hat, dieses während der Coronapandemie fast zu scheiternde Projekt am Leben zu halten und erfolgreich abzuschließen. Die Autorin wiederum ist ihrem Verfasserkollegen, Michael Utsch, zutiefst verbunden, dass sie an diesem Buch mitwirken durfte und ihr somit die Gelegenheit geboten wurde, ihr religionspsychologisches Wissen durch seine therapeutischen, aber auch religionswissenschaftlichen Kompetenzen zu vertiefen.

Die Grafikdesignerin Nelly Nieter hat trotz gleichzeitigem Prüfungsstress kreative Zeichnungen beigesteuert. Als eine unserer ersten Leserinnen hat sie uns gezeigt, was sie vom Text verstanden hat (und was nicht) – danke dafür, Nelly!

Unsere besondere Anerkennung gilt auch den wissenschaftlichen Hilfskräften Leon Stephan, Alina Birkmeyer und Abdulkerim Şenel, die mit größter Sorgfalt und sehr viel Engagement an der Redaktion und Formatierung des Manuskripts mitgewirkt haben.

Ulrike Rastin, Sandra Englisch und dem Team von Vandenhoeck & Ruprecht danken wir herzlich für die geduldige und professionelle Projektsteuerung.

I Glauben ist menschlich – Religiosität und Spiritualität aus Sicht der Psychologie

1 Religiosität, Spiritualität – oder Glaube?

Lernziele

1. Glauben abgrenzen können von verwandten Begriffen wie »Religiosität«, »Spiritualität« und »Weltanschauung«.
2. Psychologische Messinstrumente der Religiosität, Spiritualität und des Glaubens kennen.
3. Glaube in seinen emotionalen, kognitiven und Verhaltenskomponenten unterscheiden können.
4. Wesentliche psychologische Funktionen der Glaubensfähigkeit beschreiben können.

»Der Mensch besteht aus Glauben. Wie sein Glaube ist, so ist er.«
(Bhagavad Gita 17,3)

»In allen Religionen ist der Glaube ein wesentliches Element des religiösen Lebens.«
(Vattimo, 1997, S. 76)

»Glaube […] ist keine abgesonderte Dimension des Lebens, keine abgegrenzte Besonderheit. Glaube ist eine Orientierung der ganzen Person, die ihren Hoffnungen und Bestrebungen, Gedanken und Handlungen Sinn und Ziel gibt.«
(Fowler, 2000, S. 36)

»Alles Vertrauenssache!« Das gilt nicht nur als Beifahrerin auf dem Motorrad, Kletterer einer Bergsteigerseilschaft oder beim Kauf eines Gebrauchtwagens. In vielen Lebensbereichen ist zwischenmenschliches Vertrauen unabdingbar. Vertrauen gilt als die wichtigste Ressource des sozialen Miteinanders (Schweer, 2021). Eine zuversichtliche Grundhaltung ist auch für das Selbstbild unverzichtbar – ohne Selbstvertrauen werde ich keine Herausforderung meistern! Im Vertrauen auf meine Fähigkeiten und Fertigkeiten packe ich zuversichtlich eine Aufgabe an – und mache im günstigsten Fall die Erfahrung von Selbstwirksamkeit.

Spätestens in Krisensituationen oder in menschlichen Grenzsituationen (Unfall, Leid, Tod) sind der Handlungsspielraum und die Selbstwirksamkeit stark eingeschränkt, der Mensch fühlt sich ohnmächtig einem höheren Schicksal ausgeliefert. Ein Mitbegründer der Psychoanalyse, der Wiener Arzt Alfred Adler (1870–1937), hat deshalb in seinem letzten großen Werk »Der Sinn des Lebens« nicht nur die Beziehungen des Menschen zu sich selbst und den Mitmenschen als wesentlich angesehen, sondern auch die menschliche Bezogenheit auf ein größeres Ganzes berücksichtigt, die er als »kosmische Faktoren« umschrieb (Adler, 1933/2018, S. 162).

Die menschliche Fähigkeit des Glaubens ist aus psychologischer Sicht allerdings noch ziemlich unerforscht. Das liegt zum einen an der Komplexität der emotionalen und kognitiven Faktoren, die den Glauben ausmachen. Zum anderen sind die Zusammenhänge zwischen internen personalen Faktoren wie Optimismus, Kontrollüberzeugungen und Selbstwirksamkeitserwartungen mit externen, transpersonalen Faktoren, die wir schnell dem Zufall oder Schicksal zuschreiben, wenig erforscht und unklar (Schweer, 2021).

Glauben als individuelle Fähigkeit zu positiven, aber auch negativen Erwartungen hat sich über die Jahrtausende als ein kulturstiftendes kollektives Phänomen erwiesen, das neben beeindruckender religiöser Kunst auch gesellschaftsprägende religiöse Institutionen hervorgebracht hat. Auch wenn in Europa das Christentum massiv an Bedeutung verliert, darf der bleibende Einfluss kulturell überlieferter Werte nicht unterschätzt werden. Glauben zählt offensichtlich zu einer zentralen Säule des individuellen und kollektiven Selbstverständnisses. MacGregor (2020) hat einen faszinierenden Reisebericht durch die Welt der Götter und Religionen vorgelegt. Quer durch die Kontinente und Kulturen hat der Direktor des British Museum und Intendant des Berliner Humboldt-Forums dokumentiert, wie religiöser Glaube das Leben von Gemeinschaften und das Selbstbild prägt.

1.1 Religiosität, Spiritualität und Glauben

1.1.1 Begriffsbestimmungen

Für psychologische Aussagen sind inhaltlich möglichst exakte Begriffsbestimmungen und theoriegeleitete Verknüpfungen mit angrenzenden Konzepten nötig. Menschliche Grundgefühle wie Angst oder Freude lassen sich heute recht präzise psychologisch beschreiben, erfassen und in ihren neurophysiologischen und psychosomatischen Zusammenhängen erklären. Die psychologische Forschung hat z. B. dazu beigetragen, seelische Störungen wie eine Panikattacke besser zu erkennen, behandeln und ihnen auch vorbeugen zu können. In der Organisationsentwicklung, Mitarbeitendenführung, Berufsfindung, Karriereplanung, Partnerschaft, Erziehungsberatung und vielen anderen Lebensbereichen bilden psychologische Erkenntnisse die Grundlage für Entscheidungsprozesse.

Allerdings gestaltet sich die psychologische Beschreibung und Erfassung von komplexen Einstellungen, Erlebens- und Verhaltensweisen der Religiosität und Spiritualität schwierig, da Denken, Fühlen, Grundüberzeugungen und kulturelle Prägungen gleichermaßen einbezogen sind. Eine Operationalisierung, d. h. eine Messbarmachung, ist jedoch für die psychologische Theoriebildung und praktischen Folgerungen – etwa die sozialpsychologische Bedeutung einer Teilnahme am Freitagsgebet in einer Moscheegemeinde oder die therapeutische Wirksamkeit eines spirituellen Rituals – unverzichtbar. Die folgenden Definitionen, die als Basis für Messungen dienen können (siehe Kapitel 1.2), sollten dabei nicht als finale Begriffsbestimmungen, sondern nur als Arbeitsdefinitionen für dieses Einführungsbuch aufgefasst werden.

Definitionen

Religion stellt ein institutionalisiertes System von Glaubensüberzeugungen und Praktiken in Bezug auf eine transzendente Welt dar (Lunn, 2009). Der Begriff bezieht sich somit auf eine Glaubensgemeinschaft, die Traditionen, Rituale und Heilige Texte teilen (Christentum, Islam, Buddhismus etc.).

Religiosität ist dabei das Erleben und Verhalten eines Individuums oder einer Gruppe in Bezug auf eine solche institutionalisierte Religion.

Spiritualität bezeichnet die persönliche Suche nach etwas Heiligem und die Verbundenheit mit einem größeren Ganzen, die inhaltlich religiös (z. B. Gott), kosmisch-esoterisch (z. B. Energie) oder säkular (d. h. ohne religiösen Bezug, z. B. Natur) gefüllt werden kann (Utsch et al., 2017).

Glaube ist eine psychische Vorstufe des Wissens und stellt die Anerkennung einer Wahrheit, Realität oder Echtheit von etwas (z. B. eines Phänomens) – vor allem unter der Abwesenheit von Belegen – dar. Glaube ist dabei mehr als eine unterhaltsame Interpretation von bestimmten Ereignissen, sondern bezeichnet eine *verpflichtende Haltung* und *ein inneres Vertrauen* zu einer bestimmten Interpretation eines Phänomens. (American Psychological Association, 2015; Mönter, 2022)

Einige gehen davon aus, dass Glaube als Vorstufe von Wissen nur den kognitiven Teil von Religiosität oder Spiritualität umfasse (z. B. Maraldi, 2021). Der Sozialpsychologe Michael Argyle (2000) jedoch definiert Glaube als eine umfassende Haltung *(Attitude)*, die – wie nichtreligiöse Haltungen – aus drei Komponenten besteht: Kognition, Emotion und Verhalten (siehe Abbildung 1.1). Die kognitive Komponente ist diejenige, die meist mittels Fragebögen erfasst wird (z. B. durch Items wie »Ich glaube an Gott«) und steht in Verbindung mit bestimmten Emotionen (z. B. Liebe zu oder Angst vor Gott) und Verhalten (z. B. Beten, Spenden; für prosoziales Verhalten siehe Kapitel 6).

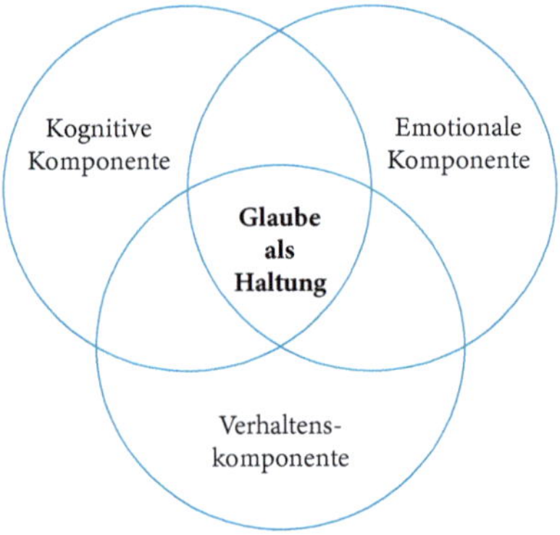

Abbildung 1.1: Glaube als Haltung (nach Argyle, 2000)

1.1.2 Glaube als zentrales psychologisches Konzept der Religionspsychologie

Mit dem Fokus auf der Psychologie des Glaubens will dieses Einführungsbuch einen breiteren Zugang jenseits ausgetretener Pfade herkömmlicher Religiositäts- und Spiritualitätskonzepte begehen, den früher schon einige Ärzte und Psychologinnen eingeschlagen haben. Bei der psychologischen Konzeption des Glaubens lassen sich vier theoretische Ansätze unterscheiden: Verhaltenstheorie, phänomenologisch-verstehende, psychoanalytische und neurowissenschaftliche Psychologie.

a) Verhaltenstheorie

Für Pierre Janet (1859–1947), einem der Mitbegründer der wissenschaftlichen Psychologie, zählte Glauben zu einem der wichtigsten seelischen Phänomene. Glaube ist dabei für ihn »ein Versuch der Anpassung, der unser Handeln wirksamer gestalten soll. Er ist im Grunde eine Art Sprechen, eine Änderung der

Worte, um sie so wirkungsvoll wie die Handlungen unseres Körpers zu machen« (Janet, 1936/2013, S. 9). Er unterscheidet drei Formen des Glaubens: den primitiven, den sentimentalen und den vernünftigen Glauben. Nach der ausführlichen Diskussion verschiedener Glaubensformen beschreibt er die Mystiker und Mystikerinnen als die ersten Psychologen des Glaubens. Sie würden intensive emotionale Erfahrungen machen, die sie als Gottesbegegnung erlebten, und diese auch so reflektieren.

Achtzig Jahre später verbindet der Persönlichkeitspsychologe Julius Kuhl (*1947) intuitive religiöse Erfahrung und analytisches Denken und will dadurch die klassische Feindschaft zwischen Glauben und Wissen psychologisch überbrücken. Die Fähigkeit des Glaubens könne zur Entfaltung kommen, wenn »dem Verstand klar gemacht worden ist, wo seine Grenzen sind und wann er auch noch andere psychische ›Abteilungen‹ zulassen sollte« (Kuhl, 2015, S. 21). Im Sinne einer »zweiten Naivität« könne ein Mensch vom Wissen zum Glauben gelangen und diese mentale Kraft zur Lebensbewältigung einsetzen.

Definition

In religiösen Gemeinschaften spielen Symbole und Zeichenhandlungen eine große Rolle. Unter *»zweiter Naivität«* wird die Bereitschaft verstanden, sich nach der kritischen Analyse eines Sachverhalts auch emotional auf solche Symbole und Zeichenhandlungen einzulassen. Wenn ich mich beispielsweise historisch-kritisch darüber informiert habe, was das Teilen von Brot und Wein bei der Feier eines christlichen Abendmahls bedeutet, kann ich bei der Teilnahme eine Glaubenserfahrung machen.

b) Phänomenologisch-verstehende Psychologie

Der Psychologe und Pädagoge Eduard Spranger (1882–1963) setzte sich im medizinischen Kontext u. a. dafür ein, dass der Erfolg einer Therapie davon abhänge, bei den Erkrankten die verlorene »feste Glaubenskraft« (Spranger, 1942/1974, S. 251) wiederherzustellen. Er beschreibt die »eigentümliche Leistung des Glaubens« darin, »aus dem Unzulänglichen das Höhere hervorzutreiben, gerade aus dem Negativen das Positive zu entfalten. Dazu gehört Kraft. Glaube ist nicht eine ›Ansicht‹ von der Welt, sondern ein Energiezentrum. Wenn es sich durch die Widerstände durchringt, bildet sich unvermeidlich aus seinen Kräften ein neuer Vorstellungszusammenhang [...] für die Weltinterpretation« (S. 266). Ausgehend von einem weiten Glaubensbegriff setzt Spranger Glauben mit Vertrauen gleich, das »als eigentliches Fundament der persönlichen Lebensstruktur eingebaut ist und den ganzen Lebensvollzug in Erlebnis und Tat maßgeblich bestimmt [...] Glaube ist diejenige Art von Gewißheit über weltanschaulich bedeutsame Sachverhalte, mit der die persönliche Existenz steht und fällt« (S. 253). Nach Spranger kommt der Glaube dann ins Spiel, wenn naturwissenschaftliche Sicherheiten nicht mehr greifen: »Glaube entsteht da, wo das Unzulängliche unseres Lebenszusammenhanges erfahren wird. Er setzt das Erlebnis des Ungenügens voraus. Sein Entstehungsboden ist daher gerade auf der negativen Seite zu suchen: im Zweifel, in der Verzweiflung, der Schuld, der Furcht, der Angst« (S. 254). An Beispielen demonstriert Spranger, wie die »Dynamik des Glaubens« imstande ist, dass »aus dem Negativen das Positive entwickelt wird, aus der Ohnmacht die Kraft, aus dem Zweifel die Gewißheit« (S. 272). Der Religionspsychologe David Wulff (1997) hat Sprangers Ansatz gewürdigt und auf dessen Basis ein Messinstrument des Glaubens entwickelt, das wir weiter unten kennenlernen (siehe Abschnitt 1.2.3).

c) Psychoanalytische Psychologie

Den religionskritischen Gründer der Psychoanalyse, Sigmund Freud, dürfte es wundern, wie ideenreich und lebendig sich die psychoanalytische Religionspsychologie in den vergangenen Jahrzehnten weiterentwickelt hat (Kapitel 4). Dabei wird das psychoanalytische Denkmodell sowohl von gläubigen als auch von agnostischen und atheistischen Psychoanalytikern verwendet.

Paul Pruyser (1916–1990) war als leitender Psychologe in einem amerikanischen Klinikverband tätig und machte in seiner weitverbreiteten »Psychologie des Glaubens« (Pruyser, 1972) aus seinem christlichen Glauben keinen Hehl. Anders als bei verhaltenspsychologischem Zugang versuchte er, den Glauben nicht von religiösen Ritualen oder Überzeugungen her zu verstehen, sondern als eine seelische Grundfunktion zu beschreiben. Systematisch werden die Wahrnehmungsprozesse, Denkvorgänge, emotionalen Prozesse und zwischenmenschlichen Bindungen in Bezug auf die Glaubensfunktion analysiert. In der Weiterentwicklung der Freud'schen Religionstheorie sei »Heiliges« weder in der äußeren Welt auffindbar, noch tauche es direkt im inneren Erleben einer Person auf. Pruyser geht neben dieser inneren und äußeren Welt von einer dritten »Welt der Illusionen« aus, dem imaginären Raum der Vorstellungen, die wie eine Brücke Innen und Außen verbinde. Obwohl er etliche Bibelverse zitiert und interpretiert, will er nur als Psychologe sprechen und warnt davor, auf das Gebiet der »Ontologie« zu geraten, was er auch vermeiden kann. In der Zusammenfassung von Pruysers Ansatz würdigt die Wiener Religionspsychologin Susanne Heine (2005) Pruyser als einen Psychologen, den sein offenes Interesse zu großer Kenntnis theologischer Inhalte geführt habe. Er sei ein gutes Beispiel dafür, dass Religionspsychologie sowohl psychologische als auch religionskundliche Kompetenzen benötige.

Ohne auf Pruyser einzugehen, hat der Düsseldorfer Psychoanalytiker Dieter Funke (2021) die Bedeutung des inneren (Zwischen-)Raums zur Bewältigung von Ungewissheit und damit als vertrauensbildende psychospirituelle Arbeit herausgearbeitet.

Auch die französische Kulturanthropologin und Psychoanalytikerin Julia Kristeva (2014) sieht in dem »Glaubensverlangen« eine anthropologische Konstante, die vor jeglicher religiös-kulturellen Ausgestaltung im Menschen angelegt sei: »Das sprechende Wesen ist ein glaubendes Wesen« (S. 17). Davon ist die Literaturtheoretikerin und bekennende Atheistin überzeugt, denn jeder Satz werde in der erwartungsvollen Hoffnung auf eine Antwort, zumindest auf ein Zuhören gesprochen. Dieses Grundbedürfnis nach Antwort beginne beim Kleinkind mit der Erwartung eines liebenden Dritten, welche die tiefgreifende Mutter-Kind-Abhängigkeit erweitere und verwandle. Es lasse sich beim Sprechen durch die Erwartung des Zuhörens und Antwortens nachweisen.

Als ein letztes Beispiel sei auf eine neue Entwicklung innerhalb der Psychoanalyse hingewiesen. Der Londoner Psychoanalytiker Peter Fonagy (2023) hat die Psychoanalyse von der Triebtheorie über die Bindungstheorie zu einer Kommunikationstheorie weiterentwickelt. Sein Konzept dafür lautet »epistemisches Vertrauen«. Damit ist ein grundsätzliches Vertrauen in eine Person als sichere Informationsquelle gemeint, dass gerade in Zeiten von Künstlicher Intelligenz und »Fake News« an Bedeutung gewinnt. Epistemisches Vertrauen bezieht sich auf die Quelle der Information und auf den Kontext der Information. Deshalb ist es auch vom Verhältnis zum Kontext abhängig. Neue Informationen sind eher glaubwürdig, wenn der Kontext als glaubwürdig eingeschätzt wird. In diesem psychoanalytischen Ansatz werden sowohl emotionale mit rationalen Faktoren als auch Person und Situation einbezogen. Epistemisches Vertrauen als Glaubensfähigkeit wird als eine Grundlage für stabile Beziehungen angesehen und deshalb als Ziel psychotherapeutischer, beraterischer und psychosozialer Arbeit angesehen.

d) Neurowissenschaftliche Psychologie – der »Credition«-Ansatz

Vor über einem Jahrzehnt wurde an der Universität Graz das »Credition Research Project« etabliert (Angel, 2022; Seitz et al., 2023). Dieser Ansatz fasst die oben genannten Stränge gut zusammen und argumentiert neurowissenschaftlich. Die Glaubensfähigkeit (»believing«) wird als ein psychologischer Prozess und grundlegende Gehirnfunktion verstanden. Das Kunstwort »credition« (von lat. *credere* = glauben) beschreibt den neuropsychologischen Glaubensvorgang. Von zentraler Bedeutung sind dabei die beiden Faktoren sensorische Wahrnehmung und affektive Bewertung. Etwas in der persönlichen Umgebung Wahrgenommenes wird eine subjektive Bedeutung oder Sinnhaftigkeit zugeschrieben. Die Inhalte dieser Wahrnehmungs- und Bewertungsvorgänge werden fortwährend im Gedächtnis gespeichert, können aber durch neue Wahrnehmungen und Affektzuschreibungen aktualisiert werden. Neben Emotion und Kognition wird Credition als ein zentraler mentaler Prozess verstanden, der für die Entstehung von Glaubensinhalten verantwortlich ist. Die Glaubensinhalte bilden als vorsprachliche Repräsentationen den subjektiven Erfahrungshorizont und sind damit Grundlage für intuitive Handlungen und für Vorhersagen über die Folgen dieser Handlungen (Seitz, 2023).

Allen vier hier vorgestellten psychologischen Ansätzen ist gemeinsam, dass Glaube nicht wie gewöhnlich als religiöses Fürwahrhalten verstanden wird, sondern säkular einen fundamentalen Gehirnprozess beschreibt, der Wahrnehmungen bewertet und entscheidend zur Handlungsplanung und Entscheidungsfindung beiträgt.

1.1.3 Verhältnis von Religiosität, Spiritualität und Glaube

Während Glaube als Basis von Religiosität und Spiritualität angesehen werden kann (Skrzypińska, 2023), ist das Verhältnis von Religiosität zu Spiritualität ein hochkontroverses Thema. Frühere Ansätze unterstrichen die institutionelle Komponente von Religiosität und den persönlichen Charakter von Spiritualität so stark, dass sie Religiosität und Spiritualität als Gegensätze betrachteten. Jedoch zeigte sich empirisch, dass Menschen sich teilweise als religiös *und* spirituell bezeichnen (z. B. Zinnbauer et al., 1999). Dies gilt auch für Deutschland: Obwohl hierzulande immer weniger Menschen einen Bezug zur Religion und Kirche haben (Bertelsmann Stiftung, 2023, siehe Abbildung 1.2), gibt dennoch ein nicht zu vernachlässigender Anteil der Bevölkerung an, spirituell (16 %) oder religiös und gleichzeitig spirituell zu sein (13 %; Gesis, 2018, siehe Abbildung 1.3).

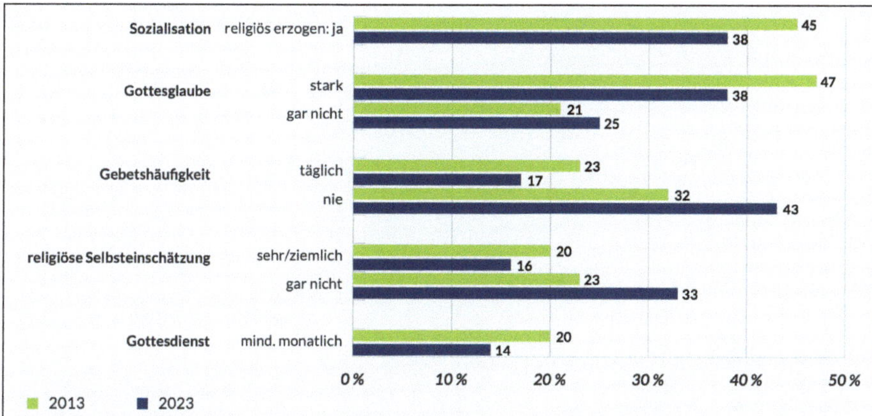

Sozialisation: „Sind Sie religiös erzogen worden?"; Anteil derjenigen, die mir „ja" geantwortet haben; **Gottesglaube:** „Wie stark glauben Sie daran, dass Gott [Gottheiten] oder etwas Göttliches existiert?", Anteil derjenigen, die mit „ziemlich" bzw. „sehr stark" oder „gar nicht" geantwortet haben; **Gebet:** „Wie häufig beten Sie [persönliche Gebete]?", Anteil derjenigen, die „mehrmals am Tag" bzw. „einmal am Tag" oder „nie" geantwortet haben; **religiöse Selbsteinschätzung:** „Als wie religiös würden Sie sich selbst bezeichnen?", Anteil derjenigen, die mit „ziemlich" bzw. „sehr religiös" oder „gar nicht religiös" geantwortet haben; **Gottesdienst:** Anteil derjenigen, die mindestens monatlich (täglich – einmal in der Woche – ein- bis dreimal im Monat) eine institutionalisierte religiösen Praxis vollziehen (Gottesdienst in Kirche/Synagogengottesdienst/Freitagsgebet/Tempelbesuch/Teilnahme an spirituellen Ritualen).

Abbildung 1.2: Religiosität in Deutschland im Zeitvergleich (in %) (Quelle: Bertelsmann Stiftung, 2023. Religionsmonitor kompakt – Die Zukunft der Kirchen, S. 3, © Bertelsmann Stiftung)

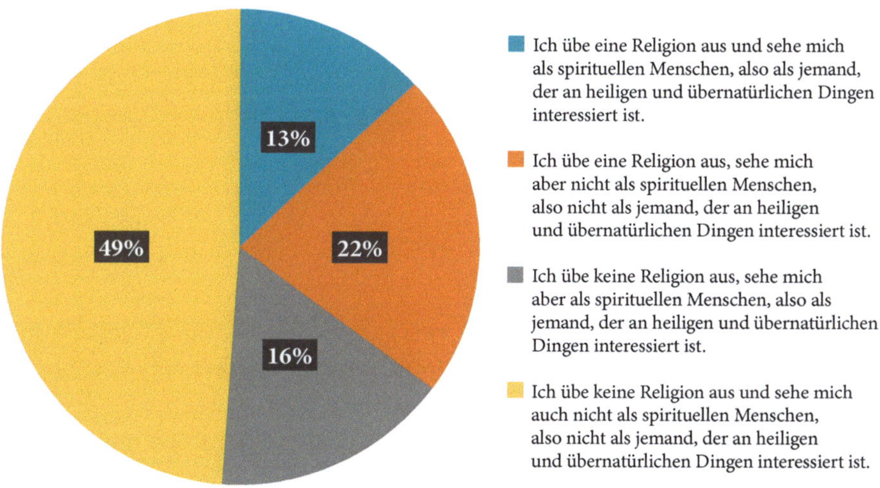

Abbildung 1.3: Verteilung der religiösen und spirituellen Selbsteinschätzung der deutschen Bevölkerung (Gesis, 2018)

Als Resultat solcher Ergebnisse betonen neuere Theorien (Hill et al., 2000; Krauss u. Hood, 2013; Skrzypińska, 2023) nun eine teilweise Überlappung oder sogar vollständige Überschneidung von Religiosität und Spiritualität, was in den Abbildungen 1.4, 1.5 und 1.6 dargestellt wird.

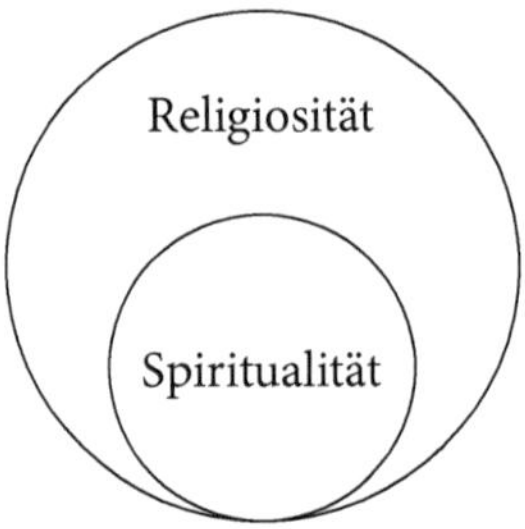

Abbildung 1.4: Spiritualität als Teil der Religiosität (nach Pargament, 1997)

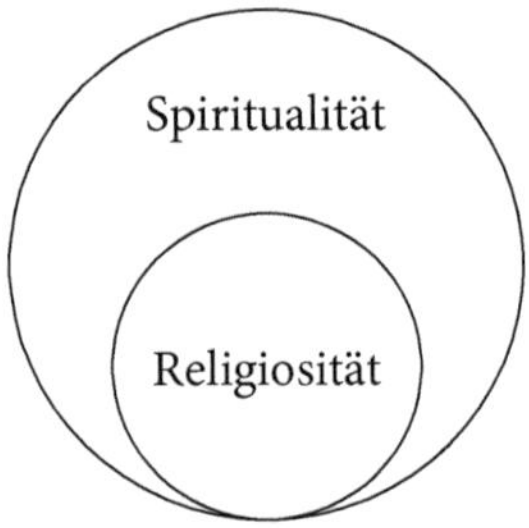

Abbildung 1.5: Religiosität als Teil der Spiritualität (nach MacDonald, 2000)

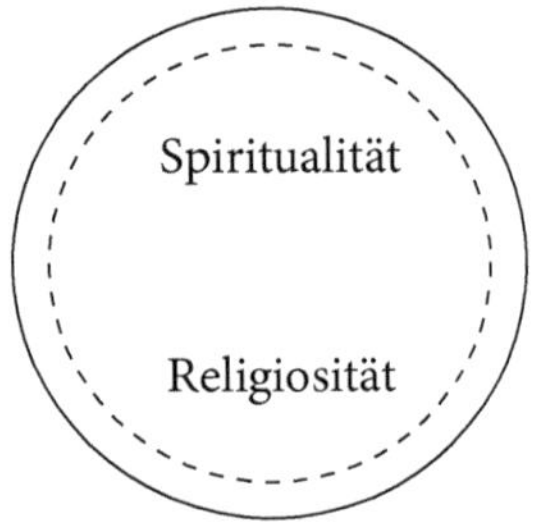

Abbildung 1.6: Synthetisches Verständnis von Religiosität und Spiritualität (nach Streib u. Hood, 2016)

Für Pargament (1997, Abbildung 1.4) ist Spiritualität das Kernstück von Religiosität, wobei Religiosität jedoch breiter zu fassen ist: So gibt es z. B. Menschen, die die ideologische Seite ihrer Religion stark betonen und ihre Religion ohne spirituelle Essenz praktizieren. Wiederum glauben manche an eine Transzendenz, ohne sich einer Religion zugehörig fühlen. Diesem Umstand trägt Abbildung 1.5 Rechnung, welche u. a. auf MacDonalds (2000) Verständnis beruht, dass Religiosität ein möglicher Weg ist, eine Beziehung zu etwas Transzendentem zu erlangen, es jedoch noch weitere gibt, die nicht wie Religionen systematisch institutionalisiert sind (z. B. das Paranormale oder eine individuelle Spiritualität, die sich aus Teilen von verschiedenen Religionen zusammensetzt). Schließlich lehnen einige, wie Streib und Hood (2016), eine Trennung von Religiosität und Spiritualität gänzlich ab und sehen beide Konzepte als deckungsgleich an (Abbildung 1.6).

Einen weitaus komplexeren Ansatz bietet Skrzypińska mit einem psychologischen Modell über ein mögliches kognitives Schema. Dieses beinhaltet Glaube, Spiritualität und Religiosität sowie die Einstellung zum Leben, zur Transzendenz und schließlich eine resultierende Konsequenz, welche sich im Verhalten ausdrückt (siehe Box 1.1).

Box 1.1: Meaning Making Beliefs-Spirituality-Religiousness (MM B-S-R Model) von Skrzypińska (2023)

Auf Basis ihrer jahrzehntelangen empirischen Forschung entwickelte Katarzyna Skrzypińska ein Modell, das Einblicke in die psychologischen Prozesse von Religiosität, Spiritualität und Glaube verspricht. Glaubensüberzeugungen konstituieren sich dabei durch Ideen, die Individuen entsprechend ihren Bedürfnissen auswählen, und bilden die grundlegende Essenz einer Triade von miteinander zusammenhängenden Phänomenen: Religiosität, Spiritualität und Weltanschauung. Weltanschauung beinhaltet eine Reihe von Annahmen über sich selbst, die Welt und unseren Platz in ihr und basiert ebenso auf Glaubensüberzeugungen. Die Weltanschauung ist aber wesentlich strukturierter und systematischer und bringt oft auch einzelne Glaubensüberzeugungen in eine Hierarchie entsprechend ihrer Wichtigkeit.

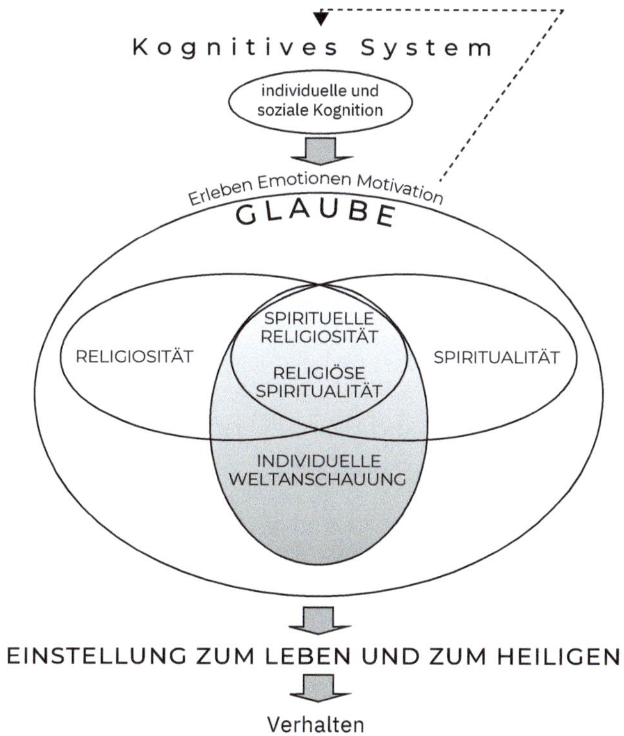

Abbildung 1.7: Meaning Making Beliefs-Spirituality-Religiousness Model (nach Skrzypińska, 2023, S. 24)

In dem mittleren Überschneidungsbereich befindet sich die religiöse Spiritualität bzw. die spirituelle Religiosität. Diese entspricht dem Fall, in dem sich beide Phänomene gegenseitig ergänzen (z. B. wenn sich Spiritualität durch eine religiöse Praxis manifestiert). Zusammen mit der individuellen Weltanschauung konstituieren sie ein kognitives Schema, welches sich in einer Haltung zum Leben und zur Transzendenz zeigt (hier: zum Heiligen, inklusive einer ablehnenden Haltung gegenüber dem Transzendenten) und sich schlussendlich im Verhalten manifestiert. Skrzypin´ska formuliert hier weiter aus, wie Glaube, Religiosität und Spiritualität dem menschlichen Verhalten Sinn und Zweck verleihen (siehe dazu ausführlich Kapitel 2).

1.1.4 Glaube »von innen« und »von außen«

Ein Problem psychologischer Religionsforschung stellt die strittige Frage nach der Neutralität der Forschenden dar. Das psychologische Verstehen von mitunter merkwürdig anmutenden Erfahrungen oder irrationaler Überzeugungen religiös Gläubiger ist eine besondere Herausforderung für die Forschung und psychologische Beratung.

Der Religionswissenschaftler und Theologe Rudolf Otto (1917/2004) hat vor über hundert Jahren dazu einen pragmatischen Vorschlag gemacht. Für ihn ist Religion die Erfahrung von etwas Heiligem oder auch des Numinosen, wie er es nannte (siehe auch Kapitel 10). Das bedeutet: Religion beginnt in den rational oft nicht erfassbaren Begegnungen des Menschen mit etwas ganz anderem. Sie beginnt mit einem Staunen und einem Berührtwerden von etwas, das Menschen später als grundlegend »heilig« erleben und dies somit als unhinterfragbar gültig und bedeutsam einstufen. Die Erfahrung des Heiligen begründet Otto vor allem in Gefühlen des Berührtwerdens, Erschauderns und der Faszination. Wenn überhaupt, sei Glaube zunächst nur aus einer Innenperspektive zu verstehen: »Wir fordern auf, sich auf ein Moment starker und möglichst einseitiger religiöser Erregtheit zu besinnen. Wer das nicht kann oder wer solche Momente überhaupt nicht hat, ist gebeten nicht weiterzulesen« (Otto, 1917/2004, S. 8). Der Psychologe William James, der eine ähnliche Phänomenologie, wenn auch mit anderen Methoden, vorschlug (mehr dazu in Kapitel 10), sah dies jedoch ganz anders. Er selbst bedauerte es wohl, keinen eigenen Bezug zum religiösen Glauben zu haben, obwohl er sich in seinen Arbeiten tiefgründig damit beschäftigte (James, 1902/2010). Einen Mittelweg schlägt Reich (1992) vor, der die ideale

Voraussetzung der Religionspsychologinnen und -psychologen darin verortet, »die Motivation, das religiöse Einfühlungsvermögen und theologische Wissen eines wirklich Gläubigen zusammen mit der skeptischen Grundhaltung eines Nicht-Gläubigen« zu verbinden. Diesem Ansatz sieht sich auch unser Einführungsbuch verpflichtet: Erstens folgt es den klaren Regeln empirischer Sozialwissenschaften, zweitens behält es die Grenzen des vernünftigen Denkens im Blick. Gerade deshalb muss für ein besseres Verständnis der Glaubensdimension die persönliche, emotional verankerte Innendimension mitberücksichtigt werden. Der Autor und die Autorin dieses Einführungsbuchs bringen ihre Innenperspektive als Glaubende in zwei verschiedenen religiösen Traditionen (Protestantismus und Bahá'í-Religion) mit ein. Als wissenschaftlich Tätige sind sie gleichzeitig der überprüfbaren sozialwissenschaftlichen Außenperspektive verpflichtet.

Die Religionspsychologie versucht, sowohl die Innenperspektive als auch die Außenperspektive gleich zu gewichten. Das lässt sich am Umgang mit der Wahrheitsfrage verdeutlichen. Die zentrale religionspsychologische Frage, ob und wie nämlich die empirische Psychologie einen Beitrag zum Verständnis religiöser/spiritueller Glaubenserfahrungen trotz ihrer subjektiven Innenseite leisten könne, ist seit Beginn der Religionspsychologie umstritten. Schon 1903 forderte Theodore Flournoy als *erstes Prinzip der Religionspsychologie* kategorisch den *Ausschluss der Transzendenz* (Flournoy, 1903). Und als 1914 in Nürnberg die Internationale Gesellschaft für Religionspsychologie gegründet wurde, wollten sich die Gründungsmitglieder ausschließlich der wissenschaftlichen Erforschung des religiösen Glaubens »als eine seelische Wirklichkeit« (Stählin, 1911, S. 46; zit. nach van Belzen, 2015, S. 79) widmen.

Ganz praktisch bedeutet dies für die Religionspsychologie, dass religiöse Einstellungen und Verhaltensweisen untersucht werden, ohne dabei die faktische Existenz des als »Absoluten«, »Kosmos«, »Göttlichen« oder ähnlich Bezeichneten zu berücksichtigen. Damit klammert die (Religions-)Psychologie die Frage nach der objektiven Tatsachenwahrheit der Religion aus. Religionspsychologinnen und -psychologen interessieren sich dafür, was der religiöse Glaube bei Menschen bewirkt und wie Menschen ihren Glauben praktisch ausleben. Mit der wissenschaftlichen Religionspsychologie ist die Möglichkeit gegeben, mithilfe von Flournoys Grundprinzip »erstmals eine Erforschung des Glaubens als ›eines Stückes Welt‹« (Müller-Pozzi, 1975, S. 34) vorzunehmen. Die seelischen Auswirkungen des Glaubens können also psychologisch erforscht werden. Auch der französische Religionspsychologe Antoine Vergote (1970) klammert in seiner

Religionspsychologie den »Objektpol« von religiösem Glauben aus. Zu ihrem Aufgabengebiet gehöre die Erforschung der gefühlsmäßigen Reaktion auf und die Deutung eines als religiös beschriebenen Erlebnisses. Über den Wahrheitsgehalt desselben könne und dürfe die Religionspsychologie keine Aussage machen. Im Mittelpunkt des Forschungsinteresses könne ausschließlich die subjektive religiöse Erfahrung, also die Innenperspektive stehen, durch ihre Beschreibung sei überhaupt erst ein wissenschaftlicher Zugang zur Transzendenz möglich. Damit aber Gesetzmäßigkeiten und Regeln gefunden werden können, reicht die alleinige Beschäftigung mit der Innenperspektive nicht aus.

Mit der Konzentration auf die Außenperspektive oder Dritte-Person-Perspektive – »Was bewirkt der Glaube beim Gegenüber, und wie setzt er/sie ihn im Alltag ein und um?« – bleibt die persönliche Haltung des Forschenden, die Innenperspektive oder die Erste-Person-Perspektive, zunächst außer Acht. Denn es geht der Religionspsychologie nicht um einen gläubigen Gottesbeweis oder eine atheistische Gotteswiderlegung, sondern um die subjektiven Auswirkungen religiösen Glaubens. Damit begrenzt die Psychologie deutlich ihren Anspruch: »Keine Religionswissenschaft (Religionsgeschichte, Religionspsychologie, Religionssoziologie) erfasst, was die eigentliche Wirklichkeit der Religion ist, d.h. was in der Religion als Wahrheit erfahren und hervorgebracht wird. [...] Der wirkliche Glaube ist nicht wißbar« (Jaspers, 1974, S. 19). Diese Einschätzung Jaspers' mahnt alle religionspsychologisch Tätigen zur Bescheidenheit in ihren Aussagen, weil der komplexe Glaubensprozess nicht gänzlich psychologisch erklärt werden kann.

Dennoch kommt die Abstinenz gegenüber der Wahrheitsfrage schnell an ihre Grenzen. Dürfen Kinder aus religiösen Gründen geschlagen werden, wie das in fundamentalistischen Kreisen immer noch der Fall ist (vgl. Kapitel 9), oder Mädchen in traditionell islamischen Ländern beschnitten werden? Keinesfalls! Die Menschenrechte sollen Betroffene schützen, und die Psychologie hat auf wissenschaftlicher Grundlage allgemeingültige Prinzipien darüber erstellt, was entwicklungsförderlich und lebensdienlich ist, und stellt damit klare Bewertungskriterien zur Verfügung. Wulff (1997) beendet deshalb seine Religionspsychologie mit dem bemerkenswerten Vorschlag, neben Flournoys Prinzip des Ausschlusses der Transzendenz einen neuen, *zweiten religionspsychologischen Grundsatz* zu stellen: *das Prinzip des Einschließens der Erfahrung der Transzendenz*, um den ersten Grundsatz auszugleichen. Neben die notwendige Zurückhaltung vor der bewertenden Deutung der religiösen Phänomene müsse eine auch inhaltliche geführte Diskussion über das treten, was die einzelne Person als religiös oder spirituell beschreibt. In der Psychologie begegnen sich auf einzigartige Weise die Außen- mit der Innenperspektive.

In der Berücksichtigung dieser beiden Prinzipien von Ausschluss und Einschluss versucht dieses Einführungsbuch, die Innen- und Außenperspektive religiösen Glaubens psychologisch darzustellen. Keinesfalls will es mit psychologischen Argumenten für den Glauben werben, wie das früher immer wieder theologisch orientierte Religionspsychologen unternommen haben und sich dabei mit Kollegen »schärfste Kämpfe« geliefert haben (historische Details dazu bei van Belzen, 2015, S. 92–104). Vielmehr soll die Glaubensfähigkeit als psychologische Haltung unabhängig von konfessionellen Ansprüchen beschrieben werden.

1.2 Die psychologische Messung von Religiosität, Spiritualität und Glaube

1.2.1 Religiositätsskalen

Bereits seit Beginn der Religionspsychologie wird versucht, Religiosität mit psychologischen Methoden messbar zu machen. Neben anfänglich qualitativen Interviews (Starbuck, 1900) haben sich aufgrund der Entwicklung von statistischen Methoden zunehmend quantitative Methoden durchgesetzt (Thurstone u. Chave, 1929; Hill, 2005).

Definitionen

Die Psychologie und mit ihr die Religionspsychologie versteht sich als *empirische Wissenschaft,* d. h., sie generiert ihr Wissen aus systematischer Erfahrung und Beobachtung. Dazu dienen ihr verschiedene wissenschaftliche Methoden der Datenerhebung, die sich in quantitative und qualitative Methoden einteilen lassen.

Quantitative Methoden (Fragebögen, Experimente) beinhalten Messungen, welche quantifizierbar sind, d. h., in Zahlen fassbar sind. Sie stellen in der Religionspsychologie meist etablierte Religiositätsskalen dar, die mittels statistischer Verfahren ausgewertet werden (als Beispiel siehe Box 1.2). Eine der gängigsten Statistiken ist die *Korrelation,* die positiv oder negativ sein kann. Zum Beispiel korreliert (unter bestimmten Umständen, siehe Kapitel 6) Religiosität positiv mit prosozialem Verhalten, d. h., je religiöser eine Person ist, desto höher ist die Wahrscheinlichkeit, dass sie prosoziales Verhalten zeigt. Auf der anderen Seite korreliert Religiosität meist negativ mit

Drogenmissbrauch (siehe Kapitel 8), d. h., je religiöser eine Person ist, desto geringer ist die Wahrscheinlichkeit, dass sie solche Substanzen missbraucht.

Dagegen beinhalten qualitative Methoden (Interviews, Beobachtung) Messungen, welche auf qualitativer Ebene verbleiben, d. h., die Verhaltensbeobachtungen (inklusive Antworten in Interviews) der Versuchsteilnehmenden werden nicht in Zahlen übersetzt, sondern in inhaltlich sinnvollen Kategorien geordnet und dienen stärker der Interpretation von Sinnzusammenhängen.

(Leary, 2014; Passer u. Smith, 2009; Popp-Baier, 2003; Wolfradt u. Müller-Platz, 2003)

Anfänglich tendierte man zu Ein-Item-Messungen. So sollten Befragte nur eine Aussage, z. B. »Ich glaube an Gott«, auf einer mehrstufigen Skala von »überhaupt nicht wahr« bis »vollständig wahr« bewerten (Loewenthal, 2000). Bis heute gilt das Item »Als wie religiös würden Sie sich selbst bezeichnen?« (meist auf einer mehrstufigen Antwortskala von »überhaupt nicht« bis »sehr«; siehe z. B. Bertelsmann Stiftung, 2023) als ein sehr gebräuchlicher Indikator von Religiosität.

Meistens jedoch möchte die Religionspsychologie einen differenzierten Blick auf die Religiosität von Menschen gewinnen, inklusive ihrer Zusammenhänge mit anderen Lebensbereichen wie psychische Gesundheit (Kapitel 8) oder Selbstbild (Kapitel 6). Hierzu bedarf es dann Messinstrumente, die mehrere Religiositätsdimensionen abbilden (z. B. Glaube an Gott, Häufigkeit von religiösen Praktiken, religiöse Erfahrungen, welches Bild Menschen von Gott haben). Solche mehrdimensionalen Messinstrumente stellen heutzutage die große Mehrheit an Religiositätsmessungen dar (Hill u. Hood, 1999).

Ein solches mehrdimensionales Messinstrument ist die Zentralitätsskala von Stefan Huber (Huber, 2004; Huber u. Huber, 2012). Sie liegt in vielen verschiedenen Sprachen, in einer interreligiösen Version vor und auch in Versionen, die sensitiv für verschiedene religiöse Traditionen sind (z. B. Buddhismus, siehe Nguyen et al., 2021; Bahá'í-Religion, siehe Demmrich, 2020a). Auch gibt es die Skala in verschiedenen Längen, je nachdem, wie differenziert man Religiosität messen möchte. Die gängigste Version ist in der folgenden Box dargestellt (das dahinterstehende Messmodell stellen wir in Kapitel 6 vor).

Box 1.2: Zentralität der Religiosität (Huber, 2004: CRS-15)

1. Wie häufig nehmen Sie in der Regel an Gottesdiensten teil – auch über Radio oder Fernsehen?

nie	höchstens einmal im Jahr	ein paar Mal im Jahr	etwa einmal im Monat	alle 14 Tage	etwa einmal in der Woche	mehrmals in der Woche
☐	☐	☐	☐	☐	☐	☐

2. Wie häufig beten Sie in der Regel?

nie	höchstens einmal im Jahr	ein paar Mal im Jahr	etwa einmal im Monat	mehrmals im Monat	etwa einmal in der Woche	mehrmals in der Woche	etwa einmal am Tag	mehrmals am Tag
☐	☐	☐	☐	☐	☐	☐	☐	☐

3. Wie interessant, wichtig oder wahrscheinlich sind die folgenden Inhalte? (Bitte geben Sie bei diesen und allen weiteren Fragen von Ihrer persönlichen Vorstellung von »Gott« aus.)

	1 gar nicht	2 wenig	3 mittel	4 ziemlich	5 sehr
Wie sehr interessieren Sie sich dafür, mehr über religiöse Fragen zu erfahren?	☐	☐	☐	☐	☐
Wie hoch ist Ihrer Ansicht nach die Wahrscheinlichkeit, dass Gott wirklich existiert und nicht nur eine menschliche Idee ist?	☐	☐	☐	☐	☐
Wie wichtig ist Ihnen die Teilnahme an Gottesdiensten?	☐	☐	☐	☐	☐
Wie wichtig ist für Sie das persönliche Gebet?	☐	☐	☐	☐	☐
Wie hoch ist Ihrer Ansicht nach die Wahrscheinlichkeit, dass es ein Leben nach dem Tod gibt?	☐	☐	☐	☐	☐
Wie wichtig ist Ihnen die Verbindung zu einer religiösen Gemeinschaft?	☐	☐	☐	☐	☐
Wie hoch ist Ihrer Ansicht nach die Wahrscheinlichkeit, dass es eine höhere Macht gibt?	☐	☐	☐	☐	☐

4. Wie oft kommen die folgenden Ereignisse und Situationen bei Ihnen vor?
(Antworten Sie bitte ganz nach Ihrem Gefühl.)

Wie oft …

	1 gar nicht	2 selten	3 gelegent- lich	4 oft	5 sehr oft
… denken Sie über religiöse Ereignisse nach?	☐	☐	☐	☐	☐
… richten Sie mitten in Ihrem Alltag ein kurzes Gebet an Gott?	☐	☐	☐	☐	☐
… informieren Sie sich durch Radio, Fernsehen, Zeitschriften oder Bücher über religiöse Fragen?	☐	☐	☐	☐	☐
… erleben Sie Situationen, in denen Sie das Gefühl haben, dass Gott anwesend ist?	☐	☐	☐	☐	☐
… erleben Sie Situationen, in denen Sie das Gefühl haben, dass Gott Ihnen etwas sagen will?	☐	☐	☐	☐	☐
… erleben Sie Situationen, in denen Sie das Gefühl haben, dass Gott in Ihr Leben eingreift?	☐	☐	☐	☐	☐

Auswertung:

1. Kodieren Sie die Antworten auf Frage 1 (Gottesdienst) folgendermaßen:
   nie = 1
   höchstens einmal im Jahr, ein paar Mal im Jahr = 2
   etwa einmal im Monat = 3
   alle 14 Tage = 4
   etwa einmal in der Woche, mehrmals in der Woche = 5
2. Kodieren Sie die Antworten auf Frage 2 (Gebet) folgendermaßen:
   nie = 1
   höchstens einmal im Jahr, ein paar Mal im Jahr = 2
   etwa einmal im Monat, mehrmals im Monat, etwa einmal in der Woche = 3
   mehrmals in der Woche = 4
   etwa einmal am Tag, mehrmals am Tag = 5
3. Addieren Sie nun alle Ihre Antworten auf und dividieren Sie das Ergebnis durch 15. Wie religiös sind Sie entsprechend der folgenden Normwerte?

Gesamtscore von 1.0 bis 2.0: nicht religiös
Gesamtscore von 2.1 bis 3.9: religiös
Gesamtscore von 4.0 bis 5.0: hochreligiös

1.2.2 Spiritualitätsskalen

Wie wir weiter oben gesehen haben, hat sich der Stellenwert der Religion in der Gesellschaft in den letzten Jahrzehnten beträchtlich gewandelt. Die jüngste Statistik des Religionsmonitors zeigt, dass nun das erste Mal in Deutschland die Mehrheit keiner Kirche angehört und von den verbliebenen Kirchenmitgliedern jeder Vierte über einen Kirchenaustritt nachdenkt (Bertelsmann Stiftung, 2023). Immer weniger Menschen haben somit einen Bezug zu einer institutionalisierten Religion, sodass Religiosität immer weniger messbar ist, auch weil einzelne Items für nichtreligiöse Menschen kaum beantwortbar sind (z. B. »Ein Grund für meine Kirchenmitgliedschaft ist, dass man dort gute zwischenmenschliche Beziehungen aufbauen kann«, Allport u. Ross, 1967).

Fragt man jedoch nach der individuell sehr verschiedenartig ausgeprägten persönlichen Welt- und Lebensdeutung im Sinne einer persönlichen Suche nach etwas Heiligem und einer Verbundenheit mit einem größeren Ganzen, so steht »Spiritualität« im Zentrum des Interesses. Deshalb findet dieses Konzept zunehmende Aufmerksamkeit in der Religionsforschung und wird neben der Religiosität eigenständig erfasst und analysiert.

Da die Messung von Spiritualität aus der Messung der Religiosität hervorgegangen ist, sind zwar ebenso einzelne Indikatoren für einen groben Überblick verbreitet (z. B. spirituelle Selbsteinschätzung als Pendant zur oben vorgestellten religiösen Selbsteinschätzung), aber es überwiegen dennoch Skalen, die Spiritualität über einzelne Dimensionen oder über mehrere Dimensionen gleichzeitig erfassen: spirituelle Erfahrungen, spirituelles Selbstbild oder spirituelle Intelligenz (Klein et al., 2012; Zwingmann u. Klein, 2011). Häufig werden, vor allem im deutschsprachigen Bereich, Religiosität und Spiritualität nicht strikt voneinander getrennt, sondern als überlappend betrachtet und die Skalen entsprechend konzipiert (siehe Abbildungen 1.4–1.6). Exemplarisch wird in Box 1.3 ein Instrument zur Messung des spirituellen Wohlbefindens, welches vier Subdimensionen misst, vorgestellt.

Box 1.3: Das multidimensionale Inventar für religiöses/spirituelles Wohlbefinden, Kurzversion (Fuchshuber u. Unterrainer, 2021: MI-RSWB 12)

Anmerkung: Sie werden bei der Bearbeitung der einzelnen Fragen öfters auf den Begriff »Gott« stoßen. Der Begriff »Gott« kann, muss aber nicht im christlich-konfessionellen Sinne verstanden werden. Falls Sie den Begriff »Gott« als unpassend empfinden, können Sie diesen gedanklich durch eine Formulierung wie »höhere Macht« ersetzen. Die Beantwortung des Fragebogens ist trotz der völligen Ablehnung eines religiösen Glaubens möglich. Diese Haltung wird im Fragebogen berücksichtigt.

Bitte bewerten Sie jede einzelne der folgenden Aussagen auf einer Skala von 1 bis 6. Dabei bedeutet 1, dass Sie ganz und gar nicht zustimmen, 6 bedeutet, dass Sie voll und ganz zustimmen:

1	2	3	4	5	6
stimme ganz und gar nicht zu					stimme voll und ganz zu

Bitte tragen Sie nun hinter jeder Aussage die jeweilige Zahl ein.

	Aussage	Zahl
01	Mein Glaube gibt mir ein Gefühl von Sicherheit.	
02	Ich habe eine Erfahrung gemacht, in der meine Person in etwas Größerem aufzugehen schien.	
03	Es ist für mich möglich, Zufriedenheit im vertraulichen Gespräch mit Gott zu finden.	
04	Es gibt Menschen, die ich hasse.	
05	Ich werde mit Gottes Hilfe alle Probleme bewältigen können.	
06	Es gibt Menschen, denen ich niemals verzeihen werde können.	
07	Ich glaube, mein Leben entwickelt sich in die richtige Richtung.	
08	Es gibt Menschen, zu denen ich eine übersinnliche Verbindung verspüre.	
09	Ich glaube, dass ich in Zukunft mehr positive Erlebnisse haben werde als negative.	
10	Wenn mich jemand verletzt hat, versuche ich in der Regel es ihm heimzuzahlen.	
11	Ich glaube, dass ich in Zukunft so leben werde, wie ich mir das vorstelle.	
12	Ich habe erfahren, dass es Gegenstände gibt, von denen eine ganz besondere Kraft ausströmt.	

Auswertung:
Allgemeine Religiosität: Addieren Sie die Antworten von 1, 3 und 5.
Allverbundenheit: Addieren Sie die Antworten von 2, 8 und 12.
Vergeben: Kehren Sie die Antworten von 4, 6 und 10 um (1 = 6, 2 = 5, 3 = 4, 4 = 3, 5 = 2, 6 = 1) und addieren Sie diese drei neuen Werte auf.
Hoffnung: Addieren Sie die Antworten von 7, 9, 11.
Um Ihren globalen Wert für religiöses/spirituelles Wohlbefinden zu erhalten, addieren Sie nun schlussendlich Ihre Werte von Allgemeine Religiosität, Allverbundenheit, Vergeben und Hoffnung. Wie schneiden Sie im Vergleich zur Allgemeinbevölkerung ab?

Durchschnittswerte der gesunden Allgemeinbevölkerung:
Allgemeine Religiosität: 10,63
Allverbundenheit: 9,63
Vergeben: 13,03
Hoffnung: 13,75
Religiöses/spirituelles Wohlbefinden: 47,04

1.2.3 Die psychologische Erfassung der menschlichen Glaubensfähigkeit

Obwohl versucht wird, Religiosität und Spiritualität als psychologische Variablen zu messen, so hat dennoch die Kultur, sowohl der Forschenden als auch der Erforschten, einen starken Einfluss auf das, was gemessen wird. Aus diesem Grund sind die klassischen Religiositäts- und Spiritualitätsskalen in den letzten Jahren immer mehr in Verruf geraten, einer ethnozentrischen Verzerrung in Richtung des westlichen Protestantismus zu unterliegen (Ai et al., 2021; Cutting u. Walsh, 2008). Zudem haben wir gesehen, dass nicht nur Religiosität immer weniger in unseren westlichen Kontexten verbreitet ist, sondern sich auch nur eine Minderheit von Menschen als spirituell beschreibt (vgl. Abbildung 1.2). Doch woran glaubt ein Mensch in einer Umgebung, in der Religion im öffentlichen Raum kaum noch eine Rolle spielt? Denn auch gerade in Anbetracht von Grenzsituationen lässt sich die Frage stellen, durch welchen Glauben Individuen ihr Leben und ihr Verhalten als sinnvoll erleben (siehe auch Kapitel 2). Zur Lösung beider Probleme – der ethnozentrischen Messung und der sozialstrukturellen Marginalisierung von Religiosität und Spiritualität – kann nun die Frage gestellt werden, ob es nicht vielleicht sinnvoller ist, Glaube als zugrundeliegende Einheit von Religiosität und Spiritualität messbar zu machen.

Dabei ist Glaube so individuell wie Menschen selbst. Diese Vielzahl von Glaubensformen, die Menschen haben können, hat David Wulff (1997) in einem Vierfelderschema geordnet, welches in Abbildung 1.8 dargestellt ist. Glaube wird darin entlang zweier Dimensionen klassifiziert: buchstäblicher versus symbolischer Glaube, der Transzendenz ein- versus ausschließt. Transzendenter Glaube kann buchstäblich (z. B. im religiösen Fundamentalismus) oder symbolisch für wahr gehalten werden. Letzteres wird von einigen Theologen und Philosophinnen vertreten, für die Religion eine transzendente Wahrheit ausdrückt, aber auf symbolische oder metaphorische Art und Weise. Diese Position wird auch »symbolischer Realismus« genannt. Ebenso kann Glaube Transzendenz buchstäblich (z. B. medizinischer Materialismus) oder symbolisch ablehnen (z. B. die klassische Psychoanalyse).

Wulff hat aus diesem Schema und seinen späteren Arbeiten, auch in starker Anlehnung an Spranger (1974) und Fowler (2000), eine Methode entwickelt,

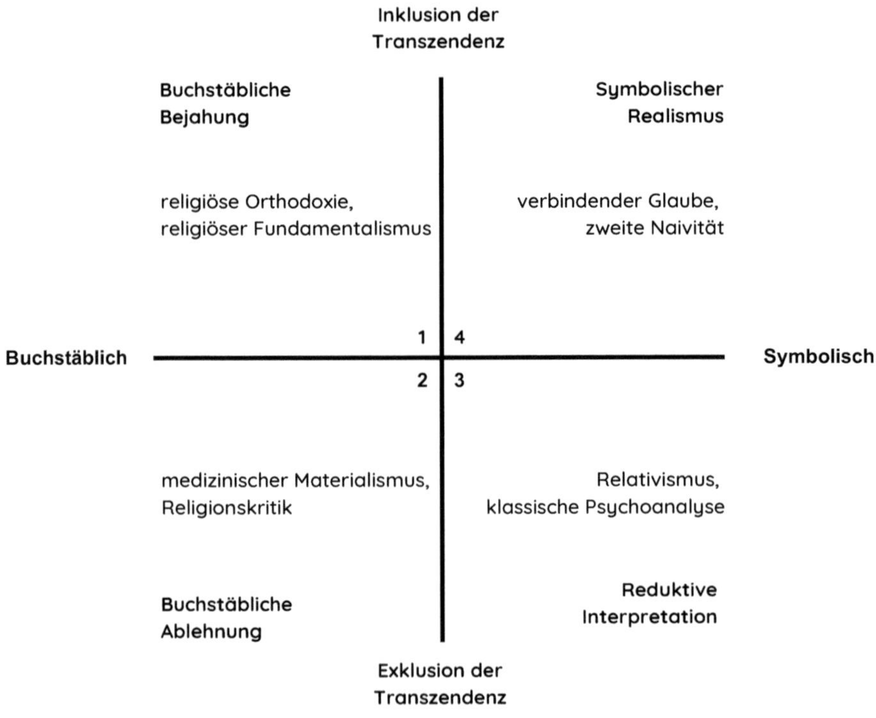

Abbildung 1.8: Schema der Glaubenstypen (nach Wulff, 1997, S. 635)

Glauben – mittels der sogenannten Faith Q-Sort – zu messen (Wulff, 2019). Diese wurde von Nynäs et al. (2022) vor allem hinsichtlich der Anwendung auf verschiedene Kulturen weiterentwickelt und besteht aus 101 Aussagen (siehe Box 1.4), die auf Karten gedruckt sind und mit denen die Befragten konfrontiert werden. Die Befragten haben nun die Aufgabe, diese Aussagen auf einem neunstufigen Kontinuum von »beschreibt mich am wenigsten« bis »beschreibt mich am besten« anzuordnen. Dazu dient ein Erfassungsbogen mit 101 Zellen, in welche die Karten angeordnet werden sollen. Diese Zellen sind entsprechend einer Normalverteilung angeordnet (d.h., nur wenige Aussagen können in den Extremkategorien »beschreibt mich am wenigsten« und »beschreibt mich am besten« und die meisten Aussagen können in der Mitte sortiert werden, siehe Abbildung 1.9). Im Gegensatz zu quantitativen Skalen, bei denen meist nur ein Mittelwert gebildet wird, ist die Anordnung einer Karte auf dem Schema abhängig von den Anordnungen der anderen Karten, d.h., die Beziehungen zwischen den Aussagen sind von zentralem Interesse.

Box 1.4: Auszug aus den Glaubensaussagen des Faith Q-Sort (Nynäs et al., 2022; eigene Übers.)

2. Hat häufig Zweifel an lang gehegten religiösen Überzeugungen.
8. Sehnt sich nach einem tieferen, sichereren Glauben.
13. Betrachtet den religiösen Glauben als eine nie endende Suche.
23. Führt regelmäßig spirituelle Praktiken im Privaten durch.
24. Interessiert sich nicht für religiöse oder spirituelle Angelegenheiten.
33. Fühlt sich durch Musik, Kunst oder Poesie spirituell bewegt und zutiefst getragen.
34. Sieht diese Welt als einen Ort des Leidens und des Kummers.
51. Arbeitet aktiv daran, die Welt zu einem besseren Ort zum Leben zu machen.
53. Glaubt an ein göttliches Wesen, mit dem man eine persönliche Beziehung haben kann.
89. Hat Momente der tiefen Erleuchtung erlebt.
100. Unterstützt die individuelle Entscheidungsfreiheit in Glaubens- und Moralfragen.

Der Faith Q-Sort ist ein differenziertes Messinstrument des Glaubens, der genutzt werden kann, um den Glauben eines einzelnen Menschen abzubilden. Dies ist besonders in der psychologischen Diagnostik und der Beratung

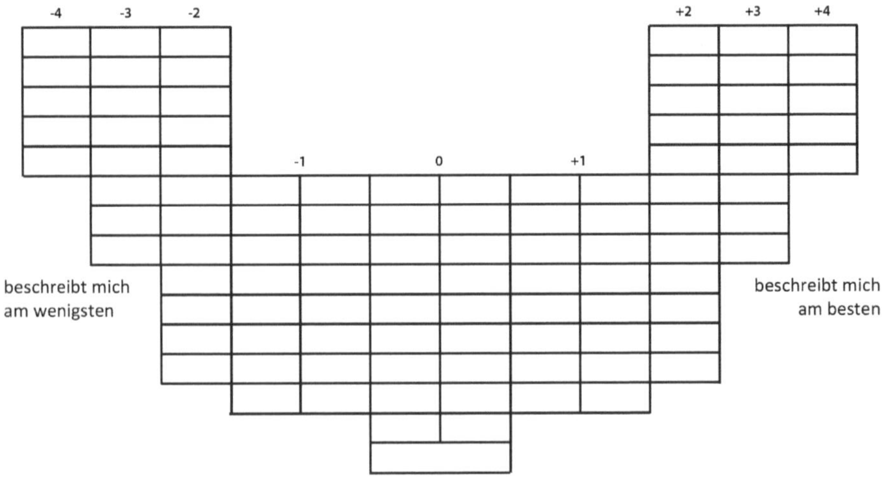

Abbildung 1.9: Der Erfassungsbogen des Faith Q-Sort (nach Nynäs et al., 2022, S. 8, © Springer)

bzw. Therapie von Belang. Letzteres insbesondere dann, wenn Personen von Schuldgefühlen in Verbindung mit ihrem Glauben oder den damit verbundenen moralischen Idealen berichten oder von anhaltenden Glaubenszweifeln, die als Belastung erlebt werden. Es ist jedoch auch relevant, insbesondere in der Glaubensforschung, mögliche Prototypen des Glaubens zu bilden. Ein Prototypus ist eine ähnliche Sortierung mehrerer Personen, der sich dann auch von anderen Prototypen unterscheiden lässt. Unter jungen Erwachsenen aus zwölf Ländern konnten Nynäs et al. (2022) fünf globale Prototypen des Glaubens aufzeigen, die hier nur verkürzt wiedergegeben werden können:

1. *Säkular-humanistischer Prototyp:* distanziert sich klar von allen religiösen Ideen und Praktiken und steht der religiösen Tradition seiner Kultur kritisch gegenüber; versucht aktiv, gesellschaftliche Strukturen und Werte im Glauben an den menschlichen Fortschritt zu verändern; individuelle Entscheidungsfreiheit in Fragen des Glaubens und der Moral ist ein wichtiger Wert; glaubt, dass man zutiefst moralisch sein kann, ohne religiös zu sein.
2. *Aktiv-vertrauender gläubiger Prototyp*: Religion steht im Mittelpunkt des Lebens und er oder sie ist aktives Mitglied einer religiösen oder spirituellen Gemeinschaft; Religion wird als zentraler Weg angesehen, um ein besserer und moralischerer Mensch zu werden; dieser Prototyp kann sich nicht mit Menschen identifizieren, die sich von religiösen oder spirituellen Angelegenheiten distanzieren.

3. *Unengagierter traditionalistischer Prototyp*: schätzt die kulturelle und gesellschaftliche Rolle der Religion und hält es für wichtig, seiner Religion treu zu bleiben; ist bewegt von der Atmosphäre von heiligen Orten; glaubt, dass religiösen Traditionen der Welt auf eine gemeinsame Wahrheit hinweisen; hat keine häufigen Zweifel an religiösen Überzeugungen oder der Heiligkeit religiöser Schriften; schätzt moralische Reinheit und ist überzeugt, dass diejenigen, die nicht rechtschaffend leben, Leid oder Strafe droht.
4. *Spirituell eingestellter Prototyp*: glaubt in gewisser Weise, sieht sich aber nicht als religiös an; übernimmt Elemente aus verschiedenen religiösen und spirituellen Traditionen; Selbstverwirklichung gilt diesem Prototyp als ein primäres spirituelles Ziel; spürt spirituelle oder höhere Ordnung der Wirklichkeit inmitten der Natur; möchte gesellschaftliche Strukturen und Werte verändern und die Welt zu einem besseren Ort machen; distanziert sich deutlich von Vorstellungen, dass bestimmte Überzeugungen für das Seelenheil entscheidend sind, und von der Behauptung, dass der regelmäßige Besuch von Gottesdiensten ein wesentlicher Ausdruck des Glaubens sind.
5. *Gelöst-liberaler Prototyp*: nicht interessiert an religiöser oder spiritueller Suche; kein aktives Mitglied in religiöser oder spiritueller Gemeinschaft; beteiligt sich aber an religiösen Aktivitäten zu bestimmten Anlässen; ist in gewisser Weise gläubig, betrachtet sich aber nicht als religiös; wird religiöser oder spiritueller in Krisen; betet, um Trost und Schutz zu finden; distanziert sich von Forderungen, dass man der Religion seiner Gesellschaft treu bleiben sollte.

Nynäs et al. (2022) stellen neben diesen globalen auch solche Prototypen vor, die für bestimmte Länder spezifisch sind. Leider erfasste diese groß angelegte Studie kein deutschsprachiges Land, es kann jedoch davon ausgegangen werden, dass die fünf internationalen Prototypen auch bei uns mehr oder weniger auftreten.

Ein weiteres, stärker quantitativ ausgerichtetes Instrument zur Messung von Glauben – vor allem der Glauben an eine höhere Macht sowie die Bereitschaft, dieser Macht zu vertrauen – ist die Skala zur Messung des transpersonalen Vertrauens (Box 1.5).

Box 1.5: Transpersonales Vertrauen (Hampel et al., 2020: TPV-4R)

Bitte bewerten Sie jede einzelne der folgenden Aussagen auf einer Skala von 1 bis 4. Diesmal bedeutet 1 »trifft vollständig zu« und 4 »trifft gar nicht zu«.

1	2	3	4
trifft vollständig zu	trifft teilweise/ etwas zu	trifft eher/ teilweise zu	trifft gar nicht zu

Bitte tragen Sie nun hinter jeder Aussage die jeweilige Zahl ein.

	Aussage	Zahl
01	Religiöse Praktiken (z. B. beten, Mantren sprechen, geistige Lieder singen, meditieren) helfen mir in schwierigen Situationen.	
02	Meine Seele lebt auch nach meinem Tod weiter.	
03	Ich versuche, mich der Hand Gottes/eines höheren Wesens/einer höheren Wirklichkeit anzuvertrauen.	
04	Ich bezeichne mich als religiös, auch wenn ich keiner Glaubensgemeinschaft angehöre.	

Auswertung:

Addieren Sie Ihre Antworten auf. Der Durchschnittswert der deutschen Allgemeinbevölkerung beträgt 7,66. Entsprechen Sie in etwa diesem Durchschnitt; liegen Sie deutlich darüber (wenig transpersonales Vertrauen) oder deutlich darunter (starkes transpersonales Vertrauen)?

1.3 Psychologische Auswirkungen der Glaubensfähigkeit

Glaube gilt als Bedürfnis (Kristeva, 2014) und als menschliche Fähigkeit zur Krisenbewältigung (Cyrulnik, 2018), der auch einem schweren Leben Sinn und Bedeutung verleihen kann (Fowler, 2000; vgl. Kapitel 2). Heute ist erwiesen, dass Menschen mit einer reflektierten Glaubensüberzeugung Lebenskrisen, Traumata, eine schwere Erkrankung oder schmerzliche Verlusterfahrungen besser bewältigen können. Glaube ist also ein Resilienzfaktor (Richter, 2021).

In einer eindrucksvollen Studie hat das Team um die Harvard-Onkologin Tracy Balboni et al. (2022) 371 empirischen Studien aus den Jahren 2000 bis April 2022 einer Metaanalyse unterzogen. Sie analysierten die Frage, ob und wie Glaubensüberzeugungen und -praktiken in die Behandlung schwerer Erkrankungen (z. B. Krebs) einbezogen wurden und wie diese den Heilungsverlauf beeinflussten. Die Forschergruppe stellte erstaunt fest, dass die Faktoren Religion, Spiritualität und Glaube oft nicht systematisch berücksichtigt wurden, obwohl die Forschung in den letzten Jahren immer deutlicher die Ressourcen des Glaubens bei der Behandlung schwerer Erkrankungen herausgestellt hat. Insgesamt kommt die Analyse zum Ergebnis, dass die Einbeziehung des Glaubens der Patientinnen und Patienten sich auf den Heilungsverlauf positiv auswirken kann. Jedoch zeigen Balboni et al. auch negative Aspekte von Glaubensüberzeugungen auf, wie spirituellen Krisen (vgl. Kapitel 2) und dysfunktionale religiöse Bewältigungsstrategien (Coping) im Umgang mit der Erkrankung.

Die Ergebnisse dieser Studie münden in drei essenziellen Empfehlungen:

1. Bei einer schweren Erkrankung ist die Einbeziehung der Glaubensbedürfnisse der Patientinnen und Patienten medizinisch zu empfehlen.
2. In Weiterbildungen sollten die spirituellen Kompetenzen, also die Beachtung der Dimension der Glaubensfähigkeit, in den interdisziplinären Behandlungsteams verbessert werden.
3. Spezielle Angebote von Seelsorge und Spiritual Care verbessern die Behandlung Schwerkranker. Diese dritte Empfehlung weist Seelsorgeangeboten einen wichtigen Platz im Gesundheitssystem zu. Ergänzend zu einer Beachtung der philosophischen Sinnfragen (Spiritual Care), die mit einer schweren Erkrankung einhergehen, ist bei religiösen Patienten die Einbeziehung ihrer Glaubensüberzeugungen und -praxis durch seelsorgliche Angebote wichtig.

Der negative Aspekt wird maßgeblich von Studien der deutschen Forschungsgruppe um Arndt Büssing (Universität Witten/Herdecke) eingebracht, die zu religiösen Bedürfnissen und »geistlicher Trockenheit« (Durststrecken oder Krisen in der geistlichen Entwicklung) forscht. Geistliche Trockenheit ist keine psychiatrische Diagnose, sondern beschreibt eine kürzer oder länger andauernde Phase. Wenn die Phase der inneren Leere und empfundenen Gottesferne überwunden werden konnte, so die Forscher, wurde sie zu einem wesentlichen Aspekt geistlichen Wachstums (Büssing et al., 2020). Es ließen sich veränderte Einstellungen und ein verändertes Verhalten feststellen. Bei vielen Befragten machte die Sinnkrise, die teilweise mit einer depressiven Episode und emotionaler Erschöpfung einherging, eine Unterstützung durch geistliche Begleiterinnen und/oder Psychotherapeuten nötig. Dieser Aspekt wird in Kapitel 7 vertieft.

ERSCHLIESSUNGSFRAGEN

1. Denken Sie an einen Glauben, der Transzendenz ausschließt. Welche kognitive, emotionale und Verhaltenskomponente besitzt dieser Glaube (siehe Abbildung 1.1)? Wo kann dieser in Wulffs Vierfelderschema (siehe Abbildung 1.8) eingeordnet werden?
2. Was bedeutet das erste religionspsychologische Prinzip vom Ausschluss der Transzendenz, und was beabsichtigt das zweite Prinzip vom Einschluss der Transzendenz?
3. Warum ist bei einer schweren Erkrankung die Berücksichtigung von individuellen Glaubensbedürfnissen medizinisch empfehlenswert?

PERSÖNLICHE VERTIEFUNG/SELBSTERFAHRUNG

1. Testen Sie sich selbst mit den beiden vorgestellten Messinstrumenten zu Religiosität und Spiritualität. Wo könnten Sie sich selbst einordnen – als religiöser und spiritueller Mensch, als religiöser oder spiritueller Mensch oder als nichts von beiden? Zu welchem Segment der deutschen Bevölkerung gehören Sie entsprechend der Abbildung 1.3?
2. In den historischen Streitigkeiten bei der Etablierung der wissenschaftlichen Religionspsychologie wurde immer wieder um das Verhältnis zwischen Glauben und Wissen gerungen. Wie ordnen Sie persönlich diese beiden Zugänge zum Umgang mit der »Wirklichkeit« zu?
3. Haben Sie vor einer Entscheidung schon einmal im Konflikt zwischen »Wissen« und »Glauben« gestanden? Wie haben Sie diesen Konflikt gelöst?

WEITERFÜHRENDE LITERATUR

Für einen vertieften Überblick zu verschiedenen Definitionen von Religiosität, Spiritualität und Glauben und deren Beziehung untereinander empfehlen wir Katarzyna Skrzypińskas (2023) Einführung in die Psychologie der Spiritualität. Qualitative und quantitative Methoden in der Religionspsychologie sind im Kapitel 3 von Henning et al. (2003) detailliert herausgearbeitet. Zur Messung von Religiosität und Spiritualität gilt immer noch Hill und Hood (1999) als Standardwerk; eine Neuauflage erscheint voraussichtlich Ende 2023 (persönliche Korrespondenz mit Ralph Hood). Einblicke in Skalen jenseits des Christentums bietet der Sammelband von Ai et al. (2021) an. Eine Studie zu heutigen Glaubensformen junger Erwachsener in 13 Ländern bieten Nynäs et al. (2022).

2 Existenzielle Krisen, Sinnhaftigkeit und »gläubige« Antwortversuche

Lernziele

1. Angstbesetzte Themen und Situationen darstellen können, die zu einer existenziellen und/oder spirituellen Krise führen.
2. Die Begriffe »Sinnhaftigkeit« und »existenzielle Krise« definieren und deren Beziehung untereinander erklären können.
3. Begründen können, wieso Spiritualität und Glaube starke Quellen des Lebenssinns sind.
4. Wege zur Sinnhaftigkeit in einer existenziellen Krise aufzeigen und erklären können, wie Therapierende und Beratende bei der Bewältigung dieser Krise unterstützen können.

»Wer ein Warum im Leben hat, erträgt fast jedes Wie.«
(Friedrich Nietzsche)

In den letzten Jahren haben weltweite Krisen das seelische Wohlbefinden der Bevölkerung nachhaltig beeinträchtigt. Durch die Klimakrise, die mehrjährige Covid-19-Pandemie sowie den unerwarteten Angriff Russlands auf die Ukraine haben sich Ohnmachts- und Hilflosigkeitsgefühle in vielen Bevölkerungsgruppen ausgebreitet, die bei manchen sogar zu manifesten Depressionen und Angststörungen geführt haben (Schnetzer u. Hurrelmann, 2022).

Aufgrund der Verletzlichkeit des Lebens ist jeder Mensch bestrebt, solche Bedrohungen und Einschränkungen zu minimieren. Dieses Kapitel beschreibt, wie existenzielle Krisen und der Umgang mit unausweichlichen Grenzsituationen wirkungsvoll mit einer Sinngebung bewältigt werden können. Die Fähigkeiten, zu glauben, zu hoffen und zu lieben, sind aus psychologischer Sicht menschliche Eigenschaften, die dazu beitragen, das Zufällige, Schicksalhafte, Tragische und Absurde unserer Existenz zu bewältigen.

Dieses Kapitel geht von der Situation einer existenziellen Krise aus, in der auf besondere Weise nach Sinn gesucht wird. Religiös und spirituell orientierte Menschen erleben solche Phasen häufig als eine spirituelle Krise. Aber auch allgemeine existenzielle Krisen sind durch eine Glaubensdimension geprägt. Schlussendlich wird auf Sinnkrisen und -fragen im Kontext psychologischer Beratung und Therapie eingegangen.

2.1 Existenzielle Krisen und Sinnsuche

In schwierigen Lebensphasen wird häufig die Frage nach dem Sinn bedeutsam. Bereits nach kritischen Lebensereignissen wie einem Umzug, dem Beginn oder Ende der Berufstätigkeit oder einer Scheidung besteht die Aufgabe darin, sich den neuen Anforderungen auch psychisch anzupassen, auch mittels individueller Fragen nach der Sinnhaftigkeit »von allem«. Angesichts von Schicksalsschlägen wie Unfälle oder schwere Erkrankungen, die als Bedrohung der eigenen Existenz erlebt werden, drängt jedoch die unlösbare Frage nach dem »Warum gerade ich?« noch stärker in den Vordergrund. Doch schon allein die menschliche Existenz an sich weist Gegebenheiten auf, die für uns schwer zu ertragen sind: Tod, Freiheit, Isolation und Sinnlosigkeit (Yalom, 2005, siehe Box 2.1).

Box 2.1: Schwer zu ertragende Bedingungen der menschlichen Existenz (Yalom, 2005)

- Die Möglichkeiten und Fähigkeiten jedes Menschen sind begrenzt.
- Alles als sicher Geglaubtes kann jederzeit und unwiederbringlich verloren gehen.
- Sich selbst und andere Menschen kann man niemals vollkommen verstehen.
- Keine höhere Gerechtigkeit sorgt auf der Welt dafür, dass die Guten belohnt und die Bösen bestraft werden.
- Es gibt keine Garantie dafür, dass wir Hilfe erhalten, wenn wir sie brauchen.
- Nicht alle Probleme sind lösbar.
- Es gibt Fragen, auf die man auch durch noch so großes Bemühen keine Antwort findet.

Eine solche Unberechenbarkeit und Unkontrollierbarkeit alles Lebendigen, d. h. das Erleben von *Kontingenzen*, kann Ängste auslösen, die bis hinein in psychische Störungen und Krankheiten führen können. Dazu zählen neben Angst vor Einsamkeit oder Versagen auch die existenzielle Angst (Leu, 2019).

Definitionen

Existenzielle Angst ist »die Angst vor Endlichkeit, dem Nicht-sein, vor dem Ende des eigenen Selbst, vor dem Nichts« (Stavemann u. Hülsner, 2019, S. 15).

Dagegen bezeichnet die *existenzielle Krise* die labile Phase einer Suchbewegung, in der bisherige Überzeugungen und Werte infrage gestellt werden, weil sie nicht mehr tragfähig erscheinen. Deshalb ist die existenzielle Krise auch eine *Sinnkrise,* welche häufig als schmerzhaft und frustrierend erlebt wird und in der das eigene Leben als leer, nutz- und sinnlos beurteilt wird. Sinnkrisen treten besonders in den Grenzsituationen des Lebens auf, daher sind die Übergänge zwischen existenzieller Angst und existenzieller Krise als fließend anzusehen (Schnell, 2020; Stavemann u. Hülsner, 2019).

Demgegenüber stellt *Sinnhaftigkeit* das Grundvertrauen dar, dass das Leben lebenswert ist. Sie beruht auf einer Bewertung des eigenen Lebens als

- *kohärent* (konsistent, verständlich),
- *bedeutsam* (selbstwirksam),
- *orientiert* (auf ein Ziel, einen Zweck hin),
- *zugehörig* (einen Platz in der Welt haben).

Dieser beschriebene *Lebenssinn* speist sich aus Interaktionen zwischen Individuum und Sinnquellen (z. B. Religiosität, persönliche Entwicklung, Tradition, soziales Engagement, soziale Einbindung) und ist meist unbewusst, kann aber – vor allem in Sinnkrisen – auch aus bewusster Selbstreflexion hervorgehen (siehe auch 2.2).

Existenzielle Krisen bzw. Sinnkrisen und Sinnhaftigkeit werden dabei häufig als zwei Pole auf einem Kontinuum angesehen, gerade auch, weil Menschen aus Krisen mehr Lebenssinn schöpfen können (Frankl, 1969/2014). Neuere Forschung fand jedoch, dass ein Mangel an Sinn nicht unbedingt in eine Krise oder psychische Störung münden muss; manchmal gibt es auch Menschen, die geringen Sinn und gleichzeitig eine geringe bis keine Sinnkrise erfahren. Darüber hinaus gibt es auch Menschen, die gleichgültig gegenüber der Suche nach einem persönlichen Sinn im Leben sind und Sinnquellen distanziert bis ablehnend gegenüberstehen – vor allem in Gesellschaften, die einen hohen Wohlstand aufweisen, wie Deutschland (Schnell, 2020). In der folgenden Box 2.2 können Sie Ihren Lebenssinn testen.

Box 2.2: Selbsttest Lebenssinn (Meaning in Life Questionnaire von Michael F. Steger)

Bitte nehmen Sie sich einen Moment Zeit, um darüber nachzudenken, was Ihr Leben für Sie wichtig macht. Bitte beantworten Sie die folgenden Aussagen so wahrheitsgetreu und genau wie möglich. Denken Sie bitte auch daran, dass es sich um sehr subjektive Fragen handelt und dass es keine richtigen oder falschen Antworten gibt. Bitte antworten Sie anhand der untenstehenden Skala:

völlig falsch	überwiegend falsch	eher falsch	kann nicht sagen, ob falsch oder wahr	eher wahr	überwiegend wahr	völlig wahr
1	2	3	4	5	6	7

1. _____ Ich kenne den Sinn meines Lebens.
2. _____ Ich suche nach etwas, das meinem Leben Sinn verleiht.
3. _____ Ich bin auf der Suche nach meinem Lebenssinn.
4. _____ Mein Leben hat einen deutlichen Sinn.
5. _____ Mir ist bewusst, was mein Leben sinnvoll macht.
6. _____ Ich habe einen erfüllenden Lebenssinn gefunden.
7. _____ Ich bin immer auf der Suche nach etwas, das mein Leben bedeutungsvoll macht.
8. _____ Ich suche nach einem Lebenssinn oder einer Lebensaufgabe.
9. _____ Mein Leben hat keinen mir ersichtlichen Sinn.
10. _____ Ich suche nach einem Sinn in meinem Leben.

(Quelle: Steger, 2010; Steger u. Shin, 2010)

Für die Berechnung der Summenwerte und die Interpretation siehe »Persönliche Vertiefung/Selbsterfahrung« am Ende dieses Kapitels.

2.2 Spirituelle Krise

Je nach der individuellen Sinn- und Lebensdeutung sowie der Intensität der Krise können Sinnkrisen auch als »spirituelle« Krise empfunden und verarbeitet werden. Neben den normativen Krisen wie etwa dem Auszug aus dem Elternhaus oder der Berentung kann ein »Zufall« oder ein »Unfall« eine (spirituelle) Krise auslösen. Wenn einem Menschen plötzlich buchstäblich – z. B. bei einem Lawinenunglück oder einem Erdbeben – oder symbolisch – z. B. beim Verlust einer »tragenden« Beziehungsperson – der Boden unter den Füßen weggerissen wird, rücken unweigerlich grundsätzliche, existenzielle Fragen in den Vordergrund. Bisherige Lebenskonzepte werden infrage gestellt, und häufig ist eine Neuorientierung nötig. Ein Berater berichtete von einer Patientin, die das Erdbeben 1999 in der Türkei miterlebte und dabei unter den Haustrümmern verschüttet wurde. Sie und ihre Schwester überlebten, die Mutter starb: »Die Patientin erlebte nicht nur, wie die Erde unter ihr zitterte und schwankte. [...] Ihr ganzes Weltbild brach zusammen – mit Fragen und Anklagen an den Gott ihrer Religion« (Madert, 2007, S. 22).

Auch die Religionsgeschichte belegt mit zahlreichen Beispielen, wie das Durchleben einer existenziellen Krise zu tiefen spirituellen oder religiösen Erfahrungen führen kann (Bucke, 1993; Sloterdijk, 2007). Ein Beispiel aus der christlichen Mystik ist die »dunkle Nacht der Seele«, eine Art depressive Episode voller Einsamkeit und Traurigkeit als Durchgangsstadium zu einer tiefen, neuartigen Gottesbegegnung des spanischen Mönchs Johannes vom Kreuz (1542–1591). Ein depressiver Rückzug kann aus heutiger Sicht ein Durchgangsstadium zu einer religiösen Weiterentwicklung sein (Bäumer u. Plattig, 2008; Mauryka et al., 2023).

Um das breite und schwammige Konzept der spirituellen Krise zu präzisieren, werden hier drei Kontexte unterschieden, die solche Krisen auslösen können (Box 2.3):

Box 2.3: Drei Auslöser und Kontexte einer spirituellen Krise

1. Übergangsphase im Lebenslauf, Glaubensentwicklung, Konversion, Dekonversion;
2. Unfall, Traumatisierung;
3. außergewöhnliche Bewusstseinserfahrungen (Drogen, Meditation, psychotische Episode).

Erstens sind Krisen ein elementarer Bestandteil jedes Entwicklungsprozesses. Aufgrund der Unfertigkeit des Menschen muss jedes Individuum in seinem Wachstums- und Reifungsprozess Entwicklungskrisen bewältigen. In jedem dieser krisenhaften Durchgangsstadien gilt es, sich von überholten, nicht mehr passenden Denk- und Verhaltensmustern zu trennen und neue Umgangsformen mit sich und der Umwelt einzuüben (siehe auch Kapitel 5). Häufig nehmen Entwicklungskrisen großen Einfluss auf das Leben und die Lebenspläne einer Person. Viele Krisen werden noch lange erinnert als große Herausforderungen oder auch Wendepunkte, die dem Leben eine neue Richtung gaben, eine Reorganisation der Lebenspläne notwendig machten und aus denen man vielleicht mit neuem Selbstkonzept und neuer Weltsicht hervorging. Solche Veränderungen können sowohl Gewinne darstellen als auch Störungen verursachen (Erikson, 1982). Es ist empirisch erwiesen, dass wesentliche Veränderungen und inneres Wachstum in der menschlichen Entwicklung aus einer erfolgreichen Auseinandersetzung mit Problemen und Krisen resultieren und dadurch ein neues Niveau der intellektuellen, sozialen und persönlichen Organisation erreicht werden kann (Bucher, 2014).

Menschen, die sich in einer Notsituation einer religiösen Gruppe anschließen, erleben dort oft Hilfe und Unterstützung (vgl. weiter unten die Ausführungen zum religiösen Coping). Aber es gibt auch gegenläufige Bewegungen. Menschen, die in einem streng religiösen Kontext aufgewachsen sind, können sich später in diesem Weltbild nicht mehr wohlfühlen und verlassen den schützenden Rahmen der Religionsgemeinschaft. Was früher einmal Halt, Trost und Schutz bot, wird jetzt als Einengung, Bevormundung oder gar geistlicher Missbrauch erlebt. Oder nach einem schweren Schicksalsschlag stellt sich die sog. Theodiezeefrage »Warum lässt Gott mich leiden?« so vehement, dass ich meinen (Kinder-)Glauben ablege (Zarzycka et al., 2022).

Zweitens gibt es auffällige Parallelen einer mystisch-spirituellen Erfahrung mit dem traumatischen Erleben. Betroffene berichten von innerer Leere, einer existenziellen Sinnkrise und extremen Angstzuständen. Die Psychotraumatologin Ursula Wirtz (2003; 2017) stellt für die Helfenden der Traumatherapie fest, dass in solchen Krisen nicht nur die Traumatisierten selbst, sondern auch die Glaubensgrundlagen der Betreuenden auf die Probe gestellt werden: »Woher kommen wir, wohin gehen wir, was ist der innerste Grund, aus dem wir entstanden sind und in den wir wieder eintauchen? Was ist der Sinn des Bösen? Was gibt meinem Leben Sinn und Halt, und welche Erfahrungen führen mich zu meiner Mitte?« Eine Traumatisierung erfasst in der Regel das gesamte Glaubens- und Überzeugungssystem einer Person. Nach einer Traumatisierung stellen sich die existenziellen Lebensfragen nach dem Warum, der Schuld, dem Sinn und dem Tod oft radikal neu und anders und haben eine Neujustierung der Antworten zur Folge (siehe Abbildung 2.1).

Abbildung 2.1: Warum ich?! © Nelly Nieter

Drittens können spirituelle Krisen durch außergewöhnliche Bewusstseinszustände aufgrund psychiatrischer oder neurologischer Erkrankungen, Meditationserfahrungen oder Drogeneinnahme auftreten (Hofmann u. Heise, 2017). Zusammenhänge zwischen Wahn und Religion sind immer wieder untersucht worden (Demling, 2016; Henning u. van Belzen, 2007; Schödlbauer, 2016). Neuere Studien unterstreichen die Notwendigkeit, ungewöhnliche spirituelle Phänomene nicht vorschnell zu pathologisieren. In einem Hamburger Forschungsprojekt zum subjektiven Sinn von Psychosen zeigte sich, dass religiöse Deutungen bei Menschen mit einer Psychoseerkrankung weit verbreitet sind und bei vielen Patienten hilfreiche und krankheitsbewältigende Funktionen übernehmen (von Iljin et al., 2015). In einer weiteren Studie verglich

Scagnetti-Feurer (2011) zwei Gruppen, die von religiösen Visionen berichten: vier Patientinnen und Patienten einer psychiatrischen Klinik mit einer Kontrollstichprobe, die psychisch unauffällig war. Beide Gruppen erlebten religiöse Visionen häufig als Auditionen, als emotional positiv und im Kontext existenzieller, überwiegend spiritueller Krisen. Jedoch konnte die gesunde Gruppe religiöse Visionen in einen Interpretationsrahmen setzen, der ihnen eine Realitätsprüfung und eine Integration der Erfahrung ins alltägliche Leben ermöglichte. Im Gegensatz dazu führten religiöse Visionen bei Erkrankten zu einer psychischen Inflation, d. h. zu einem Verwechseln des eigenen Selbst mit den überpersönlichen Inhalten der Vision, was zu einer Aufblähung des eigenen Ichs bis hin zum Größenwahn führte. Dies bringt nicht nur problematische innerpsychische Prozesse für die Patientinnen und Patienten mit sind, sondern auch schwerwiegende soziale Probleme.

Aber nicht nur spirituelle Krisen, sondern auch allgemeine existenzielle Krisen können gläubige Antworten hervorbringen.

2.3 Gläubige Sinngebung kann existenzielle Fragen beantworten

Während Religion früher das Monopol über den Lebenssinn für sich einnahm, gibt es in unseren westlichen Gesellschaften immer weniger Menschen, die aus einer Religion ihren Lebenssinn ziehen. Jedoch können auch individuelle Spiritualität und Glaube (siehe Kapitel 1) stark sinnstiftend sein, solange sie vier Kriterien erfüllen:
- ein kohärentes Weltbild bieten,
- eigene Handlungen in einen bedeutsamen Kontext stellen,
- Orientierung verleihen (z. B. durch ethische Normen),
- immanente (Gemeinschaft) wie transzendente Zugehörigkeit vermitteln.

Deshalb können auch Menschen mit stabilen Glaubensüberzeugungen Lebenskrisen wie eine schwere Erkrankung oder Verlusterfahrungen besser bewältigen. Der Ansatz religiöser Bewältigung von Krisen (sogenanntes *Coping*) von Kenneth Pargament (1997) belegt mit hunderten empirischen Studien, dass Menschen mit Gewinn auf religiöse Ressourcen zurückgreifen und diesbezügliche Bewältigungsstrategien einsetzen, wenn sie mit einschneidenden Lebensereignissen konfrontiert werden. Untersucht wurden z. B. schwere Erkrankung, Verlust eines nahestehenden Menschen, Behinderung, Unfruchtbarkeit, Unfall, Scheidung, Gewalterfahrungen, Einsamkeit und hohes Alter.

Dies gilt nicht nur für amerikanische Stichproben mit der entsprechenden Religionskultur. In einer aktuellen Untersuchung von Patientinnen und Patienten eines süddeutschen Notfallzentrums wurden spirituelle Bedürfnisse zur Sinngebung und Leidbewältigung, unabhängig von ihrer konfessionellen Zugehörigkeit gefunden (Frick et al., 2021a). In einer anderen Studie wurde festgestellt, dass Personen, die sich als gläubig, spirituell, als evangelisch, katholisch oder buddhistisch bezeichneten, in ihrem alltäglichen Leben mehr Sinnerfüllung erfuhren als Personen, die sich als atheistisch oder konfessionslos bezeichneten (Tausch, 2008). Obwohl Atheisten häufig als Menschen ohne Lebenssinn stigmatisiert werden – und sich dies auch im Großen und Ganzen empirisch bestätigen lässt –, so zeigt sich bei näherer Betrachtung, dass es sowohl Atheisten mit geringem als auch mit hohem Lebenssinn gibt. Atheismus und Lebenssinn können somit Hand in Hand gehen (Schnell u. Keenan, 2011).

Generell gilt, dass es für ein sinnerfülltes Leben mehrerer Sinnquellen bedarf, die sich am besten auf mindestens drei der übergeordneten Dimensionen verteilen. Dabei spielt Selbsttranszendenz als die tiefste Sinnquelle eine herausragende Rolle (Schnell, 2020). Die Religionspsychologin Tatjana Schnell hat ein multidimensionales Modell des Lebenssinns entwickelt, das in Box 2.4 dargestellt ist.

Box 2.4: Multidimensionales Modell des Lebenssinns (Schnell, 2020)

Die in der Abbildung 2.2 ganz rechts stehenden 26 Sinnquellen können dabei übergeordneten fünf Dimensionen zugeordnet werden:

- vertikale Selbsttranszendenz, d. h. »Überschreitung eigener Bedürfnisse und Orientierung an einem größeren Ganzen« (Schnell, 2008, S. 8) mit »Ausrichtung an einer jenseitigen Wirklichkeit« (S. 9),
- horizontale Selbsttranszendenz, d. h. »Überschreitung eigener Bedürfnisse und Orientierung an einem größeren Ganzen« (Schnell, 2008, S. 8) mit »engagierte Übernahme von Verantwortung für verschiedene Bereiche der Eigen-, Mit- oder Umwelt« (S. 9),
- Selbstverwirklichung, d. h. »aktive Entwicklung eigener Potentiale« (S. 8),
- Ordnung, d. h. »Bewahrung und Mäßigung« (S. 8),
- Wir- und Wohlgefühl, d. h. »Erlangen und Erhalt von körperlichem, seelischem und sozialem Wohlbefinden« (S. 8).

Zu dem Modell gehört auch ein umfassender Fragebogen zu Lebensbedeutungen und Lebenssinn mit Normwerten (LeBe) (Schnell u. Becker, 2007).

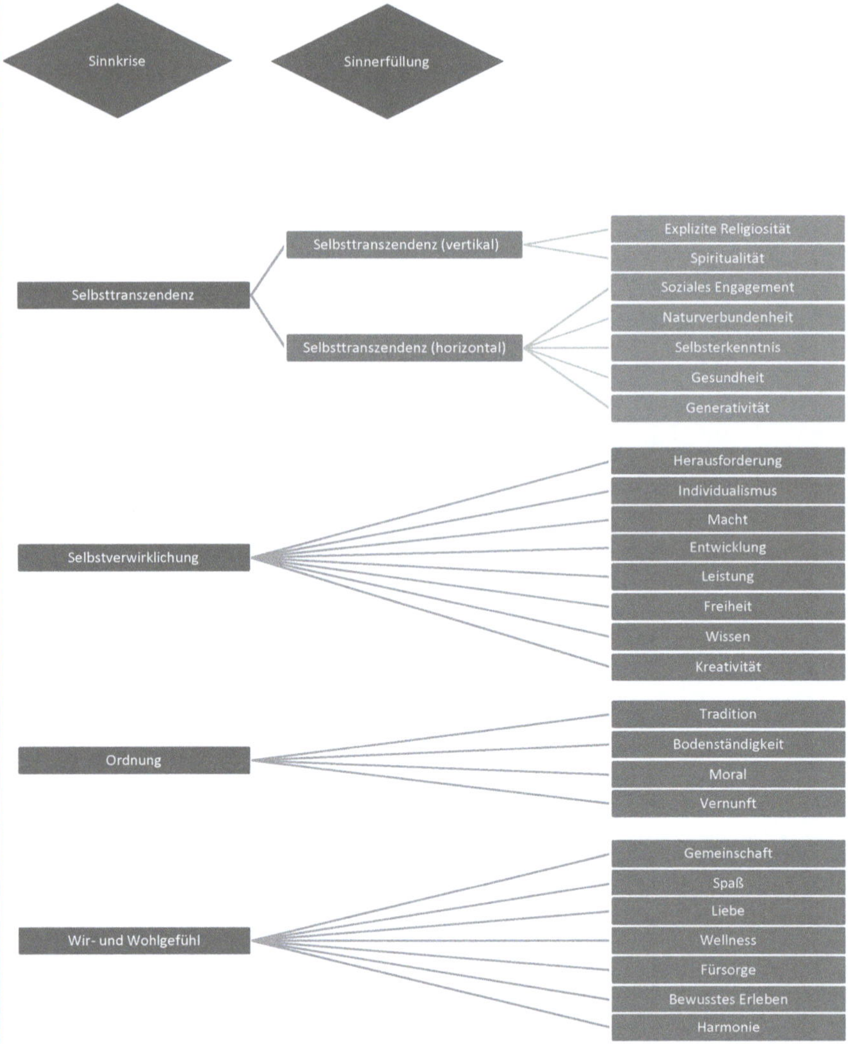

Abbildung 2.2: Multidimensionales Modell des Lebenssinns (nach Schnell, 2021, S. 20)

Gläubige Sinngebung kann somit verstanden werden als die subjektive Beantwortung existenzieller Krisen. Aber auch Menschen, die kein Bedürfnis nach meditativen Versenkungsübungen, höheren Bewusstseinszuständen oder besonderen Erleuchtungserfahrungen zeigen, müssen sich irgendwann existenziellen Fragen stellen und – im weitesten Sinne – Glaubensfragen beantworten: Warum gerade ich? Wozu gibt es das Böse, warum müssen Menschen leiden? Wie kann Schuld vermieden werden? Was geschieht nach dem Tod? Diese Fragen können nicht wissenschaftlich, sondern nur »gläubig« beantwortet werden.

Manche Wissenschaftlerinnen und Wissenschaftler sehen in diesem Erleben von Kontingenzen sogar die Definition von Religion selbst (z. B. Pollack, 1995; Wuchterl, 2019). So geht Pollack (1995) davon aus, dass Kontingenzen – also dass »etwas so ist, wie es ist, und doch anders sein könnte« (S. 184) – das eigene Selbst- und Weltverständnis erschüttern und somit Sinnfragen auslösen, da die Selbstverständlichkeit nicht mehr als gegeben erfahren wird. Religion biete einen zentralen Bewältigungsmechanismus, indem sie auf die Transzendenz (d. h. die materielle Lebenswelt des Menschen überschreiten, z. B. sich in Gott geborgen fühlen) explizit Bezug nimmt. Jedoch macht sie diesen Transzendenzbezug auch in der immanenten Lebenswelt z. B. durch religiöse Rituale und Bilder (Gebet, Ikonen) für den Menschen zugänglich. Durch diesen transzendenten Anteil unterscheidet sich laut Pollack Religion von allen anderen Formen der Kontingenzbewältigung, wie rationalen Lösungen, einem Gespräch mit einem Freund oder eben auch der Psychotherapie.

Von einem ganz anderen, nämlich psychotherapeutischen Hintergrund kommt Rudolf (2015) nach fünf Jahrzehnten Forschung zu einer ähnlichen Schlussfolgerung: Eine wesentliche psychologische Funktion der Religionen ist die Sinnstiftung, durch die das Tragische und Absurde der Existenz bewältigt werden könne. Religionen machen dem Menschen wertvolle Angebote: Sie liefern ein in sich geschlossenes Verständnis des menschlichen Daseins. Dadurch geben sie dem Leben, das für viele sonst in beunruhigender Weise tragisch und absurd bliebe, einen sinnvollen Grund und Rahmen. Religionen könnten helfen, leidvolle Wirklichkeiten zu überwinden und sich eine andere Wirklichkeit vorzustellen, in der das Undenkbare denkbar werde. In dieser anderen Wirklichkeit sei ein Gegenüber vorhanden, welches immer ansprechbar für die persönlichen Belange sei. Hier würden Menschen Sicherheit und Gerechtigkeit bei einer höheren Macht finden. Weiterhin stellten Religionen ethische Leitvorstellungen des Handelns zur Verfügung und die Vergebung von schuldhaftem Handeln in Aussicht.

2.4 Sinnfragen in der psychologischen Beratung und der Psychotherapie

2.4.1 Sinnfragen aufseiten der Therapeutinnen und Therapeuten

Der Umgang mit existenziellen Fragen bedeutet für viele Psychotherapeutinnen und Psychotherapeuten eine große Herausforderung, weil sie sich dafür häufig schlecht vorbereitet und ausgebildet fühlen. Das belegt auch die Einschätzung der Psychotherapeuten Jürgen Hardt und Anne Springer: »Das Vertrauen in die Kraft der Vernunft, allein ein gutes Leben zu organisieren, ist gering geworden. Der Mangel an Sinn ist allenthalben spürbar und wird oft beklagt. Das Bedürfnis nach Geborgenheit und Halt ist unabweisbar; ohne Sinngefüge können wir nicht leben. Deswegen haben religiöse Angebote der Seelsorge einen legitimen Ort in der ›Seelenbehandlung‹. Ob allerdings eine in der wissenschaftlich aufklärerischen Tradition beheimatete, säkulare Psychotherapie die Aufgabe der Sinnvermittlung ›partnerschaftlich‹ mit übernehmen kann oder sollte, ist sehr genau zu prüfen« (Hardt u. Springer, 2012, S. 212).

Die Notwendigkeit des letzteren Punkts wird jedoch von anderen unterstrichen, d.h. eine innere Stellungnahme psychotherapeutisch Tätiger, also sich selbst existenziellen Fragen zu stellen und eine persönliche Lebenshaltung zu diesen wissenschaftlich nicht lösbaren Fragen zu entwickeln, sie zu kennen und bei Bedarf Kolleginnen oder auch Klienten mitzuteilen (Vogel, 2013). Auch die Bereitschaft zu Selbstöffnung und Authentizität der Therapeuten wird betont: »Ein Mensch in einer Grenzsituation wünscht sich ein Gegenüber, dem er wirklich begegnen kann, nicht einen Profi, an dessen Oberfläche er abgleitet. Zentrale Bedingung dabei ist aber, dass die Therapeutin/der Therapeut handlungsfähig bleibt und nicht von eigenen Ängsten überwältigt wird« (Nyon, 2019, S. 44). Dabei sei der wichtigste Aspekt die existenzielle Grundhaltung des Behandelnden, die sich durch eine tragisch-optimistische Lebensbejahung sowie den Wunsch nach authentischer Begegnung auszeichne. Die Box 2.5 fasst besondere Qualitäten von Therapeutinnen und Therapeuten zusammen, die Klienten in einer Sinnkrise helfen möchten.

Box 2.5: Therapeutinnen und Therapeuten, die Menschen in Sinnkrisen helfen möchten, benötigen vier besondere Qualitäten

- »*Reflektierte Neutralität:* Der Therapeut muss seine eigenen Werte, weltanschaulichen Perspektiven etc. so gut kennen, dass diese ihm bei der Begegnung mit einem […] Klienten nicht (mehr oder weniger subtil) in die Quere kommen können, insbesondere nicht im Sinne eines Indoktrinierungsversuchs (›Ich habe meinen Sinn gefunden, jetzt werde ich ihn dir, lieber Klient, einflößen‹).

- *Engagement:* Der Therapeut sollte dabei aktiv hilfreich sein, den Klienten bei seiner Suche nach einem lebbaren Weltbild im Allgemeinen und tragfähigen Werten im Besonderen zu unterstützen. Dazu ist eine authentische, am Klienten interessierte und kongruente Grundhaltung erforderlich« (Noyon u. Heidenreich, 2012, S. 73).
- *Abstinente Grundhaltung:* Viele Menschen sind auf der Suche nach einem ultimativen Retter – einer Instanz, die höher oder weiser ist als man selbst, um Geborgenheit und Schutz zu bieten (Yalom, 2005). Hier ist es wichtig, offen und fest zur eigenen Begrenztheit zu stehen und keine Illusionen zu wecken. So kann den Klientinnen und Klienten verdeutlicht werden, was sie in der Therapie erwartet – nämlich ein tabu- und dogmenfreier Raum zur Auseinandersetzung mit der Sinnfrage.
- *Analyse der Weltbilder der Klientel:* Ausgehend von dieser Grundhaltung kann die eigentliche Arbeit beginnen: Welche Weltanschauung haben die Klienten bzw. Klientinnen? Sind sie gläubig oder nicht? Gibt es Tätigkeiten, Erlebnisse oder irgendetwas anderes, das sie von sich aus als wertvoll oder sinnvoll erleben? (Noyon u. Heidenreich, 2012).

2.4.2 Sinnfragen aufseiten der Klientinnen und Klienten

Ebenso hat die Psychotherapieforschung Ansätze entwickelt, die Sinndimension als eine zentrale Deutungskategorie der Klienten zu berücksichtigen. Barbara Ingram (2012) hat aus ihrer Psychotherapieforschung die Vielfalt von klinischen Diagnosen in 30 typische Muster gebündelt, um darauf aufbauend passgenaue Behandlungspläne zu entwickeln. Darunter befinden sich auch drei diagnostische Kategorien mit existenzieller und spiritueller Deutung:

1. *Existenzfragen:* Die Klienten quälen sich mit existenziellen Fragen, einschließlich der tiefgreifenden philosophischen Suche nach Sinn und Zweck des Lebens.
2. *Vermeidung von Freiheit und Verantwortung:* Die Klientinnen akzeptieren ihre Verantwortlichkeit für eigene Entscheidungen nicht. Sie nutzen auch nicht die Möglichkeiten ihres individuellen Freiheitsspielraums aus.
3. *Spirituelle Dimension:* Hilfen zur Problembewältigung werden in einer spirituellen Dimension gefunden, die sowohl religiös als auch nichtreligiös verstanden werden kann. Wenn der Wunsch nach einer spirituellen Unter-

stützung geäußert wird, können im Idealfall Kontakte zu einer passenden religiösen Gruppe vermittelt werden oder es kann überlegt werden, welche anderen spirituellen Hilfsmöglichkeiten zur Verfügung stehen (siehe auch Kapitel 7).

Der zentrale Stellenwert der existenziellen und spirituellen Dimension im psychotherapeutischen Kontext wird auch in der dialogischen Selbsttheorie von Staemmler (2015) betont. Nach seiner Auffassung wird der über sich selbst nachdenkende Mensch, d.h. das reflexive Selbst, »erweitert oder überstiegen durch die religiös-spirituelle Dimension, ohne die ein menschliches Selbst kaum vorstellbar ist« (Staemmler, 2015, S. 164). Insbesondere werden existenzielle Fragen und spirituelle Themen dann aufgeworfen, wenn Menschen mit schweren Persönlichkeitsstörungen und Traumatisierungen in psychotherapeutische Behandlung kommen (Gast et al., 2009). Hier werden früher oder später Sinnfragen und grundlegende Orientierungswünsche thematisiert. Eine Möglichkeit besteht darin, Lebenssinn (wieder) zu finden durch den Weg der inneren Stellungnahme:

2.4.3 Innere Stellungnahme zur Bewältigung existenzieller Krisen

Zur Bewältigung der existenziellen Lebensthemen wurden verschiedene Bewältigungsstrategien in der Psychotherapie entwickelt (Noyon u. Heidenreich, 2012; Schneider u. Krug, 2012). In der Beantwortung der unausweichlichen Frage nach dem Sinn des Lebens hat sich besonders die Humanistische Psychologie mit ihrem Vertreter Viktor Frankl (1905–1997) beschäftigt. Mit seiner Logotherapie und der von seinem Schüler Alfried Längle (*1951) weiterentwickelten Personalen Existenzanalyse stehen Methoden der Sinnfindung angesichts existenzieller Verunsicherung zu Verfügung. Diese Ansätze handeln ganz zentral vom psychotherapeutischen Umgang mit den Gefühlen von Sinn- und Wertlosigkeit. Ausgangspunkt ist dabei die Verwobenheit zwischen Mensch und Welt. Weil die Welt der Person unausweichliche Fragen stellt, werden innere Stellungnahmen erforderlich. Die zentrale existenzielle Aufgabe des Menschen sieht Längle darin, mit innerer Zustimmung zu leben: »Das Wesen der existenziellen Antwort ist die innere Zustimmung – ein gefühltes ›Ja‹ zu haben zu dem, was man tut oder lässt« (Längle, 2021, S. 45) (siehe Abbildung 2.3).

Die Voraussetzung, damit eine Person mit ihrer Umwelt und mich sich selbst in Kontakt treten kann, sehen Frankl und Längle in der Fähigkeit zur Selbstdistanzierung und Selbsttranszendenz. Der Mensch kann dank seiner Fähigkeit

Abbildung 2.3: Mit innerer Zustimmung leben © Nelly Nieter

zur Selbstdistanzierung Abstand nehmen zur eigenen Befindlichkeit, kann sein Handeln, seine Wünsche und eigene Geschichte kritisch reflektieren und z. B. der inneren Stimme des Gewissens folgen und sich somit frei und verantwortlich entscheiden. Mit Selbsttranszendenz ist die Bezogenheit des Menschen auf ein Gegenüber gemeint – in den Worten Frankls: »Menschliches Dasein verweist immer auf etwas, was nicht wieder es selbst ist – auf etwas oder jemanden, nämlich auf einen Sinn, den es zu erfüllen gilt, oder aber auf mitmenschliches Dasein, dem es begegnet« (zit. nach Längle, 2021, S. 70). Demnach kommt der Mensch nicht zu seinem Wesen, wenn er nur um sich kreist und sich selbst beobachtet. Mit der selbsttranszendenten Veranlagung des Menschen geht das Vermögen zu Dialog, Begegnung und Weltgestaltung einher. Zu einer erfüllten Existenz kann es aus dieser Sicht nur im dialogischen Austausch mit der Welt/Andersheit kommen.

Diese Prozesse sind in Abbildung 2.4 dargestellt: Im subjektiven Erleben empfängt die Person dort, wo sie angesprochen werde, einen Eindruck und gelangt über eine Distanzierung vom eigenen Selbst zu einer inneren Stellungnahme. Schließlich bringt sie durch ein selbsttranszendierendes Antworten ihr Inneres zum Ausdruck, d. h., die innere Stellungnahme wird dann verhaltenswirksam.

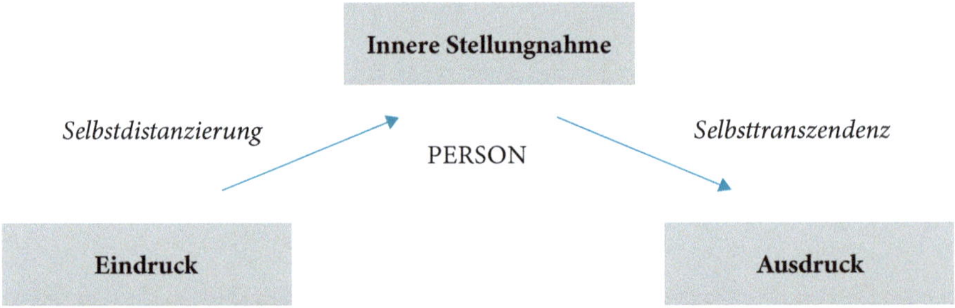

Abbildung 2.4: Die innere Stellungnahme bestimmt das Verhalten (nach Längle, 2021, S. 68, © Kohlhammer-Verlag)

2.4.4 Die Glaubensdimension der Bewältigung existenzieller Krisen

Sowohl die Humanistische Psychologie bzw. Logotherapie (Frankl, 2007) als auch die Personale Existenzanalyse (Längle, 2021) räumen der Glaubensdimension einen wichtigen Stellenwert ein. Ohne Bezug zur Transzendenz sei der Humanismus kein Humanismus mehr, denn wenn der Mensch alles sei, werde der Humanismus zum Nihilismus und lasse keinen Platz für den Sinn im Leiden. Frankl (1984) betonte wiederholt, dass die Transzendenz in die Wesenslehre vom Menschen miteinzuschließen ist: »In der Analyse der Existenz kommen wir ohne den Einbezug der Transzendenz nicht aus« (S. 220). Damit steht er in der Tradition humanistischer Verfahren ziemlich isoliert da, weil dort Religions- und Kirchenkritik zum guten Ton gehören. Auch Längle (2011) hat die in der Existenzanalyse beinhaltete Spiritualität beschrieben »als tiefes Berührtsein durch eine unfassbare, uns übersteigende Größe, die wir als unfasslich wahrnehmen, weil sie uns selber übersteigt. […] Diese erlebte Größe kommt uns entgegen wie ein Tor zur Unendlichkeit« (S. 22). Diese Bezogenheit auf das größere Ganze der Transzendenz veranschaulichte Frankl in einem einprägsamen Bild: »Die Wesenslehre vom Menschen muss offen bleiben – offen auf Welt und auf Überwelt hin. Sie muss die Tür zur Transzendenz offenhalten. Durch die offene Tür aber fällt der Schatten des Absoluten« (Frankl, 1984, S. 222).

Längle räumt zudem dem Spüren als emotionalen Zugang zur Welt eine zentrale Bedeutung bei. Deshalb ist Spiritualität für Längle an die emotionale Wahrnehmungsfähigkeit des Menschen gebunden. Dabei weist er auf Ähnlichkeiten seines Modells zu dem allgemein anerkannten Spiritualitätsmodell des Religionspsychologen Anton Bucher (2014) hin.

In diesem Modell (siehe Abbildung 2.5) ist Spiritualität

- nicht nur eine transzendente Verbundenheit des Menschen mit einem höheren, geistigen Wesen (z.B. Gott, vertikale Spiritualitätsdimension),
- sondern kann auch eine (ausschließliche) immanente (innerweltliche) Verbundenheit mit der Natur, dem Kosmos und der Mitwelt (horizontale Spiritualitätsdimension)
- und/oder eine Verbundenheit mit dem eigenen Selbst sein (Tiefendimension der Spiritualität).

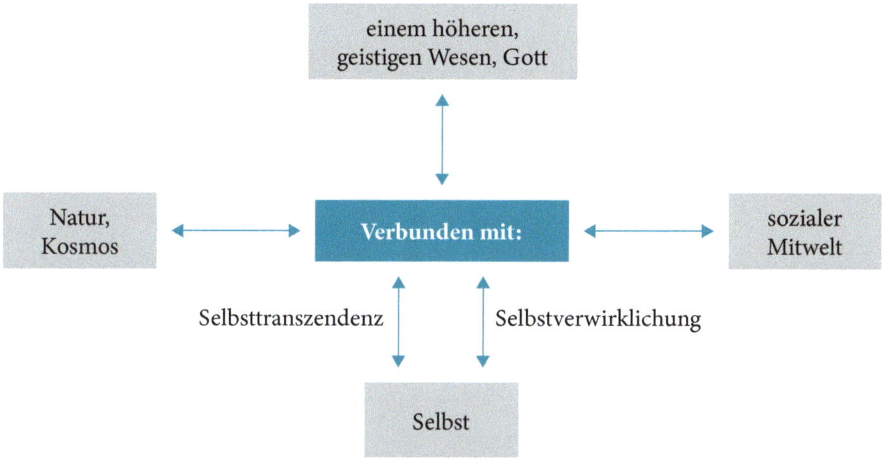

Abbildung 2.5: Spiritualität als Verbundenheit (horizontale und vertikale Dimension) und Selbsttranszendenz (Tiefendimension) (nach Bucher, 2014, S. 40, © Beltz-Verlag)

Die Fähigkeit zur Verbundenheit knüpft bei Bucher – vergleichbar mit der Existenzanalyse – an die anthropologischen Voraussetzungen der Selbsttranszendenz und der Selbstverwirklichung an (vgl. Abbildung 2.5).

Im Zusammenhang von Beratung und Psychotherapie stehen vor allem die Beziehungen zur sozialen Mitwelt und der Kontakt zu sich selbst (Gefühle, Bedürfnisse, Rollenerwartungen) im Zentrum. Bei existenziellen Krisen kommt aber unweigerlich die spirituelle Dimension mit ins Spiel, deshalb sollte sie thematisiert werden. Die betroffene Person wird vom Leben herausgefordert, was eine innere Stellungnahme erforderlich macht. Wenn sie eine gläubige Person ist, nimmt der Glaube Einfluss auf das Bewältigungsverhalten. Dabei spielt das Weltbild der Beratenden keine Rolle, es geht ja um die Stellungnahme der Klienten. Auch Beratende, die selbst keine religiöse Praxis pflegen, können gemeinsam mit gläubigen Klientinnen und Klienten überlegen – falls diese das wünschen –, welche Bewältigungshilfen die Religionsgemeinschaft in der aktuellen Situation bieten könnte (siehe auch Kapitel 7).

ERSCHLIESSUNGSFRAGEN

Paula ist als gute Beraterin bekannt. Bei Begegnungen mit ihrer Kundschaft ist sie aufmerksam und präsent und diese können sie bei Bedarf auch außerhalb der Arbeitszeiten erreichen. In ihrer Freizeit bildet sich Paula weiter, liest aktuelle Literatur zu ihrem Fachbereich und reist an mehreren Wochenenden im Jahr zu Fortbildungskursen, die sie besonders interessieren.

Auch Paul ist ein guter Berater: aufmerksam und präsent. So oft wie möglich verbringt er seine Freizeit mit seiner Partnerin und dem gemeinsamen Kind oder mit gemeinsamen Freunden. Hin und wieder genießt er auch Zeit allein, am liebsten in der Natur. Hier ist er ganz bei sich, öffnet sich aber auch für das, was ihn umgibt, was er als ein größeres Ganzes wahrnimmt.

1. Wer hat aller Wahrscheinlichkeit nach ein sinnerfüllteres Leben, Paul oder Paula? Begründen Sie! (Quelle: Schnell, 2020)
2. Worin unterscheidet sich Lebenssinn, der Glauben bzw. Spiritualität/Transzendenz einbezieht, von Lebenssinn, der diese Dimension ausschließt?
3. Welche therapeutischen Qualitäten sind nötig, um Menschen in Sinnkrisen hilfreich zu unterstützen?

PERSÖNLICHE VERTIEFUNG/SELBSTERFAHRUNG

1. Testen Sie sich selbst, indem Sie den Fragebogen zum Lebenssinn in Box 2.2 ausfüllen. Berechnen Sie Ihren jeweiligen Wert und interpretieren Sie diesen.
   Präsenz von Lebenssinn (Inwieweit haben Sie das Gefühl, dass ihr Leben mit Sinn erfüllt ist?): Summe der Items 1, 4, 5, 6 und 9 umgekehrt kodiert.
   Suche nach Lebenssinn (Wie engagiert und motiviert sind Sie, nach Sinn zu suchen oder Ihr Verständnis von Sinn in ihrem Leben zu vertiefen?): Summe der Items 2, 3, 7, 8 und 10.
   - Präsenz > 24 und Suche > 24: Sie haben das Gefühl, dass Ihr Leben einen wertvollen Sinn hat, aber Sie sind noch dabei, diesen Sinn oder Zweck offen zu erforschen. Der Sinn des Lebens ist für Sie ein Prozess, der sich immer weiter entfaltet und vertieft. Sie sind wahrscheinlich mit Ihrem Leben zufrieden, im Allgemeinen optimistisch und Ihnen ist Ihre Spiritualität wahrscheinlich wichtig.

- Präsenz > 24 und Suche < 24: Sie haben das Gefühl, dass Ihr Leben einen wertvollen Sinn hat, und Sie erforschen diesen Lebenssinn nicht weiter. Dies macht Sie sehr zufrieden mit Ihrem Leben, optimistisch mit einem positiven Selbstwertgefühl. Wahrscheinlich haben Sie traditionelle Werte und sind vielleicht engagiert in religiösen Aktivitäten.
- Präsenz < 24 und Suche > 24: Sie haben nicht das Gefühl, dass Ihr Leben einen wertvollen Sinn hat, aber Sie suchen aktiv nach etwas oder jemandem, der Ihrem Leben Sinn verleiht. Sie sind wahrscheinlich nicht immer mit Ihrem Leben zufrieden und fühlen sich vielleicht gelegentlich ängstlich, nervös oder traurig. Wahrscheinlich fragen Sie sich, ob es einen Gott gibt, worum es im Leben auf der Erde geht und welche Religion – wenn überhaupt – die richtige für Sie sein könnte.
- Präsenz < 24 und Suche < 24: Sie haben nicht das Gefühl, dass Ihr Leben einen wertvollen Sinn hat und Sie suchen auch nicht aktiv nach einem Sinn in Ihrem Leben. Im Großen und Ganzen finden Sie den Gedanken, über den Sinn Ihres Lebens nachzudenken, wahrscheinlich nicht sehr interessant oder wichtig. Sie sind vielleicht nicht immer mit Ihrem Leben zufrieden und nicht besonders optimistisch und fühlen sich gelegentlich ängstlich, nervös oder traurig. Wahrscheinlich haben Sie keine traditionellen Wertvorstellungen (Steger, 2010).

2. Haben Sie schon einmal eine Sinnkrise erlebt? Was hat Ihnen geholfen, was nicht?
3. Kennen Sie Momente von Verbundenheit mit einem größeren Ganzen? Wann haben Sie solche erlebt?

WEITERFÜHRENDE LITERATUR

Als Klassiker der Sinnforschung gilt Viktor Frankls (1946/2018) beeindruckendes Werk »… trotzdem Ja zum Leben sagen«, wo er seine Beobachtungen zum Lebenssinn als studierter Psychiater und betroffener Gefangener im Konzentrationslager eindrücklich erzählt. Grundlegende Aufsätze finden sich in Frankl (2007). Der aktuelle Forschungsstand wird von Tatjana Schnell (2020) zusammengefasst; dieses Buch bietet zusätzlich umfassende Selbstreflexionen, die jedes Kapitel abrunden. Zur Kontingenzbewältigung und die herausragende Rolle, die Glauben dabei spielt, ist ein Sonderheft des Journal of Empirical Theology (Scherer-Rath, 2019) erschienen mit Beiträgen zum Zusammenhang mit Coping, aber auch zu Studien mit Kindern.

3 Glaube kann die Todesangst reduzieren

Lernziele

1. Kognitive Strategien und emotionale Reaktionen angesichts der Sterblichkeit benennen können.
2. Unterschiedliche Wege der Bewältigung von Todesangst erklären und einordnen können.
3. Funktionen von Glauben für die Akzeptanz des Todes beschreiben können.
4. Glaubensbedürfnisse von Todkranken und Sterbenden analysieren können.

»Ich will jetzt noch nicht sterben, weil ich noch so viele schöne Dinge vor mir habe! Ich darf noch nicht sterben, weil ich ganz anders gelebt hätte, wenn ich gewusst hätte, dass es so schnell vorbei sein kann!«
(anonym, zit. nach Stavemann u. Hülsner, 2019, S. 31)

»Wir gehören Gott, und zu Ihm kehren wir zurück.«
(Koran, Sure 2:156)

»Gott, lehre uns bedenken, dass wir sterben müssen, auf dass wir klug werden.«
(Bibel, Psalm 90,12)

Zunächst wird in Kapitel 3 dargestellt, wie Glaubensvorstellungen helfen können, die Angst vor dem Tod in den Griff zu bekommen. Zwei Exkurse zur Anthroposophie und Nahtodforschung verdeutlichen, wie unterschiedlich sich Todesvorstellungen entwickelt haben. Die »Terror-Management-Theorie« von Ernest Becker liefert psychologische Strategien zur Bewältigung der Todesangst. Zum Schluss des Kapitels werden die Glaubensbedürfnisse Sterbender beschrieben, die im Rahmen der Palliativmedizin genauer in den Blick genommen werden.

3.1 Todesangst und ihre Bewältigung durch Glaubensvorstellungen

Die natürliche Begrenztheit des Lebens durch den unabwendbaren Tod zählt zu den größten Demütigungen des Menschen. Nach wie vor verdrängen und fürchten viele Menschen die Sterblichkeit. Die Gewissheit des Todes kann sogar panische Angst auslösen, da sie dem natürlichen Selbsterhaltungstrieb entgegensteht. Iverach et al. (2014) konnten in ihrem Übersichtsartikel deutliche Zusammenhänge zwischen der Angst vor dem Tod und psychopathologischen Reaktionen empirisch bestätigen. Todesangst wird als ein Konstrukt verstanden, das sowohl viele seelische Störungen unterschwellig verstärkt als auch eigenständig Angststörungen auslösen kann. Diese Befunde werden auch von einer aktuellen deutschsprachigen Studie gestützt (Mavrogiorgou et al., 2020). Danach leiden 15 % der Patientinnen und Patienten einer ambulanten Psychotherapie unter existenziellen und Glaubensproblemen wie der Todesangst. Mit verhaltenstherapeutischen Manualen wird heute versucht, unangemessenes Sicherheits- und Kontrolldenken angesichts des Todes durch adäquate kognitive Strategien zu ersetzen (Stavemann u. Hülsner, 2019). Eine zentrale Bedeutung haben dabei Übungen mit dem Ziel, Akzeptanz von Unsicherheit, Kontrollunfähigkeit und Ausgeliefertsein aufzubauen.

Dem unabwendbaren Tod haben sich Menschen seit jeher zu widersetzen versucht, indem sie über den Tod hinausdachten, eine religiöse Kosmologie entwickelten und zum Teil konkrete Jenseitshoffnungen beschrieben. Eine Systematik verschiedener Jenseitsvorstellung bietet Box 3.1.

Box 3.1: Fünf unterschiedliche Jenseitsvorstellungen (Burris u. Baley, 2009)

Burris und Baley definieren fünf verschiedene Glaubensvorstellungen in Bezug auf ein Leben nach dem Tod. Diese sind:

1. *Auslöschung:* Glaube, dass das Bewusstsein und somit auch Identität und Körperlichkeit den Tod nicht überleben.
2. *Körperloser Geist:* Glaube, dass das Bewusstsein erhalten bleibt, nicht aber die individuelle Identität und der physische Körper.
3. *Geistige Verkörperung:* Glaube, dass sowohl das Bewusstsein als auch die Identität in einem »spirituellen Körper« erhalten bleiben, während der physische Körper abgelegt wird.
4. *Reinkarnation:* Glaube, dass das Bewusstsein erhalten bleibt, aber die Erinnerung/Identität verloren geht, wenn eine neue physische Form angenommen wird.
5. *Körperliche Wiederauferstehung:* Glaube, dass Bewusstsein und Identität erhalten bleiben, um einen wiederhergestellten, vervollkommneten physischen Körper zu beleben.

Abbildung 3.1 gibt eine Zusammenfassung der fünf Glaubensvorstellungen wieder.

keine Identität		Identität	
Auslöschung	körperloser Geist	geistige Verkörperung	kein Körper
	Reinkarnation	körperliche Wiederauferstehung	Körper
kein Bewusstsein	Bewusstsein		

Abbildung 3.1: Varianten des Glaubens an ein Leben nach dem Tod (nach Burris u. Baley, 2009)

Auch schlagen die Autoren eine entsprechendes Erhebungsinstrument vor, die »Afterdeath Belief Scale« (Auszug; eigene Übersetzung):
Wenn ich sterbe, glaube ich, dass …

1. mein physischer Körper irgendwann in der Zukunft (von den Toten auferweckt) wieder auferstehen wird.
2. ich nicht mehr existiere.
3. nur mein physischer Körper stirbt: Mein Geist wird in einer erkennbaren Form weiterleben.
4. ich irgendwann wieder leben werde, aber als eine andere Person, die wenig oder gar keine Erinnerung an dieses Leben haben wird.
5. mein physischer Körper schließlich vollständig wiederhergestellt und vervollkommnet wird und ich in ihm wieder leben werde.
6. das, was »ich« bin, aufhören wird zu existieren, aber mein Bewusstsein als Teil eines größeren Ganzen weiterleben wird.
7. meine Persönlichkeit, mein Bewusstsein – alles, was ich bin – aufhören wird zu existieren.
8. das wahre »Ich«, das jetzt meinen physischen Körper bewohnt und meine Persönlichkeit definiert, ohne den Körper weiterbestehen wird.
9. ich irgendwann in die physische Welt zurückkehren werde, um als eine andere Person geboren zu werden.
10. mein physischer Körper eines Tages auferstehen wird und ich wieder in ihm leben werde – ganz lebendig, voll und ganz »ich«, nicht ein »Zombie«.
11. meine Identität zusammen mit meinem Körper sterben wird, aber mein Bewusstsein weiter existieren wird.
12. ich nur in den Erinnerungen derer »existieren« werde, die mich überleben.
13. meine Seele – die spirituelle Essenz, die mich zu einem einzigartigen Individuum macht – für immer weiterleben wird.
14. ich schließlich eine neue physische Form als eine andere Person (oder möglicherweise als ein anderes Lebewesen) annehmen werde.

15. es kein »Ich« im begrenzten Sinne mehr geben wird, sondern nur noch reines, ewiges Bewusstsein.
16. meine Seele und mein physischer Körper irgendwann in der Zukunft wiedervereint sein werden.
17. das – ganz einfach – das Ende meiner Existenz sein wird.
18. ich weiterhin als lebendige Person mit einem geistigen »Körper«, nicht mit einem physischen Körper existieren werde.
19. meine Seele schließlich »recycelt« – d. h., in einem anderen physischen Körper wiedergeboren wird.
20. »ich« oder mein Bewusstsein nicht mehr als getrennte Person existieren werden, weil ich mit dem Einen, dem Ganzen wiedervereint sein werde.

Auf Basis einer Untersuchung mit Zeugen Jehovas haben Ringnes et al. (2019) die Glaubensvorstellungen eines Lebens nach dem Tod um eine sechste Variante ergänzt: der Glaube an ewiges Leben, ohne zu sterben, in dem Bewusstsein, dass Identität und Körper weiterexistieren.

Eine Version der Afterdeath Belief Scale speziell für Muslime liegt von Ghayas und Batool (2017) vor.

Eine weitverbreitete Idee ist die Seelenwanderungsvorstellung, wonach eine im Prinzip unsterbliche Seele einen evolutionären Entwicklungsprozess über viele Menschenleben hindurch machen muss, um sich zu vervollkommnen. Der Glaube an Reinkarnation als Seelenwanderung findet sich u. a. im Buddhismus und Hinduismus, bei den Vorsokratikern, bei Platon, in der Gnosis, im Manichäismus und im Neuplatonismus, in der germanischen Religion und bei den Katharern.

Nach hinduistischer Vorstellung ist der Mensch in seinem innersten Wesen eine unsterbliche Seele, die sich nach dem Tod des Körpers in einem neu in Erscheinung tretenden Wesen – einem Menschen, einem Tier oder auch einem Gott – wieder verkörpert (siehe Abbildung 3.2). In welcher Art von Wesen das Individuum wiedergeboren wird, hänge vom Karma ab, das auf den Taten in vorherigen Existenzen basiert.

Demoskopische Befragungen zeigen, dass in Europa und Amerika etwa 15 bis 25 % der Bevölkerung an Wiedergeburt glauben oder diese Hypothese für möglich halten (Siegers, 2013).

In alternativen Therapieansätzen ist dieser Gedanke häufiger anzutreffen. Exemplarisch werden im folgenden Exkurs die anthroposophische Reinkarnationsvorstellung sowie der Ansatz der Nahtodforschung vorgestellt. Beide stellen weitverbreitete Möglichkeiten dar, die Todesangst zu bewältigen, obwohl eine jenseitige Welt wissenschaftlich nicht überprüfbar ist.

Abbildung 3.2: Illustration zur hinduistischen Reinkarnationslehre (Quelle: Himalayan Academy Publications, Kapaa, Kauai, Hawaii; Wikimedia Commons)

3.2 Exkurs: Anthroposophie und Nahtodforschung

Anthroposophie

Bis weit ins 20. Jahrhundert war der Glaube an Reinkarnation in der westlichen Welt eine Randerscheinung, während er in den Kulturen im Osten religionsprägend war und ist. Der Begriff »Reinkarnation« selbst ist eine Neubildung des 19. Jahrhunderts und tritt primär mit den westlichen Varianten der Wiederverkörperungsvorstellungen auf, die mit einem evolutionären Fortschrittsdenken verbunden sind. In der anthroposophischen Menschenkunde von Rudolf Steiner (1861–1925, siehe Abbildung 3.3) spielen Reinkarnation und Karma eine zentrale Rolle. Die esoterische Weltanschauung Steiners behauptet, Erkenntnisse aus übersinnlichen Quellen zu haben und damit die Grenzen menschlichen Erkennens erweitern zu können. Die offenbarten »geistigen Gesetze« von Reinkarnation und Karma sollen den Menschen in der Folge vieler Erdenleben eine geistige Höherentwicklung über die niedrige Menschenstufe hinaus ermöglichen (Zander, 1999). Dieser Grundgedanke ist auch im

Ansatz der anthroposophischen Psychotherapie enthalten, die in dreijährigen Weiterbildungen gelehrt wird (Klünker, 2021; Treichler u. Reiner, 2019).

Abbildung 3.3: Rudolf Steiner (1861–1925), der Begründer der Anthroposophie (ca. 1905; Quelle: W. G. Vögele, Der andere Rudolf Steiner. Augenzeugenberichte, Interviews, Karikaturen, 2005, S. 116; Wikimedia Commons)

Steiner übernimmt die indische Leiblehre (physischer Leib, Ätherleib, Astralleib) und beschreibt ausführlich Phasen eines Läuterungsprozesses, den das Ich nach dem Tod durchlaufen soll. Das Karma bestimme einen Schicksalsrahmen, den der Mensch nur begrenzt gestalten könne. Der daraus resultierende esoterische Evolutionismus begreift das ganze Leben als »Schule«, in der der Mensch durch Reinkarnation mithilfe hoch entwickelter geistiger Hierarchien gleichsam von Klasse zu Klasse aufsteigt, bis dieser seine »Lektionen« gelernt hat. Dabei vertritt Steiner die Überzeugung, die Gesetzmäßigkeiten des Schicksals (Karma) – das sich über viele Menschenleben hinaus erstrecken soll – erkannt zu haben. In der Konsequenz entsteht ein evolutionäres Leistungsprinzip, das – gegenüber dem christlichen Grundgedanken »allein aus Gnade« – auf die Selbstvervollkommnung des Menschen setzt.

In sogenannten Reinkarnationstherapien (Thorwald Dethlefsen, 1946–2010) sollen durch angeblich therapeutische Rückführungen die Wurzeln gegenwärtiger Probleme in früheren Leben zu finden sein. Ängste, Schicksalsschläge und Krankheiten werden als »Informationsträger« (Dethlefsen, 1998, S. 72) betrachtet, als »Wegweiser auf dem menschlichen Reifungsweg«. Sie sind »selbstverschuldetes Resultat nicht erfüllter höherer Aufgaben« (S. 72). In der Reinkarnationstherapie sollen die Patientinnen und Patienten Heilung erfahren, indem sie auf die Situation zurückgreifen, in der sie selbst die Ursache für die spätere Leidenskette gesetzt haben (sollen).

Wie verbreitet dieser Ansatz in der Bevölkerung ist, zeigt die Tatsache, dass die auflagenstarke »Apotheken Umschau« (Grzegorek, 2022) vor dieser Therapiemethode gewarnt hat, da diese häufig von Heilpraktikern angeboten werde.

Die spekulativen oder konstruktiven Anteile bei den Rückerinnerungen seien sehr groß und allein auf Suggestion zurückzuführen. Darüber hinaus können ihre Inhalte nicht verifiziert werden oder haben sich bei Überprüfungen als falsch erwiesen. Solche Deutungen nähren therapeutische Allmachtsfantasien und lassen eine wesentliche Funktion der Psychotherapie außer Acht – die der kritischen Realitätsprüfung.

Die Nahtodforschung: Empirische Belege für ein Jenseits?

Die verschiedenen Religionen und Weltanschauungen halten ein breites Spektrum an Bildern und Vorstellungen vom Jenseits bereit (Elsas, 2010; siehe Box 3.1). Wer möchte nicht einmal gern einen Blick über die letzte Grenze werfen? Wenn die Schranke des Todes überschritten werden könnte, läge vielfältiger Nutzen für das Wohlbefinden auf der Hand: die Demütigung der Endlichkeit wäre überwunden, ein Wiedersehen mit geliebten Familienmitgliedern und Freunden wäre möglich, und das jetzige Leben wäre nicht die einzige Chance zur Verwirklichung der eigenen Potenziale. Spiritistische Medien versprechen derartige Kontakte zu Verstorbenen und bieten als Vermittelnde ihre Dienste an – zunehmend auch in Deutschland. Im Spiritismus wird von einer jenseitigen Zwischenwelt ausgegangen, die von den Seelen der Verstorbenen bevölkert ist, mit denen Kontakt aufgenommen werden kann.

Ein Verband spiritistisch orientierter Ärztinnen und Ärzte hat in Deutschland einige Kongresse durchgeführt, um die Unsterblichkeit der Seele zu belegen und therapeutisch nutzbar zu machen (Deutscher Kongress für Psychomedizin, o. J.). Der Anschluss an akademische Kreise ist ihnen aber in Europa bislang nicht gelungen. Spiritistische Ideen und Praktiken sind aber etwa in Brasilien weit verbreitet – ein Drittel aller privaten psychiatrischen Krankenhäuser in Brasilien werden von Spiritisten geleitet (Theissen, 2006).

Der amerikanische Neurochirurg Eben Alexander hat mit seinen Berichten über seine Erlebnisse in Todesnähe durch Bücher und Vorträge viel Aufmerksamkeit erlangt. Das Buch mit dem reißerischen Titel »Proof of Heaven« (deutscher Titel: »Blick in die Ewigkeit«) landete prompt auf den Bestsellerlisten (Alexander, 2013). Nach einer schweren Hirnhautentzündung befand sich der Arzt eine Woche lang im Koma. Nach seiner Erinnerung sei er auf dem Flügel eines Schmetterlings mit Millionen anderen Schmetterlingen über einer Welt voller Wiesen in unbeschreiblichen Farben aufgestiegen. Dabei wurde er von unzähligen hell strahlenden Engeln auf dieser Reise begleitet und von einer jungen Frau durch die neuen Dimensionen geleitet. Als er im

Krankenhaus aufgewacht sei, sei er wütend gewesen und habe zurück in die andere Welt gewollt.

Es resultiert die Frage, ob die Nahtodforschung wissenschaftliche Belege für die Existenz eines »Himmels« liefern kann. Schon Ende des vorletzten Jahrhunderts beschäftigten sich Parapsychologinnen und -psychologen mit Sterbeerlebnissen. Sie sammelten Erfahrungen und Visionen von Überlebenden auf dem Sterbebett und versuchten sie zu klassifizieren (Schmied-Knittel, 2015). Obwohl sie bemüht waren, die berichteten Phänomene wissenschaftlich zu erforschen, führt die methodische Grenze der Unerfahrbarkeit des Todes oft zu spekulativen Interpretationen, die nicht transparent gemacht oder kritisch reflektiert werden können.

Zwischen 1930 und 1960 flaute das wissenschaftliche Interesse am Thema ab. Seit Beginn der 1980er Jahre jedoch gibt es die »International Association for Near-Death Studies« (IANDS), die diesbezügliche Forschung unterstützt. 2004 wurde der deutsche Ableger »Netzwerk Nahtoderfahrung« gegründet. Zumeist sind dort Akademikerinnen und Akademiker mit eigenen Nahtoderfahrungen engagiert, die Impulse für den interdisziplinären Dialog geben und sich als Informationsquelle auf wissenschaftlicher Basis für die Öffentlichkeit vorstellen. In regionalen Initiativen können die meisten Akteure von lebensverändernden Nahtoderfahrungen berichten und sind aufgrund dessen bei diesem Thema persönlich engagiert.

Die Nahtodforschung wird seit rund 40 Jahren recht intensiv betrieben (Holden et al., 2009). Die Ergebnisse einer mehrjährigen Studie, in der die biologischen Vorgänge und das subjektive Erleben bei außerkörperlichen Erfahrungen im Mittelpunkt standen, sind jedoch ernüchternd (Parnia, 2014). 15 große medizinische Zentren in Europa, Kanada und den Vereinigten Staaten waren daran beteiligt, in denen über 200 Überlebende eines Herzstillstands untersucht wurden. 59 % der Patientinnen und Patienten hatten Wahrnehmungen ohne Details. Allerdings berichteten 46 % von negativen Gefühlen, was den bisherigen Forschungsergebnissen widerspricht. Nur 9 % der Befragten schilderten das Erleben positiv, beschrieben weißes Licht und berichteten von Begegnungen mit verstorbenen Familienmitgliedern. Nur 2 % hatten eine außerkörperliche Erfahrung, und ein einziger Patient konnte ein Ereignis aus dem Operationsraum beschreiben, obwohl sein Herz bereits drei Minuten früher aufgehört hatte zu schlagen. Diese Ergebnisse liefern nach der Meinung vieler Forschende keine weiterreichenden Erkenntnisse für ein Bewusstsein unabhängig von einem funktionierenden Gehirn (Fischer u. Mitchell-Yellin, 2016).

Zwischenfazit: Ungelöste wissenschaftstheoretische Grundsatzfragen
Bis heute können Nahtoderfahrungen nicht eindeutig und schlüssig erklärt werden und sind ein Rätsel für die Bewusstseinsforschung: Sind solche Erinnerungen ein Wunschprodukt der Fantasie oder sind sie doch Teil der Realität?

Nahtodphänomene befinden sich an der hochgradig emotionalen Schnittstelle zwischen Wissenschaft und Religion, weil sie die Versuchung eines Gottesbeweises enthalten. Wie schön wäre es doch, endlich einen exakten und sicheren Beweis für die Unsterblichkeit der Seele und ihrer Heimat bei Gott zu haben! Dabei steht die Nahtodforschung in ähnlicher Weise wie die Neurotheologie (siehe Kapitel 5) in Gefahr, weltanschaulich vereinnahmt zu werden (Passie et al., 2013). Manche versuchen, mit den Daten ihre esoterischen Reinkarnationsvorstellungen, andere ihre christlichen Vorstellungen von der Unsterblichkeit der Seele wissenschaftlich plausibel zu machen. Die skeptische Fraktion will hingegen das Außergewöhnliche der beeindruckenden Erfahrungen mit neurobiologischen Erklärungen entzaubern.

Die unterschiedlichen Erklärungen verdeutlichen, dass die Interpretation der außergewöhnlichen Sinnesreize in Todesnähe in hohem Maß von den kulturellen und weltanschaulichen Prägungen des Menschen bestimmt wird. Die Vermutung liegt nahe, dass die subjektive Erklärung eines Nahtoderlebnisses – wie auch beim Traum – aus der Erfahrungswelt der betroffenen Person stammt. Da die moderne Hirnforschung zu diesem Fazit gelangt, können Nahtoderfahrungen keinen Einblick in ein angeblich kulturübergreifendes Jenseits liefern (vgl. zur Hirnforschung Kapitel 5). In der Konsequenz kann eine empirisch verankerte Religionspsychologie keine Aussagen über ein mögliches Jenseits machen, wenn sie innerhalb ihrer methodischen Grenzen bleibt.

3.3 Psychologische Ansätze zur Bewältigung der Todesangst

Sowohl existenzielle Fragen nach Gerechtigkeit, Schuld oder das Leiden als auch die Fragen angesichts des begrenzten eigenen Daseins und des unausweichlichen Todes sind in der Psychologie nicht gerade beliebt. Die Beantwortung jener Fragen liegt, wie im vorherigen Abschnitt dargestellt, erstens außerhalb des wissenschaftlichen Untersuchungsbereiches, und zweitens lassen sich diesbezüglich keine wissenschaftlichen Antworten und Lösungen erkennen. Ganz pragmatisch begründet die Weltgesundheitsorganisation (WHO, 1998) eine nach ihrer Überzeugung anthropologisch verankerte Spiritualität mit der Sterblichkeit des Menschen. Für die WHO ist jeder Mensch spirituell, weil er sich spätestens angesichts des Todes existenziellen Fragen stellen muss und Erfahrungen im Umgang damit macht: »Questions of the meaning and value of life, of the plausibility of an afterlife [...] are important to the quality of life [...] Satisfaction with the answers to these questions can influence [...] the quality of dying« (WHO, 1998, S. 7). Das Konzept »Spiritualität« dient der WHO als anthropologische Kategorie, um die existenzielle Lebenshaltung, insbesondere in Grenzsituationen, zu beschreiben. Spiritualität kann allgemein als Bezogenheit auf ein größeres Ganzes definiert werden, die entweder religiös (»Gott«), spirituell (»Energie«) oder säkular (»Natur«) gedeutet wird (vgl. Kapitel 2).

Welche psychologischen Ansätze können helfen, eine Todesangst einzudämmen? Die »Terror-Management-Theorie« (TMT, siehe auch Kapitel 6) hat mittels sozialpsychologischer Studien herausgefunden, dass religiöse Menschen mithilfe des Glaubens dem unausweichlichen Tod seinen Schrecken nehmen können (Solomon et al., 2016). Dabei griffen Solomon et al. auf Vorarbeiten von Becker (1973) und Malinowski (1948) zurück, die sie zu ihrem Ansatz inspirierten (siehe Box 3.2 sowie auch Box 6.3).

Ausgangspunkt bildet das Wissen um die menschliche Sterblichkeit (»Terror«). Um diesen aversiven Zustand abzuwehren und dadurch ein erfolgreiches »Terrormanagement« zu betreiben, haben die Forscher zwei psychologische Strategien vorgefunden: die Aneignung einer kulturellen Weltsicht und die Stärkung des eigenen Selbstwertgefühls. Indem sich Menschen einem kulturell-religiösen Glaubenssystem anschließen, verringern sie ihre Todesangst. Religionen bieten ein Sinnsystem über die eigene Lebenszeit hinaus. Sie stellen Vorschriften und Standards zur persönlichen Orientierung bereit und vermitteln die Hoffnung auf ein Weiterleben nach dem Tod, etwa durch religiöse Konzepte wie Seele, Himmelreich oder Nirwana. Wer die religiösen Standards einhält, erfährt Schutz, Sinn und eine Verringerung der Angst. Als eine zweite Strategie zur Bewältigung der Todesangst fanden die Forscher bei ihren Probandinnen und Probanden das Bemühen, die eigene Selbstachtung zu stärken. Die Stärkung des eigenen Selbstwertgefühls scheint also ein protektiver Faktor gegen die Todesangst zu sein.

Box 3.2: Religiöser Glaube als Terrormanagement par excellence bei Ernest Becker

Als frühe Begründer der Terror-Management-Theorie (TMT) gelten die beiden Anthropologen Bronisław Malinowski (1884–1942) und Ernest Becker (1925–1974). Malinowksi (1925) sah die Funktion des religiösen Glaubens als Schutz vor der Todesangst einzelner Personen, gar ganzer Kulturen. Religiöser Glaube stehe dabei der wesentlich schlechteren Alternative, nämlich der Angst vor Auslöschung, gegenüber (vgl. Box 3.1).

Becker (1973) hingegen vertritt einen deutlich breiteren Ansatz, indem er sich auch mit anderen, immanenten Formen des Terrormanagements detailliert auseinandersetzt. So könnten auch Arbeit, Kindererziehung oder wissenschaftliche und künstlerische Errungenschaften dazu führen, dass das Individuum das Gefühl habe, eine Fußspur von sich zu hinterlassen und seine Todesangst in Selbstachtung zu transformieren. Auf kollektiver Ebene könne ein Kulturraum erschaffen werden, der Ordnung, Sinn und Dauerhaftigkeit stifte und so gegen Todesangst wirke.

Neben religiösem Glauben können auch rein immanente Unsterblichkeitsideologien erschaffen werden, die jedoch, vor allem wenn symbolische Wege nicht zielführend sind, ins Böse führen können. In diesen erhebt sich der Mensch über andere, um seine Selbstachtung zu steigern, verleugnet seine eigene tierische (sterbliche) Natur, indem er sich als Übermensch stilisiert und tierische Eigenschaften auf vermeintlich unterlegene Menschengruppen überträgt. Die Unterwerfung unter eine solche Ideologie und dessen Führung kann bis hin zu Selbstaufgabe und Suizid führen, woraus sogar noch Selbstachtung geschöpft wird. Diesen Aspekt vertieft Becker (1975) in seinem Werk zum Bösen mit starkem Bezug zur NS-Zeit.

Religiöser Glaube ist für Becker hingegen das Mittel *par excellence* zur Bewältigung des Terrors aufgrund seines transzendenten Charakters. Denn lediglich religiöser Glaube – und keine immanente »Fußspur« oder Unsterblichkeitsideologie – biete eine transzendente Dimension. Ein solcher Glaube führe zu einer sonst ungekannten Freiheit von menschlichen Normen (z. B. weltlicher Erfolg oder Schönheitsideale sind nicht mehr wichtig) und befriedige den menschlichen Drang nach Unsterblichkeit durch einzigartige Leistung (z. B. Aufgehen in Gott, ohne die eigene individuelle Unverwechselbarkeit aufzugeben). Schlussendlich sei es religiösem Glauben eigentümlich, dass er trotz der permanenten Vermittlung der menschlichen Sterblichkeit (z. B. Omnipräsenz von Jesu am Kreuz in Kirchen, das Pilgergewand der Muslime, welches später das eigene Totentuch wird) durch die Hoffnung auf ein Weiterleben nach dem Tod keine übermäßige Todesangst auslöse.

Empirische Befunde zur TMT führen wir im Kapitel 6 an.

Der TMT steht die »Meaning-Management-Theory« (MMT; Wong 2008) gegenüber, die Hinweise darauf liefert, dass die Beschäftigung mit der eigenen Sterblichkeit das persönliche Wachstum fördert, die Angst vor dem eigenen Tod mindert und die Verdrängung des Todes abschwächt. Sie geht von einem Wechselspiel zwischen der Angst vor dem Tod, der Akzeptanz des Todes und dem individuellen Sinnerleben aus. Dieser Theorie zufolge führt ein sinnerfülltes Leben zu mehr Akzeptanz des Todes, was wiederum mit weniger Angst vor dem Tod einhergeht.

Anknüpfend an diese Überlegungen hat eine deutschsprachige Untersuchung Auswirkungen der intensiven Beschäftigung mit dem eigenen Tod und Sterben erhoben (Spitzenstädter u. Schnell, 2020). Überprüft wurde, ob sich diese Beschäftigung auf das Sinnerleben sowie auf die Einstellungen gegenüber Tod und Sterben auswirkt. Die Ergebnisse der Pilotstudie weisen darauf hin, dass die intensive Beschäftigung mit dem Tod zu mehr Akzeptanz des eigenen Sterbens führen kann.

Dieses Ergebnis ist bemerkenswert, weil manche Menschen gegenüber ihrer eigenen Sterblichkeit häufig mit Abwehr und Todesverleugnung reagieren. In einer an der Universität Bochum durchgeführten Pilotstudie ergaben sich Hinweise darauf, dass die Angst vor dem Tod bei seelisch erkrankten Personen stärker ausgeprägt ist und dies die Störung mit aufrechterhält. Die Forschungsgruppe empfiehlt deshalb, die Haltung zum Tod stärker in psychotherapeutische Behandlungen einzubeziehen (Mavrogiorgou et al., 2020).

3.4 Der Glaube kann Todesangst schüren oder mildern

Aus psychologischer Sicht empfiehlt sich die Auseinandersetzung mit der eigenen Endlichkeit und dem Tod, weil sie ein markanter Teil des Lebens sind. Dabei kann religiöser Glaube sowohl nützen als auch schaden. Je nach religiöser Prägung und emotionaler Qualität der Gottesbeziehung kann Glaube die Todesangst schüren oder abmildern. Eine Metaanalyse hat die diesbezüglichen Studienergebnisse ausgewertet (Jong et al., 2018). Wie beschrieben, sagt die Hypothese der Terror-Management-Theorie voraus, dass die Todesangst bei sehr religiösen und nichtreligiösen Personen am geringsten ist. Aus der Theorie lässt sich weiterhin ableiten, dass Todesangst den Glauben Religiöser motivieren kann, was wiederum die Todesangst mildert. Während die Todesangst mit zunehmender Religiosität bei Gläubigen schwindet, nimmt die Religiosität bei Nichtgläubigen mit der Todesangst zu. In beiden Fällen wird also eine umgekehrte U-Kurve vorhergesagt. Die Analyse von Jong et al. fand bei der Auswertung der vorliegenden empirischen Studien einen schwachen negativen Zusammenhang zwischen Todesangst und verschiedenen Glaubensformen. Aus empirischer Sicht lässt sich also eine leicht protektive Funktion des Glaubens gegenüber der Todesangst nachweisen. Allerdings werden vertiefende Studien vor allem aus nichtwestlichen, nichtabrahamitischen Kontexten benötigt.

In der therapeutischen Praxis kommen nicht selten die belastenden Auswirkungen des Glaubens angesichts des bevorstehenden Todes zur Sprache, womit sich u. a. die beiden Psychotherapeuten Stavemann und Hülsner (2019; siehe Zitat am Kapitelanfang) beschäftigt haben. Sie diagnostizieren ein existenzielles Problem, wenn Betroffene wegen ihrer Konzepte, Denk- und Handlungsmuster gegenüber dem Tod unerwünschten und unnötigen Leidensdruck erfahren. Als therapeutische Ziele beschreiben sie vor allem das Erlernen und Ausbauen von Akzeptanz, vor allem im Unterschied zu einem unrealistischen Fordern nach Sicherheit und Kontrolle gegenüber dem unausweichlichen Tod. Zur Entstehung eines existenziellen Problems können nach ihrer Überzeugung auch Religiosität und Glaube beitragen, weil sie eventuell mit einem »immensen Symptomgewinn aufwarten« (S. 40), indem etwa bei Fehlverhalten ewige Verdammnis drohe. Religiöser Glaube gilt aus ihrer Perspektive somit als eine Ursache für existenzielle Probleme – im Einzelfall gelten sie gar als Resultat eines dysfunktionalen Glaubens. Jedoch übergehen Stavemann und Hülsner den reichen Erfahrungsschatz religiöser Angstbewältigung und hilfreicher religiöser Abschiedsrituale im Sterbeprozess, der vielen gläubigen Menschen Unterstützung gibt. Hier gibt es mittlerweile hilfreiche Übersichten, wie sterbenden und trauernde religiöse Menschen gemäß ihrem Glauben begleitet werden können (Wagemann, 2006).

3.5 Glaube in der Palliativmedizin und Glaubensbedürfnisse Sterbender

Die ärztliche Berufsethik ist grundsätzlich an das gesundheitliche Wohlbefinden der Patientinnen und Patienten gebunden. Auf Grundlage des medizinischen Fortschritts sollen Langlebigkeit und Lebenszufriedenheit bis ins hohe Alter erreicht werden. Eine gute medizinische Versorgung kann heute die Lebenszeit oft verlängern, letztlich jedoch die Unausweichlichkeit des Todes und damit das endgültige Ende nicht verhindern. In den letzten Jahrzehnten sind aber auch in der professionellen Begleitung der letzten Lebensphase im

Rahmen von »Palliative Care« viele Fortschritte gemacht worden. Hier werden Menschen begleitet und betreut (von lat. *palliare* = mit einem Mantel umgeben, bedecken), die in einem unheilbaren, lebensbedrohlichen Zustand angekommen sind, der kurativ nicht mehr zu behandeln ist. Diese Personen durchlaufen unterschiedliche Phasen des Sterbens – das bekannteste psychologische Modell für diese Thematik stammt von Elisabeth Kübler-Ross und wird in Box 3.3 dargestellt.

Box 3.3: Die fünf Sterbephasen (Kübler-Ross, 1971)

Starken Aufwind erhielt die Forschung in den 1970er Jahren durch die schweizerisch-amerikanische Psychiaterin Elisabeth Kübler-Ross (1926–2004), durch die die psychologische Sterbebegleitung deutlich mehr Beachtung fand. Auf der Grundlage von Interviews beschrieb Kübler-Ross fünf unterschiedliche Sterbephasen (siehe auch Abbildung 3.4):

1. Nichtwahrhabenwollen/Leugnung,
2. Zorn,
3. Verhandeln,
4. Depression,
5. Akzeptanz.

Obwohl diese Systematik breit akzeptiert wurde und trotz unzähliger akademischer Ehrungen, geriet Kübler-Ross häufig in die Kritik. So wurden und werden ihr z. B. mangelnde Transparenz ihrer Interviewmethode oder eine stärker esoterische als wissenschaftliche Grundlage des Stufenmodells unterstellt. Auch sind die warnenden Worte eines bekannten Gerontologen zu berücksichtigen: »Jeder Versuch einer allgemeinen Charakterisierung der psychischen Situation Schwerkranker und Sterbender muss dem Prozesscharakter der Belastungserfahrung gerecht werden« (Kruse, 2021, S. 124). Damit betont er die hohe Individualität der Auseinandersetzung mit Sterben und Tod. Ähnlich wie bei den Nahtoderfahrungen ist der psychologische Prozess des Sterbens offenbar auch vom kulturell-religiösen Weltbild geprägt. Vaitl (2012) bemerkt, dass die Erlebnisschilderungen der in den USA lebenden Mormonen deutlich von den Sterbephasen abweichen würden, die Kübler-Ross als typisch gefunden habe. Wer also ein strenges göttliches Endgericht fürchtet, wird die Todesnähe eher beängstigend als beglückend erleben. Solche Glaubenselemente im Sterbeprozess werden von anderen Modellen, wie das von Saunders, deutlich stärker in den Vordergrund gehoben (siehe unten).

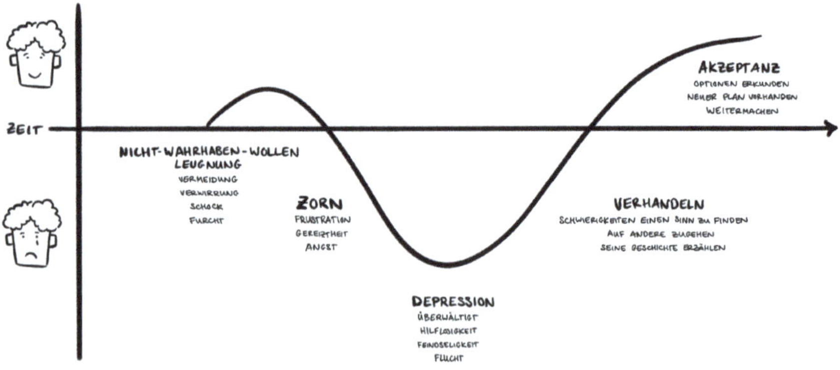

Abbildung 3.4: Die fünf Phasen des Sterbens nach Kübler-Ross. Illustration: Nelly Nieter

Andere wesentliche Impulse hat Palliative Care von der Sterbebegleitung der Hospizarbeit bekommen. Eine Pionierin war die britische Krankenschwester, Ärztin und Sozialarbeiterin Cicely Saunders (1918–2005; siehe Abbildung 3.5). Aus ihren Erfahrungen im Umgang mit Sterbenden entwickelte sie das Konzept »Total Pain«. Nach diesem Begriff besteht der Schmerz aus vier Dimensionen: einer physischen, einer psychischen, einer sozialen und einer Glaubensdimension (Saunders, 2006; siehe Abbildung 3.6).

Abbildung 3.5: Cicely Saunders (1918–2005), eine Pionierin der Palliativmedizin (ca. 2002; Quelle: History of Modern Biomedicine Research Group; Wikimedia Commons)

Schwerkranke, sterbende Menschen verspüren demnach Schmerzen, die über das rein körperliche Leiden hinausgehen. Eine effektive Behandlung solcher Schmerzen muss Saunders zufolge deshalb multidimensional erfolgen. Während die körperliche und psychosoziale Schmerzbehandlung weit entwickelt sei, legt

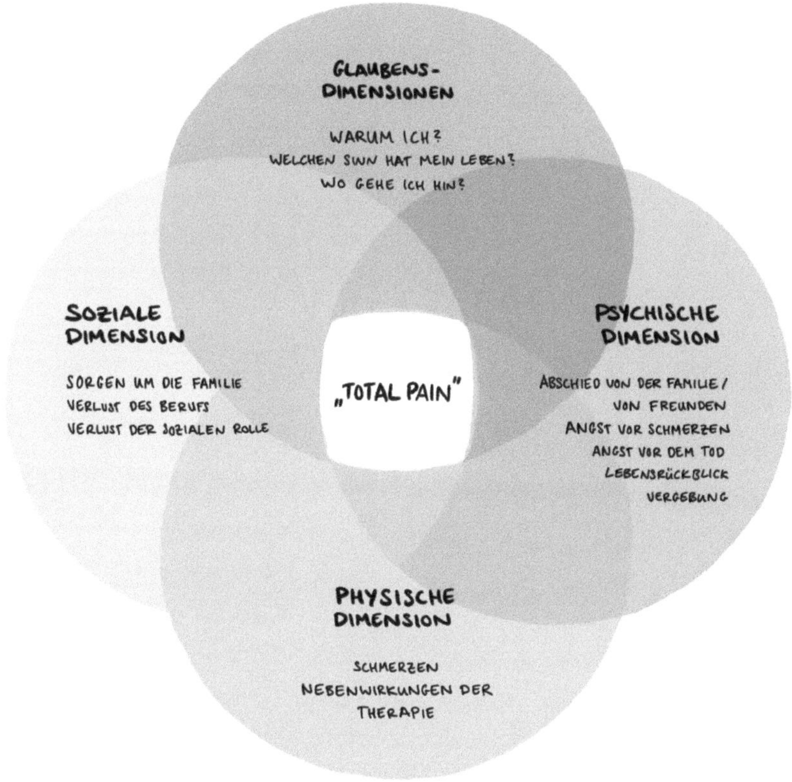

Abbildung 3.6: Das »Total Pain«-Konzept von Cicely Saunders (nach Saunders, 2006). Illustration: Nelly Nieter

Saunders ein besonderes Augenmerk auf die vierte Dimension, die Glaubensdimension der spirituellen Schmerzen, die nach ihrer Einschätzung zu wenig beachtet werde. Dazu zählt sie vor allem den Umgang mit den existenziellen Fragen nach Schuld, Sinn und Tod.

Neuere Studien haben auch im deutschsprachigen Bereich die Bedürfnisse Schwerkranker erhoben (Frick et al., 2021a). Dabei stechen vier Bedürfnisse hervor:

- existenzielle Bedürfnisse: ungelöste Dinge des Lebens klären; Sinn in der Situation sehen,
- Glaubensbedürfnisse: sich an eine höhere Präsenz wenden (Gott, Engel etc.),
- Bedürfnis nach innerem Frieden,
- Bedürfnis nach Generativität: etwas von sich weitergeben und verschenken.

Die Forschenden fanden diese Bedürfnisse als zentrale Elemente des menschlichen Wesens, die unabhängig von einer religiösen Gebundenheit bestünden. Sie könnten in Belastungssituationen, wie z. B. durch das akute Auftreten einer Erkrankung, ausgelöst werden, aber auch eine Ressource zur Bewältigung der Situation werden. Es folgt ein Plädieren der Forschenden dafür, spirituelle Bedürfnisse auch in der Notaufnahme eines Krankenhauses zu erfassen und zu berücksichtigen, da dies dem Wohlbefinden der Patientinnen und Patienten diene.

ERSCHLIESSUNGSFRAGEN

1. Inwiefern weisen die Befunde der Nahtodforschung auf die Möglichkeit einer Weiterexistenz nach dem körperlichen Tod hin?
2. Welche psychologischen Auswirkungen folgen aus dem Glauben an Reinkarnation und Karma? Was daran kann die Entwicklung fördern, was negativ beeinflussen?
3. Analysieren Sie das Zitat zu Beginn des Kapitels nach Stavemann und Hülsner (2019) entsprechend den Theorien von Kübler-Ross (1971) und Frick et al. (2021a). Wo überschneiden sie sich, wo unterscheiden sie sich?

PERSÖNLICHE VERTIEFUNG/SELBSTERFAHRUNG

1. Warum fällt das Reden über Sterben, Tod und Jenseitsvorstellungen schwer? Was wäre gewonnen, wenn man mehr darüber nachdenken und sprechen würde?
2. Testen Sie Ihren eigenen Glauben an ein Leben nach dem Tod (siehe Box 3.1), indem Sie jedes Item auf einer Skala von *1 = starke Ablehnung* bis *7 = starke Zustimmung* bewerten. Summieren Sie dann Ihre Antworten separat für jede der fünf Glaubensvorstellungen auf:
   Körperliche Wiederauferstehung = Items 1, 5, 10, 16
   Auslöschung = Items 2, 7, 12, 17
   Geistige Verkörperung = Items 3, 8, 13, 18
   Reinkarnation = Items 4, 9, 14, 19
   Körperloser Geist = Items 6, 11, 15, 20
   Welche Glaubensvorstellung ist bei Ihnen besonders stark bzw. besonders schwach ausgeprägt?
3. Hilft Ihr Glaube bzw. Nichtglaube Ihnen, gelassener mit dem unausweichlichen Tod umzugehen, oder verstärkt er Ihre Unsicherheit?

WEITERFÜHRENDE LITERATUR

Die mehrfach preisgekrönte Dokumentation »Flight from Death« der Ernest Becker Foundation (Byrne, 2003) ist sehr empfehlenswert, um Beckers Theorie wie auch darauf aufbauende empirische Ergebnisse tiefer zu verstehen. Eine praxisbewährte Einführung über die Vielfalt der Glaubenswelten gerade für im Gesundheitswesen Tätige bietet Gertrud Wagemann (2006).

II Außenperspektiven: Glaube aus psychologischer Sicht

4 Evolutions- und neuropsychologische Zugänge

Lernziele

1. Den evolutions- und neuropsychologischen Zugang zur Psychologie des Glaubens erklären können.
2. Glauben als ein Nebenprodukt oder als Anpassungsleistung erklären können.
3. Die Beziehung zwischen Glauben und Gehirnfunktionen darstellen können.
4. Die Grenzen beider Zugänge aufzeigen können.

»Es muss eine Zeit kommen, in der niemand einem Menschen die transzendente Gottesidee und die übersinnliche Welt streitig macht, wenn er ihrer nicht entraten kann, in der aber auch offen jeder zu einer Gottesidee sich bekennen darf, die jeder menschlichen Seele immanent ist.«
(Wundt, 1920, S. 121)

Evolutions- und neuropsychologischen Zugängen zum Glauben ist gemeinsam, dass sie eine gewisse biologische Grundlage für menschlichen Glauben untersuchen. Gerade in den Anfängen der Psychologie, die Ende des 19. und Anfang des 20. Jahrhunderts immer noch stark von medizinisch Ausgebildeten wie Physiologinnen und Physiologen betrieben wurde, waren biologische Erklärungen für religiösen Glauben ein populäres Thema, die in Charles Darwin (1809–1882) selbst wurzelten. Wie im Eingangszitat des Physiologen und Psychologen Wilhelm Wundt (1832–1920) nahmen diese frühen Theorien häufig die Idee des religiösen Glaubens als anthropologische Konstante auf, also Glaube als etwas, das zur Grundausstattung des Menschen gehöre. Aber auch die Mediziner Iwan P. Pawlow (1849–1936) und Sigmund Freud (1856–1939) formulierten frühe Ideen in diesem Themenfeld.

Während die Evolutionspsychologie einen engeren Bezug zwischen Glauben und natürlicher Selektion sowie damit verbundenen Genen aufweist, so legt die Neuropsychologie ein stärkeres Gewicht auf Prozesse des Nervensystems, vor allem des Gehirns. Beide Wissenschaftszweige arbeiten stark interdisziplinär. Zudem beeinflusst unser aus der Evolution heraus entstandenes Erbgut natürlich auch unser (zentrales) Nervensystem und die damit verbundenen Erlebens- und Verhaltensweisen, sodass Evolutions- und Neuropsychologie an zahlreichen Stellen auch fließend ineinander übergehen (Coolidge, 2020; Vaas u. Blume, 2009).

4.1 Evolutionspsychologie des Glaubens

Evolutionspsychologie versucht, menschliches Erleben und Verhalten aus der Perspektive der Evolution zu erklären. Denn wenn Erleben und Verhalten zumindest teilweise genetisch bestimmt sind – wofür die Verhaltensgenetik starke empirische Belege anbringt –, wurden unsere heutigen Kognitionen, Emotionen und Verhaltensweisen ähnlich wie körperliche Merkmale evolutionär durch natürliche Selektion nach Darwin begünstigt. Funktionale, d.h. an die Umwelt angepasste, psychische Erlebens- und Verhaltensweisen haben sich demnach im Laufe der Evolution gegenüber weniger funktionalen Mechanismen durchsetzen können (Wirtz, 2020). Zu ihrer Erforschung nutzt die Evolutionspsychologie unterschiedliche Methoden aus der Verhaltensgenetik (Zwillings- und Adoptionsstudien, um Auswirkungen von Genen und Umwelt zu trennen), wie das Vergleichen von menschlichem mit tierischem Verhalten (vor allem mit Primaten) und der kulturvergleichenden Forschung einschließlich Analysen von noch heute existierenden Jäger-Sammler-Gemeinschaften (Workman u. Reader, 2014). Letzteres lehnt sich dabei auch an anthropologische und archäologische Befunden an (Teehan et al., 2021). Zentral in der Evolutionspsychologie ist die Unterscheidung zwischen Phylogenese, d.h. der evolutionären Entwicklung des Menschen, und der Ontogenese, d.h. der Entwicklung des menschlichen Individuums von der Befruchtung bis zum Tod.

Definition

Der *evolutionspsychologische Zugang zum Glauben* untersucht religiöses Erleben und Verhalten von derzeit lebenden Menschen als das (Neben-) Produkt einer evolutionären Anpassungsleistung unserer Vorfahren an ihre damaligen Umweltbedingungen.

Da es Glaubensvorstellungen in jeder Kultur gibt, wird aus evolutionspsychologischer Perspektive gefragt, ob Glaube genetisch bedingt ist, wann und unter welchen Umständen Glauben phylogenetisch entstanden ist und welche Anpassungsleistung Glauben aufweist. Bevor wir tiefer in heutige Erkenntnisse der Evolutionspsychologie des Glaubens einsteigen, schauen wir uns zunächst als Beispiele für ihre Theorien Pawlow und Freud an.

4.1.1 Frühe evolutionspsychologische Theorien des Glaubens: Pawlow und Freud

Iwan Pawlow galt in seiner Zeit als einer der herausragendsten Wissenschaftler auf dem Gebiet der Instinkte. Berühmtheit erlangte er in der Psychologie durch seine Theorie der klassischen Konditionierung, die unmittelbar auf seiner Forschung an Verdauungsdrüsen des Hundes beruhten, für die er 1904 den Nobelpreis erlangte. Doch Pawlow beschäftigte sich weit über Hundedrüsen hinaus jahrzehntelang mit der Frage, wie Gehirnfunktionen durch die Anpassung des Organismus an seine Umwelt evolutionär geformt wurden. Eine zentrale Funktion des Gehirns ist für Pawlow die höhere Nervenaktivität, welche mit der Umwelt interagiert und in die er auch den menschlichen Glauben verortet (Windholz, 1986). Für Pawlow ist Glaube ein unkonditionierter, ererbter Reflex, der sich phylogenetisch aus dem Überlebenskampf des Menschen in einer für ihn feindlichen Umwelt entwickelt hat. Häufig wird übersehen, dass Pawlow »Glauben« sehr breit definierte; er schloss neben religiösen Traditionen auch politische Ideologien wie den Kommunismus ein. Diese Glaubenstendenz werde vererbt, manifestiere sich jedoch nicht in jedem Menschen, sondern nur in denjenigen mit einem schwachen Nervensystem, die dann vor allem in Krisen auf Religion statt auf rationales Denken zurückgreifen müssten.

Auch Pawlos Zeitgenosse Sigmund Freud versuchte einen evolutionären Ursprung von Glauben darzulegen und nutzte hierfür in erster Linie kulturwissenschaftliche Methoden. In »Totem und Tabu« (1927) analysiert er die Ursprünge des Totemismus, d. h. einer Urhorde, die ein Totemtier verehrte und durch Inzesttabus geprägt war. An der Spitze der Urhorde stand der tyrannische Vater, der alle Frauen der Horde besaß. Er wurde von den Söhnen einerseits geliebt, andererseits gehasst, da er u. a. die Fortpflanzung der Söhne verhinderte. Als Folge schlossen sich die Brüder zusammen, erschlugen den Vater und verzehrten ihn anschließend. Letzteres bewirkte, dass sich die Söhne mit dem Vater identifizierten und Reue gegenüber der Tat verspürten. Aus diesem

Schuldbewusstsein heraus wurde die Tötung des Totemtiers, welches einen Vaterersatz darstellt, zum Tabu und nur in einem gemeinsamen rituellen Akt erlaubt, die gleichzeitig eine Wiederholung des Triumphes über den Vater darstellte. In der weiteren Religionsgeschichte blieben diese Grundlagen erhalten: vom Animismus über Vaterreligionen bis hin zum Christentum, das den Sohn anstelle des Vaters setzt und in dem der Opfertod des Sohnes das frühe Verbrechen an dem Vater sühnt. Neben unbewusster sozialisatorischer Weitergabe dieses Glaubensmotivs betont Freud eine genetische Übermittlung der Mordtat im Sinne ererbter Gedächtnisstrukturen (Hamburger, 2005).

Beiden frühen Theorien ist gemeinsam, dass sie Glauben als evolutionär bedingtes menschliches Potenzial ansehen, das Individuen und Gesellschaften bis in die Gegenwart hinein prägt. Während Pawlow dem schwachen Menschen jedoch seinen Glauben nicht nehmen wollte, rief Freud (1927) zu einer nichtreligiösen Sozialisation der nächsten Generation auf.

4.1.2 Aktuelle evolutionspsychologische Zugänge

Glaube als evolutionäres Nebenprodukt

Vom heutigen Standpunkt aus betrachtet, gilt eine mögliche Anpassungsleistung von Glauben als fragwürdig, da Gläubige sich häufig nicht zu ihrem evolutionären Vorteil verhalten. So geben sie einige essenzielle Ressourcen an ihre Glaubensgemeinschaft ab oder verpflichten sich zum Zölibat, was ihrer Reproduktion entgegensteht (Workman u. Readers, 2014). Aus diesen Gründen gehen einige davon aus, dass Glaube nur als ein Nebenprodukt grundlegender menschlicher Fähigkeiten entstand. Menschen neigen dazu, mehrdeutige Reize mit einer Deutung zu erklären, die eine wirkende Kraft (engl.: *agency*) – häufig einen Menschen – dahinter interpretiert. Auch wird dieses Interpretationsschema auf Ereignisse angewandt, die als Folge von bereits abwesenden und somit aktuell nicht sinnlich wahrzunehmenden Kräften gedeutet werden. Dieser Prozess der hyperaktiven Agency-Erkennung (Barrett, 2004; Guthrie, 1993) erbrachte evolutionäre Vorteile (z. B. einen Reiz nicht für eine wirkende Kraft, wie etwa einen Feind, zu halten, konnte zum Tod führen) und könnte zu der Vorstellung einer unsichtbar wirkenden Kraft geführt haben.

Weiterhin wird Glauben auch als ein Nebenprodukt der *Theory of Mind* verstanden. Darunter wird unsere Fähigkeit verstanden, mentale Zustände anderen zuzuschreiben. Ein bekanntes Beispiel für die Fähigkeit, sich in andere hineinversetzen zu können, liefert Abbildung 4.1.

Abbildung 4.1: Theory of Mind am Beispiel von Nelly und Anne © Nelly Nieter

Die Fähigkeit, sich in andere hineinversetzen zu können, beinhaltet auch, anderen Personen Gedanken zuschreiben zu können. Erst Vierjährige können die Frage, wo Anne den Ball hingelegt hat, richtig beantworten.

Diese menschliche Fähigkeit können wir auch auf nichtmenschliche Objekte und somit auch auf potenzielle übermenschliche Mächte ausweiten (Atran, 2002; Boyer, 2001). Die Theory of Mind scheint auch erklären zu können, dass wir seelische von körperlichen Zuständen unterscheiden und uns so die Vorstellung des Todes ohne jegliches Bewusstsein schwerfällt, weil wir dafür die Theory of Mind ausschalten müssten. Die Neigung des Menschen zur Trennung von Seele und Körper erklärt auch unsere Fähigkeit, an Götter ohne Körper zu glauben (Bering, 2011).

Zudem verletzt ein Glaube an übermenschliche Mächte nur minimal unsere Vorannahmen, weil das Konzept übermenschlicher Mächte unsere meisten intuitiven Annahmen übernimmt – beispielsweise Gott, der mit menschlichen Eigenschaften belegt ist. Evolutionspsychologische Forschung erbrachte, dass unser Gedächtnis stark empfänglich für solche Konzepte ist, die nur minimal gegen unsere Intuition verstoßen (Boyer, 2001). Der Glaube an übermenschliche Mächte und deren vermutete Beeinflussung von Ereignissen führten dazu, dass Menschen versuchten, durch Rituale mit diesen Mächten zu interagieren (Atran, 2002). Menschen tendieren dazu, durch Kausalschlüsse Verbindungslinien zwischen Ereignissen zu ziehen, die vielleicht gar nicht zusammenhängen (z. B. Regenritual und anschließender Regen). Dadurch werden stimmige Erklärungen der Umwelt geliefert. Hinzu kommt eine vermittelnde Verstärkung des Rituals. Eine kausale Konsequenz wird dabei nur manchmal, vielleicht sogar sehr selten wahrgenommen (es regnet nur nach einigen Regenritualen), welches das Ritualverhalten auf motivationaler Ebene sogar noch verstärkt. Dadurch weist eine solche Erklärung eine besondere Löschungsresistenz auf.

Glaube als evolutionäre Anpassungsleistung
Andere Evolutionspsychologen gehen davon aus, dass Glaube – zumindest in der späteren phylogenetischen Entwicklung – nicht nur ein Nebenprodukt ist, sondern essenzielle Anpassungsfunktionen aufweist. Das Szenario ist Folgendes: Vor der Sesshaftigkeit lebten Menschen in kleinen Gruppen, in denen sie untereinander Nachkommen zeugten. Gegenseitige Unterstützung hatte aufgrund gemeinsamer Gene mit anderen Gruppenmitgliedern oder zumindest aufgrund der kleinen Gruppengröße und den hohen Zusammenhalt (Gruppenkohäsion) einen evolutionären Vorteil. Nach der Sesshaftigkeit vergrößerten sich jedoch Gruppen stark, sodass die Anonymität stieg. Zu dieser Zeit hatten sich bereits Glaubensvorstellungen, etwa die Existenz übermenschlicher Mächte, als evolutionäre Nebenprodukte ausgebildet (Liddle u. Sheckelford, 2021). Diese Glaubensvorstellungen wurden nun weiterentwickelt zu »großen Göttern«, die allmächtig und allgegenwärtig sind, die Moralität des Verhaltens von Menschen beobachten und Verstöße bestrafen, sodass die Kooperation innerhalb der größeren Gruppe aufrechterhalten werden konnte (Norenzayan, 2013).

Auch den Ritualen, die einstmals als Nebenprodukt menschlicher Motivationsmechanismen entstanden, wird nun in der Sesshaftigkeit ein evolutionärer Anpassungswert zugeschrieben. Diese äußerlich sichtbaren Glaubenspraktiken dienten dazu, anderen die eigene Verpflichtung gegenüber den »großen Göttern« zu signalisieren und damit die eigene Vertrauenswürdigkeit innerhalb der Gruppe zu unterstreichen. Dies erklärt auch, wieso diese Vertrauenssignale in der Gestalt von Ritualen besonders aufwendig gestaltet waren und sind: Die Glaubwürdigkeit des Ritualpraktizierenden wird dadurch erhöht (Liddle u. Sheckelford, 2021). Diese erhöhte Vertrauenswürdigkeit hat nicht nur Vorteile für die Ressourcenteilung der gesamten Gruppe (Wilson, 2002), sondern auch für die eigene Fortpflanzung, da Frauen eher an Männern als Partner interessiert sind, die als moralisch gelten und bereit sind, viele ihrer Ressourcen zu investieren (Slone, 2008). Zu guter Letzt kann auch noch eine angstlösende Funktion des Glaubens an »große Götter« angeführt werden. Vertrauen auf eine höhere Macht kann unsere existenziellen Ängste lindern, weil sie Menschen z.B. durch Rituale ein Kontrollgefühl gegenüber Krankheit und Tod vermitteln (Liddle, 2021).

Dass der Übergang von Jäger-Sammler-Verbänden zur Sesshaftigkeit auch einen starken Wandel in menschlichen Glaubensvorstellungen mit sich brachte, gilt als einschlägige Theorie der Evolutionspsychologie. Neuere archäologische Befund aus der Türkei stellen diese Theorie jedoch auf den Kopf, indem sie belegen, dass der Glauben an »große Götter« wohl die Voraussetzung und nicht die Folge von Sesshaftigkeit waren (siehe Box 4.1).

Box 4.1: Göbekli Tepe: Der Beginn von komplexem, organisiertem Glauben

Göbekli Tepe ist eine große archäologische Ausgrabungsstätte im Südosten der Türkei, die die evolutionspsychologische Frage nach dem Ursprung des Glaubens in den letzten Jahren stark prägte. Diese in Mesopotamien gelegene Stätte liegt auf einem Plateau und ist geprägt durch ihre mehr als 200 Säulen, die bis zu über fünf Meter hoch und größtenteils kreisförmig angeordnet sind. Die Säulen sind, wie in den Abbildungen 4.2 und 4.3 gezeigt, mit Reliefs von Gazellen, Enten, Skorpionen, Reptilien und anderen Tieren dekoriert. Archäologen konnten zeigen, dass dies keine Siedlung, sondern eine rituelle Kultstätte war, die mit ihren 12.000 Jahren die älteste religiöse Stätte der Welt darstellt. Umliegende Siedlungen hingegen entstanden frühestens 500 Jahre später (Schmidt, 2000).

Ging man vor der Entdeckung von Göbekli Tepe in den 1990er Jahren fest davon aus, dass erst die Sesshaftigkeit der Menschen komplexe und organisierte Glaubenstraditionen aufkommen ließ, so stellen die Erkenntnisse von Göbekli Tepe diese Hypothese auf den Kopf. Denn mit der Sesshaftigkeit und dem damit beginnenden Ackerbau – der sog. Neolithischen Revolution – trat laut früheren evolutionspsychologischen Erkenntnissen ein starker Verhaltenswandel der Menschheit auf: soziale Hierarchien, Arbeitsteilung, monumentale Architektur und komplexe Glaubensvorstellungen sowie persönliche Gottheiten waren erst danach möglich. Dass nun nicht die Sesshaftigkeit und der Ackerbau die Neolithische Revolution, sondern ein komplexes Glaubenssystem diesen Wandel unseres Sozialverhaltens verantwortet, macht die Erkenntnisse um Göbekli Tepe auch zu einem psychologischen Thema (Henley, 2018).

Der Bau der rituellen Kultstätte brachte dabei verschiedene, teilweise hundert Kilometer entfernte Gruppen von Jägern und Sammlern zusammen und ließ Logistik, Technik und Hierarchien entstehen, die später für die Sesshaftigkeit benötigt wurden. Die religiösen Zeremonien an der Kultstätte selbst waren von großen Festen geprägt, welche wohl eine Bewirtschaftung von Feldern zur Versorgung der Zeremonienteilnehmenden nötig werden ließ (Schmidt, 2010).

Das heißt, dass nicht die Siedlung den Tempel erlaubte, sondern der Tempel die Siedlung (Schmidt, 2000).

Eine Vielzahl an Theorien versucht zu erklären, wieso organisierter Glaube nötig war, um Städte zu bauen. Einige betonen die friedensbildende Funktion eines gemeinsamen Glaubens, der über geteilte religiöse Geschichten verbreitet wurde. Die verbreiteten Erzählungen bewirkten, dass sich verfeindete Stämme vereinten, um sich später sogar gemeinsam niederzulassen (Watkins, 2015). Eine ähnliche Richtung bietet die Hypothese der »großen« Götter (Norenzayan, 2013). Erst eine komplexere Glaubensform mit persönlichen Gottheiten, von denen geglaubt wurde, dass sie das Verhalten von Menschen überwachen, war moral- und kooperationsförderlich und ermöglichte eine umfangreiche Zusammenarbeit im Städte- und Ackerbau. Auch ist möglich, dass religiösen Rituale, die in Göbekli Tepe vollzogen wurden, die Gruppenkohäsion steigerten und eine gemeinsame Identität der unterschiedlichen Gruppen entstehen ließ (Dieterich et al., 2019). Schlussendlich existiert auch die Annahme, dass sich Menschen erst in Relation zu einem Kosmos (z. B. zum Mondgott in Göbekli Tepe) ihrer Stellung in der Welt bewusst wurden, was eine Sesshaftigkeit und Domestizierung der Natur zur Folge hatte (Gopher, 2020). All diese Erklärungen können sich gegenseitig ergänzen. Die noch andauernden Ausgrabungen in Göbekli Tepe werden sicherlich noch weitere Hypothesen und Belege hervorbringen.

Abbildung 4.2: Ausgrabungsstätte Göbekli Tepe (Foto © Eyyüp Kaboğan)

Abbildung 4.3: Säule mit Tierreliefs in Göbekli Tepe (Foto © Eyyüp Kaboğan)

Glaube als virales »Mem«?

Eine umstrittene Glaubenstheorie des Religionskritikers C. Richard Dawkins (1976/2006) sieht kulturellen Informationseinheiten (»Meme«, Singular: »das Mem«) genauso wie Gene der natürlichen Selektion unterworfen, wobei Glaube ein Mem darstellt. Der Schwerpunkt verschiebt sich somit von der Anpassungsleistung des Glaubens für das Individuum auf die Anpassung des Glaubens selbst. Nur diejenigen Glaubensideen, die sich am erfolgreichsten einprägen lassen und am wirksamsten an die nächste Generation weitergegeben werden können, überleben nach dieser Theorie. Die Idee des Monotheismus ist eine solch erfolgreiche Idee, die »viral geht«, die des Regentanzes hingegen konnte sich kaum bis in unsere heutige Zeit durchsetzen. Dabei nimmt laut Dawkins Glaube nicht nur einen viralen, sondern vor allem parasitären Charakter an, da er auf Kosten der Anpassung des Menschen gedeihe.

Kritisch wird der Ansatz aufgrund seines spekulativen Charakters gesehen. Weiterhin scheint die menschliche Glaubensfähigkeit ein so komplexes Konstrukt zu sein, dass es kein einheitliches Mem darstellen kann (Vaas u. Blume, 2009), sondern eher einen Komplex an Meme. Es sei somit sinnvoller, einzelne Glaubensüberzeugungen und -praktiken als Meme anzusehen und ihre adaptive Funktion zu beleuchten. So kann z. B. der oben genannte Glaube an »große Götter« eine nichtparasitäre, nämlich symbiotische Funktion aufweisen, da er kooperatives Verhalten in einer Gruppe erleichtert (Liddle u. Shackelford, 2021; Vaas u. Blume, 2009).

Eine genetische Bedingtheit des (Un-)Glaubens?

Ein anderer evolutionspsychologischer Ansatz stellt die direkte Suche nach Genen dar, welche durch Selektionsprozesse evolutionär erhalten blieben und am Glauben beteiligt sind. Ergebnisse von Studien unter getrennt aufgewachsenen Zwillingen, die belegen, dass Spiritualität eine genetische Komponente aufweist, greift Hamer (2006) auf. Im Rahmen seiner Studie zum Krebsrisiko von Raucherinnen, bei der auch Spiritualität erfasst wurde, stieß Hamer zufällig auf ein Gen namens VMAT2, welches u. a. die glückssteigernden Neurotransmitter Dopamin und Serotonin steuert. Er fand bei hochspirituellen Patientinnen an einer bestimmten Stelle des Gens die DNA-Base Cytosin, bei nichtspirituellen Patientinnen hingegen Adenin an der gleichen Stelle. Hamer betont zwar die Interaktion vieler Gene, so sei jedoch VMAT2 von großer Bedeutung für die phänotypische Ausbildung der Glaubensfähigkeit, da sie die Wahrscheinlichkeit erhöhe, selbsttranszendierende Einheitserfahrungen zu erleben. Der wohl eher als Spiritualitäts- (Lämmermann, 2006) oder Selbsttranszendierungsgen (Zimmer, 2004) zu bezeichnende DNA-Abschnitt stellt laut Hamer eine Prädisposition zur Spiritualität dar, die dann kultur- und sozialisationsabhängig unterschiedlich ausgeprägt wird. Das »Gottesgen« hat laut Hamer Menschen einen evolutionären Vorteil verschafft, da sie trotz widriger Lebensumstände wie dem Tod oder Krankheiten optimistisch bleiben. Die Gottesgen-Theorie ist stark umstritten, u. a. auch dadurch, dass Hamer mit seinem Vorhaben, Homosexualität auf eine genetische Komponente zurückzuführen, in den 1990er Jahren scheiterte. Zudem werden Drittvariablen nicht zentral diskutiert, Selbsttranszendenz mit Gott gleichgesetzt und der genetische Anteil an der Varianz der Selbsttranszendenz mit nur 1 % vollkommen überbewertet (Zimmer, 2004).

Der Frage danach, ob auch Unglaube oder Glaubensabfall durch unsere DNA beeinflusst wird, gingen einige Studien in den letzten Jahren nach. In einer großen längsschnittlichen Studie mit weißen US-amerikanischen Jugendlichen konnte Freeman (2019) zeigen, dass das Einstellen von Gebeten und das Aufgeben einer religiösen Identität teilweise stark genetisch bedingt sind. Er erklärt diese jedoch im Gegensatz zu Hamer (2006) durch Drittvariablen. So können während der Pubertät Gene neurologische Veränderungen herbeiführen wie eine erhöhte Risikobereitschaft, die sich dann in einer Abkehr vom Glauben manifestieren.

4.1.3 Kritische Würdigung des evolutionspsychologischen Ansatzes

Wie wir gesehen haben, kann uns die Evolutionspsychologie interessante Antworten auf Fragen nach dem Ursprung unseres religiösen Erlebens und Verhaltens geben. Aus dieser Perspektive sind Glaubensmechanismen durch natürliche Selektion entstanden. Als neuer Forschungszweig liefert sie ein empirisches, naturwissenschaftliches Rahmenmodell, um Glauben zu untersuchen und besser zu verstehen. Die evolutionspsychologische Religionsforschung hat bereits eine beeindruckende Anzahl an Forschungsarbeiten hervorgebracht (Teehan et al., 2021; Stemmer, 2022). Sie wird jedoch mitunter stark kritisiert (Workman u. Reader, 2014), z. B. für die häufige Ausblendung der Bedeutung von Sozialisation für menschliches Erleben und Verhalten (Eagly u. Wood, 2006; Grom, 2007). Dadurch wird das zentrale sozialpsychologische Prinzip der Gen-Umwelt-Interaktion ausgeblendet. Denn bei der Missachtung von Kultur und deren Sozialisation lassen sich auch interindividuelle Unterschiede in der Stärke des (Un-)Glaubens nicht erklären (Beit-Hallhami, 2016).

Weitere generelle Kritik betrifft die mangelnde Falsifizierbarkeit evolutionspsychologischer Theorien (Vass u. Blume, 2009) und das geringe Wissen, dass verschiedene Wissenschaften über unsere Vorfahren und ihre Umwelt haben (Workman u. Reader, 2014). Daraus entsteht dann in der Evolutionspsychologie *manchmal* eine Argumentation, die einem Zirkelschluss gleicht (Passer u. Smith, 2009): Eine (religiöse) Verhaltenstendenz X bestehe, weil sie eine Anpassungsleistung an die Umweltbedingung Y darstelle. Die Umweltbedingung Y existiere, weil sich sonst die (religiöse) Verhaltenstendenz X nicht entwickelt hätte. Die Kritik geht häufig so weit, dass die Evolutionspsychologie gänzlich infrage gestellt wird (Derksen, 2010).

4.2 Neuropsychologie des Glaubens

Die Neuropsychologie stellt einen sehr jungen Zweig der Psychologie dar und arbeitet ähnlich wie die Evolutionspsychologie interdisziplinär. Im Gegensatz zur Evolutionspsychologie sind die Methoden der Neuropsychologie jedoch strikt experimentell, häufig mit der Unterstützung komplexer Apparaturen wie EEG, MRT oder Eye-Tracking-Brillen. Aber auch neuropsychologische Testverfahren oder psychopharmakologische Methoden kommen zur Anwendung (Kolb u. Wishaw, 2015).

Definition

Der neuropsychologische Zugang zum Glauben (auch: Neurotheologie) untersucht Zusammenhänge zwischen physiologischen Prozessen des Nervensystems, vor allem des Gehirns, und religiösem Erleben und Verhalten.

Zentrale Fragen hierbei können sein, welche neuronalen Grundlagen in dem Glauben an eine übermenschliche Macht involviert sind, von welchen Gehirnprozessen Glaubenserfahrungen abhängig sind oder auch welche neuronalen Prozesse bestimmten Glaubensformen wie dem Fundamentalismus zugrunde liegen (Ott, 2011; Utsch, 2012).

Die Gehirnstrukturen, die für den Glauben relevant sind, sind weiter unten in der Abbildung 4.5 zusammenfassend dargestellt.

4.2.1 Zentrale Erkenntnisse

Schläfenlappen und Glaubenserfahrungen

Seit Jahrhunderten wird beobachtet, dass Epileptiker und Epileptikerinnen während ihrer Anfälle häufig tiefe Glaubenserfahrungen wie das starke Gefühl der Gegenwart Gottes oder der Kommunikation mit Gott machen. Selbst religiösen »Genies« wie Paulus (Apostelgeschichte 9,3–9) unterstellte man, dass sie ihre tiefen Glaubenserfahrungen unter epileptischen Anfällen hatten (Utsch, 2012). Neuere Forschung erbrachte, dass diese starken Glaubenserfahrungen in epileptischen Anfällen mit einer Übererregung des Schläfenlappens einhergehen (Ramachandran u. Blakeslee, 1999). So zeigten diese Forscher, dass Patientinnen und Patienten mit Schläfenlappenepilepsie stärker auf religiöse als auf nichtreligiöse Bilder reagieren, und vermuten dahinter einen neuronalen Schaltkreis (»Gottesmodul«), der in tiefe Glaubenserfahrungen involviert ist.

Persinger (1999) machte eine ganz ähnliche Beobachtung, indem er in seiner Studie einen Zusammenhang zwischen Visionen, die Patientinnen und Patienten mit Schläfenlappenepilepsie machten, und deren mystischen Erfahrungen feststellen konnte. In einem darauf aufbauenden Experiment mit über 500 Probandinnen und Probanden versuchte Persinger, durch elektromagnetische Stimulation des Schläfenlappens mittels eines umgebauten Motoradhelmes (»Gotteshelm«) mystische Erfahrungen bei den Probanden zu erzeugen – was ihm auch gelang. Der Versuchsaufbau wurde jedoch häufig stark kritisiert, denn in einer Doppelblindstudie konnten diese Ergebnisse nicht repliziert werden (Granqvist et al., 2005). Neuere Studien fanden heraus, dass ausschließlich die Suggestibilität, aber nicht die Schläfenlappenstimulation Glaubenserfahrungen in diesem Experiment erklärte. Persinger (Persinger u. Koren, 2005) akzeptierte dies jedoch nicht und warf dem erneuten Experiment sehr ungenaue Replikationsbedingungen vor.

Neuere Forschung konzentriert sich stärker auf die für die Emotionen zuständigen tieferen Strukturen des Schläfenlappens, nämlich die limbischen Strukturen der Amygdala und des Hippocampus (siehe Abbildung 4.5). In einer Längsschnittstudie mit älteren Patientinnen und Patienten berichteten diejenigen, die eine stärkere Volumenreduktion des Hippocampus im Untersuchungszeitraum aufwiesen, lebensverändernde religiöse Erfahrungen (Owen et al., 2011). Hingegen führt elektrische Stimulation des Hippocampus und der Amygdala zu visuellen Halluzinationen, Déjà-vu-Erfahrungen und »merkwürdigen« Gefühlserfahrungen, so ähnlich wie sie auch bei Glaubenserfahrungen berichtet werden (Vignal et al., 2006).

Scheitellappen und Glaubenserfahrungen

Ein anderer Forschungszweig betrachtet statt des Schläfenlappens stärker den Scheitellappen. Zum Beispiel haben Newberg und Kollegen (Newberg u. Iversen,

2003; Newberg u. Waldman, 2010) mittels bildgebender Verfahren bei drei betenden Franziskanerinnen und acht meditierenden Zen-Mönche gefunden, dass während dieser Praktiken die Durchblutung des oberen Scheitellappens stark zurückgeht. Der Scheitellappen ist normalerweise für die räumliche und zeitliche Orientierung sowie für die Unterscheidung zwischen dem eigenen Körper und der Umwelt verantwortlich. Eine verminderte Durchblutung dieses Gehirnareals während dieser Glaubenspraktiken, welche kognitive und sensorische Reize unterbinden, führe demzufolge zu einem Erleben von Raum- und Zeitlosigkeit, dem Gefühl von Unbegrenztheit und zu mystischen Einheitserfahrungen.

Neben der großen medialen Aufmerksamkeit, die diese Ergebnisse hervorriefen, wurden sie auch von verschiedenen Seiten methodisch kritisiert. Von neuropsychologischer Seite wurde der Vorwurf eingebracht, dass durch den Versuchsaufbau, in dem die Probandinnen und Probanden einen Knopf dann drücken sollten, wenn sie einer mystischen Einheitserfahrung sehr nahe waren, nicht Meditation, sondern die Inszenierung von Meditation zum Untersuchungsgegenstand wurde (Linke, 2003). Von theologischer Seite wird das Fehlen der Interpretation, welche die religiösen Unterschiede zwischen Franziskanerinnen und Buddhisten erklären könnte, eingewandt. Denn erst die subjektive Erklärung lasse dieses Erlebnis zur Glaubenserfahrung werden (Eibach, 2006).

Eine andere Forschungslinie kommt von Blanke und Mitarbeitenden (z. B. Blanke et al., 2003; Blanke et al., 2014), die sich auf einen Teil des Scheitellappens fokussieren. Dieses Hirnareal ist für die Integration von Informationen verschiedener sensorischer Modalitäten (z. B. Riechen, Schmecken, Fühlen) verantwortlich sowie für die stimmige Empfindung unseres Körpers in seiner Umgebung (multisensorische Integration). Diese steht in Zusammenhang mit Außerkörpererfahrungen und dem Gefühl der Anwesenheit einer anderen Person.

All diese Studien werden von einigen als kritisch gesehen, da sie außergewöhnliche Erfahrungen messen, die nicht unbedingt Glaubenserfahrungen sein müssen. Diese kommen erst zustande, wenn diese auf Basis kultureller Lernprozesse auch als solche beteiligt sind (van Elk u. Aleman, 2017). Dabei scheint der Stirnlappen, der phylogenetisch jüngste Teil unseres Gehirns, beteiligt zu sein.

Stirnlappen und Glaubenserfahrungen

Anhand von 36 Probandinnen und Probanden, wovon die Hälfte evangelikale Christen und die andere Hälfte nichtreligiöse Probanden waren, untersuchten Schjoedt et al. (2011) die Auswirkung sozialer Zuschreibungen auf neuronale

Aktivierungen. Während die Probanden im Computertomografen lagen, hörten sie sich Gebete an, die von einem (vermeintlichen) Nichtchristen, einem gewöhnlichen Christen und einem Christen, der die Gabe der Heilung haben sollte, gesprochen wurden. Anschließend sollten sie das Charisma der drei Beter bewerten. Dabei stuften die evangelikalen Christinnen und Christen den Heiler als die charismatischste Person ein. Mit Blick auf die Gehirnschnittbilder fand die Forschergruppe, dass Stirnlappenareale, die in Aufmerksamkeit und kritischem Denken involviert sind, bei evangelikalen Christen deaktiviert waren, während sie dem Gebet des Heilers zuhörten. Umgekehrt waren die gleichen Stirnlappenstrukturen aktiviert, als der Nichtchrist betete. Offensichtlich scheinen also Glaubensüberzeugungen die Intensität des kritischen Denkens zu beeinflussen.

Der Stirnlappen-Scheitellappen-Schaltkreis

Dass sowohl der Stirn- als auch der Scheitellappen und ihre Verschaltung am religiösen Glauben beteiligt sind, wurde bisher häufig belegt. So untersuchten z. B. Azari et al. (2001) sechs evangelikale Christen und sechs Atheisten im Computertomografen zum einen beim Lesen von Psalm 23, zum anderen beim Lesen nichtreligiöser Texte. Die Forscher fanden heraus, dass in der religiösen Experimentalbedingung bei Christen nicht nur Strukturen des Scheitellappens, sondern auch gleichzeitig Strukturen des vorderen Stirnlappens aktiviert wurden, welche untereinander stark verschaltet sind (siehe Abbildung 4.4). Diese Aktivierung des Stirnlappen-Scheitellappen-Schaltkreises spielt eine herausragende Rolle bei der reflektierenden Bewertung der eigenen Gedanken. Gleichzeitig zeigte sich keine Aktivierung limbischer Strukturen, die auf einen emotionalen Prozess hingedeutet hätten. Azari et al. schlussfolgern daraus, dass religiöse Erfahrungen auf rein kognitiven Prozessen von Gedächtnis und Attribution basieren. Während des Lesens von Psalm 23 wird bei religiösen Personen im Scheitellappen eine Struktur aktiviert, die mit dem visuellen Gedächtnis in Beziehung steht. Gleichzeitig wird im vorderen Stirnlappen eine Struktur aktiviert, die für kognitive Schemata zuständig ist. Die Erfahrung wird dann religiös, wenn sie mit den bereits gespeicherten religiösen Schemata übereinstimmt. Eine weitere aktive Struktur im Stirnlappen lässt die Erfahrung dann nicht als bewussten Prozess des Erinnerns und der Zuschreibung (Attribution) erscheinen, sondern als unmittelbare religiöse Erfahrung.

Die neuere Forschung konnte die herausragende Bedeutung des Stirnlappen-Scheitellappen-Schaltkreises für Glaubenserfahrung vielfach belegen. Diese Studien betonen jedoch neben der bereits bekannten erhöhten Aktivität des

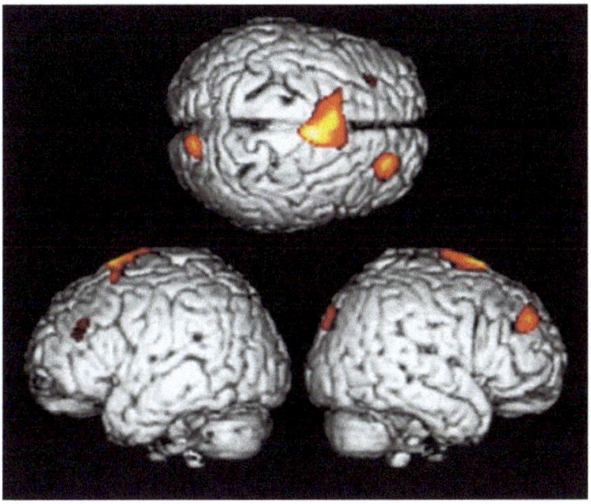

Abbildung 4.4: Der Stirnlappen-Scheitellappen-Schaltkreis scheint eine herausragende Bedeutung bei religiösen Erfahrungen zu haben (Quelle: Azari et al., 2001, © Federation of European Neuroscience Societies)

Stirnlappens einen Zusammenhang zwischen *verminderter* Aktivität des rechten Scheitellappens und spirituellen Einheitserfahrungen (Johnstone u. Glass, 2008; Johnstone et al., 2012). Der rechte Scheitellappen ist verantwortlich für die Wahrnehmung des eigenen Selbst und des eigenen Körpers sowie der Unterscheidung des Selbst von anderen. Vermutet wird, dass die erhöhte Stirnlappenaktivität die religiösen Schemata, die auf der Kultur des Individuums basieren, aktiviert und in Interaktion mit der verminderten Aktivität des rechten Scheitellappens – und der daraus folgenden verminderten Unterscheidung zwischen Selbst und anderen – mystische Einheitserfahrungen auslöst.

Weitere neuronale Netzwerke, die am religiösen Glauben beteiligt sind
Über die bisher vorgestellten Gehirnareale hinaus hat die neuropsychologische Forschung vor allem im letzten Jahrzehnt komplexe neuronale Netzwerke aufdecken können, die an religiösem Glauben beteiligt sind. Abbildung 4.5 gibt eine grafische Übersicht.

Die *Theory of Mind* haben wir bereits im evolutionspsychologischen Teil dieses Kapitels als eine Grundvoraussetzung kennengelernt (siehe Abbildung 4.1), die Menschen befähigt, an übermenschliche Mächte zu glauben, da sie die Attribution mentaler Zustände auf andere, auch unbelebte oder transzendente Objekte erlaubt (Boyer, 2001). Aktivitäten in den Gehirnstrukturen, die an solchen Attributionen beteiligt sind, wurden z. B. beim Abruf von Wissen über Gott (z. B. Gott ist allmächtig) nachgewiesen (Kapogiannis et al., 2009). Auch konnte gezeigt werden, dass Gebete zu Gott zu einer ähnlichen Aktivierung dieser Hirnareale führen wie das Denken an eine geliebte Person (Neubauer, 2014).

Semantisches Gedächtnisstrukturen werden aktiviert bei der Konfrontation mit Werten, die Menschen als heilig erachten (Berns et al., 2012). Es wird davon ausgegangen, dass dieses neuronale Netzwerk die Beziehung zwischen heiligen Werten und Verhalten vermittelt.

Kognitive Kontrolle gilt als wichtiger Teil der exekutiven Funktionen und steht dem Glauben eher entgegen. Die Stirnlappenstruktur, die an kognitiver Kontrolle beteiligt ist, ist auch verantwortlich für eine verminderte Interpretation außergewöhnlicher Erfahrungen als Glaubenserfahrungen (Cristofori et al., 2016). Schädigungen dieses Areals werden von Fundamentalismus begleitet (siehe Box 4.2).

Glaubensüberzeugungen werden *bewertet und motiviert* durch Sitrnlappenstrukturen und Areale, die mit dem belohnenden Neurotransmitter Dopamin in Verbindung stehen. In einer Studie mit gläubigen Mormoninnen und Mormonen zeigten Ferguson et al. (2018), dass religiöse Erfahrungen das Belohnungssystem aktivieren, welches wiederum zu einer Verstärkung und erhöhten Bewertung von Glauben und Glaubenspraktiken führt.

Bei der *Konfrontation mit Konflikten* zwischen Glauben und äußeren Reizen konnte gezeigt werden, dass ein starker Gottesglaube (Inzlicht et al., 2009), die Reflexion über Gottes Liebe (Good et al., 2015) und vor allem über Fundamentalismus (siehe Box 4.2) zu einer verminderten Aktivierung des Konfliktüberwachungssystems (anteriorer cingulärer Cortex) führt. Diese verminderte Verunsicherung bei gläubigen Menschen kann dann auch die angstlösende Funktion von Glauben erklären (vgl. Kapitel 8).

Eine der neusten Studien zu diesem Thema stammt von einem Forschungsteam um Ferguson (Ferguson et al., 2022) und konnte Glauben mit einem Gebiet im Hirnstamm, dem sog. »zentralen Höhlengrau«, assoziieren. Diese evolutionär betrachtet sehr alte Hirnstruktur ist zuständig für *Angstkonditionierung, Schmerzregulation, altruistisches Verhalten und Bindungsverhalten wie unbedingte und nichtsexuelle Liebe.* Die Autoren der Studie argumentieren, dass diese Funktionen auch mit Glaubensaspekten übereinstimmen. So nehme religiöser Glaube bei Bedrohungen zu (Angstkonditionierung), und Altruismus (vgl. Kapitel 6) und nichtsexuelle Liebe spielten auch im religiösen Glauben eine zentrale Rolle.

Von besonderem Interesse für zukünftige Forschung und Praxis steht jedoch die Möglichkeit zur Schmerzbewältigung durch Glauben im Vordergrund. In der Studie einer deutschen Universitätsklinik wurden 450 neurologische Patientinnen und Patienten daraufhin untersucht, ob und wie ihre Schmerzverarbeitung mit ihrer Religiosität zusammenhängt (Gerbershagen et al., 2008). Dabei zeigte sich, dass praktizierte Religiosität zu einer besseren Schmerzakzeptanz führt. Die Studie weist nach, wie bedeutsam der Glaube für Schmerzpatienten ist, weil er Stress vermindern hilft und die Lebensqualität in Krankheitszeiten verbessert.

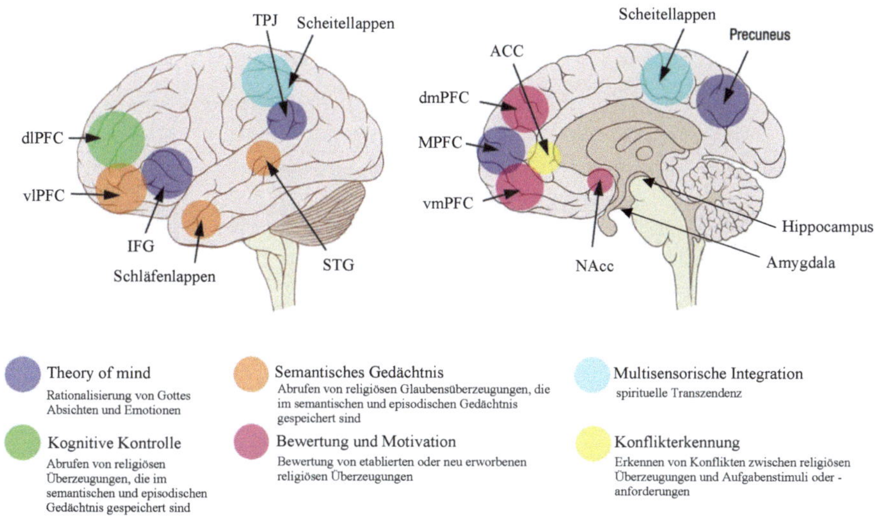

Abbildung 4.5: An religiösem Glauben beteiligte neuronale Netzwerke (eigene Übers.; Quelle: Grafman et al., 2020, S. 127, © Association for Psychological Science)

dlPFC = dorsolateraler präfrontaler Cortex; vlPFC = ventrolateraler präfrontaler Cortex; IFG = Gyrus frontalis inferior; STG = Gyrus temporalis superior; TPJ = temporoparietaler Übergang; dmPFC = dorsomedialer präfrontaler Cortex; MPFC = medialer präfrontaler Cortex; ACC = anteriorer cingulärer Cortex; vmPFC = ventromedialer präfrontaler Cortex; NAcc = Nucleus accumbens

Box 4.2: Neuropsychologie des religiösen Fundamentalismus

Als eine besondere Form des Glaubens gilt der Fundamentalismus, welcher durch einen absoluten Wahrheitsanspruch des eigenen Glaubens, das Befolgen dieser Wahrheit durch unveränderliche Praktiken und die Überzeugung des eigenen göttlichen Auserwähltseins gekennzeichnet ist (Altemeyer u. Hunsberger, 2003). Fundamentalismus geht häufig mit geringer Offenheit und einem starken Bedürfnis nach Eindeutigkeit einher und führt auch deswegen häufig zur intensiven Abwertung anderer (vgl. Kapitel 9). Aus diesen Gründen ist die Neuropsychologie daran interessiert, in Erfahrung zu bringen, ob bei Personen, die ein umfassend fundamentalistisches Weltbild aufweisen, bestimmte neuronale Muster oder sogar neuronale Defizite verstärkt auftreten.

In einer EEG-Studie konnte gefunden werden, dass Fundamentalistinnen und Fundamentalisten in einer experimentellen Leistungsaufgabe eine sehr starke Überwachung ihrer eigenen Fehler aufwiesen. Dies wird auf ihre allgemeine Tendenz zurückgeführt, deutlich häufiger als Nichtfundamentalisten die Differenz zwischen ihrem Verhaltensideal und ihrem tatsächlichen Verhalten zu überwachen, ähnlich wie Patienten mit Zwangsstörungen (Senderecka et al., 2019). In einer anderen EEG-Studie zeigten Fundamentalistinnen und Fundamentalisten (versus Nichtfundamentalistinnen und Nichtfundamentalisten) bei einer Aufgabe, die Ungewissheit auslösen sollte, eine geringere Aktivität im Kontrollüberwachungssystems des Gehirns (anteriorer cingulärer Cortex). Fundamentalismus scheint somit ein Bollwerk gegen Ungewissheit zu sein, das sogar angstlösend wirkt (Kossowska et al., 2016).

Zudem scheint Fundamentalismus im Zusammenhang mit neuronalen Prozessen im vorderen Stirnlappen zu stehen. Die Schädigung (Läsion) einer Struktur, die an kognitiven Prozessen des Zweifelns und skeptischen Denkens beteiligt ist (ventromedialen Präfrontalcortex), führt nicht nur zu einer Zunahme an Glaubensüberzeugungen, sondern steht auch in Verbindung mit hohen Fundamentalismuswerten (Asp et al., 2012). Auch scheint eine andere Struktur im vorderen Stirnlappen, die an kognitiver Flexibilität und Offenheit beteiligt ist (dorsolaterale Präfrontalcortex), involviert zu sei. Eine Läsion dieser Hirnregion steht im Zusammenhang mit Fundamentalismus und erklärt eine solche kognitive Verengung des Glaubens, wie sie der Fundamentalismus darstellt (Zhong et al., 2017). Alle drei bisher identifizierten Gehirnregionen, die für Fundamentalismus relevant sind, sind auch in Abbildung 4.5 dargestellt.

Fazit

Glauben ist nicht auf ein bestimmtes Gehirnareal wie dem Scheitel- oder Schläfenlappen zu reduzieren, sondern steht vielmehr in Beziehung zu einer Vielzahl an Hirnstrukturen, wobei zumindest einige davon miteinander verschaltet sind. Daher hängt Glaube von vielen kognitiven und emotionalen Funktionen ab, die durch verschiedene neuronale Netzwerke vermittelt werden. Die relative Beteiligung eines Netzwerks hängt stark vom experimentalen Design der jeweiligen Studie ab und dem Aspekt von Glauben, der betrachtet wird (z. B. Glaubenserfahrungen, -praktiken, -ideologie). Interessant ist auch, dass diese mit Glauben in Verbindung stehenden Gehirnstrukturen in ihrer Komplexität und ihren Verschaltungen untereinander nur beim Menschen und nicht bei anderen Spezies vorzufinden sind und auch erst im Erwachsenenalter ausreifen (Grafman et al., 2020).

4.2.2 Kritische Würdigung des neuropsychologischen Ansatzes

Das junge Wissenschaftsgebiet der Neuropsychologie ist ein hochspannendes Gebiet, welches durch sein Wachstum zum tieferen Verständnis der Funktionen des menschlichen Gehirns auch im Zusammenhang mit dem Glauben beitragen wird. Die Methoden der Neuropsychologie wurden jedoch in den letzten Jahren stark kritisiert für die Überschätzung der Wahrscheinlichkeit signifikanter Befunde (Botvinik-Nezer, 2020), die häufige Nichtreplizierbarkeit der Ergebnisse (Boekel et al., 2015) oder auch ihre kleinen Stichproben (Weker, 2016).

Bezogen auf die Neuropsychologie des Glaubens können diese wertvolle Beiträge zu einem besseren Verständnis des religiösen Erlebens und Verhaltens liefern. Der Begriff der Neurotheologie ist jedoch äußerst umstritten, da die Theologie keine neuronale Begründung kennt. Dabei sind Studien häufig ideologisch aufgeladen vom jeweiligen Weltbild der Forschenden, worunter eine objektive Interpretation der Befunde leiden kann: Während einige in neuropsychologischen Experimenten die Widerlegung der Existenz Gottes hineininterpretieren, so sehen andere gerade durch diese Ergebnisse Glaubensphänomene unterstützt (Weker, 2016). Eine Möglichkeit besteht darin, von einem theologischen Standpunkt aus neuropsychologische Forschung zu betreiben. Denn die häufig plakativen, populärwissenschaftlich gut vermarktbaren Überinterpretationen neuropsychologischer Befunde – wie etwa der, dass Gott in bestimmten neuronalen Netzwerkstrukturen zu lokalisieren sei (z. B. Newberg u. Waldman, 2010) – könnten durch die theologische Perspektive ein wichtiges Korrektiv erfahren. Theologische Kritik könnte die Neuropsychologie dazu anregen, ihre Befunde z. B. stärker im Rahmen meditativer Gipfelerfahrungen oder regelmäßig geübter Glaubenspraxis zu interpretieren, als diese auf den alltäglichen religiösen Glauben oder eine Art Selbsterlösung durch Praktiken zurückzuführen (Ott, 2011; Utsch, 2012; Weker, 2016).

ERSCHLIESSUNGSFRAGEN

1. Vergleichen Sie den evolutionspsychologischen und den neuropsychologischen Ansatz des religiösen Glaubens. Wo überschneiden sie sich, wo unterscheiden sie sich?
2. Diskutieren Sie auf Basis Ihres Wissens zu evolutionspsychologischen Glaubenstheorien das Zitat von Charles Darwin (1874, S. 124): »Gutes zu tun in Erwiderung des Bösen, den Feind zu lieben, ist eine Höhe der Moralität, von der wohl bezweifelt werden dürfte, ob die sozialen Instincte für sich selbst uns dahin gebracht haben würden. Notwendigerweise mußten diese Instincte, in Verbindung mit Sympathie, hoch kultiviert werden und mit Hilfe des Verstandes, des Unterrichts, der Liebe oder Furcht Gottes erweitert werden, ehe eine solche goldene Regel je hätte erdacht und befolgt werden können.«

PERSÖNLICHE VERTIEFUNG/SELBSTERFAHRUNG

1. Stellen Sie sich vor, Sie gehörten zu einem Stamm, welcher vor ca. 12.000 Jahren zusammen mit anderen Stämmen sesshaft wurde. Was änderte sich in Ihrem Erleben und Verhalten gegenüber anderen? Wie kann religiöser Glaube bei diesen sozialen Prozessen unterstützen?
2. Versuchen Sie sich an eine Erfahrung, die sie als religiös oder mystisch erlebt haben, möglichst genau zu erinnern. Fühlten Sie sich dabei entrückt, Raum oder Zeit vergessend, spürten Sie Einheit? Wie veränderte sich Ihr kritisches Denken, Ihr emotionales Erleben oder Ihr Schmerzempfinden während dieser Erfahrungen?

WEITERFÜHRENDE LITERATUR

Ein brillanter, reich bebilderter Reisebericht durch die Welt der Götter und Religionen bietet McGregor (2020). Quer durch die Kontinente, Zeitalter und Kulturen dokumentiert dieser Bildband, wie religiöse Überzeugungen das Leben von Gemeinschaften weltweit präg(t)en. Einen detaillierten Einblick in evolutionspsychologische Ansätze zum Glauben bietet das »Oxford Handbook of Evolutionary Psychology and Religion« von Liddle und Sheckelford (2021). Einen leicht verständlichen Überblick über neuropsychologische Religionsforschung hat Stemmer (2022) verfasst. Spannende Querverbindungen zwischen evolutionärer Anthropologie und Psychotherapie hat Schlegel (2020) geknüpft. Die biologischen Grundlagen der Spiritualität erfordern nach seiner Überzeugung in Beratung und Psychotherapie mehr

Aufmerksamkeit für die Dimension des Glaubens. Neuropsychologische Studien der letzten Jahrzehnte sind differenziert bei Grafman et al. (2020) und bei van Elk und Aleman (2017) zu finden, letztere integrieren diese Vielzahl an Befunden zu einem eigenen Modell. Vaas und Blume (2009) lassen sowohl in evolutions- als auch neuropsychologische Grundlagen des Glaubens blicken – in Form deutschsprachiger Literatur. Einen gut lesbaren Überblick über die Forschung und ein Plädoyer für mehr »Glauben« hat der agnostisch eingestellte Hirnforscher Cyrulnik (2018) vorgelegt.

5 Entwicklungspsychologie des Glaubens

Lernziele

1. Piagets Stufentheorie als Voraussetzung der Glaubensentwicklung erklären können.
2. Kohlbergs moralische Entwicklung als Vorlage der Glaubensentwicklung beschreiben können.
3. Die Theorien der religiösen Entwicklung nach Oser und Gmünder bzw. der Glaubensentwicklung nach Fowler mit Beispielen zu den einzelnen Altersstufen darstellen können.
4. Aufzeigen können, nach welchen Kriterien sich Glaube gemäß neueren Theorien entwickelt.

»Als Kind habe ich mir Gott als Mann mit einem weißen langen Bart vorgestellt, der oben auf einem Stuhl sitzt. Dann habe ich mit vierzehn für kurz Zeit gar nicht an Gott geglaubt, weil ich ihn mir einfach nicht habe vorstellen können. Mit dem Gedanken, dass da einfach nichts ist, kam ich nicht klar. Ich begann, mir diese göttliche Kraft vorzustellen, und konnte sie gut mit meinem Leben vereinen. Mein Glaube hat sich in den vergangenen Jahren verändert und wird sich vermutlich auch in Zukunft weiter verändern.«
(Lisa, 17 Jahre, aus Demont u. Schenker, 2009, S. 66)

So wie wir uns körperlich und psychologisch im Laufe unseres Lebens entwickeln, so verändert sich auch unser Glauben über die Lebensspanne, wie wir das am Beispiel von Lisa im obigen Zitat sehen. Glaubensentwicklung wird dabei von heutigen Religionspsychologinnen und -psychologen als ein komplexes Wechselspiel kognitiver, emotionaler, lebensgeschichtlicher und sozialer Einflüsse verstanden, wobei das größte Gewicht in gängigen Theorien immer noch auf der kognitiven Weiterentwicklung als Motor der Glaubensentwicklung liegt. Dies ist nicht verwunderlich, da viele Theorien der Glaubensentwicklung auf den Anfängen der Entwicklungspsychologie mit Jean Piaget (1926/1986) und seiner Stufentheorie der kognitiven Entwicklung basieren. Diese von Piaget formulierten entwicklungspsychologischen Prämissen beeinflussten auch seine (Piaget, 1932/2017) und später Kohlbergs (1973) Theorie moralischer Entwicklung. Darauf aufbauend formulierten Oser und Gmünder (1984) ihre Theorie des religiösen Urteils welche in diesem Kapitel zentral dargestellt und auch kritisch reflektiert wird. Zuletzt wird ein Ausblick auf eine psychoanalytische Theorielinie der Glaubensentwicklung gegeben

(Fowler, 1991, und die daraus entwickelte Theorie religiöser Stile von Streib, 2001), welche mit ihrem Stufenmodell stärker auf den nordamerikanischen Kontext zutrifft.

5.1 Jean Piagets Stufentheorie der kognitiven Entwicklung (1926)

Jean Piaget (1896–1980), der als einer der Begründer moderner Entwicklungspsychologie gilt, war ein scharfer und systematischer Beobachter von kindlichem Verhalten. Zentral stellt er sich bei seinen Beobachtungen die Frage, wie sich Kinder unterschiedlichen Alters mit ihrer Umwelt auseinandersetzen, und schloss aus ihrem Verhalten auf ihr Denken. Gerade auch in den Studien an seinen eigenen drei Kindern unterschiedlichen Alters erkannte er, dass Kinder gleichen Alters ähnlich denken und auch ähnliche Denkfehler begehen.

Dabei bediente sich Piaget der Vorstellung, dass sich Denken in Stufen entwickelt – eine Vorstellung von Entwicklung, die bereits seit der Antike besteht (Agronin, 2014). Die Stufentheorie soll ausdrücken, dass kognitive Entwicklung nicht nur einen (quantitativen) Wissenszuwachs darstellt, sondern sich qualitativ vollzieht. Jede Stufe stellt dabei eine strukturierte Ganzheit dar, was bedeutet, dass alle postulierten Merkmale dieser Stufe als Ganzes auftreten. Weiterhin verstand Piaget die Entwicklung des Denkens als streng progressiv, eine Regression auf frühere Stufen oder das Überspringen einer Stufe sind somit nicht möglich. Demzufolge sind dann für Piaget auch niedere Stufen in höheren Stufen hierarchisch integriert.

Einen Überblick über die einzelnen Stufen kognitiver Entwicklung und ihrer zentralen Merkmale bietet Box 5.1. Zentrales Element in der Piaget'schen Theorie der kognitiven Entwicklung ist die Operation, was bedeutet, dass eine vormals physische Handlung auf einer höheren Stufe (Stufen 3 und 4) verinnerlicht und dann mental vollzogen werden kann. Ist es z. B. auf der präoperationalen Stufe noch nötig, zwei Stöcke zusammenzulegen, um ihre Länge zu prüfen, so kann diese Handlung in der konkret-operationalen Stufe mental durchgeführt werden. Auf formal-operationaler Stufe ist dies dann nicht nur mit konkreten Objekten wie Stöcken möglich, sondern auch mit abstrakten Konzepten, kombiniert mit wissenschaftlich-hypothetischem Denken, welches ab ca. zwölf Jahren möglich wird (z. B.: »Was wäre, wenn …?«).

Box 5.1: Die Stufen kognitiver Entwicklung nach Piaget (1926/1986)

- *Sensomotorische Stufe (0–2 Jahre):* Das Kleinkind interagiert mit seiner Umwelt durch seine Sinnesorgane (»senso«) und seine Bewegungen (»motorisch«). Dabei wird die Koordination von Wahrnehmung und Motorik zunehmend präziser. Während seine anfänglichen Verhaltensweisen reflexiv sind, so steht am Ende der Stufe der Beginn symbolischen Denkens (z. B. erste eigene Worte).
- *Präoperationale Stufe (2–7 Jahre):* Im Kindergarten- und Vorschulalter bleibt die Kopplung von Wahrnehmung und Motorik des Kindes weiterhin wichtiger Bestandteil seiner Interaktion mit der Umwelt, jedoch präsentiert das Kind seine Umwelt zunehmend durch Symbole (z. B. Malen, Sprache, Rollenspiele). Auf dieser Stufe begehen Kinder auch zahlreiche logische Denkfehler, die Piaget umfangreich beschrieb, wie den Anthropomorphismus (Tendenz zur Vermenschlichung, z. B. Sonne lacht), die Irreversibilität mentaler Operationen, den Egozentrismus (schwierig, eine Situation aus der Perspektive eines anderen zu beschrieben) oder die Zentrierung (Fokussierung auf einen Aspekt der Situation).
- *Konkret-operationale Stufe (7–12 Jahre):* Auf dieser Stufe begeht das Grundschulkind die logischen Denkfehler der präoperationalen Stufe nicht mehr, auch werden Wahrnehmung und Motorik zunehmend peripher für das Denken und die Urteilsbildung. Grundlage für das Denken sind nun mentale Operationen, die sich auf konkrete Situationen oder Objekte richten, worunter auch die Klassifizierung von Objekten zu *verschiedenen* Oberkategorien gehört (z. B. ein Vater ist auch gleichzeitig ein Sohn und ein Onkel).
- *Formal-operationale Stufe (ab 12–15 Jahre):* Diese nach Piaget höchste Stufe kognitiver Entwicklung beinhaltet, dass nicht nur konkrete Objekte und Situationen, sondern auch abstrakte Probleme nun vollständig auf hypothetischer Ebene gelöst werden können (hypothetisch-deduktives Denken). Logische Schlussfolgerungen, das mentale Variieren von Variablen, abstraktes Denken und die Fähigkeit zur Metakognition (über seine eigenen Gedanken reflektieren) zählen zu den zentralen Charakteristiken dieser Stufe.

Piagets Stufentheorie darf in keinem Lehrbuch der Entwicklungspsychologie bis heute fehlen. Jedoch wissen wir durch neuere Forschung, dass Kinder wesentliche Operationen bereits früher, als von Piaget beobachtet, vollziehen können (Lohaus u. Vierhaus, 2019). Ein weiterer zentraler Kritikpunkt wird durch die Frage geäußert, ob sich Denken nicht auch im Erwachsenenalter qualitativ weiterentwickle. Hierzu haben einige das Konzept einer postformalen Stufe entwickelt (z. B. Sinnott, 2003), welche sich zentral auszeichnet durch ein stärker reflektiertes (Erkennen, dass auch Emotionen das Denken beeinflussen), pragmatisches (Kognition in Handlungen umsetzen) und kontextbezogenes Denken (z. B. Lösung eines Problems in der Partnerschaft mag im Arbeitsumfeld nicht funktionieren).

Wichtige Elemente der Piaget'schen Theorie sind auch die Konzepte von Assimilation und Akkommodation als Treiber der kognitiven Entwicklung. Zentral ist hierbei das Schema, welches ein Verhalten (vor allem sensomotorische Stufe bis zwei Jahre) oder eine mentale Repräsentation (ab präoperationaler Stufe mit zwei Jahren) darstellt, das Wissen ordnet.

Abbildung 5.1: Comic zu Assimilation © Nelly Nieter

Definition

Wendet ein Kind ein vorhandenes Schema auf eine neue Information oder Situation an, spricht man von *Assimilation.* Nun ist nicht jedes Schema auf eine neue Situation auch angemessen anwendbar (z. B. die Assimilation des Schemas des Biegens einer Brotscheibe auf ein Keks wie im Comic in Abbildung 5.1), sodass das Kind in dieser Situation ein Ungleichgewicht (Disäquilibrium) erfährt, welches zu Spannungszuständen führt, die auf eine Wiederherstellung des Gleichgewichtes (Äquilibrium) drängen. Letzteres wird erreicht durch *Akkommodation,* einen Prozess, der zur Anpassung und/oder Differenzierung des Schemas auf Basis dieser neu gewonnenen Informationen und Erfahrungen führt.

Dieser wechselseitige Prozess zwischen Assimilation und Akkommodation – also die Entwicklung neuer Schemata durch die Differenzierung bereits bekannter und die stetig neue Organisation, Strukturierung und Hierarchisierung der Schemata untereinander – führt dann zu einem qualitativen Entwicklungszuwachs, d. h. dem Erreichen einer höheren kognitiven Stufe.

5.2 Theorien der moralischen Entwicklung nach Piaget (1932/2017) und Kohlberg (1973)

Piaget war nicht nur an kognitiver Entwicklung, sondern auch an einer Vielzahl anderer entwicklungspsychologischer Themen des Kindesalters interessiert. Eine weitere zentrale Theorie von ihm ist die der moralischen Entwicklung (Piaget, 1932/2017), welche er ebenso auf die kognitive Entwicklung zurückführt. Bei der systematischen Befragung von Kindern unterschiedlichen Alters erkannte er, dass sich das moralische Verständnis beim Kind von einer heteronomen zu einer autonomen Moral entwickelt. Auf der Stufe der Heteronomie wird ein Verhalten als moralisch angesehen, wenn es den Regeln der erwachsenen Autoritäten entspricht; Regeln werden auf dieser Stufe vom Kind wortwörtlich verstanden und als unabänderlich betrachtet. Im späten Kindesalter wird die Stufe der Autonomie erreicht, welcher die fundamentale Erkenntnis zugrunde liegt, dass Regeln auf einer Aushandlung mit anderen basieren und somit veränderbar sind. Das moralische Urteil wird nun nicht mehr durch das starke Festhalten an den erwachsenen Autoritäten und deren Regeln gespeist, sondern durch eine zwischenmenschliche Gegenseitigkeit.

Diese Theorie von der Heteronomie zur Autonomie wurde vom US-amerikanischer Psychologen Lawrence Kohlberg (1927–1987) weiterentwickelt, indem er Piagets Ansatz weiter differenzierte und moralische Entwicklung auch bis hinein ins Erwachsenenalter postulierte (Kohlberg, 1973). Erneut finden wir hier eine auf Kognitionen basierende Stufentheorie vor, die sich der Piaget'schen Prämissen der qualitativen Verschiedenheit, strukturierten Ganzheit, Irreversibilität und hierarchischen Integration der Stufen bedient. Kohlberg verdeutlicht seine Theorie anhand moralischer Dilemmageschichten, welche er seinen Studienteilnehmenden unterschiedlichen Alters vorlegte und sie dazu interviewte. Als bekannteste gilt das »Heinz-Dilemma«, in dem ein Mann namens Heinz, dessen Frau tödlich erkrankt ist und die nur ein bestimmtes, sehr teures Medikament heilen könnte, sich nach vielen gescheiterten legalen Möglichkeiten, an das Medikament zu gelangen, fragt, ob er dies stehlen soll. Die Begründung der Urteile der Probandinnen und Probanden verortet Kohlberg auf sechs Stufen in drei übergeordneten Niveaus unterschiedlichen Alters, welche in Tabelle 5.1 dargestellt sind.

Tabelle 5.1: Kohlbergs Stufentheorie der moralischen Entwicklung

	Niveau- und Stufenmerkmale	**Beispielantworten zum Heinz-Dilemma (aus Grom, 2000, S. 50–52)**
I Präkonventionelles Niveau (Kindesalter)	Verstehen und Akzeptieren gesellschaftlicher Regeln	
Stufe 1: Orientierung an Strafe und Gehorsam	Regeln werden aus Angst vor Bestrafung durch die Autoritäten befolgt.	»Heinz sollte nicht stehlen, er sollte das Medikament kaufen. Wenn er das Medikament stiehlt, könnte er ins Gefängnis kommen und müsste das Medikament dann doch zurückgeben.« (10 Jahre)
Stufe 2: Instrumenteller Hedonismus und konkrete Reziprozität	Regeln werden befolgt, wenn sie die eigenen Bedürfnisse befriedigen; Beziehungen zu anderen werden als Austausch verstanden und instrumentell genutzt.	Versuchsleiter: »Du sagtest, er sollte das Medikament für seine Frau stehlen. Sollte er es auch stehlen, wenn es für einen sterbenden Freund wäre?« Antwort: »Das ginge zu weit. Er wäre im Gefängnis, während sein Freund gesund und frei sein würde. Ich glaube nicht, dass ein Freund dies für ihn tun würde.« (13 Jahre)
II Konventionelles Niveau (Jugend- und Erwachsenenalter)	Bestätigen gesellschaftlicher Regeln, nur weil sie gesellschaftliche Regeln sind.	

	Niveau- und Stufenmerkmale	Beispielantworten zum Heinz-Dilemma (aus Grom, 2000, S. 50–52)
Stufe 3: Orientierung an interpersonalen Beziehungen der Gegenseitigkeit	Regeln werden befolgt, um signifikant Andere zu befriedigen, moralische Erwartungen werden jetzt auch an andere gerichtet.	»Heinz sollte das Medikament stehlen, denn als richtiger Ehemann sorgt er für seine Frau und schaut nicht einfach passiv zu, wie sie stirbt.« (keine Altersangabe)
Stufe 4: Aufrechterhaltung der sozialen Ordnung, von festgelegten Regeln und Autorität	Regeln und Gesetze werden befolgt, um ein Zusammenleben zu ermöglichen.	»Wenn man heiratet, schwört man sich Liebe und Treue. Eine Ehe ist nicht nur Liebe, sie bedeutet auch eine Verpflichtung, genau wie ein gesetzlicher Vertrag.« (21 Jahre)
III Postkonventionelles Niveau (wenige Erwachsene ab 20 Jahre)	Formulieren und Akzeptieren höherer moralischer Prinzipien, die den Regeln zugrunde liegen	
Stufe 5: Orientierung an Sozialvertrag und Gewissen	Gesellschaftliche Regeln sind veränderbar und sollten nur eingehalten werden, wenn sie mit dem Wohl aller begründet werden können.	»Das Leben der Frau hat auf jeden Fall Vorrang vor anderen Erwägungen.« (keine Altersangabe)
Stufe 6: Orientierung an universellen ethischen Prinzipien	Selbstgewählte moralische Prinzipien werden als verpflichtend angesehen.	»Das menschliche Leben hat Vorrang vor jeder moralischen und gesetzlichen Norm. Menschliches Leben ist ein Wert in sich selbst, ob es nun von irgend jemand (sic) besonders geschätzt wird oder nicht.« (25 Jahre)

Kritik wurde von vielen Seiten an Kohlbergs Theorie geübt, auf welche Kohlberg später einging (Kohlberg et al., 1983). So werfen Kritiker dem Modell vor, lediglich auf dem Hintergrund demokratischer hochentwickelter Gesellschaften zu funktionieren. Tatsächlich aber konnte Kohlberg seine Theorie in verschiedenen Ländern geschlechtsübergreifend im Großen und Ganzen verifizieren, was jedoch nicht für die 6. Stufe galt, welche eher einen hypothetischen Charakter einnimmt.

In dieser späten Schrift macht sich Kohlberg auch Gedanken zu einer siebten Stufe, welche starke religiöse Züge aufweist. Nach dieser begründet man moralisches Verhalten, indem man sich selbst als Teil einer größeren kosmischen Ordnung verortet und eine Einheit mit Gott, dem Sein oder allem Lebendigen wahrnimmt. Beeinflusst war Kohlberg (Kohlberg et al., 1983) dabei von den Anfängen der Stufenmodelle der Glaubensentwicklung (vgl. Box 5.2), an denen zu diesem Zeitpunkt bereits andere arbeiteten.

5.3 Stufen der religiösen Entwicklung nach Oser und Gmünder (1984)

Seit Beginn der Religionspsychologie hat es zahlreiche Versuche gegeben, die Glaubensentwicklung in der Logik der Stufentheorien zu fassen (z. B. Goldman, 1964; Harms, 1944; Long et al., 1967). All diesen Theorien ist gemeinsam, dass sie sich der entwicklungspsychologischen Prämissen von Piaget bedienen, da sie davon ausgehen, dass Glaubensentwicklung vor allem von der kognitiven Entwicklung angetrieben wird, dass Menschen je nach Entwicklungsstufe qualitativ verschieden mit Glaubensthemen umgehen, die Stufen strukturierte Ganzheiten sind, keine Regressionen und kein Überspringen von Stufen möglich sind und diese hierarchisch aufeinander aufbauen.

Im Folgenden wird auf das Modell der religiösen Entwicklung des Schweizer Religionspädagogen Fritz Oser (1937–2020) und des Schweizer Theologen Paul Gmünder (*1951) näher eingegangen, da es nicht nur dasjenige Modell ist, welches im deutschsprachigen Raum am weitesten verbreitet ist, sondern auch, weil es besonders gut die religiöse Entwicklung im westeuropäischen Raum vor allem ab dem Jugendalter widerspiegelt (Streib u. Gennerich, 2011).

Oser und Gmünder übernehmen sowohl die Stufeneigenschaften, die Prozesse der Assimilation und Akkommodation und die Entwicklungsrichtung von Heteronomie zur Autonomie von Piaget als auch die Dilemmamethode von Kohlberg, mit welcher Oser und Gmünder jedoch die gelebte Beziehung zwischen Mensch und Gott (religionsübergreifender Begriff von Oser und Gmünder: Letztgültiger) in konkreten Lebenssituationen erfassen wollen. Das bekannteste Dilemma ist das sogenannte »Paul-Dilemma«, welches auch hier zur Verdeutlichung der Theorie herangezogen werden soll:

Ein junger Arzt namens Paul befindet sich in einem Flugzeug, welches dabei ist, abzustürzen. Er betet in dieser Situation zu Gott und verspricht ihm, lebenslang als Arzt in der Dritten Welt zu dienen, sollte er den Flugzeugabsturz überleben. Paul überlebt tatsächlich und ihm wird kurze Zeit später eine lukrative Stelle in seinem Heimatort angeboten. Auch zu diesem Dilemma wurden Studienteilnehmenden differenzierte Fragen gestellt, z. B. ob Paul sein Versprechen gegenüber Gott einhalten soll oder ob Pauls Unfall, den er nach dem Brechen seines Versprechens hatte, eine Strafe Gottes war. Ähnlich wie bei Kohlberg stehen im Zentrum des Interesses die Begründungsstrukturen, welche von Oser und Gmünder in altersabhängige Entwicklungsstufen geordnet werden (siehe Abbildung 5.2).

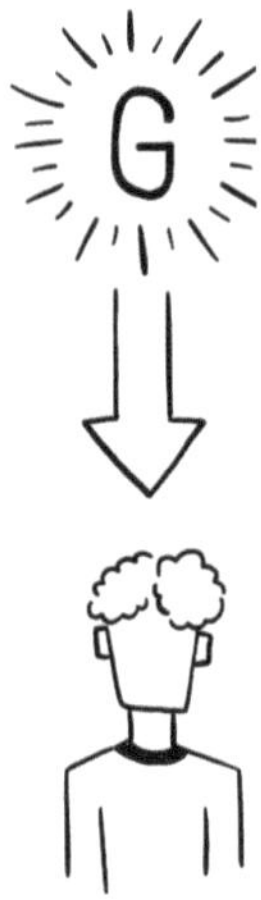

Stufe 1: Deus ex machina (Gott springt aus der Kiste/Gott kann alles): Im Vor- und Grundschulalter wird Gott als aktiv wahrgenommen, der unvermittelt in die Welt eingreift. Der Mensch bleibt dabei reaktiv und von Gott absolut abhängig.

Beispiel: »Zuerst ist Gott wichtiger, zuerst sollte man das Versprechen an Gott halten. Weil Gott ganz lieb ist und gern hätte, daß wir das tun, was er uns sagt« (8 Jahre, Oser u. Gmünder, 1984, S. 145).

Übergang zu Stufe 2: Das Kind erkennt, dass Gott nicht alles direkt steuert (z. B. das Wetter), sondern Dinge auch von natürlichen Kräften abhängig sind (Disäquilibrium). Gott kontrolliert jedoch diese Kräfte und der Mensch kann Gott gut stimmen, um etwas zu bewirken (Akkommodation).

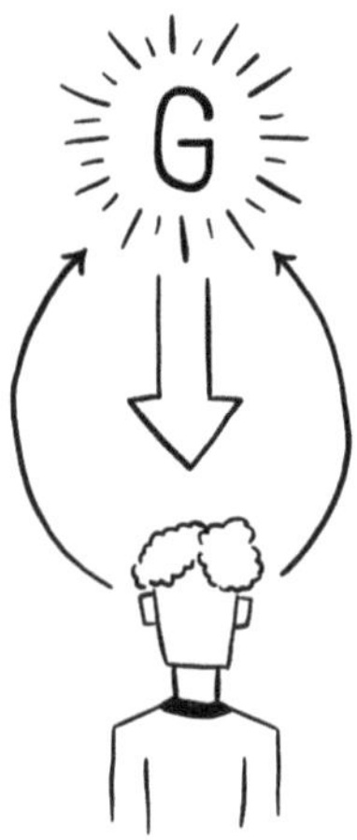

Stufe 2: do ut des (ich gebe dir, damit du gibst): Im Alter von 8 bis 15 Jahren wird Gott weiterhin als allmächtig nun aber auch als beeinflussbar wahrgenommen, d. h., der Mensch kann (präventiv) auf ihn einwirken.

Beispiel: »Paul hat ja versprochen allen armen Kindern zu helfen und nicht zu heiraten [...] Er sollte zu Gott beten, er sollte sich einfach fest entschuldigen« (9 Jahre, Oser u. Gmünder, 2000, S. 132),

Übergang zu Stufe 3: Es werden Umstände wahrgenommen, die nicht beeinflusst werden können (Theodizee; Disäquilibrium); der Jugendliche wird zunehmend fähig, zu unterscheiden, was eigenverantwortlich beeinflusst werden kann und was nicht (Akkommodation).

Stufe 3: Deismus (Gott tut und der Mensch tut): Im Alter von etwa 10 bis 25 Jahren wird Gott aus der Welt der Jugendlichen gedrängt, die transzendente und die immanente Welt werden getrennt wahrgenommen, sodass auch keine Beeinflussung Gottes mehr möglich ist. Der Mensch ist für sein eigenes Leben verantwortlich. Meist ist diese Stufe durch Agnostizismus oder Atheismus gekennzeichnet.

Beispiel: »[E]s kommt darauf an, daß Paul mit sich selber ›fertig‹ wird, damit er kein schlechtes Gewissen hat. Er muß doch letztlich selber wissen, was er will« (17 Jahre, Oser u. Gmünder, 1984, S. 156).

Übergang zu Stufe 4: Die absolute Selbstständigkeit des Menschen wird infrage gestellt (»Es muss ja woher kommen«, Disäquilibrium), Immanenz und Transzendenz wieder zusammengedacht (Akkommodation).

Stufe 4: Vermittelte Autonomie und Heilsplan (Der Mensch tut, weil es Gott gibt): Ab 16 Jahren wird Gott wieder mit der immanenten Welt vermittelt. Der Mensch erlebt sich weiterhin als autonom, vertritt aber nicht mehr den Anspruch, alles aus sich selbst heraus leisten zu können. Der Mensch ist frei und trägt Verantwortung, aber diese Freiheit ist durch Gott erst gegeben. Viele Formen der Religiosität sind möglich, jedoch akzeptieren alle einen Heilsplan Gottes, der Dinge zu einem guten Ende bringt.

Beispiel: »Aber diese Straftheorien, daß jetzt dieser Autounfall einfach eine Bestrafung sein muß von Gott – das kann ich nicht annehmen. Für mich ist Gott bei diesem Autounfall auch da – gerade wenn es dem Menschen schlecht geht, er ist ja gerade bei den Leidenden – für mich ist Gott ein Gott der Liebe und damit auch der Ohnmacht, der uns handeln läßt, ohne daß er uns beständig korrigiert« (23 Jahre, Oser u. Gmünder, 1984, S. 99).

Kein Übergang zu Stufe 5 beschrieben

Stufe 5: Religiöse Intersubjektivität: Diese selten anzutreffende Stufe (meist unter Philosophinnen und Theologen) sieht die Autonomie des Menschen weiterhin durch Gott vermittelt, wobei die Erfahrung des unbedingten Angenommenseins zentral ist. Dabei wird der göttliche Heilsplan eher als Beschränkung erlebt und der Ort göttlichen Handelns in zwischenmenschlichen Beziehungen von Fürsorge und Liebe gesehen.

Beispiel: »Wäre ich Paul, hätte ich mich auf die eine oder andere Weise zu entscheiden und würde in die Sache verwickelt. Wenn ich dies tue, leiste ich einen Beitrag dazu, Gott in der Welt sichtbar zu machen. Dabei ist er auf geheimnisvolle Weise mit allen Menschen verbunden« (keine Altersangabe, Büttner u. Dieterich, 2016, S. 57)

Abbildung 5.2: Religiöse Begründungsstrukturen je nach Entwicklungsstufe (nach Oser u. Gmünder, 1984. Illustration: Nelly Nieter

Aus den dargestellten Stufen wird erkennbar, dass sich der Mensch in seiner Beziehung zu Gott von einer absoluten Heteronomie (Stufe 1) über eine absolute Autonomie (Stufe 3) zu einer integrierten Autonomie des Menschen und Gottes (Stufen 4 und 5) entwickelt. Nicht nur der Grad der Integration steigt dabei an, sondern auch die Differenziertheit, Komplexität und Flexibilität religiöser Urteile. Hat die kognitive Entwicklung in Osers und Gmünders Modell weiterhin einen wesentlichen Einfluss auf die religiöse Entwicklung, so unterstreichen sie doch auch emotionale Einflüsse, die vor allem in den Stufenübergängen wirksam werden. Diese Übergänge werden häufig als krisenhaft, vor allem ab dem Jugendalter, erlebt (z. B. Theodizee im Umbruch von Stufe 2 auf 3, Aufgabe absoluter menschlicher Autorität im Übergang von Stufe 3 zu 4). Auch Oser und Gmünder machen sich Gedanken zu einer ideellen sechsten Stufe der Orientierung an universaler Kommunikation und Solidarität, die jedoch laut den Autoren sprachlich schwer fassbar ist und empirisch nicht belegt werden konnte.

Trotz vieler Kritik an dem Modell (Oser, 1988) konnten Oser und Gmünder (1984) für die ersten vier Stufen einen Alterstrend zumindest bis zum 25. Lebensjahr in christlichen und jüdischen Stichproben in – jedoch nur querschnittlichen – Studien nachweisen. Zudem konnte Oser (1993) in einer weiteren Studie zeigen, dass die Glaubensentwicklung durch die Dilemmamethode sogar angeregt werden kann. Ganz ähnlich konnte auch James Fowler sein Modell der Glaubensentwicklung – jedoch im US-amerikanischen Kontext – empirisch belegen (siehe Box 5.2).

Box 5.2: Stufen der Glaubensentwicklung nach James Fowler (1981) und das Modell religiöser Stile nach Heinz Streib (2001)

Während Piaget (1926/1986) sich mit Stufen kognitiver Entwicklung beschäftigt, so finden wir auch Stufenentwicklungen, bei denen es um die psychosoziale Entwicklung geht, d. h. die Interaktion zwischen Individuum und seiner *sozialen* Umwelt und ihre emotionale Verarbeitung (Freud, 1926/1992; Erikson, 1980; zur psychoanalytischen Religionspsychologie insgesamt siehe Abschnitt 7.4.1). Darauf, jedoch auch auf Piaget und Kohlberg, baute James Fowler (1940–2015) mit seinen Stufen der Glaubensentwicklung auf. Eine wichtige Unterscheidung betrifft das zentrale Konzept »Glaube«, das Fowler dem Religionsbegriff vorzieht. Dabei differenziert er scharf zwischen *belief* (Glaube als Übereinstimmung mit Glaubensinhalten) und *faith* (Glaube im Sinne von Grundvertrauen). In seiner Forschung konzentrierte er sich vorrangig auf die zweite Form, die er als anthropologische Grundkonstante betrachtet. »Glaube« bezeichnet bei Fowler etwas sehr Umfassendes, das Karl Ernst Nipkow treffend mit »Lebensglauben« ins Deutsche übersetzt hat. Nach einer Vorstufe, in welcher der Säugling ein Urvertrauen in die Welt erlangt, folgen weitere sechs Stufen:

1. Intuitiv-projektiver Glaube (frühes Kindesalter): Glaube ist stark intuitiv (nicht logisch), Gottesbilder sind in erster Linie Projektionen signifikant Anderer.
2. Mythisch-wörtlicher Glaube (Grundschulalter): Glaube wird durch konkret-operationales Denken logischer, Glaubenssymbole werden wortwörtlich verstanden.
3. Synthetisch-konventioneller Glaube (Jugendalter): Abstrakte religiöse Ideen sind nun durch formale Operationen möglich, ausgeprägter Wunsch nach einer Gottesbeziehung, Glaube bleibt aber fragmentiert und von Autoritäten abhängig.
4. Individuierend-reflektierender Glaube (frühes Erwachsenenalter): Übernahme persönlicher Verantwortung für und kritische Reflexion über den eigenen Glauben.
5. Verbindender Glaube (mittleres Erwachsenenalter): Denken in Polaritäten wird abgelöst durch ein mehrdimensionales Verständnis von Wahrheit;

Relativität des eigenen Glaubens vor dem Hintergrund anderer Glaubenssysteme wird erkannt.

6. Universalisierender Glaube: In der Einheit mit Gott werden Trennungen, Unterdrückungen und Gewalt überwunden (empirisch nur nachweisbar an herausragenden Gestalten wie Jesus oder Mutter Teresa).

Die Nachteile der starren Stufentheorien erkennend, entwickelt Heinz Streib (*1951) Fowlers Modell zu einem der religiösen Stile weiter. Für ihn ist nicht die kognitive Entwicklung der primäre Motor der Glaubensentwicklung, sondern interpersonale Beziehungen und daraus entstandenen Erfahrungen im Leben eines Menschen. Stile sind dabei bestimmte Muster, die ein Mensch auf praktischer, symbolischer und kognitiver Ebene nutzt, um sich Glauben zu rekonstruieren und anzueignen. Diese treten über die Lebensspanne wellenförmig mit Tief- und Hochphasen auf (siehe Abbildung 5.3), d.h., sie bauen sich wie eine Welle auf, die einen biografischen Höhepunkt erreicht, um dann wieder abzunehmen. Die religiösen Stile nach Streib:

- *Subjektiver religiöser Stil:* Zeichnet sich durch eine egozentrische Sichtweise aus, in der sich langsam das Selbst und ein Urvertrauen (bzw. Urmisstrauen) entwickelt. Der Glaube ist durch Fantasien und Bilder geprägt, aber noch leicht veränderbar. Gott wird als allmächtiger Herrscher gesehen, der alles sieht und gegebenenfalls bestraft, wodurch der Glaube stark durch Gesetzmäßigkeit geprägt ist.
- *Instrumental-reziproker (oder: »Do-ut-des«) religiöser Stil:* Die egozentrische Sichtweise wird durch die Wahrnehmung anderer ergänzt. In Auseinandersetzung mit diesen anderen entwickeln Individuen eine Wahrnehmung ihrer eigenen Interessen und Bedürfnisse. Der Glaube ist dennoch stark von Autoritäten abhängig. Die Bewertung von Gut und Böse wird durch Gott (oder Autoritäten) bestimmt. Es gibt ein sehr wörtliches Verständnis von Geschichten und Symbolik.
- *Wechselseitiger religiöser Stil:* Das Individuum versteht sich als Partner in zwischenmenschlichen Beziehungen, Angenommensein und Geliebtwerden spielen eine zentrale Rolle. Auch der Glaube ist durch Gegenseitigkeit geprägt, wodurch Gott als direktes und persönliches Gegenüber gesucht wird. Einstellungen und Beurteilungen richten sich stark nach einer Gruppe, welche dem Individuum Sicherheit bietet.
- *Individuierend-systemischer religiöser Stil:* Die Welt wird als soziales System gesehen, in der jedes Individuum seinen Platz hat. In der Annahme, dass

jede Person eine gewisse Rolle verkörpert, entsteht eine kritische Neubewertung von Gruppen, aber auch von religiösen Konventionen und von religiöser Symbolik.

- *Dialogischer religiöser Stil:* Das Individuum ist nun in seinem eigenen Glauben gefestigt und hat nicht mehr das Gefühl, diesen vor sich selbst oder anderen verteidigen zu müssen, sodass sich eine Offenheit für andere Ansichten entwickelt. Widersprüche führen nicht mehr zu einer Ausgrenzung, sondern vielmehr in den Dialog, um von anderen Individuen zu lernen. Der Symbolik wird wieder mehr Bedeutung zugesprochen.

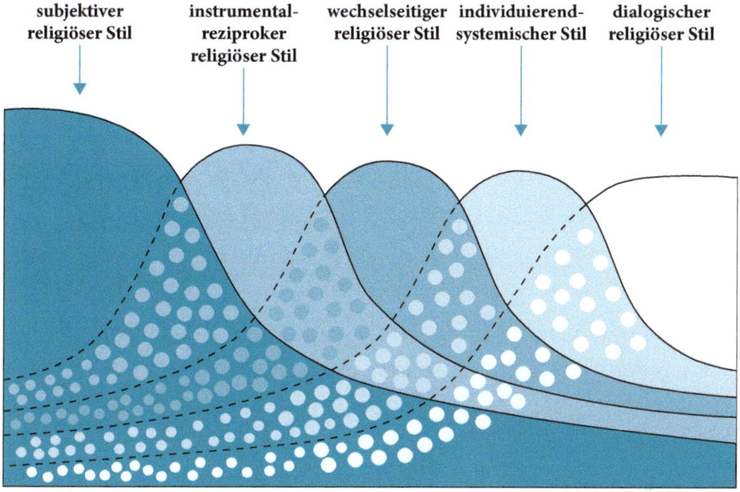

Abbildung 5.3: Religiöse Stile (Quelle: Streib, 2001, S. 150, © Lawrence Erlbaum Associates, Inc.)

Diese Vorstellung von Glaubensentwicklung kann viele Schwierigkeiten der Stufenmodelle lösen. Da frühere Stile erhalten bleiben, können diese z. B. durch bestimmte Erfahrungen erneut aufbrechen, d. h., ein Rückschritt, wenn auch unter den neuen Vorzeichen eines bereits betretenen höheren Stils, ist möglich. Einzelne Stufen sind, auch interkulturell, empirisch gut belegt (Streib u. Hood, 2016). Auch zeigte eine erste Längsschnittstudie über einen Zeitraum von 10 Jahren mehrheitlich eine Entwicklung zu einem höheren Stil, vor allem dann, wenn die Probandinnen und Probanden offen für neue Erfahrungen waren. Jedoch entwickelten sich auch einige Individuen zu einem niedrigeren Typ zurück, und dies vor allem dann, wenn sie an einer buchstäblichen und exklusiven Auslegung ihrer Heiligen Schrift festhielten (Streib et al., 2023).

Wie bereits weiter oben angeführt, gibt es eine starke Übereinstimmung der Stufentheorien von Oser und Gmünder sowie Fowler für das Kindesalter, ab Stufe 3 zeigen sich dann jedoch kulturelle Differenzen. Dies unterstreicht nochmals, dass nicht nur die kognitive Entwicklung auf die Glaubensentwicklung wirkt, sondern auch zumindest oder vielleicht sogar primär weitere Einflüsse, wie interpersonelle Beziehungen, die Kultur und die Sozialisation in dieser Kultur. Gerade deshalb ist wohl die größte Herausforderung für die zukünftige Forschung, Theorien der Glaubensentwicklung kulturunabhängiger zu formulieren (siehe den folgenden Exkurs, Kapitel 5.4).

5.4 Exkurs: Die kulturpsychologische Theorie der religiösen Entwicklung nach Lars Allolio-Näcke (2022)

Die Stufentheorien wurden in den letzten Jahrzehnten aus allen möglichen wissenschaftlichen Perspektiven kritisiert. Gerade ihr Anspruch auf Universalität erscheint fraglich, wenn man verschiedene Kulturen betrachtet, etwa eine stärker säkular geprägte Kultur. Lars Allolio-Näcke (2022) schlägt deshalb eine Kulturpsychologie der religiösen Entwicklung vor, wobei er aber im Gegensatz zu Oser und Gmünder nicht davon ausgeht, dass Glaube einen Sonderweg menschlicher Entwicklung geht, sondern dass religiöse Entwicklung auf allgemeine psychische Mechanismen der Begriffsbildung zurückgeht.

Ausgangspunkt ist auch hier die Herausbildung des Urvertrauens im Säuglingsalter, welches das Fundament allen Sozialen und somit auch des Glaubens darstellt. Dieses Urvertrauen muss sich auf Gott hin abstrahieren und ebenso erfahrungsrelevant werden. Dies ist jedoch erst möglich, wenn solche Schemata durch Sprache und Handlungen von der konkret-operationalen auf die formal-operationale Ebene gehoben werden (Objektivierung) *und* eine Erfahrungsbildung stattfindet, in der das Objekt dann internalisiert und somit lebensweltlich relevant wird (sekundäre Subjektivierung). Eine solche religiöse Sinnstruktur ist für Allolio-Näcke somit nicht vor der Adoleszenz möglich und auch dann nicht, wenn keine religiöse Sozialisation stattfindet (die jedoch nachgeholt werden kann, Stichwort »Konversion«).

Innerhalb der sekundären Subjektivierung greift Allolio-Näcke die Konzepte des Rituals, des Fantasmas und des Mythos als vermittelnde kulturpsychologische Prozesse zwischen Individuum und Kollektiv auf, die aus der Kulturtheorie von Ernst Boesch (1980) stammen. Dort werden Rituale als äußere und Fantasmen als innere Regulierungssysteme beschrieben. Die individuellen Fantasmen als »komplexe Handlungsregulationssysteme [...], die aus kulminierten Erfahrungen Regeln erstellen, mit deren Hilfe wir dann Situationen interpretieren« (Allolio-Näcke, 2022, S. 219) und der Mythos, d. h. die kollektive normative Ebene, stehen je nach Lebensalter mehr oder weniger im Spannungsverhältnis zueinander. Im Kindesalter werden Fantasma und Mythos als konform wahrgenommen, was Osers und Gmünders Stufe 2 entspricht. Mit wachsender Autonomie im Jugendalter geraten jedoch Fantasma und Mythos in Spannung und es drängt sich die Fragen auf, was Gott oder das Gebet (Mythos) für den Jugendlichen selbst bedeutet (Fantasma). Dies entspricht Osers und Gmünders Stufe 3. Im Erwachsenenalter wird dann wieder eine Synthese angestrebt, die zur »Individualität in der Kollektivität« (S. 220) oder in eine Individualität »mit verminderter Kollektivität« (S. 221, z. B. Kirchenbesuch nur noch zu Hochfesten) führt. Dies entspricht Osers und Gmünders Stufe 4. Somit endet nach Allolio-Näcke bereits an dieser Stelle die religiöse Entwicklung, da alle weiteren Stufen (auch die nach Fowler) entweder empirisch nicht nachweisbare Theologien oder Parallelentwicklungen einiger weniger Erwachsener sind.

Da jede Kultur andere religiöse Symbole ausbildet und sich das Individuum diese durch kulturspezifische Handlungen, Rituale und Sprache (und das hochindividuell) aneignet, wird jeglicher Anspruch auf eine kulturelle oder interindividuelle Universalität religiöser Entwicklung obsolet.

Eine empirische Prüfung dieser These steht noch aus und wäre vor allem im nichtchristlichen Kontext hochspannend.

ERSCHLIESSUNGSFRAGEN

1. Auf welchen Prämissen und Methoden vorangegangener Entwicklungstheorien bauen Oser und Gmünder ihre Theorie der Glaubensentwicklung auf?
2. Ein anderes Dilemma, welches Oser verwendet, ist das Martin-Dilemma und lautet folgendermaßen:

   »Martin, ein junger Lehrer, ist seit einem Jahr glücklich verheiratet. Seine Frau, die er sehr liebt, erwartet ein Kind. Sie freuen sich auf die Geburt ihres Kindes. Martin, der ein gläubiger Christ ist, erteilt in seiner Schulklasse auch den Religionsunterricht. Eines Tages wird die Frau beim Überqueren der Straße von einem Auto angefahren. Sie ist auf der Stelle tot. Die Nachricht vom Tod seiner Frau und dem ungeborenen Kind stürzt

Martin in Verzweiflung. Es ist ihm unverständlich, weshalb Gott dieses Unglück über ihn kommen läßt. Zwei Freunde, die ihn besuchen, sprechen ihm Mut zu. Sie sagen, Gott werde ihm beistehen, wenn er sich im Gebet an ihn wende. Doch Martin schickt sie wieder weg und sagt, er wolle nichts mehr von Gott hören, der solches Leiden zuläßt« (Oser, 1993, S. 97).
Warum lässt Gott Martin leiden? Versuchen Sie, für jede Glaubensstufe nach Oser und Gmünder Antwortbeispiele zu generieren.
3. Vergleichen Sie den kulturpsychologischen Ansatz mit dem von Oser und Gmünder. Wo überschneiden sie sich, wo gibt es fundamentale Unterschiede?

PERSÖNLICHE VERTIEFUNG/SELBSTERFAHRUNG

1. Stellen Sie sich vor, Sie sind Teilnehmerin/Teilnehmer an der Studie von Oser und Gmünder und werden zum Paul-Dilemma interviewt. Wie würden Sie antworten und in welche Stufe des religiösen Urteils würden die beiden Forscher Sie wohl einordnen?
2. Denken Sie an Ihren Glauben im Jugendalter: Wird Ihr damaliger Glaube eher als die Stufe des Deismus in Osers und Gmünders Modell beschrieben oder durch die synthetisch-konventionelle Stufe in Fowlers Modell? Warum oder warum nicht?
3. Welches Ritual, welcher persönliche Mythos war früher für Sie einmal hilfreich, dem Sie heute entwachsen sind? Praktizieren Sie ein Ritual oder folgen einem Mythos?

WEITERFÜHRENDE LITERATUR

Um einen tieferen Einblick in die Theorien der Moralentwicklung nach Jean Piaget und nach Lawrence Kohlberg zu erhalten, empfehlen sich die Originaltexte in den ersten beiden Kapiteln von Büttner und Dieterich (2000). Religionspädagogische Implikationen zur Anregung der Glaubensentwicklung hat Oser (1993) herausgearbeitet, die auch im therapeutischen Kontext von Nutzen sein können. Die Stufentheorie der Glaubensentwicklung von James Fowler sowie die darauf basierende Theorie religiöser Stile nach Streib werden im 5. Kapitel von Büttner und Dieterich (2016) vertieft dargestellt. Falls Ihr Interesse stärker sozialisatorischen Aspekten gilt, empfehlen wir dafür Kapitel 5 in Grom (2007).

6 Sozialpsychologische Ansätze

Lernziele

1. Die Zusammenhänge zwischen verschiedenen Formen religiösen Glaubens und Vorurteilen darstellen können.
2. Die Frage »Sind religiöse Menschen prosozialer?« differenziert beantworten können.
3. Die Beziehung zwischen Selbstwertgefühl und dem Gottesbild, religiösen Attributionen und der Mitgliedschaft in einer Glaubensgemeinschaft diskutieren können.

Religion und religiöser Glaube sind Teil einer uns umgebenden Kultur, d.h. einer sozialen Umgebung. Aus diesem Grund haben sich sozialpsychologische Ansätze für die Religionspsychologie als außerordentlich fruchtbar erwiesen und sind mittlerweile so tief in der Religionspsychologie verankert, dass diese beiden Wissenschaftszweige nur schwer trennbar sind. Die fest etablierte sozialpsychologische Arbeitsweise der Religionspsychologie rührt auch daher, dass federführende Religionspsychologen vorwiegend in den USA, aber auch andernorts, Sozialpsychologen sind (Allport u. Ross, 1967; Argyle, 2005; Arygle u. Beit-Halami, 2013; Hood et al., 2005; Paloutzian, 2016). Sie beschäftigen sich damit, wie religiöser Glaube mit dem sozialen Kontext interagiert, d.h., von diesem beeinflusst wird, aber auch mit der grundlegenden Frage, welche sozialen Konsequenzen aus religiösem Glauben erwachsen können.

Die häufige Gleichsetzung von Sozial- und Religionspsychologie, die auch in deutschsprachigen Lehrbüchern stattfindet (Fischer et al., 2018), macht es somit auch nötig, für dieses Kapitel ausschließlich solche einschlägigen sozialpsychologischen Ansätze herauszugreifen, die in anderen Kapiteln dieses Buches (vgl. Kapitel 9) nicht vorkommen. Im Folgenden werden dabei die Schwerpunkte Vorurteile, Prosozialität und der Selbstwert aufgegriffen, da diese globalen Themen einer langen Forschungstradition entspringen und gleichzeitig aktuelle Themen der Sozialpsychologie darstellen. Auf Literatur zu weiteren sozialpsychologischen Schwerpunkten, die aus Platzgründen hier nicht behandelt werden können, wird am Ende des Kapitels verwiesen. Da sich die Brauchbarkeit der sozialpsychologischen Ansätze für die Religionspsychologie seit vielen Dekaden umfassend bewährt hat, verzichten wir hier auf kritische Perspektiven, wie dies z.B. im Kapitel zu evolutions- und neuropsychologischen Ansätzen der Fall ist.

6.1 Religiöser Glaube und Vorurteile

6.1.1 Erwachsen aus der Vorurteilsforschung: Erste Ansätze mehrdimensionaler Konzepte religiösen Glaubens

Eigentlich ist seit den Anfängen der Religionspsychologie bekannt, dass religiöser Glaube ein komplexes Konstrukt ist, welches sich aus verschiedenen psychischen Dimensionen zusammensetzt (James, 1902/2010). Dennoch vertraute man gerade in der quantitativen Forschung, die sich in der Religionspsychologie mehr und mehr durchsetzte (Spilka, 2012), viele Jahrzehnte auf Ein-Item-Messungen. So machte man religiösen Glauben z. B. an der Zugehörigkeit zu einer religiösen Gemeinschaft fest (z. B. Allport u. Kramer, 1946) oder fragte die Studienteilnehmenden danach, wie religiös sie sich selbst einschätzten (Loewenthal, 2000). Das etablierte und bis heute am häufigsten genutzte mehrdimensionale Konzept religiösen Glaubens stammt von Gordon Allport und Michael Ross (1967) und ist aus Allports Studien zu Vorurteilen an der Harvard Universität erwachsen.

»Die Rolle der Religion ist paradox. Sie schafft Vorurteile und sie vernichtet Vorurteile. Während die Glaubensgrundsätze der großen Religionen universalistisch sind und alle die Brüderlichkeit fordern, führt die Befolgung dieser Grundsätze oft zu Trennung und Brutalität« (Allport, 1971, S. 444).

Wie Allport in diesem Zitat andeutet, stieß er über viele Untersuchungen hinweg immer wieder auf widersprüchlich erscheinende Beziehungen zwischen religiösem Glauben und Vorurteilen, also negativen Einstellungen gegenüber anderen Gruppen (»Fremdgruppe« versus »Eigengruppe«) oder Personen, die zu diesen Gruppen gehören (z. B. Allport u. Kramer, 1946). Einerseits ging religiöser Glaube mit einer stärkeren Vorurteilsneigung einher, was mit einer hohen Kohäsion der religiösen Eigengruppe bei gleichzeitiger Feindlichkeit gegenüber Fremdgruppen, welche den eigenen religiösen, moralischen oder institutionellen Standards nicht entsprechen, erklärt werden kann. Andererseits schien religiöser Glaube Vorurteile verringern zu können, was in religiösen Lehren der Nächstenliebe, Gleichheit und Barmherzigkeit wurzeln könnte (u. a. Allport, 1959, 1966). Aus diesen sozialpsychologischen Beobachtungen heraus entwickelt Allport zusammen mit Ross (1967) die Unterscheidung zweier Formen des religiösen Glaubens: intrinsische und extrinsische Religiosität.

Definition

Individuen, die intrinsisch religiös sind, leben ihren religiösen Glauben aus seinem Selbstzweck heraus (z. B. den religiösen Glauben als umfassende Lebensauffassung zu begreifen, sich Zeit für religiöse Besinnung zu nehmen). Individuen, die extrinsisch religiös sind, nutzen Religion, um persönliche oder soziale Vorteile zu gewinnen (z. B. soziale Unterstützung und Freundschaften knüpfen in religiösen Gemeinden; beten, um Trost zu erlangen).

Abbildung 6.1: Intrinsisch–extrinisch © Nelly Nieter

Die daraus resultierende Skala *Religiöser Orientierung* erwies sich für die Vorurteilsforschung als außerordentlich fruchtbar. Sowohl in ihrer eigenen Untersuchung als auch in Folgeuntersuchungen (z. B. Hunsberger u. Jackson, 2005) kristallisierte sich die Tendenz heraus, dass intrinsisch Religiöse im Allgemeinen weniger vorurteilsbehaftet sind als extrinsisch Religiöse. Allport und Ross (1967) erklären dies mit grundlegenden persönlichen Bedürfnissen: Bei extrinsisch Religiösen stehen Bedürfnisse nach dem eigenen Status, Sicherheit und Wohlergehen im Vordergrund, die durch ihren utilitaristischen Gebrauch von Religion, aber auch durch Vorurteile und somit Abwertung anderer befriedigt werden. Im Gegensatz dazu nutzen intrinsisch Religiöse weder Religion noch die Abwertung anderer, um ihre Bedürfnisse zu befriedigen, sondern ordnen ihre Bedürfnisse der Religion unter.

Dabei kommt es jedoch auf die Art der Vorurteile an. Während die meisten Vorurteile, z. B. gegen ethnische Minoritäten (z. B. People of Colour), negativ mit Religiosität korrelieren, so zeigen sich positive Zusammenhänge bei Vorurteilen gegenüber Homosexuellen, Atheisten und anderen religiösen Gruppen, inklusive gegen Migranten (Clobert et al., 2017; Deslandes u. Anderson, 2019; Hoffarth et al., 2018). Eine solche Differenzierung erklärt, dass Vorurteile gegenüber bestimmten Fremdgruppen, die die eigenen religiös-moralischen Überzeugungen verletzen, von intrinsisch Religiösen als legitim erachtet werden (Batson et al., 1993; Hunsberger u. Jackson, 2005). In einer starken Form finden wir fundamentalistischen Glauben in Beziehung zu Vorurteilen (vgl. Kapitel 9; Blogowska u. Saroglou, 2011). Einschränkend ist hier jedoch zu erwähnen, dass die große Mehrzahl dieser Studien im nordamerikanischen und europäischen Kontext unter Christen durchgeführt wurde. Erste Studien in östlichen Religionen zeigen hingegen, dass buddhistisch und taoistisch Gläubige nicht Vorurteile, sondern Toleranz gegenüber den meisten Fremdgruppen zeigen, was auch auf ihre höhere Ambiguitätstoleranz zurückgeführt werden kann (Clobert et al., 2017).

Abbildung 6.2: Quest © Nelly Nieter

Nach Allport brachten zwei weitere US-amerikanischen Sozialpsychologen, Daniel Batson und Patricia Schoenrade (1991), eine dritte religiöse Orientierung ins Spiel, die der sog. Quest-Religiosität.

Definition

Quest widerspiegelt ein stetiges Hinterfragen der eigenen religiösen Überzeugungen und wird häufig durch existenzielles Hinterfragen, wahrgenommene Widersprüche oder Schicksalsschläge angestoßen. Menschen, die eine Quest-Religiosität pflegen, schätzen religiöse Zweifel als einen wichtigen Teil ihres Glaubens. Sie lassen religiöse Fragen offen oder beantworten sie nur vorläufig, statt sie jemals final beantworten zu wollen.

Auch Quest erwies sich als fruchtbares Konzept der Vorurteilsforschung. Menschen mit einer hohen Ausprägung in Quest neigen weniger zu Vorurteilen (Batson et al., 1993; Hunsberger u. Jackson, 2005; Whitley, 2009), auch aufgrund ihrer starken Offenheit für neue Erfahrungen (Saroglou, 2002).

Ein neueres mehrdimensionales Modell religiösen Glaubens des Berner Religionspsychologen Stefan Huber (2002; Huber u. Huber, 2012) basiert nicht nur auf den Vorarbeiten von Allport und Ross (1967), sondern erklärt auch den Einfluss von Religiosität auf nichtreligiöse Lebensbereiche und geht somit weit über die Vorurteilsforschung hinaus. Dieses Modell verbindet den sozialpsychologischen Ansatz mit einer persönlichkeitspsychologischen Perspektive (siehe Box 6.1).

Box 6.1: Zentralität der Religiosität in der Persönlichkeit als ausschlaggebend für soziale Konsequenzen des Glaubens (Huber)

Huber (2002) führte die intrinsische und extrinsische Religiosität nach Allport und Ross (1967) mit dem soziologischen Ansatz von Glock (1962; Stark u. Glock, 1968) zusammen, welcher fünf Dimensionen von Religion definiert (Gottesdienst, kognitives Interesse, Ideologie, Gebet, religiöse Erfahrung). Diese umfassen nach Huber gleichzeitig das gesamte Spektrum psychologischen Grundmodi: Kognition, Überzeugung (Glauben), Wahrnehmung, Emotion und Verhalten. Die fünf Dimensionen nach Glock werden in Hubers Modell entsprechend ihrer intrinsischen Bedeutung und Wichtigkeit im Leben des Individuums, also persönlichkeitspsychologisch, geordnet (siehe Abbildung 6.1).

Religiosität wird als ein persönliches Konstruktsystem, d. h. als ein mentales Deutungsmuster verstanden, welches menschliches Erleben und Verhalten beeinflussen kann. Religiosität ist dabei die Fähigkeit, seine Umgebung in religiöse Bedeutungsmuster einzuordnen, also durch eine »religiöse Brille« (Huber, 2004, S. 80) wahrzunehmen. Je öfter ein Individuum diese religiöse Brille aufsetzt, desto zentraler ist das religiöse Konstruktsystem in seiner Persönlichkeit verankert und desto stärker beeinflusst dieses das individuelle Erleben und Verhalten. Diese religiöse Brille weist jedoch auch eine Tönung auf, welche durch die Inhalte, d. h. die fünf verschiedenen Dimensionen bestimmt ist und individuelles Erleben und Verhalten dann in eine bestimmte Richtung beeinflusst. Insgesamt kann die Zentralität des religiösen Konstruktsystems gering, mittelmäßig oder hoch sein.

Das Modell findet mit seiner dazugehörigen Zentralitätsskala (Huber u. Huber, 2012; siehe Kapitel 1) weltweite Anwendung und wurde in zahlreichen

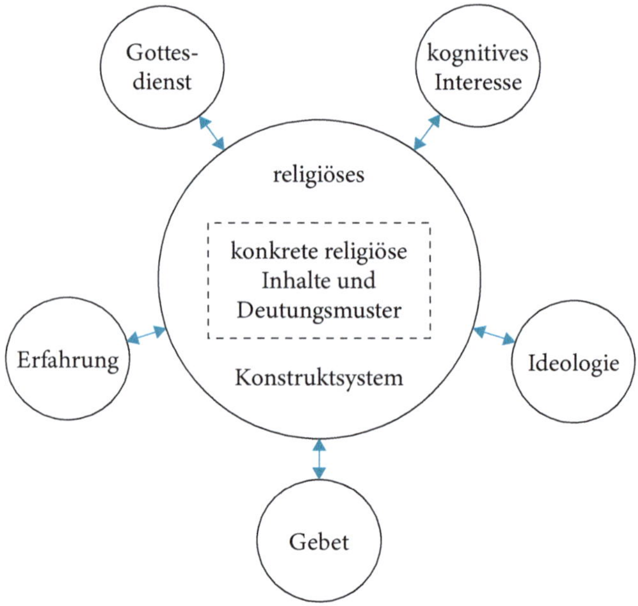

Abbildung 6.3: Multidimensionales Modell der Religiosität nach Huber (2002)
(Quelle: Huber, 2004, S. 88, © Waxmann)

Untersuchungen interreligiös validiert (Special Issue »Research with the Centrality of Religiosity Scale [CRS]«, 2020). Es wird in diesem Kapitel vorgestellt, weil es die sozialen Konsequenzen des religiösen Glaubens erklären kann. Denn hochreligiöse Individuen, d. h. solche Menschen, für die Religiosität ein zentrales Konstruktsystem in ihrer Persönlichkeit ist, sind in ihrem Erleben und Verhalten stark von ihrem religiösen Glauben beeinflusst. Hochreligiöse weiten ihren religiösen Glauben auf viele (nichtreligiöse) soziale Einstellungen und Lebensbereiche aus. So zeigte sich – ähnlich wie bei Allports Modell – bei Hochreligiösen eine geringe Vorurteilsneigung gegenüber Fremden, Ausländern und Muslimen (Yendell u. Huber, 2020), eine starke Beeinflussung von Einstellungen und Verhaltensweisen in den Bereichen Familie, Natur, Karriere und Arbeit, Sexualität, besondere Lebenslagen (Lebenskrisen, Schicksalsschläge) und – wenn auch geringer – Politik (Huber, 2004; Huber u. Krech, 2009). Im Allgemeinen findet sich ein solcher Einfluss von Religiosität auf soziale Einstellungen und Verhaltensweisen zumindest abgeschwächt bei mittlerer Zentralität, jedoch kaum bis gar nicht bei geringer Zentralität.

6.1.2 Wieso trägt religiöser Glaube häufig zu Vorurteilen bei?

Die Gründe, warum religiöser Glaube häufig zu Vorurteilen beiträgt, kann mit klassischen sozialpsychologischen Theorien der Vorurteils- und Intergruppenkonfliktforschung beantwortet werden. Vorurteile gegenüber Fremdgruppen von Seiten religiöser Individuen können erklärt werden mittels

- sozialer Kategorisierung bzw. Stereotypisierung (Kategorisierung anderer in religiöse Eigengruppe versus Fremdgruppe; Wittenbrink et al., 1998),
- sozialer Identifizierung mit der Eigengruppe (positive Eigengruppenidentität bei gleichzeitiger Fremdgruppenabwertung; Johnson et al., 2012),
- realistischer Intergruppenkonflikte (Kampf um knappe Ressourcen, wie Glaubensüberzeugungen oder religiöse Konvertiten; Hunsberger u. Jackson, 2005),
- sozialer Dominanzorientierung (z. B. der Glaube, dass die religiöse Eigengruppe einen auserwählten Status hat und dies die Abwertung der Fremdgruppe rechtfertigt; Rowatt et al., 2014).

Religiöse Gruppen verhalten sich somit wie alle anderen (nichtreligiösen) Gruppen und sind gegen solche sozialen Prozesse, die Vorurteile auslösen, nicht immun (Rowatt et al., 2014). Die positive Seite der Medaille ist jedoch, dass durch dieselben sozialen Prozesse auch prosoziales Verhalten gestärkt wird.

6.2 Religiöser Glaube und prosoziales Verhalten

Als prosoziales Verhalten wird jegliche Form einer beabsichtigten und freiwilligen Handlung definiert, das zum Wohlergehen anderer durchgeführt wird. Dieses Verhalten kann aus altruistischen (z. B. empathische Sorge um das Wohl anderer), egoistischen (z. B. materielle Belohnung, Angst vor Ansehensverlust) oder gemischten Motivationen angetrieben sein (Bierhoff, 2021) Darunter zählen etwa Hilfeverhalten (u. a. Freiwilligenarbeit, Spenden), aber auch Verhalten, welches mit moralischen Werten wie Ehrlichkeit und Wahrhaftigkeit verbunden ist (in seiner negativen Ausprägung z. B. Unehrlichkeit und Betrügen).

Eine häufig anzutreffende Alltagsmeinung ist, dass Religion aufgrund ihrer Lehren wie der Nächstenliebe prosoziales Verhalten ihrer Anhänger fördert (Rowatt et al., 2014; vgl. Argyle, 2005). Aber wie sieht dieser Zusammenhang zwischen religiösem Glauben und Prosozialität im realen Leben religiöser Menschen aus? Ein Versuch, diese Frage zu beantworten, unternahmen die beiden

Sozialpsychologen John Darley und Daniel Batson (1973) mit einem klassischen psychologischen Experiment (siehe Box 6.2).

Box 6.2: Hilfeverhalten unter Zeitdruck: Wirken religiöse Einflüsse?

Darley und Batson (1973) gingen in ihrem Experiment der Frage nach, inwieweit sich religiöse Motive des Hilfeverhaltens auch unter Zeitdruck auf tatsächliches Verhalten auswirken. Hierzu bezogen sie 40 Theologiestudierende ein, wovon die Hälfte das Gleichnis des Barmherzigen Samariters (Lukas 10,25–37) lesen sollte. Die andere Hälfte stellte die Kontrollgruppe dar, sie sollten einen neutralen Text über Berufsmöglichkeiten nach dem Studium lesen. Beiden Gruppen wurde gesagt, dass sie nach dem Lesen des Textes eine kurze Zusammenfassung in einem anderen Gebäude über das Gelesene geben sollten. Über die Wegstrecke konnte der Zeitdruck variiert werden (hoch, mittel, gering). So wurde den Probanden der Gruppe mit hoher Zeitdruckbedingung gesagt, sie müssten sich beeilen, um das andere Gebäude zu erreichen, da sie schon zu spät seien. Den anderen Probanden wurde gesagt, dass man auf den Beginn ihres Vortrages warte, während den Probanden mit der geringen Zeitdruckbedingung gesagt wurde, dass sie wohl kurz warten müssten, bis sie mit ihrem Vortrag beginnen könnten. Auf dem Weg zum Seminarraum lag eine Person (ein Eingeweihter) bewegungslos mit gesenktem Kopf vor einer Tür. Dieser schätzte nach dem Vorbeigehen der jeweiligen Versuchsperson ein, wie stark diese geholfen hat (von 0 = »gar nicht« bis 6 = »intensiv für mehrere Minuten«).

Die Ergebnisse waren überraschend. Insgesamt halfen 40 % der Probanden, wobei die Gruppe, die das Samaritergleichnis gelesen hatten, tendenziell mehr halfen (53 %) als die Kontrollgruppe (29 %). Dieser Unterschied ging aber auf die verschiedenen Zeitdruckbedingungen zurück. Wie in Abbildung 6.5 dargestellt, machte es keinen Unterschied, welchen Text der jeweilige Proband gelesen hat, sobald ein mittlerer oder hoher Zeitdruck bestand.

Abbildung 6.4: Samaritergleichnis © Nelly Nieter

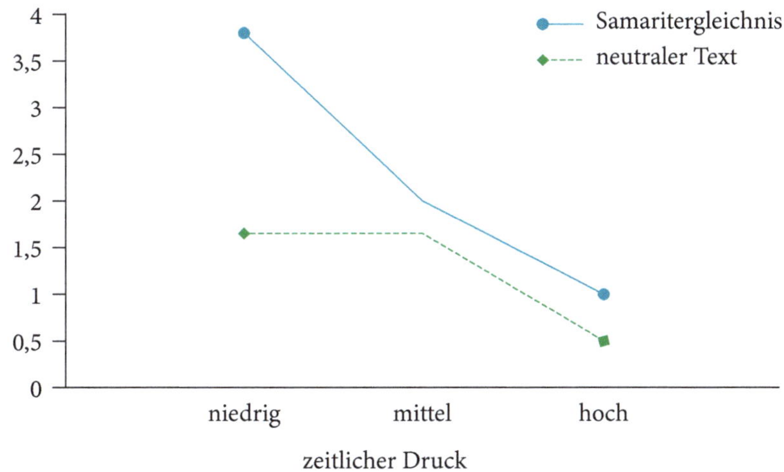

Abbildung 6.5: Auswirkungen religiöser Motive des Hilfeverhaltens und des Zeitdrucks auf das gezeigte Hilfeverhalten im Experiment von Darley und Batson (1973) (Quelle: Wolfradt u. Müller-Plath, 2003, S. 180, © Schöningh UTB)

Ferner wurde auch die religiöse Orientierung nach Allport und Ross (1967) gemessen, wobei sich hier erneut zeigte, dass intrinsisch Religiöse eher helfen als extrinsisch Religiöse.

Insgesamt schlussfolgern Darley und Batson (1973), dass eine Person ohne Zeitdruck wahrscheinlich helfen wird, während eine Person unter Zeitdruck eher nicht helfen wird. Ironischerweise ist dies weitestgehend unabhängig davon, ob diese Person gleich einen Vortrag über das Gleichnis des Barmherzigen Samariters halten wird. Einige derjenigen, die auf dem Weg waren, diesen Vortrag zu halten, stiegen sogar in ihrem Zeitdruck über die Person, die bewegungslos auf dem Fußboden lag, hinweg.

Das klassische Experiment von Darley und Batson wurde in seiner Auswertung kritisiert, denn die Analyse der gleichen Daten mit anderen statistischen Verfahren erbrachte sehr wohl, dass religiöse Motive einen Einfluss auf das tatsächlich gezeigte Hilfeverhalten haben (Greenwald, 1975). Es lohnt sich daher, einen breiteren Blick auf den Zusammenhang zwischen Religiosität und prosozialem Verhalten, der auch mit anderen psychologischen Methoden gewonnen wurde, zu werfen. Weil das Verhältnis zwischen Religiosität und Prosozialität komplex ist, sollen drei Fragen das Thema strukturieren:

1. Wer verhält sich prosozial gegenüber wem?
2. In welchem Kontext wird prosoziales Verhalten gezeigt?
3. Wieso führt religiöser Glaube zu prosozialem Verhalten?

Abbildung 6.7 stellt die im Folgenden dargestellten Befunde in einer Übersicht zusammen.

6.2.1 Wer verhält sich prosozial gegenüber wem?

Generell berichten Hochreligiöse ein stärker prosoziales Verhalten (Pelham u. Crabtree, 2008), und zwar vorwiegend dann, wenn sie einen starken Bezug zu ihrer religiösen Gemeinde haben (Wuthnow, 1991). Jedoch können an dieser Stelle ebenso verschiedene religiöse Orientierungen ein klareres Licht auf die Beziehung zwischen religiösen Glauben und Prosozialität werfen. Auch hier zeigt sich, dass intrinsische Religiosität – im Gegensatz zu extrinsischer Religiosität – stärker mit prosozialem Verhalten einhergeht (Batson u. Flory, 1990; Saroglou, 2013, 2016). Zudem berichten intrinsisch Religiöse eine großzügigere (Hunsberger u. Platanow, 1986), altruistischere (Chau et al., 1990) und empathischere Orientierung (Watson et al., 1984).

Aber auch der Vergleich zur Quest-Religiosität deckt interessante Facetten auf. Quest-Orientierte setzen eher auf spontanes Hilfeverhalten, das primär altruistisch motiviert ist, und helfen anderen auch, wenn diese gegensätzliche Glaubensüberzeugungen und Werte vertreten. Intrinsisch Motivierte hingegen setzen eher auf langfristigen Freiwilligendienst, der aber stärker egoistisch motiviert und auf Gleichgesinnte begrenzt ist (z. B. keine Hilfe für andere, die gegen eigenen Glauben und eigene Werte verstoßen wie Homosexuelle; Batson, 1990; Batson u. Gray, 1981; Batson et al., 2008).

Wie bei allen Studien, die auf Selbstberichten beruhen, schwingt hier das Problem der sozialen Erwünschtheit mit. Während frühe Studien fanden, dass (intrinsische) Religiöse tatsächlich prosozialer sind (Hunsberger u. Platonow, 1986), so wird dies von späteren Studien bezweifelt (Batson et al., 2013; Galen, 2012). In differenzierenden Studien, die sowohl Fremdberichte als auch Indikatoren für prosoziales Verhalten einbeziehen, konnte der belgischen Religionspsychologe Vassilis Saroglou aufzeigen, dass tatsächliches prosoziales Verhalten minimal höher unter Religiösen als unter Nichtreligiösen ist und kein reines Artefakt sozialer Erwünschtheit in Selbstberichten von Religiösen darstellt (Saroglou et al., 2005). Dabei bleibt prosoziales Verhalten von religiös Gläubigen aber größtenteils auf die Eigengruppe beschränkt (Różycka-Tran, 2017), während prosoziales Verhalten von nichtreligiösen Individuen solche Einschränkungen nicht kennt, dafür aber im Allgemeinen seltener auftritt (Saroglou, 2012).

6.2.2 In welchem Kontext wird prosoziales Verhalten gezeigt?

Das klassische Experiment von Darley und Batson (1973) weist auf Zeitdruck als wichtigen situationalen Faktor hin, der den Zusammenhang zwischen religiösem Glauben und Hilfeverhalten untergraben kann. Weiterhin ist prosoziales Verhalten unter Religiösen stärker sichtbar, wenn die Situation, in der Hilfeverhalten gezeigt werden kann, Mitgefühl motiviert. So helfen religiöse Menschen einem Kind eher, wenn es in Not ist, als in einer Lage, wenn es nicht in Not ist (Sabato u. Kogut, 2018). Prosoziales Verhalten ist jedoch auch durch die Situation limitiert, denn gerade in Situationen, die mit anderen religiös-moralischen Werten, wie Ehrlichkeit, Reinheit oder körperlicher Unversehrtheit, im Konflikt stehen, helfen Religiöse weniger (z. B. bei der Organspende; Saroglou, 2013; Stephenson et al., 2008).

Mittels einer ganzen Reihe an Experimenten wurden weitere Kontextfaktoren variiert und deren Auswirkung auf prosoziales Verhalten analysiert. In diesen sog. Primingexperimenten, in denen Probandinnen und Probanden meist mit religiösen Begriffen und Konzepten konfrontiert werden, welche religiöse Gedanken verfügbar machen sollen, fand man heraus, dass das Priming mit positiven religiösen Worten (z. B. Glaube, Segnung; versus neutralen wie Mönch, Altar) zu mehr Hilfeverhalten führt (Pichon et al., 2007). Auch erhöhen solche Reize, die mit Religion verbunden sind, das Hilfeverhalten unter Gleichgesinnten, während Reize, die mit Gott verbunden sind, prosoziales Verhalten auch gegenüber Fremdgruppen erhöhen (Preston et al., 2010; Shariff u. Norenzayan, 2007).

Ähnliches zeigte sich in einer Studie mit jüdischen Siedlern und Siedlerinnen in Israel bezüglich antisozialem Verhalten. Wenn diese instruiert wurden, an das Gebet zu denken, stimmten sie weniger terroristischen Handlungen gegenüber Palästinensern zu. Dagegen konnte eine hohe Zustimmung für solch extremistisches Verhalten unter denjenigen Probandinnen und Probanden gefunden werden, die an ein eigengruppenrelevantes Konzept, nämlich an den Synagogengottesdienst, denken sollten (Ginges et al., 2009). Generell führt das Gefühl, von einem übernatürlichen Wesen beobachtet zu werden, zu weniger antisozialen Verhaltensweisen wie dem Betrügen bei einer Leistungsaufgabe (Gervais u. Norenzayan, 2012; Randolph-Seng u. Nielsen, 2007). Eine interessante Studie hierzu führten auch Piazza et al. (2011) mit fünf- bis neunjährigen Kindern durch. Einer Gruppe dieser Kinder wurde gesagt, dass »Prinzessin Alice« sie während einer Leistungsaufgabe beobachte. Wenn diese Kinder tatsächlich an Prinzessin Alice glaubten, betrogen sie tatsächlich weniger als die Kontrollgruppe.

Insgesamt ist festzustellen, dass religiöse Primes ambivalent wirken können, da sie sowohl pro- als auch antisoziales Verhalten fördern können – je nachdem welches religiöse Konzept sie aktivieren.

6.2.3 Wieso führt religiöser Glaube zu prosozialem Verhalten?

Verschiedene Hypothesen versuchen schlussendlich den generell positiven Zusammenhang zwischen Religiosität und prosozialem Verhalten (Batson et al., 1993) zu erklären. Diese schließen sich nicht gegenseitig aus, sondern ergänzen sich.

Eine erste Hypothese ist die der *übernatürlichen Bestrafung* (Shariff et al., 2011), welche besagt, dass das Gefühl, dass ein Gott, welcher am moralischen Verhalten der Menschen interessiert ist und sie gegebenenfalls bestraft, Menschen prosozial primär in größeren Gruppen handeln lässt (siehe auch die Theorie der Großen Götter im Kapitel 4). Ebenfalls evolutionspsychologisch argumentieren Sosis und Alcorta (2003) in ihrer *Hypothese der teuren Signale*. Religiöser Glaube ist eine Form der Gruppenkommunikation, welche aufwendig, also »teuer« für das Individuum ist (z. B. durch altruistisches Hilfeverhalten), jedoch langfristig zur adaptiven Fitness des Individuums beiträgt (z. B. einen guten Ruf in der Gruppe zu erlangen und so seine Partnerchancen zu erhöhen).

Andere argumentieren, dass religiöser Glauben durch gemeinsame moralische Prinzipien die Gruppenkohäsion erhöht, sodass die religiöse Gruppe zu einer *moralischen Gemeinschaft* wird (Durkheim, 1912/2007; Graham u. Haidt, 2010).

Schließlich besagt die *Selbstregulationshypothese*, dass religiös-moralische Standards vom Individuum verinnerlicht werden und so das eigene Verhalten beobachtet und an diese Standards angepasst wird (Grom, 2007; McCullough u. Willighby, 2009; Saroglou, 2021). Vermutlich führt der Glaube an einen bestrafenden Gott zu erhöhter Selbstkontrolle, aber auch eine hohe Kohäsion der moralischen Gemeinschaft lässt prosoziales Verhalten entstehen, selbst wenn es für das Individuum zunächst aufwendig ist (Preston et al., 2014).

Wer verhält sich prosozial gegenüber wem?

Intrinsisch (vs. extrinsisch) Religiöse:
- mehr Freiwilligenarbeit
- mehr selbstberichtete Großzügigkeit, Empathie, Altruismus

Quest (vs. intrinsisch) Religiöse:
- spontanes (vs. langfristiges) Hilfeverhalten
- helfen Fremdgruppe (vs. nur Eigengruppe)
- altruistisch (vs. egoistisch) motiviert

Religiöse (vs. Nichtreligiöse):
- zeigen mehr prosoziales Verhalten
- bleiben größtenteils auf Eigengruppe begrenzt

… in welchem Kontext?

Mehr prosoziales Verhalten, wenn:
- die Situation Mitgefühl motiviert
- emotional-positive religiöse Konzepte salient sind
- Gedanken an Gott salient sind
- Gedanken an eine überwachende übernatürliche Macht salient sind

Weniger prosoziales Verhalten, wenn:
- die Hilfesituation mit anderen religiös-moralischen Werten in Konflikt steht
- Zeitdruck besteht
- neutrale religiöse Konzepte salient sind eigengruppenrelevante religiöse Konzepte salient sind

… und warum?

Hypothesen:
- Glauben an eine übernatürliche Bestrafung
- teure Signale
- religiöse Gruppe als moralische Gemeinschaft
- Selbstregulation

Abbildung 6.7: Zusammenfassung der Beziehung zwischen religiösem Glauben und Prosozialität

6.2.4 Eine integrierte Sicht auf religiösen Glauben, Prosozialität und Vorurteile

Es stellt sich die Frage, wieso Religiosität im Allgemeinen sowohl Prosozialität als auch Vorurteile erhöhen kann. Wie oben gezeigt wurde, ging aus Primingstudien hervor, dass Gedanken an Gott prosoziale Einstellungen und Verhaltensweisen erhöhen (Shariff u. Norenzayan, 2007). Gleichzeitig wiesen Studien mit religiösen Primes erhöhte sexuelle und ethnische Vorurteile nach (Ramsay et al., 2013). In realitätsnahen Untersuchungssettings konnte auch gezeigt werden, dass Individuen, die sich neben einem religiösen Gebäude befanden, mehr ethnozentrische Einstellungen äußerten als Individuen, die sich neben einem Regierungsgebäude befanden (LaBouff et al., 2012).

Der Schlüssel zur Erklärung mag darin liegen, dass religiöse Gruppen durch ihren moralischen Charakter geschlossene, hoch kohäsive Gruppen formen, die ihren Mitgliedern ein starkes Gefühl von Sicherheit und Schutz vermitteln. Daraus folgt dann einerseits ein prosoziales Verhalten, das häufig auf die Eigengruppe beschränkt bleibt, und andererseits eine Abgrenzung zu Fremdgruppen, die zu Vorurteilen oder gar Diskriminierungen gegenüber diesen führen kann (Goldfried u. Miner, 2002; Preston et al., 2010). Ein weiterer spannender Ansatz zur Erklärung des Zusammenhangs zwischen religiösem Glauben, Prosozialität und Vorurteilen geht aus der Terror-Management-Theorie hervor (siehe Box 6.3, vgl. auch Box 3.2).

Box 6.2: Terror-Management-Theorie (TMT)

Der Mensch ist wohl das einzige Lebewesen, das sich seines eigenen Todes bewusst ist. Eine solche Todesvorstellung stellt eine existenzielle Bedrohung dar, welche starken Stress verursacht (Terror). Die TMT besagt nun, dass Individuen mit diesem Stress umgehen, indem sie ihr eigenes kulturelles Weltbild verteidigen, welches ihnen Lebenssinn vermittelt und Verhaltensstandards vorgibt (Management). Der religiöse Glaube kann eins dieser Weltbilder sein, die vor Todesängsten schützen (Arrowood u. Cox, 2020), und scheint eine besonders starke Copingmethode im Umgang mit Todesängsten zu sein, da religiöse Weltanschauungen direkte Lösungen zum Umgang mit dem Tod vorgeben (z. B. Leben nach dem Tod; Vail et al., 2010).

Die meisten Studien im Rahmen der TMT sind Primingstudien. Das Vorgehen ist meistens sehr ähnlich: Bei einer Experimentalgruppe (vs. Kontrollgruppe) wird Sterblichkeit salient gemacht (z. B. durch Präsentation von Reizwörtern; sog. Mortalitätssalienz), im Anschluss daran misst man den religiösen Glauben und weitere abhängige Variablen, die in der jeweiligen Studie interessieren (hier: Prosozialität, Vorurteile), und vergleicht die Werte mit denen der Kontrollgruppe.

Solche Studien deckten auf, dass Mortalitätssalienz zu erhöhter Prosozialität, vor allem gegenüber der Eigengruppe, führt (Vail et al., 2012). Unter Mortalitätssalienzbedingungen zeigten sich positivere Einstellungen gegenüber (selbstberichtetem) Hilfeverhalten (Gailliot et al., 2008) und Spendenbereitschaft für wohltätige Zwecke, und es gab tatsächlich mehr Spenden für die Eigengruppe (Jonas et al., 2002). Auch zeigten sich ähnliche Effekte auf eine Erhöhung der Empathie (Rothschild et al., 2009; Schimel et al., 2006).

Eine zusätzliche Bedrohung kann dadurch entstehen, wenn konkurrierende Weltanschauungen bestehen, die eine Unsicherheit schaffen, ob die eigene religiöse Überzeugung vielleicht falsch sein könnte. Unter der Bedingung der Mortalitätssalienz kommt es dann häufig zur Abwertung von Fremdgruppen, die mit solchen konkurrierenden Ansichten in Verbindung stehen, um die angstreduzierende Funktion der eigenen religiösen Weltanschauung wiederherzustellen (Vail et al., 2010). Mortalitätssalienz im Sinne einer terroristischen Bedrohung erhöhte Vorurteile gegenüber Muslimen und Migrantinnen unter denjenigen, denen zusätzlich gesagt wurde, dass ein Leben nach dem Tod nicht existiert (Kastenmüller et al., 2011). Ein zusätzliches Priming mit mitfühlenden Werten der eigenen Religion schmälert jedoch den Zusammenhang zwischen existenzieller Bedrohung und Vorurteilen gegenüber einer religiösen Fremdgruppe (Motyl et al., 2011; Rothschild, et al., 2009).

Insgesamt ist festzuhalten, dass Individuen, die mit Sterblichkeit konfrontiert sind, ihr eigenes Weltbild verteidigen. Dies führt einerseits zu erhöhter Prosozialität, vor allem gegenüber der Eigengruppe. Andererseits findet eine Abgrenzung gegenüber und Abwertung von konkurrierenden Weltanschauungen statt, durch die Vorurteile gegenüber deren Anhängern gefördert werden.

Insgesamt besagen die Ergebnisse der TMT-Forschung, dass religiöser Glaube Menschen im Umgang mit Todesängsten hilft. Als Ursache wird vermutet, dass religiöser Glaube das Selbstwertgefühl von Individuen stützt. Auch das Selbstwertgefühl ist ein zentrales Thema der Sozialpsychologie, das eng mit religiösem Glauben – auch über die TMT hinaus – verbunden ist (siehe Kapitel 6.3).

6.3 Religiöser Glaube und Selbstwertgefühl

Eines der grundlegenden menschlichen Bedürfnisse ist das Streben nach einem positiven Selbstwertgefühl, d.h. nach einer positiven Bewertung des eigenen Selbst, welches sich in Emotionen wie Freude, Stolz und Zufriedenheit niederschlägt (Rosenberg, 1965/2015). Ein negatives Selbstwertgefühl hingegen kann mit Gefühlen des Abgelehntseins, der Scham oder der Unzufriedenheit einhergehen. Das Selbst wird dabei nicht nur durch Eigenschaften und Kategorien, die wir uns selbst zuschreiben oder in die wir uns einordnen (Beruf, Freundeskreis, Familie), gespeist. Wesentlich bildet es sich durch unsere Fähigkeit heraus, uns selbst und die eigenen Verhaltensweisen aus der Perspektive anderer zu sehen und zu bewerten (Filipp, 1979; Mead, 1934). Dieses dynamische Wechselspiel zwischen Selbst und Umwelt macht das Selbst und die affektive Bewertung des Selbst – das Selbstwertgefühl – zu einem Thema der Sozialpsychologie. Das Selbstwertgefühl übernimmt psychologisch eine herausragende Bedeutung, da eine positive Bewertung der eigenen Person mit psychischem Wohlbefinden einhergeht (Deusinger, 1985; vgl. Kapitel 8).

An dieser Stelle soll nun die Frage aufgeworfen werden, wie religiöser Glaube und das Selbstwertgefühl in Beziehung stehen. Um das eigene Selbstwertgefühl

Abbildung 6.8: Mentales Selbstwertgefühl © Nelly Nieter

zu stützen oder sogar zu erhöhen, nutzen Menschen Möglichkeiten ihres soziokulturellen Kontextes wie Tradition, Nationalismus oder Religion (Sedikides u. Gree, 2008). Denn eine zentrale Funktion religiösen Glaubens besteht darin, Individuen das Gefühl zu vermitteln, dass sie sich selbst als eine würdige und wertvolle Person wahrnehmen (Batson u. Stock, 2004). Tatsächlich fanden Koenig et al. (2012) in knapp zwei Dritteln der von ihnen analysierten 69 Studien positive Beziehungen zwischen einem positiven Selbstwertgefühl und religiösem Glauben. Welche Prozesse stehen hinter diesen Zusammenhängen? Zunächst einmal scheint die neuere Forschung die Kausalrichtung dieser Beziehung weitgehend geklärt zu haben. Das Bedürfnis nach einem positiven Selbstwertgefühl scheint so grundlegend zu sein, dass es religiösen Glauben antreibt und umgekehrt Zusammenhänge von religiösem Glauben mit dem Selbstwertgefühl eher gering sind (Grom, 2007; Sedikides u. Gebauer, 2014). An dieser Stelle ist nun zu fragen, welche Komponenten von religiösem Glauben mit dem Selbstwertgefühl in Beziehung stehen. In diesem Kapitel werden die drei einschlägigsten Erkenntnisse religionspsychologischer Forschung dazu angeführt: das Gottesbild, religiöse Attributionen sowie die religiöse Gemeinschaft und Kultur.

6.3.1 Die Rolle des Selbstwertgefühls im Gottesbild

Ein zentraler Teil des religiösen Glaubens von Individuen ist ihre Beziehung zu Gott (Gallup u. Jones, 1989). Weil die Begriffe der Gottesbeziehung, des Gottesbildes, des Gottesverständnisses und des Gotteskonzepts uneinheitlich in der Religionspsychologie verwendet werden, haben wir hier die folgende Definition formuliert:

Definition

Die *individuelle mentale Repräsentation von Gott* speist sich aus einer kognitiven Dimension, nämlich den *(relativ neutralen) Eigenschaften, die eine Person Gott zuschreibt,* und einer emotionalen Dimension, dem *Gottesbild* (Rizzuto, 1979). Von einem positiven Gottesbild spricht man, wenn Gott als liebevoll, fürsorglich, vergebend oder wohlwollend wahrgenommen wird. Ein negatives Gottesbild hingegen schürt starke Ängste und destabilisierende Schuldgefühle, da Gott als kontrollierend, strafend oder rachsüchtig erlebt wird (z. B. Benson u. Spilka, 1973; Bucher, 2017; Lawrence, 1997; vgl. Kapitel 11).

Das Gottesbild wird geprägt durch die mentale Repräsentation der Eltern (Lawrence, 1997; Rizzuto, 1979). Jedes Kind verinnerlicht die Gefühle gegenüber Mutter und Vater und speichert sie ab. Diese mentale Repräsentation beeinflusst das Selbstbild und seine emotionale Bewertung, das Selbstwertgefühl: Wenn meine Mutter mich immer so liebevoll anlächelt, muss ich wertvoll sein. Das Selbstwertgefühl wird vor allem durch frühe Interaktionen mit den ersten Bezugspersonen grundlegend geformt. Ob eine Person sich also als anerkannt und liebenswert wahrnimmt, prägt sich meist bereits in der Kindheit heraus und wirkt sich auf das Gottesbild aus. Als liebenswürdige Person werde ich von Gott geliebt und akzeptiert (Grom, 2007). Das Gottesbild wurzelt somit im Selbstwertgefühl (Benson u. Spilka, 1973), da sich in der emotionalen Vorstellung von Gott selbstwertrelevante Beziehungserfahrungen spiegeln (Murken, 1998). Abbildung 6.9 veranschaulicht die Relationen, die im Folgenden detaillierter erklärt werden.

Dies wird belegt durch eine große Anzahl an Studien, die in den letzten 50 Jahren entstanden sind. Das Gottesbild verhält sich dabei konsistent zum Selbstwertgefühl (sog. *Konsistenzhypothese*): Individuen, die sich selbst positive Emotionen zuschreiben, also sich selbst als liebenswert, würdig und achtenswert wahrnehmen, prägen ein positives Gottesbild aus. Menschen hingegen, die ein geringes Selbstwertgefühl aufweisen, sich also nicht als liebenswert oder würdig wahrnehmen, projizieren dies auch auf Gott, welcher dann als kontrollierend, abweisend oder strafend erlebt wird (z. B. Bassett u. Williams, 2003; Francis et al., 2001; Ho u. Sim, 2013; Krause, 2005; Schieman et al., 2017; Zahl u. Gibson, 2012).

Ein spannender Nebenbefund dieser Studien weist darauf hin, dass Menschen auch ihre religiöse Unterweisung innerhalb, aber auch außerhalb der Familie entsprechend ihrem Selbstwertgefühl gewichten. Dabei werden bestimmten Aussagen über Gott selbstwertkonsistent Aufmerksamkeit geschenkt und diese in das eigene Gottesbild aufgenommen. Individuen mit einem positiven Selbstwertgefühl fokussieren sich bei religiösen Unterweisungen auf akzeptierende und liebende Aspekte Gottes. Menschen mit einem negativen Selbstwertgefühl hingegen erleben einen positiven Gott als widersprüchlich zu ihrem eigenen Selbstwertgefühl und ersetzen diese positiven Gottesattribute durch einen strafenden, zurückweisenden Gott. Menschen bestätigen durch diese Selektionsprozesse somit ihr positives oder negatives Selbstwertgefühl (Benson u. Spilka, 1973).

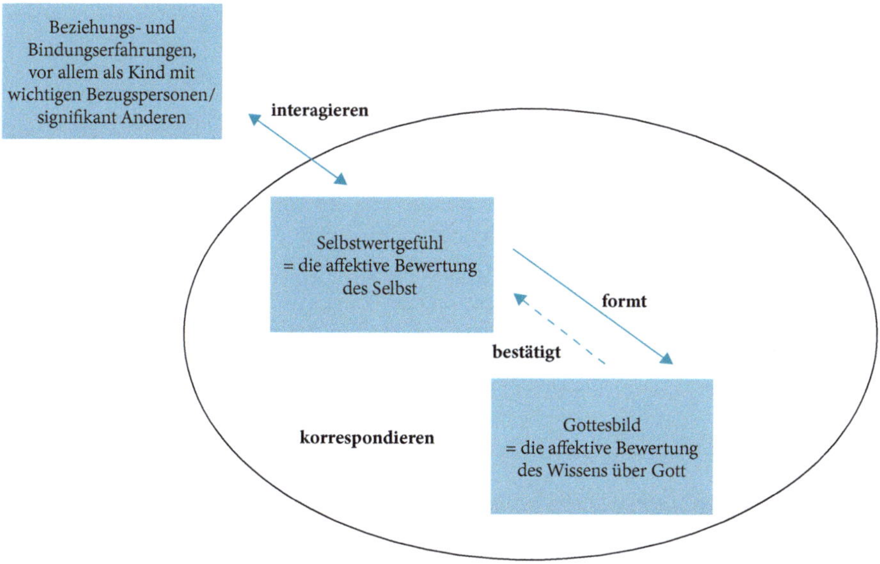

Abbildung 6.9: Relationen zwischen Beziehungserfahrungen, Selbstwertgefühl und Gottesbild

Gleichzeitig zeigen sich jedoch kaum kompensatorische Effekte (Kirkpatrick u. Shaver, 1990). Das bedeutet, dass sich Menschen mit einem negativen Selbstwertgefühl im Allgemeinen nicht einem positiven Gottesbild zuwenden, um ihren Selbstwert zu erhöhen (Greenway et al., 2003; Murken, 1998; vgl. dagegen Reinert, 2005). Dies weist erneut auf den bereits oben genannten kausalen Zusammenhang hin, dass das Selbstwertgefühl den religiösen Glauben, in diesem Fall das Gottesbild, formt (z. B. Sedikides u. Gebauer, 2014). Auch zeigt sich, dass Psychotherapie mit Depressiven nicht nur ihr Selbstwertgefühl steigert, sondern auch in diesem Zuge ihr Gottesbild zum Positiven verändert (Tisdale et al., 1997). Wie mit negativen Gottesbildern, die psychisch destabilisierend wirken können (z. B. in Form von Ängsten, Zwängen oder maladaptiven Schuldgefühlen; Bucher, 2017), konkret umgegangen werden kann, behandelt Kapitel 11.

6.3.2 Selbstwertgefühl und religiöse Attributionen

Menschen bestätigen ihr Selbstwertgefühl nicht nur durch ihr Gottesbild, sondern auch durch ihre (religiösen wie nichtreligiösen) Attributionen (Heider, 1958; Kelley, 1967). Attributionen, also die Zuschreibung von Ursachen, Absichten und Motiven für ein Verhalten oder ein Ereignis, dienen nicht nur der

Befriedigung eines Bedürfnisses nach Kontrolle, sondern sind bei gesunden Menschen häufig in eine selbstwerterhöhende Richtung verzerrt. So z. B. beim »Self-Serving Bias« (Miller u. Ross, 1975), der beschreibt, dass wir in der Regel unsere Erfolge internal attribuieren (z. B. Bestehen einer Prüfung wird auf eigene Fähigkeiten oder Fleiß zurückgeführt) und unseren Misserfolg externen Quellen zuschreiben (z. B. Durchfallen bei einer Prüfung wird auf zu schwere Prüfungsfragen attribuiert). Attributionen beeinflussen unser soziales Verhalten. Ist jemand erkrankt und ich attribuiere die Ursache seiner Erkrankung auf sein Fehlverhalten, so werde ich weniger Hilfeverhalten zeigen als dann, wenn ich externe Umstände für die Erkrankung verantwortlich mache. Ob ich mich in einer Situation als hilflos oder erfolgreich wahrnehme, beeinflusst zudem meine Kontrollüberzeugung für zukünftiges Verhalten.

Spilka et al. (1985) überführten die sozialpsychologische Attributionstheorie in einen religionspsychologischen Ansatz. Religiöse Attributionen (z. B. ein Ereignis als göttliches Eingreifen zu interpretieren) befriedigen – genauso wie nichtreligiöse Attributionen – drei zentrale menschliche Bedürfnisse:

1. das Bedürfnis nach Sinn (Religion als Sinnsystem, das der äußeren Welt Sinn und Ordnung verleiht);
2. das Bedürfnis, zukünftige Ereignisse vorherzusagen und zu kontrollieren (durch Rituale oder Vertrauen in Gott);
3. das Bedürfnis nach Selbstwertschutz und -erhöhung (z. B. durch unbedingtes Geliebtsein durch Gott oder die Unterstützung einer religiösen Gemeinde).

Auf religiöse Attributionen wird dann zurückgegriffen, wenn diese Bedürfnisse besser durch religiöse als durch nichtreligiöse Attributionen befriedigt werden. Eine religiöse Attribution entsteht dabei aus dem Zusammenspiel von vier verschiedenen Faktorengruppen (siehe Abbildung 6.10):

1) *Die Eigenschaften des Attributors*: Hierzu zählt vor allem die religiöse Sozialisation, die ausschlaggebend dafür ist, dass ein religiöses Sinnsystem überhaupt erst für den Attributor zugänglich wird. Dazu zählt dann auch der Glaube über die Wirksamkeit religiöser Attributionen, um Ereignisse zu kontrollieren und vorherzusagen (z. B. ein liebevoller Gott greift in das immanente Leben ein *versus* Gott steht im Sinne des Deismus der Welt passiv gegenüber), und die Verankerung des eigenen Selbstwertgefühls in religiösen Quellen (z. B. geliebt werden von Gott *versus* säkulare Quellen des Selbstwertgefühls: etwa geliebt werden von anderen Personen).

2) *Der Kontext des Attributors*: Dieser Kontext erhöht die Verfügbarkeit einer religiösen vor einer nichtreligiösen Attribution, wenn der Kontext selbst religiös ist (z. B. der Attributor ist beim Gottesdienst oder betet). Wenn die religiöse Attribution in der Vergangenheit bereits erfolgreich war, um ein Kontrollgefühl zu erlangen, so steigt die Wahrscheinlichkeit, dass diese auch in Zukunft angewandt wird. Wenn hingegen ein Ereignis durch eine religiöse Ursachenzuschreibung zu Schuld- und Strafinterpretationen führen würde, wird selbstwertschützend eher nichtreligiös attribuiert. Hingegen wird auf eine religiöse Attribution auch dann zurückgegriffen, wenn sie von anderen unterstützt wird und damit selbstwerterhöhend wirkt (z. B. durch die Anerkennung in der religiösen Gemeinde).

3) *Die Eigenschaften des Ereignisses*: Menschen tendieren zu einer religiösen Attribution, wenn sie wenig Kenntnisse über das Ereignis besitzen und wenn sich das Ereignis kongruent zu ihrem Gottesbild (z. B. liebevoll, mächtig) verhält. Eine religiöse Ursachenzuschreibung wird besonders in Zeiten von Bedrohung des Lebens und der eigenen Sicherheit gewählt, da der Glaube an ein gutes Ende das Bedürfnis nach Kontrolle eher befriedigt. Negative Ereignisse, die die eigene Person betreffen (z. B. ein Unfall), werden eher nichtreligiös attribuiert, da sie ansonsten das religiöse Glaubenssystem und das darin verankerte Selbstwertgefühl gefährden würden. Aber auch religiöse Attributionen solcher Ereignisse sind möglich, indem man sich von Gott als auserwählt fühlt, durch eine solche Prüfung zu gehen (im Sinne einer Hiob-Erzählung).

4) *Der Kontext des Ereignisses* beeinflusst die Verfügbarkeit und Plausibilität des religiösen Sinnsystems. Wenn z. B. jemand einen Herzinfarkt in einer Kirche erleidet, erhöht dies die Wahrscheinlichkeit einer religiösen Attribution gegenüber dem Fall, wenn jemand diesen auf einem Sportplatz erleidet. Religiöse Attribution wird dann gewählt, wenn der Kontext des Ereignisses Informationen über die Wirksamkeit religiöser Mechanismen bietet, die das Ereignis kontrollieren können (z. B. Gebet verhinderte eine Katastrophe). Schließlich beeinflusst der Kontext des Ereignisses das Selbstwertgefühl des Attributors. Beispielsweise kann eine Person, die während ihrer Erkrankung für Heilung betet, sich nach ihrer Genesung als von Gott auserwählt betrachten.

Die Theorie religiöser Attributionen erwies sich in hunderten empirischen Studien als valide (z. B. Cragun u. Sumerau, 2015; Lupfer et al., 1992; Ray et al., 2014). Ein manifester Kritikpunkte ist jedoch, dass die Theorie religiöse *versus* nichtreligiöse Attributionen und Sinnsystemen gegeneinander ausspielt (z. B. bei Krankheit einen Arzt zu konsultieren *und* zu beten wird nicht theoreti-

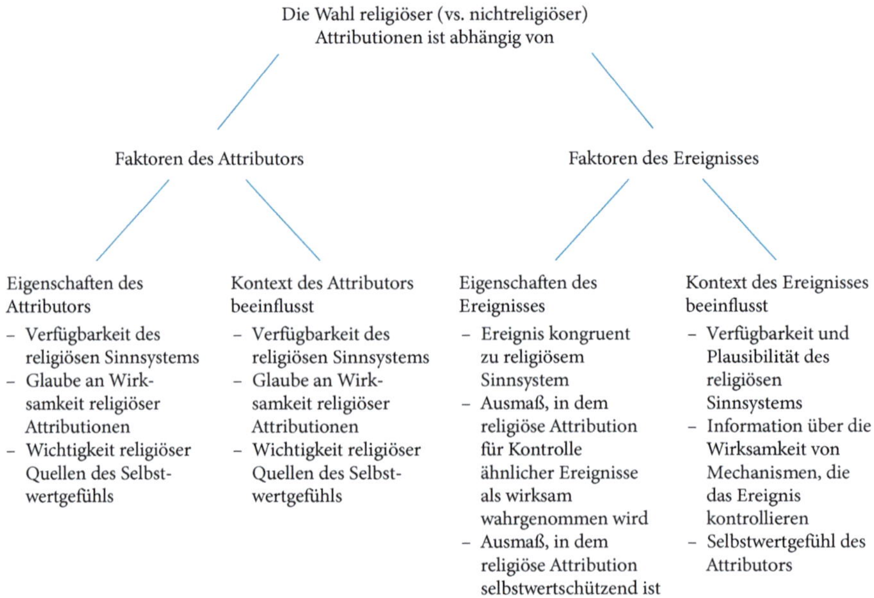

Abbildung 6.10: Hierarchie der Faktoren, die den Gebrauch religiöser vs. nichtreligiöser Attributionen beeinflussen (in Anlehnung an Spilka et al., 1985, S. 7)

siert). Die Theorie tendiert dann dazu, dass religiöse Attributionen im Sinne einer »Lückenbüßer-Theologie« (Grom, 2007, S. 57) ausschließlich als Ersatz für naturalistische Erklärungen herhalten müssen.

Wie die religiöse Attributionstheorie zeigt, spielen andere wie die religiöse Gemeinde einen bedeutsamen Einfluss in der Präferenz religiöser Attributionen, weil sie das Bedürfnis nach einem positiven Selbstwertgefühl befriedigen. Diese selbstwerterhöhende Funktion der religiösen Gemeinde ist jedoch nicht nur auf den spezifischen Aspekt religiöser Attributionen beschränkt, sondern geht bedeutend darüber hinaus.

6.3.3 Rolle der religiösen Gemeinschaft und Kultur für das Selbstwertgefühl

Eine weitere selbstwertstützende und -erhöhende Funktion religiösen Glaubens ist der soziale Aspekt der Zugehörigkeit zu einer religiösen Gemeinschaft (Schiemann et al., 2017; Ysseldyk et al., 2010). Eine solche religiöse Mitgliedschaft bedeutet für Gläubige häufig, sich als Teil einer heiligen Mission zu fühlen. Durch die Zugehörigkeit zu einer Gruppe, die eine besondere Beziehung zu Gott pflegt, wird z. B. nach dem Tod ein ewiges Leben in Aussicht gestellt (Sedikides u. Gebauer, 2014, 2021). Solche selbstwertstützenden Zugehörigkeitsgefühle werden durch gemeinsame Praktiken wie Gebet und Gesang noch verstärkt (Durkheim, 1912/2007; Wiltermuth u. Heath, 2009).

Von außen betrachtet ist die Zugehörigkeit zu einer Glaubensgemeinschaft dann besonders selbstwertstützend, wenn diese religiöse Gemeinschaft ein hohes gesellschaftliches Ansehen genießt (Grom, 2007). Dabei scheint es von der jeweiligen Kultur abzuhängen, ob eine religiöse Gemeinschaft überhaupt ein solches Prestige aufweist. Dass religiöser Glaube nämlich das Selbstwertgefühl stützt, ist besonders in denjenigen Kulturen zu finden, in denen religiöser Glaube und die Mitgliedschaft zu einer religiösen Glaubensgemeinschaft im Allgemeinen positiv wertgeschätzt wird (z. B. religiöser Glaube als gut, moralisch, anständig; Sedikides u. Gebauer, 2010, 2014, 2021). Jedoch zeigen sich auch hier individuelle Unterschiede: Menschen, die ihren Selbstwert von ihrer Einzigartigkeit abhängig machen, gewinnen auch ihr Selbstwertgefühl aus ihrem religiösen Glauben in Kulturen, die Religion wenig wertschätzen (z. B. Westeuropa). Andersherum ziehen solche Individuen ihren Selbstwert gerade nicht aus einem religiösen Glauben in Kulturen, die der Religion einen hohen Stellenwert zuordnen (z. B. USA; Gebauer et al., 2013). Anhand solcher individuellen Unterschiede wird nochmals unterstrichen, dass es primär das Selbstwertgefühl ist, das den religiösen Glauben antreibt (Grom, 2007; Sedikides u. Gebauer, 2014).

ERSCHLIESSUNGSFRAGEN

1. Welche mehrdimensionalen Konzepte von Religiosität hat die Vorurteilsforschung hervorgebracht? Wie hängen diese verschiedenen religiösen Orientierungen mit Vorurteilen zusammen?
2. Bieten Sie drei religionspsychologisch erforschte Erklärungen, wieso religiöser Glaube, zumindest unter bestimmten Bedingungen, einen Einfluss auf prosoziales Verhalten hat.
3. Manche Fußballspieler führen nach dem Schuss eines Tores dies auf Gottes Unterstützung zurück und danken Gott auf dem Spielfeld. Versuchen Sie dieses Verhalten mit der religiösen Attributionstheorie nach Spilka et al. (1985) zu erklären. Wieso kann es selbstwerterhöhend sein, einen Erfolg nicht internal, sondern external (auf Gott) zu attribuieren?

PERSÖNLICHE VERTIEFUNG/SELBSTERFAHRUNG

1. Erinnern Sie sich an eine Situation, in der Sie sich prosozial verhalten haben. Inwieweit war dies von ihrer Religiosität motiviert? In welchem Kontext spielte sich das prosoziale Verhalten ab und wie können Sie sich dieses Verhalten erklären? Nutzen Sie hierfür Abbildung 6.3.
2. Die Terror-Management-Theorie besagt, dass Individuen, die mit ihrer Sterblichkeit konfrontiert werden, ihr eigenes Weltbild verteidigen. Dies kann ein religiöser Glaube an ein Leben nach dem Tod sein, aber auch ganz säkulare Glaubensstrukturen wie das Hinterlassen von Kindern oder Arbeitsstücken (Kunst, Wissenschaft, Politik usw.) können hierzu zählen. Auf welches Weltbild vertrauen Sie, wenn Sie sich Ihren eigenen Tod vergegenwärtigen?
3. Auf welche Weise haben Ihre Kindheitserfahrungen mit Ihren Eltern Einfluss auf Ihr Gottesbild genommen? Hat das emotionale Klima in Ihrem Elternhaus, etwa die dortige Strenge oder Wärme, Ihre Gottesvorstellung geprägt?

WEITERFÜHRENDE LITERATUR

Eine prägnante Zusammenfassung der Religionspsychologie aus sozialpsychologischer Perspektive bieten Fischer et al. (2018). Vertiefte Einblicke in den Zusammenhang zwischen religiösem Glauben und sozialem Verhalten sind im Sammelband von Saroglou (2014) zu finden, auch zu Themen, die aus Platzgründen hier nicht behandelt werden konnten, wie die Beziehung von religiösem Glauben zu Werten sowie zum Lebensbereich Familie und Sexualität. Vom gleichen Autor stammt eine sehr gute Zusammenfassung zu religiösem Glauben und Prosozialität (Saroglou, 2013). Arrowood und Cox (2020) haben eine hervorragende Zusammenfassung der Terror-Management-Theorie vorgelegt, welche auch Bezüge zum Selbstwertgefühl eingehend behandeln. Grom (2007) hat seine umfangreiche Theorie zum Selbstwertgefühl und religiösen Glauben in seiner motivationspsychologischen Religiositätstheorie (Sektion II) dargelegt. Zur religiösen Attributionstheorie empfehlen wir den Originalaufsatz von Spilka et al. (1985), auch da er einen detaillierten Einblick gibt, wie eine genuin sozialpsychologische Theorie für die Religionspsychologie fruchtbar gemacht wird.

7 Klinische Religionspsychologie

Lernziele

1. Den Einfluss von Glaubensüberzeugungen bei der Entstehung von psychischen Störungen beschreiben können.
2. Die Berücksichtigung der Glaubensdimension in den wichtigsten Ansätzen der Psychotherapie kennen.
3. Psychotherapeutische Kompetenzen benennen können, um sensibel mit Glaubensfragen in Behandlungen umzugehen.
4. Die Möglichkeiten und Grenzen der Einbeziehung des Glaubens in Beratung und Psychotherapie darlegen können.

»Unter all meinen Patienten jenseits der Lebensmitte, d. h. jenseits 35, ist nicht ein einziger, dessen endgültiges Problem nicht das der religiösen Einstellung wäre.«
(Carl Gustav Jung, 1963, S. 362)

»When people walk into the therapist's office, they don't leave their spirituality behind in the waiting room.«
(Pargament, 2011, S. 4)

Wir haben in Kapitel 2 gesehen, wie nahe existenzielle Krisen und menschliche Grenzerfahrungen an die Bereiche des Glaubens, Hoffens und Vertrauens heranreichen. Ärztliche und psychotherapeutische Behandlungen berühren häufig existenzielle Sinn- und Wertfragen. Damit kommen der persönliche Glaube und die Weltanschauung ins Spiel: Wie will ich leben, sterben, meine Kinder erziehen? Sowohl Klienten als auch Therapeuten befinden sich bei der Beantwortung solcher Fragen in einer verwirrenden Situation, in der biografische Prägungen, institutionelle Systeme, Familiensysteme und persönlicher Glaube miteinander verquickt sind. Aber wie sollen Therapeuten professionell mit religiösen oder spirituellen Deutungen ihrer Patienten sowie mit Glaubensfragen und -krisen umgehen? Was ist behandlungstechnisch angezeigt, wenn sich Patienten und Patientinnen von negativen Energien beeinflusst fühlen, die ihnen alle Kräfte rauben; wenn ein autoritäres, streng kontrollierendes Gottesbild jegliches Selbstwertgefühl verhindert; wenn in der Therapie gefragt wird, ob er oder sie auch einen »bösen Geist wegmachen« könne?

Dieses Kapitel stellt ein Fallbeispiel voran, in dem ein kindlich-naiver Glaube mit einem einseitig verzerrten Gottesbild in eine Depression führte. Während bis vor etwa zwei Jahrzehnten dem Glauben in klinischen Zusammenhängen wenig Beachtung geschenkt wurde, ist eine Wiederentdeckung religiös-spiritueller Therapieansätze zu beobachten. Wir stellen die psychologischen Aspekte des Glaubens aus Sicht der Psychoanalyse, der Verhaltenstherapie, der systemischen und der humanistischen Psychotherapie dar. Abschließend gehen wir der Frage nach, ob Glaubensthemen in eine psychotherapeutische Behandlung ein- oder ausgeschlossen werden sollen.

7.1 Krankheitsfaktor Glaube: Ein Fallbeispiel

Bei vielen Menschen, »auch bei solchen, die keiner Kirche und Konfession angehören, gibt es offenbar ein tief verwurzeltes Gefühl, dass die sichtbare (›objektive‹) raumzeitliche Wirklichkeit nicht die einzige ist« (Boessmann u. Remmers, 2016, S. 350). Bemerkenswert, dass auch den Naturgesetzen verpflichtete Mediziner wie die beiden gerade zitierten Autoren die menschliche Wirklichkeit weiter fassen als nach streng naturwissenschaftlich messbaren Kategorien. Mit dieser Einschätzung aus einem Leitfaden der Richtlinienpsychotherapie verdeutlichen die beiden erfahrenen Ärzte und Lehrtherapeuten, wie eng Glaubensfragen mit psychischen Störungen zusammenhängen können.

Ein Fallbeispiel aus der psychotherapeutischen Praxis verdeutlicht im Folgenden die enge Verzahnung zwischen Glauben und psychischer Erkrankung (Boessmann u. Remmers 2016, zusammengefasst in Box 7.1).

Box 7.1: Fallbeispiel: Ein kindlich-naives Gottesbild führte in die Depression

Ein 36-jähriger Referent in einem Wirtschaftsministerium erlitt beim Wandern einen Herz-Kreislauf-Stillstand durch einen Blitzeinschlag in der Nähe. Nach kurzem Klinikaufenthalt konnte er beschwerdefrei entlassen werden. Kurze Zeit später entwickelte er jedoch eine depressive Symptomatik mit dem Gefühl von Niedergeschlagenheit, Antriebslosigkeit, tiefer Traurigkeit, Sinnverlust und Angst vor der Zukunft. In der biografischen Erhebung kam eine stark ambivalente Beziehung zu der psychisch kranken Mutter zum Vorschein. Obwohl der Patient ihr »Lieblingskind« gewesen sei, litt er unter ihrer emotionalen Unberechenbarkeit und Instabilität. Die Ehe der Eltern wird als »katastrophal« beschrieben, der Vater sei immer wieder fremdgegangen. Der Patient fühlte sich schon früh zu älteren Frauen hingezogen. Seine erste große Liebe war 18 Jahre älter, eine Beziehung, die nach zwei Jahren zerbrach. In der darauffolgenden depressiven Krise fand er Hilfe in einer Baptistengemeinde. Die dort erlebte Frömmigkeit einer persönlichen Glaubenspraxis und Gottesbeziehung bewirkte beim Patienten eine emotionale Stabilisierung. Der Pastor und die Frau hätten sich persönlich um ihn gekümmert, die Gemeinde wurde für die nächsten Jahre seine »Wahlfamilie«. Mit einer Frau aus der Gemeinde war er einige Jahre liiert. Dann lernte er eine exzentrische Künstlerin kennen, die fünf Jahre älter als er war. Er heiratete sie nach weniger als einem Jahr, obwohl sie Atheistin gewesen sei und eine psychiatrische Vorgeschichte gehabt hätte. Das Ehepaar bekam ein Kind, aber als die Frau des Patienten eine außereheliche Beziehung nicht aufgeben wollte, trennte er sich von ihr. Seitdem leide er sehr unter dem Verlust seiner Familie, einem Rechtsstreit um das gemeinsame Haus und Unterhaltszahlungen für den Sohn. Seine Arbeitsfähigkeit sei durch die depressive Erkrankung eingeschränkt.

In der tiefenpsychologisch orientierten Behandlung wird erarbeitet, dass sich der Patient nicht darüber bewusst war, wie kindlich-naiv und für seinen intellektuellen Entwicklungsstand unangemessen sein Gottesbild und seine Erwartungen an Gott als Garanten einer heilen Welt sind. Hinter dem hilfsbereiten Persönlichkeitsstil des Patienten kommt eine große Sehnsucht zum Vorschein, mit einem idealen (weiblichen) Objekt zu verschmelzen, von dem er endlich die bei seinen Eltern vermisste unbedingte Liebe bekommt. So erklärt sich die wiederholte Wahl älterer Partnerinnen, aber auch die Tendenz, der familiären Vergangenheit und dem erlittenen Unrecht durch die Verwirklichung einer heilen, schönen Welt mit Eigenheim, Frau und Kind zu entkommen. Die Sehnsucht nach einem idealen Objekt wird auf einen gütigen und versorgenden Gott projiziert. Mit dem Scheitern der Ehe, dem Verlust von Familie und Eigenheim ist die Vision einer gottgewollten heilen Welt in unerreichbare Ferne gerückt – wie kann Gott das zulassen?

Abbildung 7.1: Wunscherfüllungsmaschine
© Nelly Nieter

Die Fallgeschichte veranschaulicht, dass dieser Patient eine religionssensible Behandlung benötigt. Die Einbeziehung der Glaubensdimension ist nötig, um die depressive Symptomatik, die aus fehlender elterlicher Liebe, kompensatorischen Glaubensüberzeugungen und überhöhten Erwartungen an Gott, an sich selbst und das Leben entstanden ist, therapeutisch aufzulösen. Aber kann, soll und darf das Gottesbild Bestandteil einer Psychotherapie sein? Aus berufsethischer Sicht ist Psychotherapie zu weltanschaulicher Neutralität verpflichtet (Utsch et al., 2017). Gehört die Diskussion um ein schädliches oder hilfreiches Gottesbild nicht eher in ein Seelsorgegespräch, wo diese Fragen mit theologischer Kompetenz beantwortet werden können (siehe Box 7.2)? Verlassen Psychotherapeutinnen und -therapeuten nicht ihre fachliche Expertise, wenn über das persönliche Gottesbild geredet wird? Wie soll man darüber »weltanschaulich neutral« reden? Vermutlich wird sich die Gesprächsführung in einer Praxis, die von einer katholisch-praktizierenden Person geführt wird, von der einer atheistischen Person unterscheiden. In dem Lehrbuch für tiefenpsychologisch fundierte Richtlinientherapie (Boessmann u. Remmers 2016), aus dem das Fallbeispiel stammt, wird diese Patientengeschichte dazu verwendet, exemplarisch eine Diagnosestellung und Behandlungsplanung nach den strengen Vorgaben der psychotherapeutischen Behandlungsrichtlinien gesetzlicher Krankenversicherungen vorzustellen. Ob und wieweit durch religiös-spirituelle Interventionen der Glaube ausdrücklich mit in Behandlungen einbezogen werden sollte, wird unten in Kapitel 7.4 diskutiert.

Box 7.2: Seelsorge unterscheidet sich von »Spiritual Care«

Ursprünglich konzentrierte sich die kirchliche Sorge um die Seele auf das ewige Seelenheil des oder der Ratsuchenden. Deshalb wurde im Mittelalter Seelsorge verstanden als Kampf gegen die Sünde, etwa durch regelmäßiges Beichten. Später kamen die Funktionen des Tröstens und der Dankbarkeit hinzu. Im Mittelpunkt der klassischen Seelsorge stand die Förderung der persönlichen Gottesbeziehung durch Predigt, Bibellektüre und Gebet.

Mit der Aufklärung wurde Seelsorge zunehmend zur Bildung und Lebenshilfe eingesetzt. Seit den 1960er Jahren fand eine euphorische Übernahme humanwissenschaftlicher, insbesondere psychologischer Methoden in der Seelsorgeausbildung statt. Bis dahin orientierte sich die vorherrschende »verkündigende Seelsorge« an der Bibel als dem Wort Gottes. Nun glich sich »beratende Seelsorge« immer mehr einem Therapiegespräch an. Im Mittelpunkt standen zwischenmenschliche und persönliche Konflikte, die Gottesbeziehung geriet zunehmend aus dem Blick. Erst durch die Palliativmedizin rückten wieder verstärkt die spirituellen Bedürfnisse eines Menschen am Lebensende und damit auch die Frage nach einem möglichen Schöpfer ins Zentrum. Ärztliches Spiritual Care versucht, auf individuelle spirituelle Bedürfnisse am Lebensende einzugehen. Heutige pastorale Seelsorge bietet neben psychosozialer Beratung geistliche Begleitung an, um durch Gebet, Segen, Beichte und andere Symbolhandlungen die Gottesbeziehung der Ratsuchenden zu festigen (Utsch, 2022).

Was andere Praxiserfahrungen deutlich machen: Glaube kann nicht nur ein Krankheitsfaktor sein, sondern auch zu einem Gesundheitsfaktor werden. Fallbeispiele aus der psychotherapeutischen Praxis liefert dazu das »Fallbuch Spiritualität«: Ein Team von Psychiaterinnen und Psychiatern sowie Psychologinnen und Psychologen verdeutlicht exemplarisch an 20 ausgewählten Patientengeschichten, wie der Glaube im Einzelfall Teil einer Störung, aber manchmal auch Teil der therapeutischen Lösung sein kann (Frick et al., 2018). Jede der 20 Fallgeschichten wird durch einen religionspsychologischen Kommentar einer Kollegin oder eines Kollegen ergänzt, in dem die jeweiligen Zusammenhänge zwischen Glaubenseinstellung und der seelischen Erkrankung näher erläutert werden.

7.2 Die Wiederentdeckung religiös-spiritueller Therapieansätze

Im Kontext einer kultursensiblen Psychotherapie ist in den letzten Jahren ein neues Interesse an (religiösem oder spirituellem) Glauben zu verzeichnen. Die Berücksichtigung der Körper-Seele-Geist-Einheit für das Wohlbefinden und für den Faktor der »Glaubensheilung« (Benson 1998) hat aber nicht erst die Positive Psychologie in den letzten drei Jahrzehnten befördert. In seiner Studie über die spirituelle Dimension von Gesundheit konnte Peng-Keller (2020) zeigen, dass ein »spiritual turn« nicht erst in den letzten Jahrzehnten, sondern schon im späten 19. Jahrhundert begonnen hat durch die lebens- und medizinreformerischen Bewegungen, indem sie das Geistige in die Krankenbehandlung einbezogen.

Ganzheitlich verstanden, hängen Gesundheit, Heil und Heilung begriffsgeschichtlich zusammen. »Whole« (ganz sein) und »holy« (heilig) bringen im Englischen die Zusammenhänge zwischen Harmonie und Ganzheitlichkeit, zwischen körperlicher Heilung und Seelenheil zum Ausdruck. Früher wurden diese Aspekte durch ein umfassendes Weltverständnis zusammengebunden.

Heilung hing mit Heiligung zusammen, also mit der richtigen Lebensführung. Die Naturreligionen gehen bis heute von starken Zusammenhängen zwischen dem persönlichen Wohlbefinden und der Verehrung einer höheren Macht aus. In Anknüpfung an dieses Verständnis ist etwa im Schamanismus bei einer körperlichen Heilung das Seelenheil eingeschlossen. Die Bedeutsamkeit vom Konzept des Heiligen in Medizin und Psychotherapie belegt u. a. der Untertitel eines aktuellen Lehrbuchs des amerikanischen Psychologenverbandes (APA): »Spiritual Diversity in Psychotherapy: Engaging the Sacred in Clinical Practice« (Sandage u. Strawn, 2022).

Bis ins 17. Jahrhundert waren Glaube und Heilung, Spiritualität und Psychotherapie untrennbar miteinander verknüpft. Im Altertum waren die Heiler Angehörige der Priesterklasse, und im Mittelalter wurden psychotherapeutische Behandlungen von der Geistlichkeit ausgeübt (Teut et al., 2019). Mönche gründeten die ersten Hospitäler, Diakonissen prägten über Jahrhunderte das Leitbild für Diakonie und Pflege (Moos et al., 2018). Diesbezügliche Methoden und Haltungen werden heute im Rahmen einer traditionellen europäischen Medizin (TEM) neu entdeckt (Steinmetz u. Webersberger, 2019). Früher wurden religiöse Praktiken und Rituale wie Opfer, Anbetung oder Beichte gezielt zu physischen und psychischen Heilzwecken eingesetzt (Spitzer, 2022). Mit der Aufklärung, der umgreifenden Technisierung des Alltags und den professionellen Spezialisierungen brachen das religiöse Heil und die säkulare Heilung auseinander. Therapie und Theologie wurden zu Rivalinnen (Raack, 2017). Besonders die Psychoanalyse grenzt(e) sich scharf gegen alles Spirituelle ab, weil sie mit ähnlichen, meditativen Methoden das Innere erkundet. Heute haben sich die psychotherapeutischen Schulen gegenüber der spirituellen Dimension wieder geöffnet.

7.3 Drei Phasen des Umgangs mit Glaubensfragen in der Psychotherapie

Anfang des 20. Jahrhunderts hatte Sigmund Freud, Begründer der Psychoanalyse (siehe unten), religiöse Praktiken als Zwangsneurose und damit als eine psychische Erkrankung abgetan. Damit schürte er Vorurteile für Generationen von Psychotherapeutinnen und Psychotherapeuten. Noch vor vier Jahrzehnten hatte Albert Ellis (1980) pauschal alle religiösen Menschen als psychisch krank diagnostiziert. Gegen Ende seines Lebens beurteilte er dies differenzierter (Ellis, 2000). Nicht nur in der Psychoanalyse, auch in anderen psychotherapeutischen Ansätzen werden religiös-spirituelle Glaubenshaltungen heute anders als früher eingeschätzt. Rückblickend kann eine regelrechte Pendelbewegung beobachtet werden: Die Religionspsychologie startete mit einigen religiösen Protagonisten. Diese Initiative rief in der fachlichen Psychotherapie starke Gegenbewegungen hervor. Hingegen weisen Veröffentlichungen der letzten fünf Jahre regelrecht auf einen »spiritual turn« in der Psychotherapie hin.

7.3.1 Phase 1: Religiöse Psychotherapie

Um die vorletzte Jahrhundertwende entwickelte sich eine erste Blütezeit der Religionspsychologie – sowohl in den USA als auch in Deutschland (siehe auch Kapitel 10). Der Begründer der modernen Psychologie, der Pfarrerssohn Wilhelm Wundt (1832–1920), gründete im Jahr 1879 in Leipzig das weltweit erste Institut für experimentelle Psychologie, das vor allem Sinnesreize erforschte. Neben dieser »Allgemeinen Psychologie« legte Wundt später eine zehnbändige »Völkerpsychologie« vor, in der auch religiöse Phänomene untersucht wurden, sodass er auch als ein Begründer der Religionspsychologie angesehen werden kann (kritisch hierzu Allolio-Näcke, 2016). Ein weiterer Mitbegründer die Psychologie in den USA, William James (1842–1910), befasste sich intensiv mit der Vielfalt der religiösen Erfahrung. Die Publikation seiner 20-teiligen Harvard-Vorlesungsreihe wurde zu einem religionspsychologischen Standardwerk und Klassiker (James, 1902/2010; siehe auch Kapitel 10).

Anders als Wundt und James, die methodisch sauber experimentell bzw. beschreibend vorgingen, waren viele andere Gründungsväter der empirischen Psychologie vor allem deshalb an der Religiosität interessiert, weil sie Menschen von ihrem eigenen christlichen Glauben überzeugen wollten. Dabei wurden die psychologisch gewonnenen Fakten theologisch vereinnahmt und durch die Glaubensbrille interpretiert (Demmrich et al., im Druck). Fasziniert von den neuen sozialwissenschaftlichen Methoden forschten sie intensiv zu religiösen Erfahrungen und Bekehrungserlebnissen. G. Stanley Hall erhielt 1878 einen der ersten psychologischen Doktortitel in den USA und wurde später der erste Präsident der amerikanischen Psychologenvereinigung APA (American Psychological Association). Wie er wollten viele religionspsychologische Pioniere der USA »die scheinbar veralteten Deutungen der theologischen Tradition nach dem Paradigma des szientistischen Weltbildes neu interpretieren« (Huxel, 2000, S. 414). Dabei legten sie allerdings »kühne Metatheorien« (S. 414) zugrunde, wonach – etwa aus Sicht Halls – das Christentum die am höchsten entwickelte Religionsstufe sei.

Schon vor fast 80 Jahren, nämlich 1946, wurde von einem Jesuiten die »American Catholic Psychological Association« mit dem Ziel gegründet, Katholiken mit der Psychologie vertraut zu machen und eine Psychologie aus katholischer Weltsicht zu entwickeln. Hier sammelten sich die amerikanischen Visionäre, die von der Entwicklung und wissenschaftlichen Überprüfung einer »christlichen Psychologie« beseelt waren. Einen Überblick über diese in den USA verbreiteten Ansätze vermitteln die Sammelbände von Johnson (2010) und Peteet et al. (2021). Später schloss sich dieser Verein dem Fachverband der amerikanischen Psychologen (APA) an. Heute trägt die Fachgruppe als »Division 36« den Namen »Society for the Psychology of Religion and Spirituality« und hat knapp 1.000 Mitglieder (Society for the Psychology of Religion and Spirituality – Division 36, o. J.). Neben der Mitgliederzeitschrift »Psychology of Religion and Spirituality« erscheint seit 2013 die Quartalsschrift »Spirituality in Clinical Practice«. Ein Schwerpunkt liegt auf religiös-spirituell orientierten Interventionen in Psychotherapie, Beratung und Coaching. Derartige Ansätze gibt es aber auch jenseits der USA. Von der Marmara-Universität in Istanbul wird seit 2016 die Zeitschrift »Spiritual Psychology and Counseling« halbjährlich in englischer Sprache mit ähnlicher Zielsetzung, aber primär islamischer Perspektive herausgegeben.

Die Mehrheit der Mitglieder der Division 36 der APA sind hingegen Christen – und wunderten sich, dass Proteste laut wurden, als auf der Jahreskonferenz 2015 das öffentliche Kongressdinner mit einem Gebet begonnen wurde und ein Chor christliche Lieder sang. Der interreligiöse Dialog ist auch in der Gesellschaft der Psychologinnen und Psychologen ein sensibles Thema und erfordert viel Fingerspitzengefühl!

Auch deutsche Religionspsychologinnen und Religionspsychologen verfolgten Anfang des letzten Jahrhunderts primär apologetische, den christlichen Glauben verteidigende Ziele. Der Pfarrer Gustav Vorbrodt (1860–1929) übersetzte eine amerikanische Religionspsychologie ins Deutsche und sah in der Religionspsychologie die Königsdisziplin der Theologie. Er wollte »die Dogmatik mit der religionspsychologischen Methode bearbeitet wissen und dadurch letztlich abschaffen« (Heine, 2005, S. 49). Dem Pfarrer ging es darum, durch religionspsychologische Methoden das christliche Glaubensleben zu stärken und dadurch zu verbreiten.

Sowohl amerikanische als auch deutschsprachige Religionspsychologen der ersten Generation hofften, mit ihren neuen Studien den schwindenden Einfluss von Theologie und Kirche aufhalten zu können. Sie wollten mithilfe der neuen psychologischen Methoden die christliche Erbauung fördern, die persönliche Frömmigkeit intensivieren und mit der Psychologie als »Hilfswissenschaft« der kirchlichen Seelsorge dienen. Viele Pioniere der Religionspsychologie stammten aus Pfarrersfamilien und hatten selbst Theologie studiert. Die Religionspsychologie der Gründerphase um die Jahrhundertwende »entwickelte sich im protestantischen Ambiente« (Heine, 2005, S. 23). Die weltanschaulichen Spannungen zwischen unterschiedlichen Motiven religionspsychologischer Forschung – exaktes psychologisches Beschreiben und Verstehen oder die Absicht, den christlichen Glauben psychologisch zu begründen und zu verteidigen – bestehen zum Teil bis heute.

Fasziniert von den neuartigen naturwissenschaftlichen Methoden wurden aufwendige religiöse Denkexperimente durchgeführt, religiöse Biografien ausgewertet und unzählige Daten für den seelischen Aufbau des religiösen Erlebens gesammelt (z. B. Girgensohn, 1930; siehe Kapitel 10). So sind zwar reichhaltige Materialsammlungen publiziert worden, die aber theoriearm entstanden sind und kaum systematisch-psychologisch eingeordnet wurden. Im Unterschied zur amerikanischen Forschung beschränkten sich die deutschsprachigen Religionspsychologinnen und -psychologen »ohne theoretischen Hintergrund auf die Deskription der Phänomene« (Heine, 2005, S. 59). Wie sich neben der empirischen Religionspsychologie in den USA auch Ansätze einer »christlichen Psychologie« etabliert haben und wie die Psychologie die deutschsprachige Seelsorgeausbildung geprägt hat, beschreibt Box 7.3.

Box 7.3: Psychotherapie und Glaube: Integration oder Dialog?

In den USA gibt es bemerkenswerte Versuche, christlich-theologische Einsichten mit der säkularen Psychologie auf Augenhöhe miteinander zu verbinden. Unter dem Titel »Interdisziplinäre Integration« werden dort schon seit Jahrzehnten staatlich akkreditierte Forschungs- und Ausbildungsprogramme an christlichen Universitäten angeboten, die theologische und psychologische Erkenntnisse aufeinander beziehen und sich dabei gegenseitig ergänzen. Auch wenn dieser Forschungszweig mit seinem Konzept der »Integration« eine primär evangelikal geprägte Bewegung ist, darf ihr Einfluss auf die Religionspsychologie nicht unterschätzt werden (Strawn et al., 2018). Studierende erleben dieses integrative Studium häufig als eine doppelte Herausforderung: Es müssen die strengen Prüfungsrichtlinien der APA eingehalten werden, darüber hinaus müssen theologische Grundkurse und Seminare absolviert werden, was zu einer differenzierten christlichen Bewertung der psychologischen Erkenntnisse befähigen soll.

Als Publikationsplattform dienen zwei akademische Fachzeitschriften, die diesbezügliche empirische Studien und theologische Beiträge publizieren: Seit

1973 gibt die evangelikale Biola-Universität in Los Angeles/Kalifornien das »Journal of Psychology and Theology« heraus (http://journals.biola.edu/jpt). Unmissverständlich lautet der erste Satz der Publikationsrichtlinien: »Alle Aufsätze müssen mit einem evangelikalen Standpunkt übereinstimmen«. Darüber hinaus gelten die strengen wissenschaftlichen Richtlinien der APA. Weil neben Biola über ein Dutzend andere christliche Universitäten wie Fuller, George Fox, Wheaton oder Regent seit Jahrzehnten von der APA anerkannte psychologische Master- und Promotionsstudiengänge durchführen, sind deren Absolventinnen und Absolventen an der psychologischen Meinungsbildung beteiligt. Kein Wunder also, dass einige führende Religionspsychologen wie Everett Worthington oder Peter Hill aus dem evangelikalen Milieu stammen. Seit 1983 wird von der »Christian Association for Psychological Studies« die Vierteljahresschrift »Journal for Psychology and Christianity« herausgegeben (https://caps.net/jpc/).

Während sich also in den USA ein ganzer Forschungszweig mit der »Integration« von psychologischem und theologischem Wissen beschäftigt (Entwistle, 2015; Sandage u. Brown, 2018), sieht die Situation im deutschsprachigen Bereich anders aus. Hier wurden psychologische Erkenntnisse vor allem in der Seelsorgeausbildung aufgegriffen und konstruktiv auf die kirchliche Theorie und Praxis angewandt. Als »Hilfswissenschaft« war und ist sie gefragt und geschätzt, jedoch stärker in dialogischer als integrativer Absicht (Utsch, 2020). Ein aktuelles Handbuch liefert Seelsorgenden umfassendes psychiatrisches und psychotherapeutisches Grundlagenwissen über Spektrum und Behandlungsmöglichkeiten psychischer Erkrankungen und fördert damit die regionale Zusammenarbeit zwischen pastoralen und professionellen Hilfsangeboten (Sautermeister u. Skuban, 2018). Dabei wird aber weniger psychologisches Wissen in die Seelsorge »integriert«, sondern dialogisch aufgegriffen. In dem weitverbreiteten Seelsorge-Lehrbuch von Klessmann (2021) wird das Verhältnis zwischen Seelsorge und Psychotherapie als ein Dialograum von kreativer Konkurrenz zweier unterschiedlicher Disziplinen näher beschrieben. Das Gespräch auf Augenhöhe ist wichtig, weil bei einem Integrationsversuch immer die Frage besteht, welche Disziplin in die andere eingefügt wird. Die Gefahren einer Psychologisierung der Theologie oder einer Theologisierung bzw. Spiritualisierung der Psychologie liegen dabei auf der Hand, dabei sind übergriffige »Integrierungen« keine Seltenheit.

7.3.2 Phase 2: Szientistische Psychotherapie als Gegenbewegung

Während andere kulturelle Phänomene wie Arbeit, Sport, Musik oder Werbung psychologisch gut erforscht sind, fristet die Religionspsychologie im stärker säkularisierten Europa im Unterschied zu anderen Kontinenten immer noch ein Schattendasein. Es ist erstaunlich, dass in dem Handbuch »Psychologie der Werte« (Frey, 2016) kein eigenes Stichwort »Religion« vorkommt und Religiosität nur vereinzelt am Rande erwähnt wird, obwohl die dort verhandelten Stichwörter wie Nächstenliebe, Dankbarkeit, Achtsamkeit, Gerechtigkeit, Vergeben, Vertrauen oder Weisheit in den Religionen tief verwurzelt sind. Warum fehlen im bewährten, vielfach aktualisierten Handbuch »Praxis der Psychotherapie« (Senf u. Broda, 2020), das eine fast 900 Seiten umfassende Orientierungshilfe sein will, jegliche Bezüge zu Religion und Glauben? Ebenso vermeidet das klassische, in 25. Auflage erschienene Lehrbuch der Sozialpsychiatrie »Irren ist menschlich« (Dörner et al., 2019) die Glaubensdimension, obwohl es enge Verbindungen und eine lange Tradition gemeindenaher Psychiatrie und kirchlicher Seelsorge gibt. Auch ein neues psychotherapeutisches Praxisbuch zum therapeutischen Umgang mit der eigenen Endlichkeit und Todesangst (Stavemann u. Hülsner, 2019) übergeht die zahlreichen und bewährten Möglichkeiten religiös-gläubiger Angstbewältigung im Angesicht von Tod und Sterben.

Diese vier Beispiele, die sich leicht erweitern ließen, belegen einen Grundkonflikt zwischen der psychologischen und der religiös-gläubigen Perspektive: Es findet kein Gespräch auf Augenhöhe statt. Vielmehr besteht eine enorme Schieflage, weil »auf Seiten der Theologie für eine Kooperation schon eine beachtliche Vorarbeit geleistet worden ist. Die Antwort der Psychologie steht noch aus« (Berkel, 1984, S. 199). Bei Psychotherapeutinnen und Psychotherapeuten sind religiöse Themen meist unbeliebt, weil sie auf diesem Gebiet unsicher sind. Das mag auch an dem fehlenden psychologischen Interesse an theologischer Lehre und kirchlicher Praxis und dem fehlenden Wissen darüber liegen. Viele Psychotherapeuten wissen beispielsweise nicht, was in einem Seelsorgegespräch geschieht – aber sie fragen auch nicht nach.

Geprägt von den massiven Säkularisierungsprozessen in Europa hat die Psychologie religiöse und spirituelle Glaubenserfahrungen hierzulande viele Jahrzehnte lang vernachlässigt und als ein außergewöhnliches, eher pathologisches Phänomen abgetan. Primär wurden damit spektakuläre Erscheinungen wie außersinnliche Wahrnehmungen, paranormale Erfahrungen oder ekstatische Bewusstseinszustände in Verbindung gebracht, kaum aber gewöhnliches seelisches Erleben. Amerikanische Religionspsychologinnen sind viel stärker daran interessiert, welchen Einfluss traditionell als religiös empfundene Gefühle auf die alltägliche Lebens- und Beziehungsgestaltung nehmen. Wie bereits in Box 7.3 angerissen, hat in Europa erst die Palliativmedizin Themen wie religiöse Bedürfnisse und spirituelles Erleben akademisch »salonfähig« gemacht und dazu beigetragen, dass religionspsychologische Fragestellungen auch in der Psychologie ernsthaft behandelt werden.

Trotz der neuen psychologischen Aufmerksamkeit für den Glauben gibt es in der deutschsprachigen Psychotherapie und Psychiatrie eine bemerkenswerte Hartnäckigkeit, die menschliche Glaubensfähigkeit zu ignorieren. Hilarion Petzold und Kolleginnen wenden sich vehement gegen eine Einbeziehung glaubensbasierter Eingriffe in die Psychotherapie, da die möglichen Risiken eines ideologischen Machtmissbrauchs zu hoch seien. »Spiritualität ist keine Sache wissenschaftlicher Psychotherapie, sondern des persönlichen Glaubens« (Petzold et al., 2010, S. 14). Mit der Privatangelegenheit des Glaubens begründen sie ihr Plädoyer für einen Ausschluss dieser Themen. Sie erinnern daran, dass Psychotherapie als rechtlich geregelte Dienstleistung des öffentlichen Gesundheitswesens unter dem Gebot der weltanschaulich-religiösen Neutralität stehe. Das moderne Wissenschaftsverständnis beruhe auf einem materialistischen Weltbild, das auf der kategorialen Trennung von Wissenschaft und Glauben gründe. Deshalb sei eine ausschließlich materialistische Position für eine wissenschaftlich begründete Heilkunde vertretbar.

7.3.3 Phase 3: Ein Spiritual Turn in der Psychotherapie

Verfolgt man den Begriff »Therapie« auf seine älteste bezeugte Bedeutung zurück, tritt der religiöse Kern deutlich hervor: Das griechische *therapeuein* bedeutet zunächst die Götter verehren, der Gottheit dienen und zudem auch: besorgen, warten, pflegen, ärztlich behandeln und eben auch heilen, (wieder-) herstellen. Nachdem die Schatzkammer religiöser Heilkunde lange Zeit vergessen schien, wird dies gegenwärtig wiederentdeckt. Psychologen erkunden die befreiende Wirkung des Verzeihens (Mavrogiorgou et al., 2018), die stabilisierenden Funktionen der Dankbarkeit (Freund u. Lehr, 2020) oder die neuropsychologischen Grundlagen der Widerstandskraft von Hoffnung und Vertrauen (Cyrulnik, 2018).

Im Kontext der Psychotherapie werden auch im weniger religiös geprägten Deutschland Ansätze entwickelt, die therapeutische Potenziale und Ressourcen einzelner Religionen wahrnehmen und nutzen (siehe Tabelle 7.1). Dieses Vorgehen entspricht der Forderung nach mehr Kultursensibilität der Behandler.

Tabelle 7.1: Aktuelle deutschsprachige Publikationen zum Verhältnis Psychotherapie und Glaube

Christentum	Buddhismus	Hinduismus	Islam	Interreligiös-integral
– Funke (2021) – Kuhl (2015)	– Aguilar-Raab (2021) – Anderssen-Reuster u. Brück (2022) – Borghardt et al. (2016) – Endrikat u. Ennenbach (2017) – von Gontard (2021) – Weischede u. Zwiebel (2015)	– Desikachar u. Krusche (2007)	– Bransi (2018) – Rüschoff u. Kaplick (2021)	– Baatz (2017) – Bentrup u. Kupitz (2015) – Treichler u. Reiner (2019) – Walach (2021)

Bemerkenswert: In Glaubensfragen ist das gesamte Methodenspektrum von der Psychoanalyse (Funke, 2021) über die systemische Therapie (Aguilar-Raab, 2021) bis zur Verhaltenstherapie (Bransi, 2018) abgedeckt. Damit findet die deutschsprachige Diskussion Anschluss an die internationale Forschung, die schon länger dafür plädiert, spirituelle Interventionen bei Bedarf und Passung mit in psychotherapeutische Behandlungen einzubeziehen (Captari et al., 2021; siehe Kapitel 7.5).

Durch die starken Migrationsströme nach Europa in den letzten Jahren ist die Bedeutung einer kultursensiblen Psychotherapie stark gewachsen. Heute leben knapp sechs Millionen Musliminnen und Muslime in Deutschland, das sind knapp 7 % der Bevölkerung. Weil muslimischer Glaube einen größeren Einfluss auf die persönliche Alltagsgestaltung und das Sozialverhalten hat als das stärker säkularisierte Christentum, ist er auch psychotherapeutisch relevanter. Mehr dazu findet sich in Box 7.4.

Box 7.4: Kultursensible Therapie

Durch die gesellschaftlichen Veränderungen der letzten Jahre hat eine kultursensible Vorgehensweise in der Therapie an Bedeutung gewonnen. Zwei deutsche Psychotherapeuten argumentieren, dass die Abstinenzverpflichtung in der Psychotherapie dem Ziel diene, den Patienten Freiräume zu verschaffen, damit sie ohne Rücksicht auf die persönliche Einstellung der Therapeutinnen und Therapeuten die eigenen Lebensprobleme darstellen können. Allerdings sei es günstig, bei hochreligiösen Patientinnen und Patienten nicht strikt an dieser Empfehlung festzuhalten: »Gerade bei sehr religiösen Patienten kann ein Abrücken von der Abstinenz bzgl. des Themas ›Religiosität‹ beziehungsförderlich sein« (Richard u. Freund, 2012, S. 206). Geläufige Vorteile gegenüber Psychotherapeuten, die jeglichen Glauben »wegtherapieren« würden, müssten richtiggestellt werden, damit Patientinnen freimütig ihr Erleben darstellen können. Die Einbeziehung kultureller, also auch religiöser Ressourcen in eine Behandlung ist insbesondere bei muslimischen Migranten und Migrantinnen von hoher Relevanz (Kizilhan, 2015). Dafür ist ein offener Umgang mit religiösen und spirituellen Themen in der Psychotherapie nötig.

Die aufmerksame Beachtung religiöser und spiritueller Hintergründe, Bedürfnisse und Erwartungen der Patienten entbindet die Behandelnden aber nicht von der Wahrung ihrer berufsethischen Verpflichtungen. Im aktuellen Ethikkodex der APA (2022) verpflichten sich die Psychologinnen und Psychologen, dass sie die kulturellen Besonderheiten eines jeden Menschen respektieren. Ausdrücklich werden Alter, geschlechtliche Identität, Ethnie, Kultur, nationale Herkunft, Religion, sexuelle Orientierung, Behinderung, Sprache und sozioökonomischer Status erwähnt. Diesem Kodex hat sich der deutsche Berufsverband der Psychologen angeschlossen (Delegiertenkonferenz des BDP, 2022).

Angesichts von multikultureller Diversität bei Patienten und Therapeuten empfiehlt Plante (2009) die Beachtung der folgenden fünf ethischen Prinzipien: Respekt, Verantwortung, Integrität, Kompetenz und Behandlungsauftrag. Er weist darauf hin, dass Therapeuten, die religiös-spirituelle Interventionen einbeziehen, häufig auch in ihren eigenen religiös-spirituellen Gruppen Verantwortung übernehmen. Allerdings könnte es zu einer konfliktreichen Rollenvermischung kommen, wenn ein Gemeindemitglied Therapeuten der eigenen Gemeinschaft konsultieren würde. Deshalb warnen auch Richard und Freund (2012, S. 207): »Wegen dieser fließenden Übergänge in die Rolle bzw. möglicher doppelter Rollen ist es wichtig, sich als Psychotherapeut seiner Haltung klar zu werden und diese dem Patienten transparent zu machen.«

Im Hinblick auf die Kultur- und Religionssensibilität in Behandlungen besteht im deutschsprachigen Bereich noch ein großer Nachholbedarf. Psychiater und Psychotherapeuten sind auf diesen Gebieten auch deshalb unsicher, weil entsprechende Fähigkeiten und Fertigkeiten bisher in der Aus- und Weiterbildung vernachlässigt wurden (Frick et al., 2021b).

In Deutschland hat die evangelische Landeskirche in Berlin Pionierarbeit geleistet, indem sie die Zusammenarbeit zwischen Psychotherapie und Seelsorge förderte und unterstützte. Im Jahr 1925 riefen Theologen und Mediziner die Arbeitsgemeinschaft »Arzt und Seelsorger« ins Leben. Schon damals waren sich die Initiatoren darüber einig, dass »beide, Mediziner und Theologen, infolge langer Gewöhnung vielfach nur noch die eigene, aber nicht auch die Sprache des anderen verstehen. So wird es auf beiden Seiten der Geduld und der Einführung bedürfen, ehe wir uns miteinander verständigen« (Jahn, 1965, S. 20). Bis 1932, als die Berliner Arbeitsgemeinschaft ein Opfer des Nationalsozialismus wurde, fanden gut besuchte Begegnungstagungen statt. 25 Hefte einer gleichnamigen Schriftenreihe belegen die regen Aktivitäten an Vorträgen, Diskussionsveranstaltungen und Tagungen dieser Initiative. Nach dem Zweiten Weltkrieg gründete Wilhelm Bitter die »Stuttgarter Gemeinschaft Arzt und Seelsorger« mit ähnlicher Zielsetzung, die viel beachtete Tagungen durchführte (Bitter, 1965). Seit einiger Zeit gibt es in Berlin wieder eine Arbeitsgemeinschaft von Ärzten, Religionswissenschaftlern und Geistlichen verschiedener Religionen, die an dieser Schnittstelle arbeiten (Mönter et al., 2020, S. 216–229).

Aus dieser Zeit stammen anregende Entwürfe einer psychospirituellen Sicht auf den Menschen wie die »Medizin der Person« des Schweizer Arztes Paul Tournier (1947). In seinem Modell wird der Glaubensdimension ausdrücklich Raum zugemessen. Tournier fand in der Psychoanalyse eine Unterstützung für den christlichen Glauben, die mit ihren analytischen Methoden der Glaubensumsetzung nützlich sein könne. Aufgrund seiner großen ärztlichen und seelsorgerischen Erfahrung kam er zu der Einsicht, dass es im geistlichen Leben viele Ereignisse gebe, »die Menschen Gott zuschreiben, während sie doch durch die Funktionen des Unbewussten bestimmt werden« (Tournier, 1947, S. 57). Mithilfe der Psychoanalyse sei es möglich, genau diese persönlichen psychologischen Motive aufzudecken. Tournier zählt zu den Schweizer Pionieren einer Integration von Psychotherapie und Seelsorge. In reger Vortragstätigkeit und durch viele Bücher begründete er eine personale Ganzheitsmedizin, die den persönlichen Glauben des Patienten und des Arztes miteinbezieht. Sein Ansatz wird bis heute durch internationale Jahrestagungen und die wissenschaftliche Zeitschrift »Medizin der Person« fortgeführt.

Aus welchen Glaubensquellen speist sich der aktuelle Spiritual Turn in der Psychotherapie? Ansätze einer christlich-ganzheitlichen Heilkunde, wie gerade skizziert, sind in Europa eine Randerscheinung geblieben. Viel stärker als auf die christliche Lehre vom Menschen beziehen sich gegenwärtig populäre Gesundheitsansätze entweder auf esoterische (Stichwort »Geistheilung«) oder auf buddhistische Leitbilder (Stichwort »Achtsamkeit«). Vor allem Ansätze buddhistischer Psychologie ziehen seit einigen Jahren hohe Aufmerksamkeit auf sich. Unter Therapeutinnen und Therapeuten wird der Buddhismus geschätzt, weil er weitverbreiteten psychischen Störungen etwas entgegensetzen kann. Das buddhistische Geistestraining stellt Möglichkeiten zur Überwindung von ungesunden Selbstkonzeptionen zur Verfügung, durch die egoistische Motive unwichtiger werden und das Selbstmitgefühl wachsen kann. Mittlerweile ist eine zweite Welle der Buddhismusrezeption in der Psychotherapie zu beobachten. Während in der ersten Welle in den 1990er Jahren insbesondere die Achtsamkeitspraxis mit ihren therapeutischen Möglichkeiten im Mittelpunkt stand, richtet sich das Interesse der gegenwärtigen, zweiten Welle stärker auf die verändernde Kraft des Mitgefühls und der Entwicklung von Weisheit (Anderssen-Reuster u. von Brück, 2022).

Von einer islamischen Psychologie ist im deutschen Sprachraum bisher wenig zu finden, obwohl die muslimische Seelenkonzeption zahlreiche psychologische Implikationen enthält und die muslimische Glaubenspraxis therapeutische Ziele verfolgt. Aber auch hier gibt es neue Ansätze (Kaplick u. Rüschoff, 2018). Als ein Hauptproblem erweist sich, dass viele praktizierende Musliminnen und Muslime Vorbehalte gegenüber psychologischen Behandlungen haben, weil sie befürchten, ihr Glaube könnte dadurch Schaden nehmen (Stephan u. Utsch, 2017).

Alle glaubensbasierte Gesundheitsangebote eint die Sorge um die Seele in einer technikdominierten Apparatemedizin. Und bei aller Euphorie über die empirisch belegten Gesundheitseffekte des Glaubens (siehe Kapitel 8) darf auch ihr Negativ- oder Missbrauchspotenzial nicht vergessen werden: Glaube ist zugleich Ressource und Risiko.

Neben dem starken Argument der Kultursensibilität ist der szientistischen Position entgegenzuhalten, dass – wie dieses Kapitel aufzeigt – Fachbuchveröffentlichungen der letzten fünf Jahre deutlich auf einen Spiritual Turn in der Psychotherapie hinweisen (Anderssen-Reuster u. von Brück, 2022; Frick et al., 2018; Giesekus u. Jäger, 2023; Juckel et al., 2018; Mönter, 2022; Ohls u. Kaiser, 2021; Utsch et al., 2018; Walach, 2021).

Die Berücksichtigung der Glaubensdimension in den drei Richtlinienverfahren wird im folgenden Abschnitt vorgestellt.

7.4 Berücksichtigung der Glaubensdimension in der Psychoanalyse, kognitiven Verhaltenstherapie und systemisch-humanistischen Psychotherapie

7.4.1 Psychoanalyse

Die von Sigmund Freud (1856–1939) begründete Psychoanalyse ist ein wirkmächtiger Denkansatz, dessen zentrale Konzepte wie das Unbewusste, die Projektion oder die Verdrängung Allgemeingut geworden sind. Im Hinblick auf die Religion war Freuds Ansatz jedoch sehr negativ. Für ihn ist Gott ein idealisierter, erhöhter Vater. Dieses Wunschbild bzw. die Projektion eines gewünschten warmherzigen, gütigen und allmächtigen Vaters auf Gott vermittle dem hilflosen und ohnmächtigen Menschen Schutz und Geborgenheit (Freud, 1955). Auch verlangte Freud, dass Religion durch Wissenschaft und Vernunft ersetzt werden müsse. Dazu gehöre die Suche nach der hinter allen religiösen Vorstellungen liegenden Wahrheit, wie es die Psychoanalyse beispielsweise an der Sehnsucht nach dem perfekten Vater verdeutlicht habe (Freud, 1927). Typisch für den Beginn des 20. Jahrhunderts war der religionskritische Aufklärer Freud von der Hoffnung und dem Optimismus getragen, dass der Rückgang religiöser Vorstellungen kompensiert werden könne durch Wissenschaft und Technik.

Manche schätzten Freuds Religionskritik eher als ein gläubiges Bekenntnis als das Ergebnis wissenschaftlichen Studiums ein. Schon seine beiden frühen Gegenspieler Carl Gustav Jung (1875–1961) und Alfred Adler (1870–1937) wiesen der Religiosität einen völlig anderen Stellenwert als Freud zu. Nach Alfred Adlers Einschätzung sind die Bewegungen der menschlichen Seele ohne die Einbeziehung einer transzendent-religiösen Dimension gar nicht vollständig zu verstehen, weil jedes Individuum auf Beziehung angewiesen und in eine soziale und kosmische Umwelt eingebunden sei. Noch deutlicher bezieht die Analytische Psychologie Carl Gustav Jungs religiöse Bilder und Symbole ein. Nach dieser Behandlungsmethode kann eine Selbstwerdung (»Individuation«) ohne die Beantwortung der existenziellen Lebensfragen nach Sinn, Leid und Tod überhaupt nicht gelingen. Hier spielt das Religiöse also eine bedeutsame Rolle. Jungs Psychologie rückt – ganz im Gegensatz zu Freud – religiöse Symbole ins Zentrum seiner Überlegungen. Indem in dieser Schule der Glaubensdimension hohe Aufmerksamkeit geschenkt wird, kann die jungianische Perspektive den Glauben sogar fördern. In der Betonung der »Synchronizität« sucht Jung nach kausalen Verknüpfungen »zufälliger« Ereignisse und bezieht dadurch ausdrücklich die verborgene Wirklichkeit Gottes mit ein.

In der Individualpsychologie des Arztes Alfred Adler ähnelt das Menschenbild, das dieser um die Jahrhundertwende in Wien entwickelte, der christlichen

Auffassung vom Menschen sehr: »Dieser Arzt und Menschenkenner trägt in der allgemeinverständlichen Form säkularer Sprache und gestützt auf eine Fülle empirisch-psychotherapeutischer Erfahrungen das vor, was Christen eigentlich meinen, wenn sie von ›Sünde‹ reden« (Ellerbrock, 1985, S. 84). Auch Adlers zentrales Konzept »Minderwertigkeitsgefühl« wurde vielfach religiös aufgegriffen und interpretiert (Kessler et al., 2018), wie Box 7.5 zusammenfasst.

Box 7.5: Minderwertigkeitsgefühl, Gemeinschaftsstreben und der religiöse Glaube

Betrachtet man die menschliche Glaubensfähigkeit aus individualpsychologischer Perspektive, entsteht sofort eine große Nähe zum Grundverständnis Adlers über die menschliche Person. Nach Alfred Adler strebt jeder Mensch nach der Überwindung von Mangellagen, in denen er sich immer wieder vorfindet. Dabei entwickelt er aufgrund frühkindlicher Erfahrungen, in denen das Gefühl der Unterlegenheit besonders ausgeprägt ist, einen für ihn typischen Lebensstil, mit dessen Hilfe Sicherheit und Zugehörigkeit zu einer Gemeinschaft erworben werden können. Um dem Gefühl der Isolation und einem grundsätzlichen Minderwertigkeitsgefühl ein Ende zu machen, nimmt jeder mithilfe der für ihn typischen schöpferischen Kraft individuell Stellung zu seiner Lebensgeschichte und versucht, die erlebte Unvollkommenheit auszugleichen.

Die wichtigsten Grundmotivationen sind im Streben nach Sicherheit, Überlegenheit, Zugehörigkeit und Vervollkommnung zu sehen. Die individualpsychologische Leitidee des Gemeinschaftsbezugs ergibt konsequenterweise die Einbeziehung des Glaubens. Besonders seine Ausführungen zum Gemeinschaftsgefühl und dem menschlichen Streben nach Vollkommenheit beschreibt Adler durchaus im Sinne religiöser Verbundenheit: »Die Gemeinschaft, die von der Individualpsychologie angerufen ist, ist richtendes Ziel, ideale Gegebenheit, ewig unerreichbar, aber ewig anrufend und wegweisend. Diese Gemeinschaft, die Macht der Logik des menschlichen Zusammenlebens, segnet und begnadet, die ihr folgen« (Adler, 1973, S. 72).

Adler dehnte also die menschliche Grundmotivation des Eingebundenseins in ein soziales Netz auf einen größeren Zusammenhang aus. Sigmund Freud definierte drei Lebensaufgaben, die jeder Mensch bewältigen müsse: Arbeit, Liebe, Gemeinschaft. Adler erweiterte den Bereich der Gemeinschaft und sprach von einer vierten Lebensaufgabe, nämlich eine Beziehung zur »kosmischen Umwelt« zu pflegen.

Die Psychoanalyse verfolgt den Anspruch, kulturelle und gesellschaftliche Phänomene kritisch zu begleiten und zu deuten. Der Blick auf religiösen und spirituellen Glauben war durch Freuds einseitige Sicht lange getrübt – viele Jahrzehnte wurde diesen Themen ausgewichen. Dabei ähnelt manche psychoanalytische Behandlung einer säkularen Beichte – an die Stelle des Priesters sind die Therapeutinnen und Therapeuten gerückt. Während die Psychoanalyse die Macht der Sexualität salon- und sprachfähig machte, hinkt sie heute der Sehnsucht nach Sinn und Glauben hinterher.

Unabhängig von der persönlichen Glaubenshaltung wird beim Menschen aus psychoanalytischer Sicht heute ein »unglaubliches Bedürfnis zu glauben« (Kristeva, 2014, S. 7) festgestellt. Dabei werde jeder Mensch durch ein Glaubensverlangen geprägt, das in den ersten Lebensjahren mit der Erwartung nach einem signifikanten Anderen beginnt, sich im ersten Sprechen und der Erwartung einer Antwort äußert sowie sich in der Identitätssuche der Jugendlichen fortsetzt, die sich selbst in der tiefen Begegnung mit einem anderen Menschen als einem Familienmitglied der Menschheit finden wollen.

Wolfgang Mertens (2014) hat eine Standortbestimmung der Psychoanalyse vorgenommen. Nach acht Kapiteln mit den psychodynamischen Kernthemen plädiert Mertens im letzten Kapitel für ein neues psychoanalytisches Verständnis von Spiritualität. Argumentiert wird, dass das positivistische Weltbild und die klassische Religionskritik Freuds die ungebrochene Glaubenssehnsucht vieler Menschen nicht stillen würden. Vielmehr plädiert er deshalb dafür, das rein rationale Ichbewusstsein mittels zeitgenössischer psychoanalytischer Einsichten zu überschreiten. Folglich könnten so die ungeahnten Möglichkeiten des Unbewussten als Ressourcen neu entdeckt werden. Eine »religiöse und spirituelle Haltung als Rückbesinnung auf unsere arteigene Natur« (S. 201) schätzt er als dringlicher denn je ein, um ein Gegengewicht zur Leistungs- und Konsumgesellschaft zu schaffen und um dazu beizutragen, dass sich das menschliche Bewusstsein weiterentwickele.

Brigitte Boothe (2014) kommt nach der Auswertung der psychoanalytischen Kleinkindforschung zu dem Schluss, dass die Fähigkeit zu glaubensvoller Zuversicht neue Erfahrungen ermögliche. Die Fähigkeit zur religiösen Erfahrung sei der Mut zu unbefangener Offenheit. Ihren Beitrag in dem Sammelband über Freuds Religionskritik und den »Spiritual Turn« betitelt sie so: »Wer glaubt, wird vielleicht nicht selig, aber klug«. Aus psychoanalytischer Sicht geht es nicht um das Seelenheil, wohl aber um Lebensweisheit, wozu die Glaubensfähigkeit einen wichtigen Beitrag leistet.

7.4.2 Kognitive Verhaltenstherapie

Verhaltensänderung ist ein zentrales Motiv der Religionen. Aber es wurden nicht nur theologische Wege der Gedankenkontrolle, des Umdenkens und der Verhaltensänderung entwickelt. Die Verhaltenstherapie knüpft dabei vor allem an Lernexperimente und die experimentelle Gedächtnisforschung an. Aus dem Behaviorismus der 1930er und 1940er Jahre entstand die reine Verhaltenstherapie. Dieser Ansatz folgt einem mechanistischen Weltbild und untersucht vor allem Reaktionen, die unmittelbar auf einen Reiz folgen. Der wohl prominenteste Vertreter des Behaviorismus, B. F. Skinner (1904–1990), beschäftigte sich nur am Rande mit Glauben. Berühmt geworden sind seine Experimente mit den »abergläubischen« Tauben (Skinner, 1948). Dabei führte er hungrigen Tauben durch eine Zeitschaltuhr alle 15 Sekunden Futter zu. Die Tauben warteten jedoch nicht passiv auf das Futter, sondern entwickelten Rituale, um die Futterzufuhr zu beeinflussen (z. B. im Kreis rennen, um die eigene Achse drehen, bestimmte Kopfbewegung). Erklärt werden kann dieser Effekt mittels operanten Konditionierens (Belohnungslernen): Zwischen dem jeweiligen Ereignis (z. B. Futterzufuhr) und dem Ritual besteht eine zeitliche Kontinuität, welche (fälschlicherweise) als Ursache-Wirkungs-Zusammenhang zwischen diesen zwei Ereignissen wahrgenommen wird. Dieser auch mitunter den Glauben abwertende Ansatz (»abergläubisch«) ist kaum damit vereinbar, wie die Psychologie heute auf menschlichen Glauben schaut (Argyle, 2000; siehe Kapitel 1).

Dies änderte sich ab den 1970er und 1980er Jahren mit der kognitiven Wende in der Psychologie, die auch in der Verhaltenstherapie kognitive Elemente stärker einbezog. Das früher zugrunde gelegte Schema von Reiz und Reaktion wurde hier um die Kognitionen erweitert – das sind Informationsverarbeitungsprozesse wie Einschätzungen und Erwartungen. Die kognitive Verhaltenstherapie will die Grundeinstellungen durch Umlernprozesse verändern – z. B. selbstsicher aufzutreten, statt sich unsicher zu fühlen. Dauerhafte Verhaltensänderungen werden aus verhaltenstherapeutischer Sicht vor allem durch Lernprozesse erzielt.

Bei den Umlernprozessen nimmt die kognitive Verhaltenstherapie auch Anleihen bei den Religionen. Seit drei Jahrzehnten wird die buddhistische Praxis der Achtsamkeit als ein zentraler therapeutischer Wirkfaktor eingesetzt (Anderssen-Reuster u. von Brück, 2022). Achtsamkeitsbasierte Konzepte zielen einerseits auf die Verbesserung der Akzeptanz unangenehmer Lebensumstände und Emotionen, andererseits auf die Verbesserung einer emotionsfreien Beobachtung intrapsychischer Prozesse und sind heute auch in der Gesundheitsversorgung hierzulande fest etabliert (siehe auch Kapitel 10).

Definition

Achtsamkeit ist die willentliche, aber nicht wertende Wahrnehmung und Aufmerksamkeit auf das, was sich in der Gegenwart abspielt (Brown u. Ryan, 2003). Sie umfasst vor allem die Aufmerksamkeit für die eigenen körperlichen und psychischen Prozesse während alltäglicher Aufgaben (Michalak et al., 2008).

Das Weltbild des Buddhismus harmoniert mit dem kognitiv-verhaltenstherapeutischen Ansatz, weil beide Traditionen wirkungsvolle Übungen zur Gefühlswahrnehmung und -veränderung entwickelt haben. Da das therapeutische Vorgehen meistens standardisiert, manualisiert und zeitlich auf acht Wochen befristet ist, lassen sich die erzielten Effekte wissenschaftlich gut belegen.

In der 1. Phase der Verhaltenstherapie, der klassischen Lerntheorie der Konditionierung, nach der durch Belohnen ein Verhalten verstärkt und erlernt wird, ist es schwierig, den Glauben einzubauen. Das ist in der 2. Phase, wo es um die kognitive Einschätzung und Bewertung geht, schon viel einfacher. Die Theorie des religiösen Copings und die Wertschätzung von Glaubenskonzepten in der dritten Welle der Verhaltenstherapie eröffnen darüber hinaus Möglichkeiten, Glaubenselemente regelrecht in die Behandlung zu integrieren. Deshalb wenden sich verhaltenstherapeutische Verfahren heute auch stärker existenziellen Problemen zu, die auch Glaubensfragen einschließen. In einer explorativen Studie wurde bei 30 Patientinnen und Patienten einer Verhaltenstherapieambulanz in Hessen die Bedeutsamkeit existenzieller Themen für die Krankheitsverarbeitung retrospektiv in teilstrukturierten Interviews erhoben. Die direkte Ansprache und unmittelbare Bearbeitung existenzieller Themen erwiesen sich dabei als therapierelevant (Grober et al., 2016).

In der Box 7.6 finden sich Beispiele für kognitive Verhaltenstherapien, die um eine religiöse Glaubensdimension erweitert wurden.

Box 7.6: Beispiele für eine religiös erweiterte kognitive Verhaltenstherapie

In einem Übersichtartikel haben zwei klinische Religionspsychologen genauer untersucht, welche religiösen Techniken in Studien über kultur- und glaubenssensible Verhaltenstherapie eingesetzt wurden (De Abreu Costa u. Moreira-Almeida, 2022). Die vorliegenden Studien unterteilen sie in fünf Gruppen:

1. Religiös erweiterte Psychoedukation (z. B. Texte über den Umgang mit negativen Gefühlen in Heiligen Schriften),

2. religiöse Motivationsstrategien (z. B. feste Gebetsrituale oder Gottesdienstbesuche einplanen),
3. religiöse Verhaltensänderungen (z. B. das Führen eines Dankbarkeitstagebuchs),
4. religiöse Werte (z. B. Vertrauen, Vergebung, Barmherzigkeit) fördern,
5. religiös abgeleitete kognitive und imaginative Interventionen (z. B. die vier Sätze der sog. Metta-Meditation – auch »liebevolle Güte« genannt – einer belastenden Situation gegenüberstellen: Möge ich glücklich sein. Möge ich sicher sein. Möge ich gesund sein. Möge ich mit Leichtigkeit leben).

Abbildung 7.2: Meditierende © Nelly Nieter

Nach der Auswertung von 148 Studien stellte sich heraus, dass vor allem die Integration von Glaubensinhalten im Rahmen von Lernprozessen (kognitive Umstrukturierung) zu besseren Therapieergebnissen führte.

7.4.3 Systemisch-humanistische Psychotherapie

Vielleicht am stärksten mit existenziellen und religiösen Themen sowie Glaubensfragen befassen sich die humanistischen Psychotherapieverfahren. Damit werden Behandlungsansätze zusammengefasst, durch die die Vitalität und Kreativität der Patienten, ihre Ressourcen und Fähigkeiten zur Gestaltung, Strukturierung und Abgrenzung von negativen Zuständen sowie ihre Selbstregulationsfähigkeiten befreit und gefördert werden sollen. Da sie sich aus philosophischen Quellen der Existenzphilosophie speisen, liegt der Bezug zum Glauben auf der Hand (siehe Kapitel 2). Die Humanistische Psychotherapie betrachtet neben einer haltgebenden therapeutischen Beziehung und Ressourcenaktivierung die Integration negativer, innerlich abgewehrter Anteile als einen wichtigen therapeutischen Wirkfaktor. Einen ähnlichen Gedanken haben wir im Kapitel 1 über den Glauben bereits geäußert, nach dem der Zweifel und das kritische Hinterfragen einen wichtigen Bestandteil der Glaubensfähigkeit bilden. Ein reifer Glaube kann Zweifel zulassen und mit ungelösten Fragen gut leben. Es geht in den humanistischen Verfahren in erster Linie nicht um die Vergangenheit wie in der Psychoanalyse oder um eine zukünftige Verhaltensänderung wie in einer kognitiven Therapie, sondern um das intensive Wahrnehmen und Erleben des Augenblicks. Der Vergleichspunkt zum Glauben ist das Bewusstsein der unsichtbaren Gegenwart einer höheren Macht im jeweiligen Augenblick, die subjektiv erlebt werden kann.

Diese Fähigkeit, zu glauben, ist aus humanistischer Sicht zutiefst menschlich. Neben den körperlichen und seelischen Bedürfnissen gibt es offensichtlich auch ein Bedürfnis, zu glauben. In Abraham Maslows Bedürfnishierarchie sind Wachstumsbedürfnisse u. a. auf Glück, Erfüllung und Gipfelerfahrungen gerichtet. Gipfelerfahrungen verstand Maslow (1964/2014) als säkularisierte religiöse, mystische oder transzendente Erfahrungen (siehe Abbildung 7.3). Nach seiner Überzeugung sind alle Menschen Mystiker. Aus dieser Perspektive ergeben sich zwei wichtige Folgerungen:

- Das Bedürfnis, (an etwas Transzendentes) zu glauben, ist urmenschlich und den physiologischen und sozialen Bedürfnissen gleichzustellen.
- Das menschliche Glaubensbedürfnis und die Glaubensfähigkeit sind deshalb in allen psychosozialen Kontexten angemessen zu berücksichtigen.

Psychotherapeutische Behandlungen berühren, wie schon zu Anfang erwähnt, häufig existenzielle Sinn- und Wertfragen, z. B.: Wie will ich leben, sterben, meine Kinder erziehen? Patienten und Therapeutinnen stehen vor der Herausforderung, das verwirrende Knäuel von religiöser Sozialisation, aktueller Krise, Sprachfähigkeit gegenüber Glaubensfragen seitens des Therapeuten und vieles mehr in den Blick zu nehmen. Wenn eine Lebenskrise das gesamte Selbst- und Weltbild von Patientinnen infrage stellt und ein neues Orientierungs- und Wer-

Abbildung 7.3: Bedürfnispyramide nach Maslow (1964/2014). Illustration: Nelly Nieter

tesystem nötig wird, ist ein systemisches Verstehen hilfreich. Die Amerikanische Psychiatrische Gesellschaft hat die ergänzende Diagnose »religiöses oder spirituelles Problem« (V 62.89) mit in ihren Diagnoseschlüssel mentaler Störungen aufgenommen (Lukoff, 2017). Darunter fallen belastende Erfahrungen nach dem Verlust von oder der Kritik an früher vertretenen Glaubensvorstellungen, Probleme im Zusammenhang mit der Konversion zu einem anderen Glauben oder das Infragestellen religiös-spiritueller Werte, auch unabhängig von einer religiösen Institution. Auch in Deutschland wird das Konzept der spirituellen Krise mittlerweile genauer in den Blick genommen und in Behandlungen angewendet (Hofmann u. Heise, 2017; siehe auch Kapitel 2).

Glaubenshaltungen wurden schon lange, bevor es wissenschaftliche Behandlungsmethoden gab, in die therapeutische Arbeit einbezogen. Veränderte Bewusstseinszustände durch rituelle Praktiken spielten dabei eine besondere Rolle (Vaitl, 2012; Brentrup u. Kupitz, 2015; Hunger u. Rittner, 2015). Als klinische Anwendungsfelder sind vor allem die Hypnose und das Autogene Training zu nennen (Revenstorf, 1998). Johannes Heinrich Schultz (2003) fügte in seinem Klassiker über das Autogene Training ein eigenes Kapitel über religionspsychologische Aspekte der konzentrativen Selbstentspannung hinzu. In der systemischen Ego-State-Therapie, die innere Anteile einer Person visualisiert, wird je nach Klient oder Klientin ebenfalls die Glaubensdimension einbezogen.

Erlebt der Klient einen unterstützenden Schutzengel im Sinne »spiritueller Präsenz«, so kann sich diese Erfahrung als eine Ressource und Bewältigungshilfe erweisen (Peichl, 2015, S. 73).

In den hypnotherapeutisch-systemischen Verfahren wird neben der Vorstellung, dass es verschiedene Persönlichkeitsanteile gibt, das Konzept eines Selbst vertreten, eines inneren, unverletzbaren Kerns. Holmes (2013) hat nach eigenen Angaben früher in seiner Arbeit religiös-spirituellen Glauben und Psychotherapie stets auseinandergehalten. In den letzten Jahren hat er immer wieder die Erfahrung gemacht, dass »spirituelle Ressourcen oft verfügbar sind und einen wichtigen Teil der inneren Arbeit [mit den Patienten] darstellen« (S. 126). Inzwischen sieht er in der spirituellen Glaubensdimension einen wichtigen Aspekt der Psychotherapie.

In ähnlicher Weise integriert auch die Schema-Therapie, eine um erlebnis- sowie handlungsorientierte Vorgehensweisen erweiterte kognitive Verhaltenstherapie, Glaubenshaltungen in ihre praktische Arbeit (Chmielewski, 2018). Dabei können z. B. ein positiver Glaubenssatz oder ein negatives Gottesbild als fiktives Gegenüber auf einen Stuhl gesetzt werden und angesprochen bzw. angehört werden.

7.5 Einschluss oder Ausschluss religiös-spiritueller Interventionen?

7.5.1 Die Wirksamkeit religiös-spiritueller Therapiemethoden

In dem in Box 7.1 dargestellten Fallbeispiel aus dem Leitfaden der Richtlinienpsychotherapie (Boessmann u. Remmers, 2016) waren die psychopathologischen und glaubensbezogenen Stränge eng miteinander verwoben. Allerdings ist fachlich umstritten, welchen Raum religiöse und spirituelle Glaubensfragen in einer psychotherapeutischen Praxis einnehmen dürfen und sollen. Die Gefahr besteht, dass aus einer Behandlung allmählich ein existenzphilosophisches oder theologisches Streitgespräch wird, das wenig therapeutische Auswirkungen hätte. Die fachliche Diskussion über die Einbeziehung von solchen Glaubensthemen in eine psychotherapeutische Behandlung bewegt sich zwischen Extremen. Einerseits empfehlen manche Therapeuten und Wissenschaftler religiös-spirituelle Behandlungsmethoden, also die gezielte Einbeziehung von Glaubenslehren und -praktiken, aufgrund ihrer Wirksamkeit. Einzelne empirische Ergebnisse hierzu sind beeindruckend (Koenig et al., 2015; Knabb et al., 2019; Peteet et al., 2021). Fast alle Studien stammen dabei aus dem nordamerikanischen Kontext, welcher durch eine Religionskultur geprägt ist, in der Spiritualität als eine Ressource in Seelsorge, Beratung und Psychotherapie gilt. Andererseits gibt es skeptische Stimmen, die an der Wertneutralität therapeutischer Behandlungen festhalten und Glaubensfragen ausklammern wollen.

Größere Analysen, welche empirische Studien zu religiös-spirituelle Therapien zusammenfassen, kommen zu folgenden Ergebnissen:

- In Bezug auf körperliche Gesundheit und Lebensqualität zeigten sich geringe Vorteile religiös-spiritueller Interventionen im Vergleich zu säkularen Therapiemethoden (Gonçalves et al., 2017).
- Im Vergleich zu Kontrollgruppen, die keine Therapie erhalten, führen religiös-spirituelle Therapien zu besseren psychologischen (z. B. weniger Depression, Angst, Essstörungen) und religiös-spirituellen Ergebnissen (z. B. besseres Gottesbild, positiveres religiöses Coping, höheres spirituelles Wohlbefinden) und diese Effekte sind langfristig (De Abreu Costa u. Moreira-Almeida, 2022; siehe auch Box 7.6; Worthington et al., 2011).
- Im Vergleich zu einer etablierten säkularen Psychotherapie sind religiös-spirituelle Therapien genauso wirksam (und nicht wirksamer) bezüglich psychologischer Ergebnisse (z. B. Ängste, Depressionen; Paukert et al., 2011). Jedoch führten religiös-spirituelle Therapien zu einer deutlich stärkeren Verbesserung religiös-spiritueller Ergebnisse (z. B. Gottesbild, religiöses Coping) als säkulare Therapien, die diese Aspekte nicht adressieren (Worthington et al., 2011).

Im deutschsprachigen Gesundheitswesen sind religiöse und spirituelle Aspekte sowie Seelsorgeangebote eher selten in das Behandlungsangebot integriert, sie haben einen viel geringeren Stellenwert als in den USA und werden auch weniger erforscht. Solche (Meta-)Analysen stehen für den europäischen Kontext und auch für nichtchristliche Stichproben weitestgehend aus. Erst in den letzten Jahren werden durch die Spiritual-Care-Forschung diesbezügliche Zusammenhänge erforscht.

7.5.2 Das therapeutische Erbe der Religionen

Der renommierte Psychiater Thomas G. Plante hat die säkularisierte Form einer christlichen Meditationspraxis als therapeutisches Hilfsmittel zur Entscheidungsfindung vorgestellt und mit zahlreichen Fallbeispielen untermauert (Plante, 2017). Techniken zur Förderung christlicher Tugenden wie Mitgefühl, Vergebung und Dankbarkeit und die Nutzung kontemplativer Methoden werden inzwischen intensiv beforscht (Meinlschmidt u. Tegethoff, 2017; Vieten et al., 2018; Freund u. Lehr, 2020).

Religionen verfügen über ein reichhaltiges therapeutisches Erbe. Daraus wurden säkularisierte Techniken abgeleitet, die Einzug in evidenzbasierte Behandlungen gefunden haben. Bereits weiter oben haben wir uns mit Autogenem Training, welches auf kognitiven und behavioralen Grundlagen des Yoga basiert, und mit Achtsamkeitsverfahren, welche aus dem Zen-Buddhismus hervorgegangen sind, beschäftigt. Hinzufügen möchten wir hier noch therapeutische Verfahren, die auf dem christlichen Konzept der Vergebung fußen.

Anderen vergeben zu können, hat enorm positive seelische Auswirkungen. Religionspsychologische Studien belegen zusammengefasst: Wer verzeihen kann, lebt gesünder. Die vor allem in den USA bekannte Vergebungsforschung weist nach, dass das Vergeben und Vergessen Stress reduziert und Körper und Psyche guttut. So wirkt sich der Prozess des Verzeihens positiv auf den Organismus wie etwa den Blutdruck und chronische Rückenschmerzen sowie auf das seelische Wohlbefinden aus (Bonelli, 2018).

Die Unfähigkeit oder Verweigerung des Verzeihens wird von manchen Psychologen sogar als eine Störung klassifiziert. Linden (2017) hat eine »Verbitterungsstörung« beschrieben, die als Folge einer außergewöhnlichen Belastung entstehen kann, in der sich der oder die Betroffene als ungerecht behandelt, als gekränkt oder herabgewürdigt erlebt hat. Sie ist durch Verbitterung, Entwicklung einer ausgeprägten psychischen Begleitsymptomatik und weitere Negativfolgen charakterisiert.

Hier können therapeutisch angeleitete Schritte der Vergebung helfen, aus der passiven Opferrolle herauszutreten, sich dem Erlebten zu stellen und die Vergangenheit hinter sich zu lassen. Während in den USA vergebungsbasierte Manuale schon lange fachlich etabliert sind, liegen jetzt auch differenzierte Manuale, Selbsthilfebücher und Behandlungsansätze für den deutschsprachigen Raum vor (Kämmerer 2011, Mavrogiorgou, Meister u. Juckel, 2018; Lammers u. Ohls, 2017; Handrock u. Baumann, 2017).

7.5.3 Umgang mit Glaubensthemen in der Psychotherapie

Die Einbeziehung kultureller, also auch religiöser und spiritueller Ressourcen in eine Behandlung ist für gläubige Patientinnen und Patienten von hoher Relevanz. Dafür ist ein offener Umgang mit Glaubensthemen in der Psychotherapie nötig.

Österreich geht dagegen einen anderen Weg: Aufgrund zahlreicher Patientenberichte, die wegen übergriffigen Verhaltens ihrer behandelnden Therapeuten beim Berufsverband Beschwerde einlegten, hat das österreichische

Bundesministerium für Gesundheit im Jahr 2018 eine »Richtlinie für Psychotherapeutinnen und Psychotherapeuten zur Frage der Abgrenzung der Psychotherapie von esoterischen, spirituellen und religiösen Methoden« erlassen (Bundesministerium für Soziales, Gesundheit, Pflege und Konsumentenschutz, 2018). Darin wird bestritten, dass »religiös, spirituell oder esoterisch begründete Handlungen zu einer umfassenden und stringenten psychotherapeutischen Methode, die eine geplante Krankenbehandlung ermöglicht, gehören können« (S. 6). Mit diesem Verbot soll die psychotherapeutische Beziehung unter Wahrung der Berufsethik und der Stärkung der Psychotherapie als eine wissenschaftlich fundierte Krankenbehandlung unter besonderen Schutz gestellt werden.

So wichtig der Schutz der therapeutischen Beziehung ist: Das rigide Verbot trägt der aktuellen Forschungslage nicht Rechnung und übergeht Ressourcen des Glaubens bei manchen Patienten und Patientinnen (siehe Abschnitt 7.5.1). Aus aktuellen Forschungsergebnissen lässt sich ableiten, dass für Patienten und Kontexte, in denen spirituelle Fragen einen hohen Stellenwert haben, eine religiös-spirituelle Therapie ratsam ist (siehe Box 7.7). Deswegen werden Therapeutinnen dazu ermutigt, religiösen und/oder spirituellen Glauben in der Anamnese zu erfragen. Religiös-spirituelle Therapie sollte vor allem dann einbezogen werden, wenn sich Therapeuten damit wohlfühlen und dies mit der Präferenz der Klientinnen übereinstimmt (Worthington et al., 2011). Zahlreiche Studien zeigen, dass religiös-spirituelle Interventionen nicht nur machbar sind, sondern auch entsprechend den Wünschen der Klienten implementiert werden sollten. Dies entspricht dann auch ethischen Leitlinien der klientenzentrierten Psychotherapie (De Abreu Costa u. Moreira-Almeida, 2022). Jedoch können religiös-spirituelle Therapien gegenüber etablierten säkularen Psychotherapien nicht generell empfohlen werden, vor allem dann nicht, wenn das ausschließliche Therapieziel die Reduktion der Symptomatik ist (Worthington et al., 2011).

Box 7.7 Besonderheiten hochreligiöser Klientinnen und Klienten

Hochreligiöse Personen wenden sich mit psychischen Erkrankungen wegen der Skepsis gegenüber vermeintlich religionsfeindlichen Therapeuten häufig zunächst an die Leitenden ihrer religiösen Gemeinschaft. Deshalb hat die Amerikanische Psychiatrische Gesellschaft (APA[2], 2016) eine »Mental Health and Faith Community Partnership« ins Leben gerufen und eine Arbeitsgruppe

2 American Psychiatric Association; nicht zu verwechseln mit der American Psychological Association, ebenfalls APA.

eingesetzt. Diese hat für die Leitenden und Seelsorgerinnen und Seelsorger religiöser Gemeinschaften einen Ratgeber verfasst, wie angemessen mit psychischen Erkrankungen umgegangen werden sollte. In der World Psychiatric Association (WPA) arbeitet die Sektion »Religion, Spiritualität und Psychiatrie« zu diesbezüglichen Fragen und veröffentlicht ihre Ergebnisse auf einer eigenen Internetseite. Die WPA hat 2016 ein Positionspapier zum Umgang mit religiösem und spirituellem Glauben veröffentlicht (Moreira-Almeida et al., 2016). Weil die empirische Evidenz zeigt, dass ein solcher Glaube die Prävalenz (insbesondere bei Depressionen und Suchterkrankungen), die Diagnose (Unterscheidungen zwischen religiösen Erfahrungen und psychischer Krankheit) und die Behandlung (Einbeziehung religiöser oder spiritueller Glaubensbedürfnisse) psychischer Erkrankungen beeinflussen, empfiehlt die WPA ihren Mitgliedern mehr Aufmerksamkeit für diese Themen.

Für Großbritannien hat ein Gremium von Expertinnen und Experten ein ähnliches Konsenspapier zum Umgang mit religiösem und spirituellem Glauben in der Psychotherapie vorgelegt (Cook, 2013). Das belegt, dass religiöser Glaube nicht nur in US-amerikanischen Behandlungszimmern relevant ist, sondern auch in Europa. In der britischen Empfehlung werden die Fachmitglieder dazu angehalten, den religiösen oder spirituellen Bindungen ihrer Patientinnen und Patienten mit einfühlsamer Achtung und Respekt zu begegnen. Klinisch Tätige sollen zwar keine religiösen oder spirituellen Rituale als Ersatz für professionelle Behandlungsmethoden anbieten, es wird aber auf die Bewältigungskraft eines positiven Glaubens hingewiesen, durch die Hoffnung und Sinn vermittelt werden könne.

In Großbritannien gibt es eine aktive, etwa 3.000 Mitglieder starke Arbeitsgruppe »Spiritualität und Psychiatrie« im Royal College of Psychiatrists, die diesbezügliche Fachtagungen und Fortbildungen durchführt. Naturgemäß treffen gerade bei der Einschätzung von Religion unterschiedliche Weltbilder aufeinander. Exemplarisch zeigt sich das an der kontroversen Diskussion um die Einbeziehung eines Gebets in die psychiatrische Praxis (Poole u. Cook, 2011). Der eine Protagonist, ein bekennender Atheist, möchte derartige Praktiken von jeglicher fachärztlichen Behandlung fernhalten, um eine mögliche Rollenkonfusion als Psychotherapeut und Seelsorger zu vermeiden. Sein Kontrahent ist anglikanischer Priester und argumentiert, dass auf Nachfrage des Patienten unter bestimmten Bedingungen evidenzbasierte religiös-spirituelle Interventionen wie ein Gebet sinnvoll sein können.

Bemerkenswert ist an dem britischen Fachartikel von Poole und Cook (2011): Nach der Zusammenfassung zu Beginn des Aufsatzes ist die Rubrik »Declaration of Interest« eingefügt, in der die weltanschaulichen Grundannahmen – beispielsweise Atheist oder Priester – offengelegt werden. Ursprünglich diente diese Rubrik bei wissenschaftlichen Aufsätzen ausschließlich dazu, wirtschaftliche Verflechtungen der Autoren anzuzeigen – wenn also beispielsweise eine Autorin Forschungsgelder von einem Pharmakonzern erhält –, um Lobbyismus vorzubeugen. Auf dem häufig noch schambesetzten Gebiet des persönlichen Glaubens ist die Transparenz der jeweiligen Überzeugungen eine wichtige Voraussetzung dafür, dass die Möglichkeit für eine religiös-spirituelle Intervention wie die eines Gebets gegeben ist.

Auch andere aktuelle, in Deutschland bzw. den Niederlanden durchgeführte Studien untersuchen die Wirkungen von Gebeten zur Unterstützung der Selbstheilungskräfte (Stöckigt et al., 2021; Bendien et al., 2023).

Mit einer solchen Klientenzentriertheit befasst sich ebenfalls das Positionspapier einer Arbeitsgruppe der psychiatrischen Fachgesellschaft DGPPN (Utsch et al., 2017). Die Stellungnahme geht von der Realität unserer Gesellschaft aus, deren religiöse Pluralität in den letzten Jahren stark gestiegen ist. Große Herausforderungen bestehen dabei vor allem darin, unterschiedliche kulturelle Prägungen und Weltbilder – insbesondere zwischen einer religiösen und säkularen Weltdeutung – zu integrieren. Der konstruktive Dialog zwischen religiösen und säkularen Lebensformen ist dabei für eine pluralistische Gesellschaft zukunftsweisend. Hier sind kultur- und religionssensible Ärzte und Psychotherapeuten gefragt, vorhandene Glaubensressourcen der Patientinnen und Patienten zu aktivieren und in die Behandlung einzubeziehen (siehe Box 7.8).

Box 7.8: Psychotherapeutische Kompetenzen, um sensibel mit Glaubensfragen in einer Therapie umzugehen (Vieten u. Lukoff, 2022)

Psychotherapeuten und Psychotherapeutinnen sollten im Umgang mit Glaubensfragen

- empathische und effektive Beratungen und Therapien von Klientinnen/Klienten mit unterschiedlichen weltanschaulichen Prägungen, Bindungen und Intensitätsgraden durchführen;
- den Hintergrund, die Erfahrungen, Praktiken, Haltungen und Glaubensüberzeugungen standardmäßig als Bestandteil der Klientenanamnese explorieren;
- den Klientinnen helfen, ihre religiösen oder spirituellen Stärken und Ressourcen herauszufinden und einzusetzen;

- religionsbedingte Störungen, Belastungen und Krisen erkennen, in Behandlungen benennen und bei Bedarf an religiöse Expertinnen oder Seelsorger verweisen können;
- sich über den aktuellen religionspsychologischen Forschungsstand in Bezug auf ihre klinische Praxis informieren, um dadurch ihre eigenen Kompetenzen in diesem Bereich zu verbessern.

Gläubige Hoffnung und Vertrauen können aber leicht missbraucht werden. Auch das ist ein Grund dafür, dass in weiten Kreisen der Psychologie und Psychotherapie des 20. Jahrhunderts religiöser Glaube pauschal pathologisiert wurde. Die in früheren Jahren vorherrschende Religionskritik und ihre Pathologisierung sind heute nicht mehr angemessen. Allerdings sollte die kritische Haltung nicht undifferenziert durch eine Idealisierung des Glaubens ersetzt werden, sonst wird leicht die Grenze zum Fanatismus und Verschwörungsdenken überschritten. Aus ethischer Sicht gilt dabei für Psychotherapie und Beratung, dass dies kein Missionsfeld darstellen darf und Therapie nicht mit Seelsorge verwechselt werden sollte (De Abreu Costa u. Moreira-Almeida, 2022).

ERSCHLIESSUNGSFRAGEN

1. Diskutieren Sie am Fallbeispiel in Box 7.1, an welcher Stelle eine psychotherapeutische Behandlung ansetzen und wie eine seelsorgliche Begleitung aussehen könnte. Worin unterscheiden sich beide Vorgehensweisen? Sollte ein kindlich-naives Gottesbild im Rahmen einer Psychotherapie behandelt werden? Und falls ja, wie?
2. Erläutern Sie, warum ursprünglich religiöse Konzepte wie Achtsamkeit oder Vergebung psychologisch relevant sein können. Mit welchen Zielen können sie in einer säkularisierten Form in der Psychotherapie eingesetzt werden?
3. Psychologische und pastorale Seelenpflege unterscheiden sich. Stellen Sie Gemeinsamkeiten und Unterschiede beider Gesprächsformen gegenüber.

PERSÖNLICHE VERTIEFUNG/SELBSTERFAHRUNG

1. Haben Sie in Ihrem privaten oder beruflichen Umfeld auch bereits Menschen kennengelernt, bei denen (religiöser, spiritueller oder säkularer) Glaube einen Krankheitsfaktor darstellte? Falls ja, welche Aspekte des

Glaubens (z. B. Gottesbild, bestimmte Praktiken oder Erfahrungen) standen dabei vermutlich im Zusammenhang mit welchen Symptomen?

2. Verfügen Sie über einige psychotherapeutische Kompetenzen, um sensibel mit Glaubensfragen in einer Therapie umzugehen (siehe Box 7.5)? Würden Sie sich als (potenzielle) Therapeutin wohlfühlen, wenn Sie religiös-spirituelle Elemente in Interventionen einfließen lassen? Warum oder warum nicht?

WEITERFÜHRENDE LITERATUR

Ausdrücklich empfehlen wir das »Fallbuch Spiritualität« (Frick et al., 2018), welches anhand von Fallbeispielen, ergänzt durch religionspsychologische Kommentare, Zusammenhänge zwischen Glauben, psychischen Störungen und ihren Therapien aufzeigt. Ein flüssig zu lesendes Gespräch bietet der von Uwe Britten herausgegebene Band in der Reihe »Psychotherapeutische Dialoge«, in dem der Hypnotherapeut Georg Milzner und der Religionspsychologe Michael Utsch über religiöse und spirituelle Sinnsuche in der Psychotherapie – mal ziemlich kontrovers, mal ganz einvernehmlich – diskutieren (Milzner u. Utsch, 2019). Welche Hilfen Glaubensüberzeugungen im therapeutischen Umgang mit existenziellen Krisen, Trauer und Verlusten bieten, hat der Sammelband von Ohls und Kaiser (2021) interreligiös zusammengefasst. Neben ihrer Metaanalyse stellen Worthington et al. (2011) auch klinische Beispiele einer christlich adaptierten kognitiven Therapie bei einer depressiven Störung, einer buddhistischen Schema-Therapie bei einer Suchterkrankung, einer christlichen Vergebungstherapie und einer muslimischen kognitiven Therapie bei einer Angststörung vor.

8 Religiöser Glaube und psychische Gesundheit

Lernziele

1. Die Komplexität des Konstrukts psychische Gesundheit darstellen und von Wellness und Selbstoptimierung abgrenzen können.
2. Positive und negative Zusammenhänge zwischen Glauben und psychischer Gesundheit erklären können.
3. Merkmale eines gesundheitsförderlichen Glaubensstils beschreiben können.
4. Durch einen Leitfaden fähig werden, Studien zum Zusammenhang zwischen Glauben und psychischer Gesundheit in den bisherigen Forschungsstand einzuordnen.

»Dem Schuldbewußtsein der Zwangsneurotiker entspricht die Beteuerung der Frommen, sie wüßten, daß sie im Herzen arge Sünder seien; den Wert von Abwehr- und Schutzmaßregeln scheinen die frommen Übungen (Gebete, Anrufungen usw.) zu haben, mit denen sie jede Tätigkeit des Tages und zumal jede außergewöhnliche Unternehmung einleiten.«
(Freud, 2006, S. 111)

Dass religiöser Glaube unsere psychische Gesundheit negativ beeinflussen kann, entspricht häufig unserem modernen Alltagsverständnis. Viele denken hierbei an religiösen Wahn, religiösen Extremismus und Terrorismus (vgl. Kapitel 9) oder eben an Schuldgefühle und Zwänge, die Glaube auslösen kann. Die ans Licht gekommenen weitverbreiteten Missbrauchsskandale in Religionsgemeinschaften verstärken das Misstrauen gegenüber religiösen Institutionen. Interessanterweise gingen jedoch über viele Jahrhunderte Glaube und darauf basierende Therapien Hand in Hand mit psychischer Gesundheit. In den Epochen vor der Aufklärung waren das Seelenheil und die körperliche Heilung eng miteinander verknüpft. Die ersten Krankenhäuser entstanden innerhalb von Klosteranlagen, und die Psychotherapeuten haben das Erbe der Schamanen und Priester angetreten. Eine negative Perspektive mit dem Fokus auf gesundheitsschädliche Auswirkungen von Glauben ist ein eher modernes Phänomen, das erst im späten 19. Jahrhundert begann (Koenig et al., 2012). Dies unterstrichen auch frühere Studien bis in die 1970er Jahre, die jedoch aufgrund ihrer methodischen Mängel (z. B. Gelegenheitsstichproben statt Zufallsstichproben) heute nicht mehr relevant sind (Koenig u. Larson, 2001).

Dem aufmerksamen Leser dieses Buches mag jedoch bereits aufgefallen sein, dass die heutige Psychologie einen überwiegend salutogenetischen, d. h. gesundheitsförderlichen Effekt von Glauben in zahlreichen empirischen Studien nachweisen konnte. Dennoch wird dieses Kapitel natürlich auch auf die Ergebnisse und die theoretischen Erklärungen eingehen, die einen negativen Zusammenhang zwischen Glauben und psychischer Gesundheit feststellen. Neben einem Bezug zu Studien im deutschsprachigen Raum wird dieses Kapitel auch einen Leitfaden entfalten, welcher einen Weg durch die große Anzahl an Studien zu diesem Thema anleiten kann.

8.1 Die Komplexität der Konstrukte Glauben und psychische Gesundheit

Betrachten wir uns Abbildung 8.1 zum Gleichnis »Die blinden Männer und der Elefant«. Dieses aus östlichen Religionen stammende Bild beschreibt, wie blinde Männer einen Elefanten auf Basis ihrer eingeschränkten Wahrnehmung beschreiben. Ein Mann deutet einen Elefanten als einen langen Rüssel, ein anderer als ein großes Ohr und wieder ein anderer als einen riesigen Fuß. Keiner dieser Männer hat Unrecht, da sie valide Erfahrungen gemacht haben (d. h., der Elefant hat tatsächlich einen langen Rüssel etc.). Jedoch hat keiner dieser Männer für sich allein recht, weil keiner die Komplexität des Elefanten erkennen kann (d. h. z. B., ein Elefant ist eben mehr als ein langer Rüssel). Fügt man jedoch alle Beobachtungen zusammen, so ergibt sich doch eine recht zuverlässige Beschreibung des Elefanten: ein Wesen mit langem Rüssel, großem Ohr und riesigem Fuß.

Abbildung 8.1: Darstellung des Gleichnisses »Die blinden Männer und der Elefant« (Quelle: Pawyi Lee/Wikimedia Commons)

Ähnlich verhält es sich mit der Beziehung zwischen Glauben und psychischer Gesundheit, unserem Elefanten. Keiner weiß, wie dieses komplexe Gebilde aussieht, und eine psychologische Studie kann immer nur einen kleinen Teil dieses großen »Elefanten« beschreiben (Ventis, 1995). Zum Beispiel fokussieren verschiedene Studien immer nur auf einen bestimmten Indikator von psychischer Gesundheit und/oder Glaube, häufig messen sie diesen Aspekt mit nur einem Item (Zwingmann u. Klein, 2020). Somit ist es nötig, dass wir uns verschiedene Indikatoren anschauen und auch widersprüchliche Ergebnisse heranziehen, um nach und nach den komplexen Zusammenhang dieser komplexen Konstrukte Glaube und psychische Gesundheit anfangen zu verstehen.

8.1.1 Verschiedene Gesundheitsindikatoren und ihre Beziehung zum Glauben

Es existiert eine große Anzahl an Definitionsmöglichkeiten von psychischer Gesundheit. Die am breitesten akzeptierte ist jedoch die der WHO (2019):

Definition

»Psychische Gesundheit ist ein Zustand des Wohlbefindens, in dem eine Person ihre Fähigkeiten ausschöpfen, die normalen Lebensbelastungen bewältigen, produktiv arbeiten und einen Beitrag zu ihrer Gemeinschaft leisten kann« (WHO, 2019, S. 1).

Wichtig hierbei ist zu betonen, dass diese Definition psychischer Gesundheit keine vollständige Abwesenheit von körperlichen Erkrankungen oder psychischer Konflikte voraussetzt (siehe Box 8.1). Psychische Störungen hingegen, welche »oft durch eine Kombination von belastenden Gedanken, Emotionen, Verhaltensweisen und Beziehungen zu anderen gekennzeichnet sind« (WHO, 2019, S. 1), stören diesen Zustand des Wohlbefindens tiefgreifend. Beide Seiten, sowohl psychische Gesundheit als auch psychische Störungen, werden im Zusammenhang mit Glauben untersucht. Folglich werden in diesen Studien sowohl »positive« Indikatoren, wie psychisches Wohlbefinden oder Lebenszufriedenheit, als auch »negative« Indikatoren, wie Angst oder Depression, herangezogen (Koenig, 2009, 2018; Koenig u. Larson, 2001; Koenig et al., 2012).

Box 8.1: Psychische Gesundheit, Wellness und Selbstoptimierung (Utsch, 2018)

Eine Selbstoptimierung im Sinne von idealer körperlicher und geistiger Leistungsfähigkeit wird von vielfältiger Seite – wie etwa die Schönheitsoperationen, die Anti-Aging-Produktbranche und stimmungsaufhellende Lifestyle-Medikamente – versprochen. Selbstoptimierung im Kontext dieser Wellness-Bewegung hat sich bereits zu einem Megatrend entwickelt, welcher Schönheit, damit verbundene »ewige« Jugend und Wohlbefinden anpreist. Dies weckt in uns Menschen häufig Bedürfnisse, die im Zusammenhang mit Vollkommenheit, Ganzheit, aber auch Anerkennung und Wertschätzung stehen. Die Wellness-Bewegung, die auf immer weiter entwickelte Technik aufbauen kann, treibt aber ihre körperlichen und psychischen Ansprüche und Erwartungen, die sie Menschen suggeriert, ins Grenzenlose mit der Vorstellung, der Mensch könne durch Körperoptimierung, Medikamente, Psychotechniken und Genmanipulationen perfekt werden.

Diese starke Überhöhung des eigenen Körpers und der eigenen Psyche im Zusammenhang mit dem Versprechen des Erfüllens aller Träume und des permanenten Bewundertwerdens ist medizinisch und psychologisch unhaltbar. Aus Glaubenssicht gehören gerade Leiden, Scheitern und das Akzeptieren von Grenzen zur Grundausstattung des Menschen. Aus diesen Gründen ist diese Ideologie der Selbstoptimierung klar von dem Konzept der (psychischen) Gesundheit abzugrenzen. Nicht nur, dass eine Optimierung von Körper und Psyche zum Stressfaktor werden kann (z. B. Körperbild- und Essstörungen, zwanghafte Beschäftigung mit dem eigenen Körper und seiner Gestaltung), sondern auch, dass sich bereits vorhandenes subjektives Wohlbefinden durch Wellness nicht steigern lässt bzw. dass es keine Methode gibt, welche Wohlbefinden garantieren kann. Wohlbefinden ist vielmehr das Nebenprodukt einer subjektiv zufriedenstellenden Alltagsgestaltung, welches durch viele Faktoren bedingt ist. Wie in der WHO-Definition betont, kann sich Wohlbefinden einstellen, wenn Menschen im Rahmen ihrer Möglichkeiten und Bedingungen – selbst mit körperlichen und/oder psychischen Erkrankungen – ihre Fähigkeiten ausschöpfen.

Subjektives Wohlbefinden: Es zeigen sich in einer Vielzahl an Studien durchgehend leicht positive Zusammenhänge zwischen Glauben und allgemeinem subjektivem Wohlbefinden, welches z. B. in Form von Lebenszufriedenheit, Optimismus und Selbstwert untersucht wurde (Hackney u. Sanders, 2003; Koenig

u. Larson, 2001). Allerdings lassen sich die zahlreichen Studien aus den USA wegen der differenten Religionskultur nicht ohne Weiteres auf den deutschsprachigen Bereich übertragen (Demmrich u. Riegel, 2020). Zwingmann und Hodapp (2018) haben erstmals eine Metaanalyse der deutschsprachigen Studien vorgenommen. Die Ergebnisse stützen statistisch signifikant den bedeutungsvollen Zusammenhang zwischen ausgeprägter Religiosität und psychischer Gesundheit, wenn auch weniger deutlich im Vergleich zu Befunden aus den USA. Stärker als in den US-amerikanischen Studien sticht der Faktor des »negativen« Umgangs mit Gott ins Auge: Dieser geht mit einer schlechteren Gesundheit einher, geprägt durch eine eher unsichere Beziehung zu Gott, der als richtend und strafend wahrgenommen wird.

Depression und Suizid: Die Mehrheit der Studien findet geringere Depression bei religiösen Individuen ganz besonders dann, wenn sie stark belastet sind (z. B. durch eine schwerwiegende körperliche Erkrankung; Smith et al., 2003). Zudem zeigt sich eine schnellere Erholung von Depression bei religiösen Patientinnen und Patienten und bei religionssensibler Psychotherapie (Koenig et al., 2012). Für tiefreligiöse Patienten liegen mittlerweile religiös-spirituell adaptierte Manuale zur Depressionsbehandlung vor. Eine methodisch strenge Auswertung von 15 Studien kommt zu dem Schluss, dass Psychotherapie mit integrierter Religiosität bei der Behandlung von Depressionen und Angststörungen mindestens so wirksam wie säkulare Formen der gleichen Psychotherapie ist (Anderson et al., 2015). Die in der Studie untersuchten glaubensbasierten kognitiven Verhaltenstherapien waren christlich (6 Studien), muslimisch (5 Studien), spirituell (2 Studien), jüdisch und taoistisch (je 1 Studie) ausgerichtet. Eine aktuelle Metastudie, in der 35 Einzelstudien ausgewertet wurden, weist auf eine bessere Wirksamkeit von Behandlungen hin, wenn bei gläubigen Patienten und Patientinnen ihre Religion oder Spiritualität mit einbezogen wird (Captari et al., 2021).

Die wenigen positiven Zusammenhänge zwischen Glauben und Depression wurden in Studien aufgedeckt, welche die unbelastete Allgemeinbevölkerung (Baetz et al., 2006) oder Menschen mit inkonsistentem Lebensstil untersuchten (z. B. junge unverheiratete Mütter mit strengem religiösem Umfeld; Sorenson et al., 1995). In diesem Zusammenhang steht auch, dass religiöse Menschen nicht nur eine negativere Einstellung zum Suizid haben, sondern auch seltener Suizid begehen (Dervic et al., 2004). Der Faktor Religiosität kann also – ebenso wie das weibliche Geschlecht – aus suizidologischer Sicht als Schutzfaktor gewertet werden (Bonelli, 2018).

Angst und Zwangsstörungen: Die Mehrheit der Studien findet negative Zusammenhänge zu Glauben und Angst. Die Studien, die eine positive Beziehung ergeben, sind querschnittliche Befragungen und lassen häufig außer Acht, dass Angst ein starker Motivator sein kann, um sich dem Glauben zuzuwenden. Es zeigt sich hier erneut, dass gläubige Menschen sich schneller von Angststörungen erholen (Bowen et al., 2006) und religiöse Intervention zu einer stärkeren Angstreduzierung führt als säkulare Intervention (Speca et al., 2000). Jedoch erhöhte bei Patientinnen mit schweren Erkrankungen der Glauben die Angst, wenn ein negatives, z. B. bestrafendes Gottesbild vorherrscht (Boscaglia et al., 2005; siehe Kapitel 11). Während hochreligiöse Zwangspatientinnen und Zwangspatienten oft religiöse Zwänge aufweisen, so tritt diese psychologische Störung nicht häufiger unter religiösen als unter nichtreligiösen Personen auf (Raphael et al., 1996).

Substanzmissbrauch: Die überaus große Mehrheit bisheriger Studien konnte aufzeigen, dass Glaube Substanzmissbrauch reduziert (Alkohol, Nikotin, Marihuana, illegale Drogen). Die gilt besonders für Risikogruppen wie Jugendliche, junge Erwachsene (White et al., 2006) und ethnische Minoritäten (Nasim et al., 2006). Individuen, die zur professionellen Therapie religiositätsbasierte Intervention in Anspruch nehmen (z. B. Anonyme Alkoholiker), bleiben länger alkoholabstinent (CASA Report, 2001). Jedoch kann bei Individuen aus religiösen Traditionen, die eine komplette Abstinenz befürworten, Alkohol- und Drogenmissbrauch sehr schwerwiegend und langfristig werden (Gunzerath et al., 2004).

Psychosen: Die wenigen Studien zu Glauben und Psychosen finden überwiegend negative oder keine Zusammenhänge (Mohr u. Huguelet, 2004). Religiöser Wahn tritt jedoch relativ häufig bei Menschen mit Psychosen auf (Dervic et al., 2004) und hängt im Gegensatz zu nichtreligiösem Wahn mit stärkeren Symptomen und einer schlechteren Genesungsprognose zusammen (Neeleman et al., 1994). Zudem scheint die Kultur eine wichtige Rolle in der Ausprägung religiösen Wahns bei Psychosen zu spielen (Yip, 2003, siehe Box 8.2), wobei christlich-westliche Patientinnen und Patienten stärker zu religiösem Wahn neigen als solche aus anderen Kulturen (Tateyama et al., 1998). Demgegenüber hat nichtpsychotischer Glaube bei psychotischen Patienten eine stabilisierende Funktion, d. h., es werden weniger psychotische Symptome, weniger Kontrollverlust und eine positivere Genesungsprognose bei Patientinnen und Patienten beobachtet, die ihren Glauben als sinnstiftend empfinden (Mohr et al., 2007).

Box 8.2: Religiöser Wahn bei Patientinnen und Patienten mit Schizophrenie in Hongkong

Möchte man die Kulturabhängigkeit von religiösem Wahn verstehen, so eignet sich besonders gut ein Blick in eine andere Kultur. In einer kleinen Tiefenstudie mit vier schizophrenen Patientinnen und Patienten mit religiösem Wahn analysiert Yip (2003), wie der Glaube der chinesischen Kultur die *Inhalte, Verhaltensmanifestationen, Sinndeutungen* und *falschen Identitäten* eines solchen Wahns beeinflusst.

So hatte ein schizophrener Patient die Wahnvorstellung, er sei der oberste Jünger Buddhas, der die Welt vor Verführungen reinigen sollte *(Wahninhalt)*. Dies *manifestiert* sich in seinem bizarren *Verhalten*, indem er sich z. B. wie ein Mönch kleidete, für Buddha Geld auf den Straßen erbettelte und andere (z. B. im Arbeitsamt oder Nachtclub) überzeugen wollte, sich von materiellen und sexuellen Verführungen fernzuhalten.

Von buddhistischen als auch taoistischen Glaubensinhalten ist eine Patientin beeinflusst, die mehrfach sexuell missbraucht wurde. Sie halluzinierte einen bösen Geist, welcher von dem König der Hölle (einer buddhistischen Gottheit) geschickt wurde, um ihr Unglück zu bringen. Durch schlechte Taten in ihrem früheren Leben habe sie das verdient (Karma). Sie war davon überzeugt, dass der Geist auch Besitz von ihr ergriffen habe. Durch diese Halluzination verlieh die Patientin ihrer Störung eine für sie zentrale, religiöse *Sinndeutung*. Zudem glaubte sie, den bösen Geist durch Rituale loszuwerden (z. B. Rezitieren buddhistischer und taoistischer Zaubersprüche), wovon sie sich eine Heilung erhoffte.

In allen untersuchten Fällen zeigte sich zudem, dass die chinesische Volksreligiosität Inhalte zur Verfügung stellt, um eine *falsche Identität* (oberster Jünger Buddhas, böser Geist) zu konstruieren, welche die eigentliche, aber fragmentierte Identität der Patienten ersetzt.

Yip (2003) bewertet abschließend den religiösen Wahn als für die Patientinnen und Patienten bedeutungsvoll und rational, wodurch auch Rückschlüsse auf unerfüllte Bedürfnisse ermöglicht werden (z. B. besonders stark im Umgang mit der Schizophrenie zu sein). Solche glaubensbasierten Sinnstiftungen liefern Erklärungen für die eigene Erkrankung und fördern die Hoffnung auf eine zukünftige Heilung. Dieser Zugewinn an Selbstwirksamkeit wird als eine Ressource bei der Bewältigung der Schizophrenie angesehen.

Insgesamt ist eine positive Bilanz zu ziehen (Koenig, 2009; Koenig et al., 2012): Glaube geht überwiegend mit psychischer Gesundheit Hand in Hand, und das in verschiedenen Ethnien und Altersgruppen. Auch statistisch anspruchsvolle Metaanalysen stellen stets einen leicht positiven, aber signifikanten Zusammenhang zwischen Glauben und psychischer Gesundheit fest (Hackney u. Sanders, 2003; Salsman et al., 2015). Hierbei ist jedoch zu betonen, dass die meisten Studien zu diesem Thema aus dem nordamerikanischen Kontext stammen und es fraglich ist, ob und wieweit sie auch auf andere Kulturräume übertragbar sind.

8.1.2 Verschiedene Glaubensindikatoren und ihre Beziehung zu psychischer Gesundheit

Nicht nur die Betrachtung unterschiedlicher Indikatoren für psychische Gesundheit, sondern auch die Betrachtung unterschiedlicher Instrumente zur Messung von Glauben ist wichtig, um ein besseres Verständnis der komplexen Zusammenhänge zwischen Glauben und Gesundheit zu erhalten. Wie bereits in vorherigen Kapiteln ausgeführt, kann Glaube auf vielfältigste Weise definiert und gemessen werden. So können Studien z. B. eher intrinsische Religiosität und Formen eines gelebten, lebendigen Glaubens oder eher extrinsische Religiosität oder eher eine hinterfragende Religiosität wie Quest mit psychischer Gesundheit in Beziehung setzen:

Intrinsische Religiosität/gelebter oder zentraler Glaube: Je verinnerlichter oder zentraler der Glaube im Leben von Menschen ist, desto deutlicher fallen positiven Zusammenhänge mit psychischer Gesundheit aus (Hackney u. Sanders, 2003; Salsman u. Carlson, 2005). So zeigen sich z. B. geringe Depressivität und gering ausgeprägte Angstsymptome bei intrinsisch Religiösen (Koenig et al., 1993; McCullough u. Larson, 1999).

Extrinsische Religiosität: Verschiedene Studien zeigen negative Zusammenhänge zwischen psychischer Gesundheit und extrinsischer Religiosität (Ventis, 1995), d. h., einem Glauben, der auf nichtreligiösen Motiven wie soziale oder persönliche Vorteile basiert, die Glauben und Glaubensgemeinschaften bieten können (Allport u. Ross, 1967). So zeigen sich z. B. hohe Depressivität und starke Angstsymptome bei extrinsisch Religiösen (Koenig et al., 1993; McCullough u. Larson, 1999).

Quest-Religiosität: Quest bezeichnet eine Glaubensform, bei dem das Individuum immer wieder seinen eigenen Glauben hinterfragt (Batson, 1976). Obwohl diese Glaubensform in aufgeklärten Gesellschaften als wünschenswert gilt, so sind ihre Zusammenhänge mit psychischer Gesundheit nicht ganz so positiv.

Viele Studien ergeben gemischte Befunde: von positiven über nichtsignifikante bis hin zu negativen Beziehungen zwischen Quest und psychischer Gesundheit (z. B. Salsman u. Carlson, 2005). Ein ständiges Hinterfragen des eigenen Glaubens, vor allem dann, wenn dies von der Glaubensgemeinschaft nicht gewollt ist, kann persönliche und soziale Konflikte hervorrufen, die mit Sorgen und Schuldgefühlen einhergehen (Ventis, 1995).

Fundamentalismus: Individuen mit einem umfassenden fundamentalistischen Weltbild (vgl. Kapitel 9) sind entgegen der landläufigen Meinung psychisch stabil (Bartoszuk u. Deal, 2016). Denn ein dualistisches Denken in Gut versus Böse mit dem fanatischen Festhalten an der Vorstellung, man selbst wandle – im Vergleich zum Großteil der Menschheit – auf der heilsbringenden Seite, wirkt stark selbstwerterhöhend. Dabei ist festzustellen, dass sich hinter diesem starken Bedürfnis nach Selbstwerterhöhung Persönlichkeitsdefizite wie Narzissmus verbergen können (Unterrainer et al., 2016). Auch muss darauf hingewiesen werden, dass Fundamentalisten ihre Identität nicht aus diversen, sondern sehr homogenen Anderen speisen und dies langfristig gesehen zu psychotischen Tendenzen führen kann (Herriot, 2009) – allerdings ist dieser Zusammenhang bisher nahezu unerforscht.

Weitere Formen von Glauben, die im Zusammenhang mit psychischer Gesundheit untersucht werden, sind z. B. das Gottesbild (positive *versus* negative Gefühle gegenüber Gott) und das religiöse Coping, welche weiter unten in diesem Kapitel angesprochen werden (siehe Kapitel 8.3). Auch die hier vorgestellten Studien mit dem Fokus auf verschiedene Glaubensindikatoren stammen überwiegend aus dem angloamerikanischen Kontext. Eine interessante Metaanalyse zu Studien aus dem deutschsprachigen Raum sowohl mit Bezug auf verschiedenen Glaubens- als auch Gesundheitsindikatoren ist in Box 8.3 zusammengefasst.

Box 8.3: Die Metaanalyse von Zwingmann und Hodapp (2018) zu Glauben und Gesundheit im deutschsprachigen Raum

Eine *unhinterfragte* Übertragung der bisher vorgestellten Befunde – welche überwiegend aus dem nordamerikanischen Kontext stammen – auf den deutlich weniger religiösen deutschsprachigen Raum sollte vermieden werden. Aus dieser Motivation heraus fassten Zwingmann und Hodapp (2018) 67 Studien (N = 119.575) zu Glauben und psychischer Gesundheit im deutschsprachigen Bereich in einer Metaanalyse zusammen.

Über alle Studien hinweg fanden die Autoren einen sehr leicht positiven, aber signifikanten Zusammenhang von r = .03 zwischen Glauben und psychischer Gesundheit. Glaube kläre dabei nur .001 % der Varianz psychischer Gesundheit auf. Dieses Ergebnis erwies sich sowohl gegenüber soziodemografischen Merkmalen der Studienteilnehmenden (z. B. Alter, Geschlecht) als auch gegenüber unterschiedlichen Gesundheitsindikatoren als robust. Jedoch stellten Zwingmann und Hodapp fest, dass es starke Unterschiede gibt, je nachdem wie Glaube gemessen wird (siehe Abbildung 8.2): Während die meisten Glaubensformen leicht positive Zusammenhänge mit Gesundheit aufweisen, so zeigt sich jedoch bei einem negativen Umgang mit Religion oder Gott (z. B. negatives religiöses Coping, negatives Gottesbild) eine deutlich stärkere negative Korrelation von r = –.20.

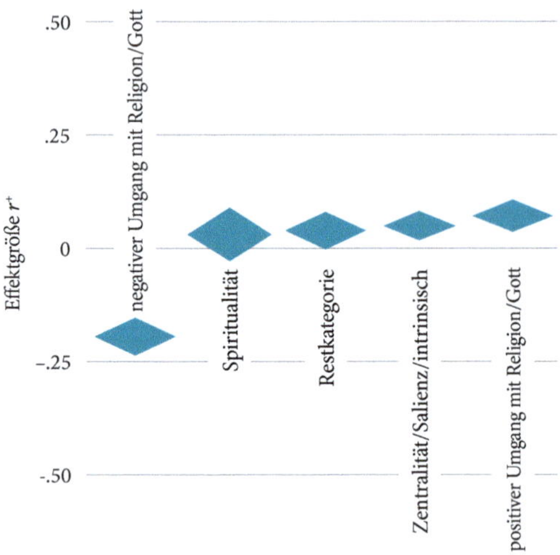

Abbildung 8.2: Unterschiedliche Messinstrumente von Glauben ergeben unterschiedlich hohe Zusammenhänge mit psychischer Gesundheit im deutschsprachigen Kontext (Quelle: Zwingmann u. Hodapp, 2018, S. 76, © De Gruyter)

Zwingmann und Hodapp kommen zu dem Schluss, dass die Beziehung zwischen Glauben und psychischer Gesundheit im deutschsprachigen Kontext ebenfalls positiv, aber niedriger ist als im nordamerikanischen Raum. Zusätzlich ist der Zusammenhang zwischen negativen Formen von Glauben und beeinträchtigter Gesundheit im deutschsprachigen Kontext stärker.

8.2 Die Komplexität des Zusammenhangs zwischen Glauben und psychischer Gesundheit

Widersprüchliche Befunde über den Zusammenhang zwischen Glauben und psychischer Gesundheit ergeben sich häufig dadurch, dass viele Studien diese komplexen und mehrdimensionalen Konstrukte nur eindimensional und manchmal sogar mit nur einem Item messen (Zwingmann u. Klein, 2020). Darüber hinaus sind die meisten Studien rein korrelativ, sodass unklar bleibt, ob der Glaube die psychische Gesundheit beeinflusst oder umgekehrt, dass also die psychische Gesundheit den Glauben beeinflusst. Der *Ursache-Wirkungs-Zusammenhang* ist jedoch für die Sichtweise, ob Glaube gesund oder krank macht, ausschlaggebend: Kann eine positive Korrelation zwischen Glauben und psychischen Störungen darauf hinweisen, dass Menschen mit psychischen Problemen sich eher der Religion zuwenden (z. B. mehr beten) oder dass Glaube tatsächlich krank macht (Lämmermann, 2006)? Korrelative Studien sollten zumindest beide Wirkrichtungen diskutieren, was leider nicht immer der Fall ist (Salsman u. Carlson, 2005). Abhilfe könnten experimentelle oder längsschnittliche Studien schaffen, die einen solchen Kausalschluss zulassen. Diese sind jedoch äußerst selten (Zwingmann u. Klein, 2020).

Darüber hinaus müssen auch *Drittvariablen*, die die Beziehung zwischen Glauben und psychischer Gesundheit beeinflussen können, mitgedacht werden (Lämmermann, 2006). So kann das Ergebnis, dass Gläubige weniger Suizid begehen, auf ihre höhere Ehezufriedenheit zurückgeführt werden, wobei Ehezufriedenheit wiederum mit geringer Suizidalität zusammenhängt (Stack, 1992). Natürlich ist auch denkbar, dass sich der Zusammenhang zwischen Glauben und psychischer Gesundheit *gar nicht linear* verhält. In einer Studie zur Beziehung zwischen Todesangst und Religiosität wurde ein umgekehrt U-förmiger Zusammenhang aufgezeigt, d. h., während Nichtgläubige und Hochgläubige die geringste Todesangst aufwiesen, zeigten moderat Gläubige die höchsten todesbezogenen Ängste (Wink u. Scott, 2005).

Auch ist die *Stichprobe* essenziell bei der Interpretation der Zusammenhänge (Koenig u. Larson, 2001). Während in klinischen Stichproben häufig ein gesundheitsdienlicher Einfluss von Glauben gefunden wird, so gilt dies nicht unbedingt für nichtklinische Stichproben, wie am obigen Beispiel zur Depression in der unbelasteten Allgemeinbevölkerung angeführt (vgl. Abschnitt 8.1.1; Baetz er al., 2006). Zudem ist es auch wichtig, nichtreligiöse Probanden als Vergleichsstichprobe einzubeziehen, was jedoch selten getan wird. Diese gelten – so wie wir es am Beispiel der Studie zur Todesangst gesehen haben – neben den Hochreligiösen und intrinsisch Religiösen als psychisch äußerst stabil (Ventis, 1995). Einen genaueren Blick auf die Stichprobe bei der Interpretation dieser komplexen Zusammenhänge zu haben, betrifft auch die mit den Probanden verbundenen Glaubensinhalte (z. B. fundamentalistisches Glaubensdoktrin, vgl. Abschnitt 8.1.2). Dieser Aspekt wird wohl in zukünftigen, stärker kultur- und religionsvergleichenden Studien (Zwingmann u. Klein, 2020) von noch größerer Wichtigkeit sein.

8.3 Theoretische Erklärungen und integrierendes Modell

Eine Vielzahl an theoretischen Erklärungen der Beziehung zwischen Glauben und psychischer Gesundheit lässt sich in der Literatur finden (z. B. Koenig, 2009). Die einschlägigsten dieser Erklärungen von positiven wie negativen Beziehungen sind in der Tabelle 8.1 vorgestellt und mit empirischen Ergebnissen veranschaulicht. Diese Tabelle lässt sich am besten zeilenweise lesen, da jede Erklärung adaptiver Mechanismen (linke Spalte) ein Pendant maladaptiver Mechanismen (rechte Spalte) hat.

Tabelle 8.1: Theoretische Erklärungen positiver und negativer Beziehungen zwischen Glauben und psychische Gesundheit (nach Dörr, 2001; Schowalter u. Murken, 2003)

Positive Beziehung	Negative Beziehung
1) Religiöse Gemeinschaft	
1a) Soziale Unterstützung Glaubensgemeinschaften, die in der Regel eine hohe Kohäsion aufweisen, bieten Unterstützung und Trost, die als wichtige Ressource der psychischen Gesundheit gelten. *Beispiel:* Menschen, die regelmäßig in die Kirche gehen, sind weniger sozial isoliert und weisen geringere Depressivität auf (Strawbridge et al., 2001).	*1b) Sozialer Druck und Ausgrenzung* Sozialer Druck, den die Glaubensgemeinschaft auslöst, kann das Individuum von der allgemeinen Gesellschaft isolieren. Auch kann die Gemeinschaft Unterstützung denjenigen entziehen, die ihren sozialen Normen nicht entsprechen. *Beispiele:* Junge unverheiratete Mütter aus einem stark religiösen Umfeld weisen erhöhte Depressionswerte auf (Sorenson et al., 1995). Mitglieder von Jehovas Zeugen sind ängstlich bedacht, den Anforderungen der Gemeinschaft zu genügen (Ringnes et al., 2019).
2) Gottesbeziehung und Selbstwertgefühl	
2a) Positive Gefühle gegenüber Gott Die Gottesbeziehung als eine bestimmte Form von Bindung kann sicher sein und sich in positiven Gefühlen des bedingungslosen Angenommenseins manifestieren. Eine solche Beziehung trägt zu einem positiven Selbstwertgefühl bei. *Beispiel:* Patientinnen mit einer Krebserkrankung sind weniger depressiv, wenn sie sicher an Gott gebunden sind (Boscaglia et al., 2005).	*2b) Negative Gefühle gegenüber Gott* Die Gottesbeziehung kann negativ gefärbt sein durch Angst vor einer Strafe Gottes, durch Schuld- und Schamgefühle und kann in der Folge zu einem negativen Selbstwertgefühl beitragen. *Beispiel:* Je negativer die Gefühle gegenüber Gott, desto geringer ist die psychische Gesundheit, wobei sich vor allem erhöhte Ängste und eine geringere Lebenszufriedenheit zeigen (Murken, 1998; Exline et al., 2011).
3) Kohärenzgefühl	
3a) Sinnvermittlung Glaubensüberzeugungen bieten Sinnangebote, um die Welt und vor allem schwierige Lebenslagen zu erklären. Dadurch können Orientierung und Lebenssinn gewonnen werden und zentrale Bedürfnisse nach hohem Selbstwert, Kontroll- und Kohärenzgefühl befriedigt werden. *Beispiel:* Eltern, die den Verlust eines Kindes als göttlichen Plan deuten, neigen zu weniger Depressivität (Znoj et al., 2004).	*3b) Kognitive Rigidität* Glaubensdeutungen können dann pathogen sein, wenn sie zu rigide angewandt werden und negative Deutungen, wie Leiden als Strafe Gottes, in den Vordergrund stellen. *Beispiel:* Besonders bei vulnerablen Menschen können Glaubensüberzeugungen Ängste und Schuldgefühle verstärken oder defensive Abwehrmechanismen hervorbringen, die notwendige Lebensveränderungen verhindern (Koenig, 2009).

<table>
<tr><th>Positive Beziehung</th><th>Negative Beziehung</th></tr>
<tr><td colspan="2">4) Wertesystem</td></tr>
<tr><td>4a) Alternative Werte
Glaubensüberzeugungen beinhalten eine Relativierung gesellschaftlicher Werte (Erfolg, Macht) und die Akzeptanz alternativer Werte (Dankbarkeit, Verzicht), was stressreduzierend wirkt.

Beispiel: Dankbarkeit und die Loslösung von Rachegedanken vermindern das Risiko, eine generalisierte Angststörung auszuprägen (Kendler et al., 2003).</td><td>4b) Idealisierung alternativer Werte
Alternative Werte können stark idealisiert zu einer Unterdrückung der Befriedigung eigener Bedürfnisse führen. Solche lebensfeindlichen, selbstabwertenden Haltungen können psychische Störungen begünstigen.

Beispiel: Auch in Deutschland binden charismatische Gruppenleiter kraft ihrer Ausstrahlung und überwertiger religiös-spiritueller Gedanken ihre Anhänger an sich (Anders u. Utsch, 2020; Galanter, 2013).</td></tr>
<tr><td colspan="2">5) Religiös motiviertes Gesundheitsverhalten</td></tr>
<tr><td>5a) Verhaltensregulierung
Glaube gibt häufig Verhaltensregeln vor, die sich auf den eigenen Körper beziehen und gesundheitsdienlich sind.

Beispiel: Geringe Suizid- und Alkoholprävalenzen bei gläubigen Menschen (Dervic et al., 2004; White et al., 2006).</td><td>5b) Strenge moralische Richtlinien
Strenge Verhaltensrichtlinien können jedoch auch gesundheitsgefährdend oder gar tödlich sein.

Beispiel: Die Ablehnung medizinischer Intervention durch das alleinige Vertrauen auf geistige Heilung kann zu tödlichen Konsequenzen führen (Asser u. Swan, 1998).</td></tr>
<tr><td colspan="2">6) Religiöse Bewältigungsstrategien</td></tr>
<tr><td>6a) Positives religiöses Coping
Coping bezeichnet Bewältigungsstrategien eines Individuums mit einem Problem. Bei positivem religiösem Coping versucht das Individuum, seine Probleme in Kooperation mit Gott, der als ein liebevoller und fürsorglicher Partner gesehen wird, zu lösen.

Beispiel: Menschen mit starken Belastungen, welche kooperatives Coping anwenden, zeigen weniger Stresssymptome und berichten, psychologisch und spirituell an der Belastung zu wachsen (Pargament et al., 1998).</td><td>6b) Negatives religiöses Coping
Ein delegierendes religiöses Coping, in welchem nur auf Gottes Hilfe gehofft wird, beeinträchtigt die eigene Problembewältigung deutlich. Auch die Infragestellung der Macht Gottes zählt zu negativem Coping.

Beispiel: Patientinnen mit einer Krebserkrankung, die sich von Gott verlassen fühlen oder die davon überzeugt sind, dass Gott nicht die Macht hat, eine Änderung ihrer Krankheit zu bewirken, zeigten deutlich mehr Ängste (Boscaglia et al., 2005).</td></tr>
</table>

Diese theoretischen Erklärungen der Wirkung von Glauben auf die psychische Gesundheit wurden von Zwingmann und Klein (2013) in einem Modell integriert (siehe Abbildung 8.3). Es bezieht sich dabei nicht nur auf die Auswirkungen von Glauben auf die psychische, sondern auch auf die körperliche Gesundheit.

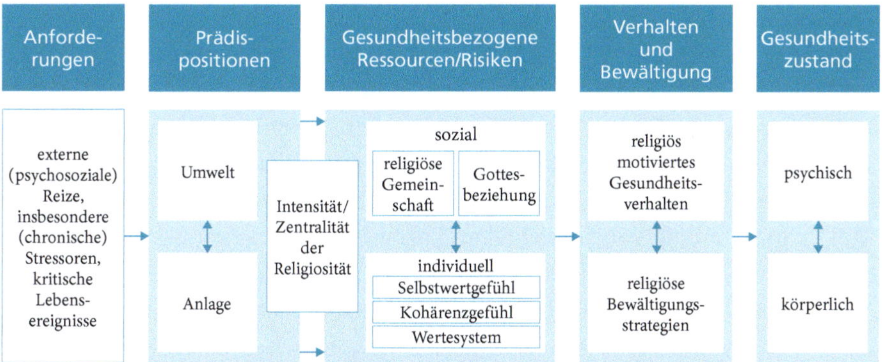

Abbildung 8.3: Modell möglicher Wirkungswege von Glauben auf die Gesundheit (Quelle: Zwingmann u. Klein, 2013, S. 28, © Kohlhammer)

In diesem Modell wird der psychische, aber auch körperliche *Gesundheitszustand* als ein Ergebnis angesehen, welches die Reaktion eines Individuums auf *Anforderungen*, d. h. auf belastende externe Reize wie Stressoren und kritische Lebensereignisse darstellt. Die individuelle Reaktion besteht aus verschiedenen Faktoren, die in den drei mittleren Teilen des Modells zusammengefasst sind, angefangen bei *Prädispositionen*, die durch Sozialisation oder Vererbung erworben wurden. Auch wird hier der intrinsischen Religiosität (»Intensität/ Zentralität der Religiosität«) als besonders gesundheitsförderliche Form des Glaubens ein zentraler Stellenwert eingeräumt (vgl. Abschnitt 8.1.2).

Individuelle und soziale *gesundheitsbezogene Ressourcen und Risiken* des Glaubens umfassen die religiöse Gemeinschaft, die Gottesbeziehung und das Selbstwertgefühl, Kohärenzgefühl sowie das individuelle Wertesystem (vgl. die ersten vier theoretischen Erklärungen in Tabelle 8.1). Konkretes *Verhalten* in kritischen Lebenssituationen und deren *Bewältigung* manifestiert sich durch den Einfluss des religiös motivierten Gesundheitsverhaltens und in den religiösen Bewältigungsstrategien (vgl. die letzten beiden theoretischen Erklärungen in Tabelle 8.1). Das Modell bildet somit beides ab: sowohl den positiven als auch den negativen Einfluss von Glauben auf die Gesundheit.

Die rechts außen im Modell dargestellte Interaktion zwischen psychologischer und körperlicher Gesundheit widerspiegelt gleichzeitig den vermuteten Prozess, der wohl hinter der Beziehung zwischen Glauben und psychischer Gesundheit liegt, nämlich dass »die adaptiven psychischen Mechanismen das Stressniveau absenken und positive Emotionen hervorrufen können, was mit gesundheitsdienlichen neuroimmunologischen und physiologischen Effekten einhergeht« (Klein u. Albani, 2007, S. 6). Umgekehrt kann man dies für die negativen Wirkmechanismen von Glauben formulieren.

Auch wenn der Einfluss von Glauben auf die psychische Gesundheit insgesamt als eher klein zu bewerten ist (Zwingmann u. Hodapp, 2018), so ist Glaube dennoch eine wichtige Ressource für die psychische Gesundheit – gerade auch weil er unabhängig von finanziellen, sozialen, psychischen oder physischen Umständen jedem Individuum potenziell zugänglich ist (Koenig, 2009).

In Box 8.4 wird aus dem bisher Gesagten ein Leitfaden entfaltet, der durch eine Vielzahl an Studien zum Zusammenhang zwischen Glauben und psychischer Gesundheit führen kann.

Box 8.4: Ein Leitfaden durch die Vielzahl der Studien zu Glauben und psychischer Gesundheit

Schowalter und Murken (2003) vergleichen die Frage, ob Glaube gut für die psychische Gesundheit ist, mit der Frage, ob Regen gut für die Ernte ist. »Solange wir nicht wissen, wie der Boden beschaffen ist, was angebaut wird, in welchem Zeitraum der Regen fällt und welche weiteren Parameter wichtig sind (Sonneneinstrahlung, Lufttemperatur etc.), ist eine Aussage kaum möglich« (Schowalter u. Murken, 2003, S. 157 f.). Einige dieser Parameter sind uns jedoch bereits in diesem Kapitel über den Weg gelaufen und können uns als Anhaltspunkte dienen, um uns einen Weg durch die Vielzahl an Studien zu Glauben und psychischer Gesundheit zu bahnen. Dieser Leitfaden erhebt nicht den Anspruch, erschöpfend zu sein, sondern soll ausschließlich als Impuls dienen, der weitere Ergänzungen zulässt.

Sind Sie mit einer Studie oder deren Ergebnis zum Verhältnis von Glauben und psychischer Gesundheit konfrontiert, dann können Sie diese besser einordnen, indem Sie fragen:

1. Ist die Studie bereits vor den 1980er Jahren entstanden? – Aufgrund großer methodischer Mängel sollte diese Studie nicht eingehender betrachtet werden.
2. Wie wird psychische Gesundheit gemessen? Ein- oder mehrdimensional?
3. Wie wird Religiosität gemessen? Ein- oder mehrdimensional?
4. In Längsschnittstudien: Was ist Ursache und was ist Wirkung? In Querschnittsstudien: Werden die Ergebnisse in beide Kausalrichtungen diskutiert (z. B. löst Beten Angst aus oder beten Menschen mit Ängsten mehr)?
5. Gibt es Drittvariablen, die den Zusammenhang erklären könnten? Sind diese in der Studie diskutiert?

6. Wie setzt sich die Stichprobe hinsichtlich religiöser Zugehörigkeit und damit verbunden Glaubensinhalten zusammen?
7. Wurden nichtgläubige Personen als Kontrollgruppe in die Stichprobe einbezogen?
8. Wurde die Forschungshypothese plausibel aus einer bewährten Theorie abgeleitet?
9. Wird das Studienergebnis theoriekonform interpretiert und werden die Studiengrenzen kritisch diskutiert?

...

ERSCHLIESSUNGSFRAGEN

1. Definieren Sie psychische Gesundheit und grenzen Sie diese Definition von Wellness und Selbstoptimierung ab.
2. Nennen Sie je vier Indikatoren für psychische Gesundheit und für religiösen Glauben und erläutern Sie die Komplexität des Zusammenhangs zwischen psychischer Gesundheit und religiösem Glauben.
3. Lesen Sie eine Studie zur Beziehung zwischen Glauben und psychischer Gesundheit, z. B. eine Studie, die in der Metanalyse von Zwingmann und Hodapp (2018) behandelt wurde. Versuchen Sie diese anhand des Leitfadens in den bisherigen Forschungsstand einzuordnen. Können Sie noch weitere Punkte zum Leitfaden ergänzen?

PERSÖNLICHE VERTIEFUNG/SELBSTERFAHRUNG

1. Haben Sie in Ihrer Umgebung religiösen Glauben bereits auf eine gesundheitsförderliche oder gesundheitsschädigende Weise wahrgenommen? Wie könnten Sie diese Erfahrungen anhand der theoretischen Erklärungen (Tabelle 8.1) und des Modells (Abbildung 8.3) einordnen?
2. Reflektieren Sie, welche Ideen zum Zusammenhang zwischen religiösem Glauben und psychischer Gesundheit Sie vor dem Lesen dieses Kapitels hatten. Hat sich dies nach dem Lesen des Kapitels verändert? Warum oder warum nicht?

WEITERFÜHRENDE LITERATUR

Detaillierte Befunde zu Glauben und psychischer Gesundheit sind in dem überaus umfangreichen Werk von Koenig et al. (2012) abgebildet. Darin findet sich im zweiten Kapitel eine exzellente geschichtliche Darstellung von Glauben und psychischer Gesundheit. Viele weitere Kapitel desselben Buches fokussieren auf Glauben und körperliche Gesundheit; eine Kurzzusammenfassung dieses Themas findet sich auch bei Zwingmann und Klein (2020). Einen umfassenden Einblick in genetische, biologische, soziale und umweltbedingte Faktoren im Zusammenspiel von Glauben und psychischer Gesundheit bietet Kapitel 7 von Koenig (2018). Vertiefte Einblicke in spezifische negative Themen wie Glaubenskonflikte, »ekklesiogene Neurose« und pathologische Religiosität liefern verschiedene Kapitel in Zwingmann et al. (2017b). Anschauliche Fallbeispiele, wie religiöser Glaube die Gesundwerdung unterstützen bzw. der Gesundheit schaden kann, enthält das »Fallbuch Spiritualität«, in dem nach einer Einführung zwanzig psychiatrisch-psychotherapeutische Krankengeschichten erzählt werden und von Kolleginnen und Kollegen kommentiert werden (Frick et al., 2018). Die ergänzende Zusammenarbeit zwischen Psychotherapie und Seelsorge im Umgang mit religiösen Zwängen dokumentieren der Verhaltenstherapeut Ciupka-Schön und der Seelsorger Becks (2018).

9 Schattenseiten des Glaubens: Fundamentalismus, Extremismus und Missbrauch

Lernziele

1. Verschiedene psychologische Ansätze zu Fundamentalismus und Extremismus erklären können.
2. Fundamentalismus und Extremismus unterscheiden können.
3. Den Zusammenhang zwischen Glauben und Extremismus reflektieren können.
4. Warnsignale für einen drohenden spirituellen Machtmissbrauch erkennen können.
5. Präventionsmaßnahmen seitens der Religionsgemeinschaften zum Schutz vor Übergriffen benennen können.
6. Aufzeigen können, wie Opfern eines religiös-spirituellen Missbrauchs geholfen werden kann.

»[D]ie besten Früchte der religiösen Erfahrung [sind] das Beste überhaupt, was die Geschichte zu bieten hat.«
(James, 1902/2010, S. 273)

»Die Früchte der Religion können wie alle menschlichen Produkte durch Übermaß leicht verdorben werden.«
(James, 1902/2010, S. 349)

Bereits William James (1842–1910) als einer der Begründer der Religionspsychologie beschäftigte sich sowohl mit positiven als auch mit negativen Konsequenzen von Glauben. Diesen zwiespältigen Charakter des Glaubens haben wir bereits im letzten Kapitel (Glaube und psychische Gesundheit) kennengelernt. Aber nicht nur auf der Ebene der psychischen Gesundheit, sondern auch darüber hinaus kann Glaube nicht nur gute, sondern auch verdorbene »Früchte« sowohl für den Einzelnen als auch für seine soziale Umwelt hervorbringen. Solche Schattenseiten werden in populärwissenschaftlicher Literatur (Dawkins, 2020) und in den Medien häufig überbetont (Angenendt, 2007). Wir werden jedoch im Folgenden sehen, dass diese – ganz im Sinne James' – extreme Randerscheinungen des Glaubens darstellen. Zwar können solche dunklen Seiten auch aus individuellem Glauben erwachsen (Huber et al., 2021), bei Fundamentalismus, Extremismus und Missbrauch spielt jedoch die institutionelle Komponente des Glaubens eine herausragende Rolle.

Diese drei Schattenseiten, welchen sich dieses Kapitel widmet, sind auch Themen, die in der Öffentlichkeit stark diskutiert werden. Schwerpunkt wird dabei der Fundamentalismus darstellen, da er dasjenige Thema ist, welches das meiste religionspsychologische Interesse bisher weckte. Darüber hinausgehend stellt sich nämlich die Frage, ob Extremismus und Terrorismus denn überhaupt etwas mit Religion zu tun haben (Koopmans et al., 2020). Abschließend wird ein Ausblick auf das hochaktuelle Thema des sexuellen Missbrauchs innerhalb der Kirchen aus religionspsychologischer Perspektive gegeben.

9.1 Fundamentalismus

9.1.1 Begriffsbestimmung

Im Alltag verbindet man den Begriff des Fundamentalismus wohl am ehesten mit dem Islam. Umso erstaunlicher ist es, dass dieser Begriff ursprünglich aus dem Christentum kommt, denn zu Beginn des 20. Jahrhunderts nannte sich eine US-amerikanische christliche Bewegung *The Fundamentals*. Diese sahen sich als eine religiöse Bewegung gegen die Modernisierung der Gesellschaft (z.B. Evolutionstheorie), aber auch der Theologie (z.B. historisch-kritische Bibelauslegung). Deshalb definierten sie verbindliche Grundlagen (»Fundamentals«), an die alle Christen glauben sollten, und versuchten mit Ausgaben ihres gleichnamigen Journals – das teilweise eine Auflage von drei Millionen Exemplaren aufwies! – Pfarrer und andere kirchliche Mitarbeiter zu beeinflussen. Diese Fundamente stellten neben der wörtlichen Inspiration und Irrtumslosigkeit der Bibel und der Jungfrauengeburt auch die baldige Wiederkunft Jesu dar (Williamson, 2020).

Längst hat sich jedoch der Begriff des Fundamentalismus auf andere Kulturen und Religionen übertragen. Dabei werden fundamentalistische Bewegungen als Gegenbewegung zur Moderne und Säkularisierung gesehen (Herriot, 2009; Marty u. Appleby, 1991), was jedoch häufig auch kritisch betrachtet wird (Juergensmeyer, 1993; Williamson, 2020). Spätestens seit den 1980er Jahren wird das Phänomen des religiösen Fundamentalismus von theologischer, religions- und sozialwissenschaftlicher Seite näher untersucht (Kienzler, 2007). Da Fundamentalismus eine bestimmte Glaubensform darstellt und mitunter starke psychosoziale Konsequenzen aufweist, ist er seitdem auch Gegenstand der Religionspsychologie (Williamson, 2020).

Eine verbreitete Definition von religiösem Fundamentalismus liegt von Altemeyer und Hunsberger (1992, 2004) vor, die auch in ihrer *Religious Fundamentalism Scale* abgebildet wird. Demnach ist Fundamentalismus eine Glaubensform, die vier Aspekte beinhaltet:

- Die eigenen Glaubenslehren beinhalten die fundamentale, essenzielle und irrtumslose Wahrheit über die Menschheit und das Göttliche bzw. Gott.
- Diejenigen, die dieser Wahrheit folgen, haben eine besondere Beziehung zum Göttlichen.
- Diese Wahrheit muss auch heute befolgt werden durch unveränderliche Praktiken der Vergangenheit.
- Diese Wahrheit steht anderen, bösen Mächten gegenüber, die bekämpft werden müssen.

Im Kern des Fundamentalismus steht somit, das Eigene zu bewahren und es gegenüber dem Fremden zu verteidigen. Dies ist jedoch auch das Kernmerkmal des religiösen Traditionalismus, sodass einige vorschlagen, dass Fundamentalistinnen und Fundamentalisten sich nicht nur in einer besonderen Beziehung zum Göttlichen sehen, sondern dass sie auch davon überzeugt sind, ein besonderes Verhältnis zu allen Dingen in der Welt zu haben (Pollack et al., 2023). In diesem Zusammenhang erheben sie den Anspruch auf die universelle Geltung ihres Glaubens. Deshalb versuchen sie, diese Messlatte auch zum Maßstab für andere zu machen – sei es in Form von Mission, von politischer Partizipation oder gar (selten) von extremistischer Gewalt.

Es mag bereits aufgefallen sein, dass – auch häufig entgegen unserem Alltagsverständnis – Fundamentalismus nicht über Gewalt definiert wird. Schwache bis mäßig Korrelationen zu Gewalt und Extremismus (vgl. Kapitel 9.2 »Extremismus«) sind vorhanden, doch sind die meisten Menschen mit einem umfassenden fundamentalistischen Weltbild nicht gewalttätig (Hood et al., 2005). In Box 9.1 wird die Definition des Fundamentalismus durch ein Anwendungsbeispiel veranschaulicht.

Box 9.1: Beispiel einer religiös-fundamentalistischen Gruppe des Judentums: Neturei Karta (in Anlehnung an Herriot, 2009)

Die Neturei Karta (»Wächter der Stadt«) ist eine weltweit verbreitete Untergruppierung der ultraorthodoxen Juden (»Haredim«), die bereits für sich genommen eine fundamentalistische Bewegung darstellt und im Europa des 19. Jahrhunderts als eine Gegenbewegung zur säkularen Moderne entstand.

Die Neturei Karta sehen sich selbst als die von Gott auserwählten Wächter des einen wahren Glaubens, der die irrtumslose Wahrheit über Mensch und Gott abbildet. Sie stellen sich damit auch als eine Gruppe dar, die eine ganz besondere Beziehung zum Göttlichen hat. Diese Wahrheit wird befolgt durch

Praktiken der Vergangenheit (Bart- und Haarlocken für Männer, lange Kleidung für Frauen) sowie eine starke Distanz zur säkularen Kultur (Verbot von Fernsehen/Internet und geschlechtergemischten Treffen). Die Nichtbefolgung der Praktiken müsse mit allen Mitteln verhindert werden, da ansonsten die Reinheit der wahren Torah (ein heiliges Buch im Judentum) beschmutzt werde. Dieser absoluten Wahrheit stehe der Zionismus mit seinem ganz weltlichen Anspruch, Israel als jüdisches Land aufzubauen, gegenüber, da er die Allmacht Gottes untergrabe, der selbst entscheiden werde, wann er das neue Königreich Israel aufbaut. Somit steht die Neturei Karta dem Zionismus und allen mit ihm verbundenen Gruppen (z. B. auch der israelischen Regierung) als der bösen Macht gegenüber, die bekämpft werden muss.

Jedoch ist die Neturei Karta eine nicht ausschließlich traditionalistische Gruppe, sondern sieht sich auch als eine auserwählte Bewegung an, welche in einem besonderen Verhältnis zu allen weltlichen Dingen steht. Aus diesem Grund beteiligt sie sich innerhalb und außerhalb Israels politisch stark. Auch wenn die Neturei Karta eine offen feindschaftliche Haltung gegenüber Zionisten und der israelischen Regierung einnimmt, ist sie nicht gewalttätig. Mit ihren gerade einmal 5.000 Mitgliedern übt sie gleichwohl bis heute einen starken Einfluss auf die öffentliche Meinung zum Zionismus aus (Shah, 2021). Eine andere jüdisch-fundamentalistische, allerdings stark zionistische Gruppe ist die Siedlerbewegung Gusch Emunim (»Block der Getreuen/Gläubigen«), welche jedoch auch extremistisch ist (siehe Kapitel 9.2) und traurige Bekanntheit durch diverse Bombenattentate auf Palästinenser erlangte.

Aus psychologischer Sicht befriedigt ein fundamentalistisches Weltbild grundlegende menschliche Bedürfnisse. Unser Streben nach Lebenssinn, Kontrolle und Kohärenzgefühl sowie nach einem positiven Selbstwertgefühl wird zwar auch von nichtfundamentalistischem Glauben befriedigt, jedoch von einem Fundamentalismus als einem eindeutigen, absoluten und exklusivistischen Glauben deutlich stärker (Hood et al., 2005). Aus diesen Gründen sind Fundamentalisten häufig psychologisch überaus stabil (siehe Kapitel 8). Jedoch hat Fundamentalismus auch negative Folgen für die einzelne Person und ihre soziale Umgebung. Daher wird im Folgenden der Fundamentalismus aus einer individuell-kognitiven und einer sozialpsychologischen Perspektive untersucht.

9.1.2 Kognitive Perspektive auf den Fundamentalismus: Das Modell der Intratextualität von Hood et al. (2005)

In früheren Ansätzen galt die buchstäbliche Interpretation der Heiligen Schriften als ein Kernaspekt von Fundamentalismus. Die mentale Repräsentation von fundamentalistischen Glaubensinhalten ist für Hood et al. (2005) jedoch weitaus komplexer. In ihrem Modell steht immer noch der Heilige Text im Zentrum, welcher für Fundamentalisten eine absolut verbindliche Wahrheit darstellt. Der Heilige Text wird dabei als selbsterklärend verstanden; ob einzelne Stellen dann wortwörtlich oder symbolisch gedeutet werden, ist ebenfalls vom Text selbst vorgegeben. Der Text enthält somit sowohl die absoluten Wahrheiten als auch die Interpretation dieser Wahrheit. Für Fundamentalisten ist ein Hinzuziehen zusätzlicher Quellen nicht nötig. Hierzu ein Beispiel eines solchen intratextuellen Dialoges zwischen einer Person und der Bibel, der bei einem Fundamentalisten zur Erkenntnis führen kann, dass die Jungfrauengeburt und die Göttlichkeit Jesu absolute Wahrheiten sind (Williamson, 2020): »Darum wird euch der Herr selbst ein Zeichen geben: Siehe, eine Jungfrau ist schwanger und wird einen Sohn gebären, den wird sie nennen Immanuel« (Jesaja 7:14). »Die Geburt Jesu Christi geschah aber so: Als Maria, seine Mutter, dem Josef vertraut war, fand es sich, ehe sie zusammenkamen, dass sie schwanger war von dem Heiligen Geist [...] Das ist aber alles geschehen, auf dass erfüllt würde, was der Herr durch den Propheten gesagt hat, der da spricht: ›Siehe, eine Jungfrau wird schwanger sein und einen Sohn gebären, und sie werden ihm den Namen Immanuel geben‹, das heißt übersetzt: Gott mit uns« (Matthäus 1:18,22–23).

Abbildung 9.1 stellt ein Modell dieses kognitiven Ansatzes dar. In dieser Abbildung wird gezeigt, dass das Individuum, welches den Heiligen Text auslegt, nur mit diesem Text durch das intratextuelle Prinzip in Dialog tritt, um die absolute Wahrheit zu erkennen. Das Individuum ist dabei von externen Quellen abgekapselt.

Die absolute Wahrheit, offenbart durch den Heiligen Text und durch den intratextuellen Dialog zwischen Text und Individuum, stellt eine geschlossene objektive Realität dar, in welcher Fundamentalisten verankert sind. Aus dieser Verankerung heraus wird diese absolute Wahrheit dann mit allen anderen lebensweltlichen Aspekten in Beziehung gesetzt (im Modell durch die Pfeile in den grauen Bereich hinein dargestellt). Im Alltag etwa zu unterscheiden, was gut oder böse ist, geschieht dann stets aus der Perspektive der absoluten Wahrheit. In diesem grauen Bereich befinden sich auch periphere Glaubensinhalte, welche weniger gewisse Wahrheiten darstellen. Da sie sich außerhalb des geschlossenen Vierecks befinden, ist es möglich, dass sie z. B. durch Erfahrungen verändert werden können. Beispielsweise gibt es fundamentalistische Evangelikale, die neben der Heilung durch den Heiligen Geist auch medizinische Hilfe in Anspruch nehmen, nämlich dann, wenn der Glaube an geistige Heilung ein nur peripherer Glaubensinhalt ist. Dennoch ist es für Fundamentalistinnen essenziell, dass diese peripheren Glaubensinhalte in Harmonie mit der absoluten Wahrheit stehen müssen. So sind viele Fundamentalisten gegenüber der Wissenschaft aufgeschlossen und fördern diese sogar, solange diese nicht in Konflikt mit der absoluten Wahrheit gerät (Williamson, 2020).

Zur Veranschaulichung des Ansatzes ist auch das alternative, nichtfundamentalistische Gedankenmodell der *Inter*textualität in Abbildung 9.2 dargestellt (Hood et al., 2005). In diesem ist der Heilige Text einer von vielen verbindlichen Texten. Dabei ist der Dialog zwischen einer Person und dem Text intertextuell, d. h., auch äußere Quellen sind zulässig, um relative Wahrheiten aus dem Heiligen Text abzuleiten (durchlässige Linie des Vierecks). Um beim obigen Beispiel der Göttlichkeit Jesu zu bleiben: Ein Nichtfundamentalist wird neben den oben genannten Bibelstellen z. B. auch historisch-wissenschaftliche Bücher zum Leben Jesu heranziehen und zur relativen Wahrheit kommen, dass Jesus ein liebevoller Lehrer, aber nicht unbedingt göttlich war (Williamson, 2020). Relativ bedeutet hier, dass diese Wahrheiten immer für Modifikationen offen sind; sie beeinflussen die äußere Lebenswelt und werden von dieser, z. B. in Form peripherer Glaubensinhalte, auch beeinflusst.

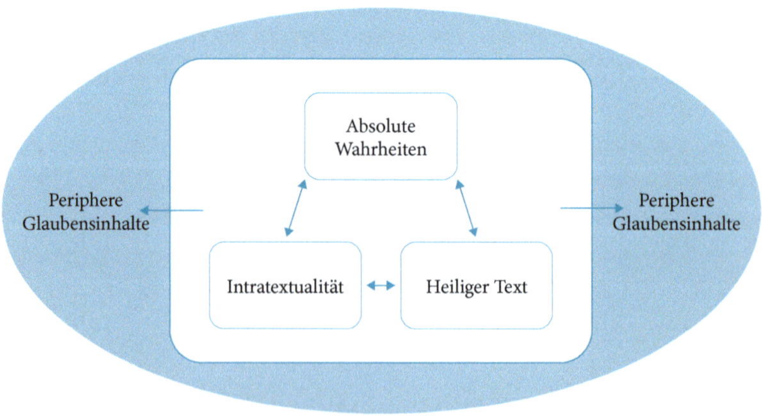

Abbildung 9.1: Fundamentalistischer Gedankenprozesse nach dem Prinzip der *Intra*textualität (nach Hood et al., 2005, S. 23, © The Guilford Press; Williamson, 2020, S. 76, © Brill)

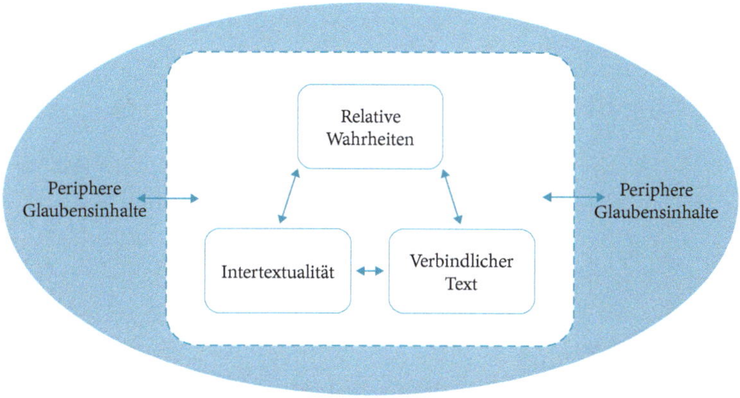

Abbildung 9.2: *Nicht*-fundamentalistischer Gedankenprozesse nach dem Prinzip der *Inter*-textualität (Quellen: Hood et al., 2005, S. 27; eigene Übers., © The Guilford Press; Williamson, 2020, S. 80, © Brill)

Das Prinzip der *Intra*textualität als grundlegender Gedankenprozess bei Fundamentalistinnen und Fundamentalisten wird als Hauptfaktor gesehen, weshalb Andersdenkende auf Distanz gehalten oder gänzlich vermieden werden (Hood et al., 2005). Aus Sicht der Fundamentalisten werden alle Personen, die nicht denselben Glauben teilen, d. h., nicht Anteil an der absoluten Wahrheit haben, als Außenseiter oder sogar als Bedrohung der Sicherheit und Reinheit des eigenen fundamentalistischen Glaubens angesehen. Dies führt zu gravierenden sozialpsychologischen Konsequenzen.

9.1.3 Sozialpsychologische Sichtweise auf den Fundamentalismus

Theorie der sozialen Identität (Herriot, 2009)

Die Theorie der sozialen Identität, aber auch Aspekte der Selbstkategorisierungstheorie wurden von Peter Herriot (2009) als Grundlage für die Erklärung von Fundamentalismus herangezogen. Die Theorie sozialer Identität beschäftigt sich damit, wie eine Gruppenmitgliedschaft soziale Identität des Individuums schafft und Individuen durch eine solche Gruppenzugehörigkeit ihren Selbstwert erhöhen (Tajfel, 1978). Die Selbstkategorisierungstheorie fokussiert stärker darauf, wie die personale Identität und verschiedene soziale Identitäten als Kategorien innerhalb des Selbstkonzepts miteinander interagieren (Turner, 2010).

Als zentrales Merkmal von Fundamentalismus gilt für Herriot (2009) der Konflikt zwischen dem Fundamentalismus und dem modernen Säkularismus über Glaubensinhalte, Werte und Normen. Dies betrifft z. B. verbindliche Quellen (Heilige Schrift versus Humanismus), aber auch zentrale Werte (absolutes Festhalten an verbindlichen Werten versus liberaler Wertepluralismus). Dieser grundlegende Konflikt ermöglicht eine scharfe Abgrenzung der fundamentalistischen Eigengruppe zu nichtfundamentalistischen Fremdgruppen, die den Grundstein für Intergruppenkonflikte legen kann.

Dabei spielt die fundamentalistische Gruppenidentität im Selbst des Einzelnen eine bedeutende Rolle. Ist eine fundamentalistische Gruppenidentität in einer bestimmten Situation handlungsleitend, d. h., ist sie »salient«, entpersonalisiert sich das Individuum, indem es sich als Repräsentant seiner fundamentalistischen Gruppe und deren Glaubensinhalte, Werte und Normen wahrnimmt. Andere Eigengruppenmitglieder, die die fundamentalistische Doktrin zentral vertreten, werden dann als Prototypen und somit als Rollenmodelle wahrgenommen. Die fundamentalistische soziale Identität wird in religiösen, aber auch häufig in vielen nichtreligiösen Situationen dominant, da sie stark im Selbst des Individuums verwurzelt ist und somit leicht zugänglich wird, sobald Normen und Werte, die in Verbindung mit der fundamentalistischen Gruppe stehen, ins Spiel kommen. Auch tritt die fundamentalistische Gruppenidentität in den Vordergrund und wird verhaltensleitend, wenn die Eigengruppe oder das einzelne Mitglied mit einer Fremdgruppe konfrontiert wird, die ihren Glauben, ihre Normen und Werte infrage stellt.

Die Vorstellung fundamentalistischer Gruppen, eine besondere Beziehung zum Göttlichen zu haben (Altemeyer u. Hunsberger, 2004), wirkt dabei stark selbstwerterhöhend. Hingegen sind weltliche Aspekte wie der (vielleicht unterlegene) soziale Status der fundamentalistischen Gruppierung eher unwichtig. Die Vorstellung des göttlichen Auserwähltseins allein erhöht auch die Konformität sowie den Zusammenhalt innerhalb der Eigengruppe und bewirkt das Verpflichtungsgefühl, gegen eine Fremdgruppe aktiv zu werden. Zudem schafft sich das Individuum durch das fundamentalistische Weltbild nicht nur einen erhöhten Selbstwert, sondern auch eine eindeutige, unhinterfragbare Weltsicht, die Unsicherheit gegenüber der Welt reduziert. So interpretieren viele fundamentalistische Gruppen eine Pandemie als ein eindeutiges Zeichen der Endzeit, welche einen fundamentalen Glaubensinhalt ihrer Gruppe bildet. Auch dieser Prozess erhöht das Vertrauen in Glaubensinhalte, Werte und Normen der fundamentalistischen Eigengruppe und erhöht den Selbstwert (Herriot, 2009).

Relevante Fremdgruppen mit anderen Normen und Werten werden somit nicht nur als eine Gefährdung des eigenen Glaubens, sondern auch als eine Bedrohung der eigenen fundamentalistischen Gruppenidentität und des damit verbundenen Selbstwertes wahrgenommen. Um Glaube, Gruppenzugehörigkeit und Selbstwert zu erhalten, bedarf es dann einer Aufwertung und Erhöhung der eigenen Gruppe und der gleichzeitigen Abwertung der Fremdgruppe. Dabei laufen häufig kognitive Verzerrungen ab, welche Unterschiede innerhalb der Eigengruppe minimieren (z. B. Prototypenbildung) und die Unterschiede zwischen Eigen- und Fremdgruppe maximieren. So treten Stereotypisierungen gegenüber der Fremdgruppe auf, die den einzelnen Mitgliedern stark homogene Überzeugungen, Werte und Normen unterstellt. Dies führt in der Konsequenz häufig zur Schuldzuweisung an die Fremdgruppe und zu ihrer Diskriminierung.

Ein fiktives Fallbeispiel zur Veranschaulichung von Herriots (2009) Theorie ist in Box 9.2 dargestellt.

Box 9.2: Fallbeispiel zu Herriots (2009) Anwendung der Theorie der sozialen Identität auf den fundamentalistischen Kontext (in Anlehnung an Williamson, 2020)

Katrin ist Mitglied in einer fundamentalistischen Pfingstkirche und hat eine fest verankerte soziale Identität als Mitglied dieser Kirche. Aus dieser Mitgliedschaft und der damit verbundenen zentralen Glaubensinhalte des göttlichen Auserwähltseins durch die Gaben des Heiligen Geistes (wie in der Zungenrede) speist sich Katrins Selbstwertgefühl. Ihre fundamentalistische Identität steht dann im Vordergrund, wenn sie sich mit ihrer Gemeinde trifft, aber auch in vielen nichtreligiösen Kontexten, die ihre Werte und Normen berühren. Katrins fundamentalistische soziale Identität ist aufgrund ihrer tiefen Verankerung recht leicht zugänglich, kann in verschiedenen Situationen dominant werden und sowohl Katrins soziales Verhalten als auch ihre Interaktion mit anderen stark beeinflussen.

Katrin trifft sich jeden Dienstag in ihrer Kirche mit einer Gruppe, um Besuche bei denjenigen Mitgliedern zu planen, die nicht mehr aktiv am Gemeindeleben teilnehmen. Schon die alleinige Vorstellung dieser Gruppe bringt die fundamentalistische soziale Identität in den Vordergrund. Katrins Verhalten wird nicht mehr durch ihre persönlichen Vorstellungen, sondern durch Glaubensinhalte, Werte und Normen der Gruppe geleitet. Während der Planung stimmt Katrins soziale Identität überein mit dem Glauben an Christus als einzigem Mittel zur Erlösung, der Überzeugung, durch Gott mit dem ewigen Leben bevorzugt zu werden und der Verhaltensnorm, »Verlorene« durch Evangelisation zu retten.

Dabei werden diejenigen Mitglieder, die nicht mehr in die Kirche kommen, als Verlorene, die ewige Verdammnis erfahren, stereotypisiert und abgewertet und von der Eigengruppe, die von Gott auserwählt wurde, abgegrenzt.

Bei diesen Treffen spielt Katrin Besuche durch, bei denen inaktive Mitglieder zu Christus zurückgeführt werden sollen. Dieses Rollenspiel wird angeleitet von Matthias, der sich seiner Verantwortung für die Rettung der Verlorenen stark bewusst ist und herausragende Fähigkeiten zur Evangelisation beherrscht. Matthias gilt somit als ein Prototyp, der dem Ideal von Christus nahekommt, sodass Katrin später in der realen Besuchssituation versucht, das Verhalten, das sie von Matthias gelernt hat, umzusetzen. Allein die Vorstellung einer Fremdgruppe im Rollenspiel erhöht die Konformität innerhalb der Gruppe, ihren Zusammenhalt als Erlöste und das Selbstwertgefühl der Gruppe und damit auch Katrins Selbstwertgefühl. Diese Effekte verstärken sich nochmals bei realen Besuchen der inaktiven Mitglieder, und das unabhängig davon, ob überhaupt einer der Inaktiven »gerettet« wird oder nicht.

In Katrins fundamentalistischer Pfingstkirche sind bestimmte Glaubensüberzeugungen und damit verbundene Werte und Normen zentral, die sich gegen Homosexualität aussprechen. An einem Sonntagmorgen verkündet ihr Pastor, dass ein Homosexueller für das Amt des Bürgermeisters ihrer Kleinstadt kandidiert. Katrin fühlt sich in ihrem Glauben, ihren Werten und Normen und letztlich in ihrer sozialen fundamentalistischen Identität und in ihrem Selbstwert bedroht. Ihre soziale Identität als fundamentalistische Christin wird dominant und verhaltensleitend, sodass sie sich anderen Gemeindemitgliedern anschließt, um gegen die Kandidatur des homosexuellen Mannes öffentlich zu protestieren.

FundamentalistInnen sind somit nicht nur von der Eigengruppe, sondern werden auch von Fremdgruppen stark beeinflusst. Die Anwendung der Theorie sozialer Identität auf Fundamentalismus kann auch Vorurteilsneigung im fundamentalistischen Kontext besser beleuchten.

Religiöser Fundamentalismus und Vorurteile

Die starke Grenzziehung zwischen der fundamentalistischen Eigengruppe und Fremdgruppen, die Herriot (2009) darlegt, zeigt sich auch in Befunden, die zunächst für eine psychologische Stabilisierung durch Fundamentalismus für das Individuum zu sprechen scheinen. So weisen Fundamentalistinnen und

Fundamentalisten eine große Hilfsbereitschaft auf, die sich jedoch bei näherer Betrachtung fast nur auf ihre Eigengruppe bezieht (Gribbins u. Vandeberg, 2011). Diese starke Grenzziehung zusammen mit einer negativen Stereotypisierung von Fremdgruppen und damit einhergehender abwertender Einstellung gegenüber dieser Fremdgruppen schlägt sich in Vorurteilen und sogar Anfeindungen gegenüber diesen nieder.

Der klassische Ansatz der Vorurteilsforschung im Kontext »Fundamentalismus« geht jedoch nicht von sozialpsychologischen, sondern in erster Linie persönlichkeitspsychologischen Überlegungen aus. Die Fundamentalismusforscher Altemeyer und Hunsberger (1992, 2005) sehen starke Bezüge zum Autoritarismus, also einem Persönlichkeitsmerkmal, welches durch das Festhalten an traditionellen Normen, ein Bedürfnis nach Gehorsam gegenüber mächtigen Autoritäten und eine starke Ablehnung bis hin zur Bekämpfung von anderen Überzeugungen und deren Vertretern gekennzeichnet ist. Die Bezüge zum Fundamentalismus liegen dabei auf der Hand: das Festhalten an traditionellen Normen, der häufige Wunsch nach einer autoritären Führung in der Glaubensgemeinschaft und die Bekämpfung von allem, was von der absoluten Wahrheit, die durch den eigenen Glauben verkörpert wird, abweicht. So ist nicht überraschend, dass Altemeyer und Hunsberger (2005) in verschiedenen Studien immer wieder stark positive Zusammenhänge zwischen Fundamentalismus und Autoritarismus fanden. Auf der Hand liegt jedoch auch, dass Altemeyer und Hunsberger ihre Definitionen und Skalen von Fundamentalismus und Autoritarismus nicht scharf abgrenzen und es nicht verwunderlich ist, dass sich somit hohe Korrelationen zwischen beiden Konzepten ergeben (Williamson u. Demmrich, 2023). Jedoch ist festzuhalten, dass selbst unter Verwendung alternativer Messinstrumente von Fundamentalismus positive Beziehungen zum Autoritarismus mittlerer Höhe bestehen bleiben (Klein et al., 2017a).

Gerade die Aggression gegenüber alternativen Überzeugungen und deren Vertretern unter Fundamentalisten ließ ein breites Forschungsfeld zu Fundamentalismus und Vorurteilen gegenüber verschiedenen Menschengruppen entstehen (Williamson u. Demmrich, 2023). Viele dieser Studien wurden in Übersichten und Metaanalysen zusammengefasst. Diese zeigen – vor allem im Kontrast zu anderen Glaubensformen (intrinsisch, extrinsisch, Quest) – durchgehend positive Beziehungen zwischen Fundamentalismus und interreligiösen Vorurteilen, Homophobie und teilweise auch ethnischen Vorurteilen (Hall et al., 2010; Hunsberger u. Jackson, 2005; McCleary et al., 2011; Whitley, 2009). Dass der Zusammenhang mit ethnischen Vorurteilen eher geringer oder gemischter ausfällt, wird häufig darauf zurückgeführt, dass Vorurteile gegen andere Glaubensansichten und Homosexuelle eine gewisse religiöse Legitimation genießen (und das auch bei intrinsisch Gläubigen), während Vorurteile gegenüber anderen Ethnien auch in fundamentalistischen Gruppen nicht legitimiert werden (Batson u. Burris, 1994; Hunsberger u. Jackson, 2005). Auch konnte eine Studie zeigen, dass der Zusammenhang zwischen Fundamentalismus und rassistischen Vorurteilen auf Autoritarismus und nicht auf ein fundamentalistisches Weltbild zurückzuführen ist (Johnson et al., 2012).

Stammt die Mehrheit dieser Befunde aus dem nordamerikanischen Kontext, so konnten Klein et al. (2017b) auch für den europäischen Kontext dieselben Tendenzen auffinden: Fundamentalismus zeigt starke Beziehungen zur Homophobie und ebenso positive, jedoch wesentlich schwächere Beziehungen zu Fremdenfeindlichkeit, Antisemitismus und Islamophobie. Auch zeigten sich ähnliche Zusammenhänge in ersten Studien im internationalen Kontext (Kanol, 2021; Koopmans, 2014; Saroglou et al., 2020), sodass von einem psychologischen Prozess ausgegangen werden kann, der kulturübergreifend ist.

Der Kinderpsychiater Henri Parens (2015), selbst Überlebender des Holocausts, sieht feindselige Destruktivität im Kontext einer fundamentalistischen Erziehung als eine kulturübergreifende Ursache für bösartige, »maligne« Vorurteile an. Solche Feindbilder übernehmen die psychologische Funktion, eine Gemeinschaft in Form eines kollektiven Abwehrmechanismus vor Fremdenangst zu schützen. In seinen Studien konnte er zeigen, dass traumatische Erfahrungen in Großgruppen verantwortlich dafür sind, wenn aus wohlmeinenden Vorurteilen bösartige entstehen, die auch vor offener Aggression und Gewalt nicht Halt machen. Eine die Person wertschätzende Kindererziehung biete die mit Abstand beste Möglichkeit, bösartigen Vorurteilen vorzubeugen.

Wir haben gesehen, dass religiöse Fundamentalistinnen und Fundamentalisten dazu neigen, religiöse, sexuelle und mitunter auch ethnische Fremdgruppen zu enthumanisieren und rigoros abzuwerten. Auch vertreten Fundamentalisten den Anspruch, dass ihre absolute Wahrheit universell ist und somit zum Maßstab aller gemacht werden sollte (Pollack et al., 2023). Wenn diese beiden Aspekte zusammengedacht werden, so kann die Hemmschwelle zu religiös motivierter Gewalt gegen solche Fremdgruppen sinken (Koopmans et al., 2020). Dies wird als religiös motivierter Extremismus bezeichnet.

9.2 Extremismus

9.2.1 Begriffsbestimmung

Wie wir bisher gesehen haben, wird Fundamentalismus nicht über Gewalt definiert. Denn während sich Fundamentalistinnen einen radikalen, d.h. einen tiefgreifenden gesellschaftlichen Wandel wünschen, geht nur ein geringer Teil so weit, diesen durch religiös motivierte Gewalt, z.B. in Form terroristischer Anschläge, hervorbringen zu wollen (Pratt, 2010). Letzteres wollen wir als religiösen Extremismus definieren (Bundesamt für Verfassungsschutz, 2021).

Gibt es zum religiösen Fundamentalismus geradezu eine Flut an psychologischen Studien (Williamson u. Demmrich, 2023), so ist das Konzept des religiösen Extremismus weniger herausgearbeitet. Dies liegt u.a. daran, dass einige Forscher einen geringen oder gar keinen Einfluss von (fundamentalistischem) Glauben vermuten und andere Ursachen, wie wirtschaftliche oder politische Faktoren, für Extremismus verantwortlich sehen (Piazza, 2011). Fakt ist, dass Extremismus ein hoch komplexes soziales Phänomen ist, welches wohl von vielen dieser genannten Faktoren beeinflusst wird. Dieser Mangel an psychologischen Studien zu Extremismus hat auch zur Konsequenz, dass sich – im Gegensatz zum Fundamentalismus – bisher keine Skala zur Messung von Extremismus herauskristallisiert hat. Studien sind somit meist auf einzelne Indikatoren angewiesen, die eine Zustimmung zu religiös motivierter Gewalt erfragen (z.B. »Gewalt ist gerechtfertigt, wenn es um die Verbreitung und Durchsetzung meiner Religion geht«; Pollack et al., 2016). Auch die Befragung von Individuen mit einem terroristischen Hintergrund können zum Thema »Extremismus« Aufschluss geben (Aslan et al., 2018).

9.2.2 Sind Extremisten gestört und irrational? Klinische und kognitive Ansätze

Schon allein die Begriffe »Extremismus« und »Terrorismus« lassen uns häufig dazu verleiten, Personen, welche eine extremistische Einstellung oder gar terroristisches Verhalten zeigen, als unnormal, irrational und psychisch gestört zu klassifizieren. Auf den ersten Blick fallen auch tatsächlich Parallelen zwischen Extremismus und antisozialer (z.B. fehlende Empathie bei Verletzung anderer), narzisstischer (z.B. Abwertung anderer, weil sie andere Überzeugungen haben) oder paranoider Persönlichkeitsstörung (z.B. Kompromisslosigkeit und Machtorientierung) auf. Jedoch zeigen systematische Studien, dass Extremisten mit Persönlichkeitsstörungen ein eher seltenes Phänomen sind und diese keine zentrale Rolle in extremistischen Gruppen spielen (Silke, 1998). Ähnlich wie bei Fundamentalisten sind Extremisten sogar psychologisch recht stabil (Atran, 2003). Ähnliches gilt für kognitive Ansätze, die keine Irrationalität bei Extremisten aufzeigen können (Post, 1998).

9.2.3 Die Gruppe zählt: Der sozialpsychologische Ansatz

Wenn Extremisten also psychisch stabil und rational sind, welche anderen psychologischen Erklärungen können wir anführen? Einen weitaus größeren Erklärungswert hat – ähnlich wie beim Fundamentalismus – auch beim Extremismus der sozialpsychologische Ansatz (Rogers et al., 2007). Die bei Herriot (2009) kennengelernten Dynamiken der Eigengruppenaufwertung, Abwertung von Fremdgruppen und Enthumanisierung der Fremdgruppenmitglieder sind auf die gleiche Weise, nur mit stärkerem Gewaltbezug, auf den Extremismus anwendbar (siehe Abschnitt 9.1.3). Sogar Herriot hat viele Teile seiner Theorie auf extremistische Gruppen bezogen, wie z. B. auf Al-Qaida oder Gusch Emunim.

In Anlehnung an die sozialpsychologische Forschung zu Intergruppenkonflikten hat sich die Hypothese, dass eine wahrgenommene symbolische Bedrohung ausschlaggebend für extremistische Einstellung ist, als fruchtbar erwiesen. Symbolische Bedrohung meint hier die Gefährdung der eigenen Glaubensidentität mit damit verbundenen Überzeugungen, Werten und Normen. Sie wird häufig in der Konfrontation mit einer Fremdgruppe ausgelöst oder verstärkt. Auffällig ist, dass vorhandene oder imaginierte Missstände und Bedrohungen der Eigengruppe von extremistischen Gruppen ins Zentrum ihrer jeweiligen Ideologie gerückt werden (Rogers et al., 2007). Wahrgenommene Bedrohungen in Form religiöser Unterdrückung, Feindschaft anderer Religionen gegenüber der eigenen (Beller, 2017) und sogar Spannungen innerhalb der eigenen Religion führen zu einem Anstieg extremistischer Einstellungen bei Muslimen (Beller u. Kröger, 2018). Aber auch Nichtmuslime zeigen offen extremistische Einstellungen gegenüber Muslimen bei erhöhter symbolischer Bedrohung und insbesondere dann, wenn sie selbst eine starke Glaubensidentität aufweisen (Obaidi et al., 2018). Auch der Fundamentalismus hat sich in diesen Studien häufig als essenzieller Einfluss auf Extremismus herauskristallisiert (Beller, 2017).

9.2.4 Religiöser Fundamentalismus als Grundlage für Extremismus: Der endogene Ansatz

Gerade in den letzten Jahren hat sich die besondere Glaubensform des Fundamentalismus als eine zentrale Grundlage für den Extremismus erwiesen (Koopmans et al., 2021; Putra u. Sukabdi, 2014). Es soll an dieser Stelle jedoch nochmals betont werden, dass sich Extremismus und Fundamentalismus zwar überlappen (Pollack et al., 2023), die wenigsten Fundamentalisten jedoch auch extremistisch eingestellt sind oder handeln (Hood et al., 2005). Neben den bereits vorgestellten sozialpsychologischen Dynamiken und mitunter auch sozioökonomischen Ursachen wie Armut (Piazza, 2011) werden häufig kritische Lebensereignisse (Silke, 1998) für den Übergang vom Fundamentalismus zum Extremismus verantwortlich gemacht. Gerade zu letzterem Punkt eignen sich biografische Forschungsmethoden besonders gut.

Genau solche Interviews haben Aslan et al. (2018) mit radikalisierten männlichen Muslimen in Österreich durchgeführt; die meisten von ihnen waren wegen terroristischen Straftaten inhaftiert. Interessanterweise wurde die Mehrheit der Befragten als Heranwachsende islamisch sozialisiert, teilweise sogar schon in radikalen Milieus. Dabei erweist sich eine starke Suche nach Sinn, Identität und Selbstverwirklichung infolge biografischer Wendepunkte wie Flucht oder Kriminalität als ausschlaggebend für den Einstieg in eine extremistische Gruppe. Der fundamentalistische Glaube ist dabei die nahezu ausschließliche Instanz, die das Verhalten dieser Männer leitet, und das besonders für den sozialen Bereich, in dem die angetroffene Wirklichkeit den fundamentalistischen Idealvorstellungen stark widerspricht. Die Individuen setzen sich dabei bewusst und intensiv mit Glaubensüberzeugungen, Normen und Werten ihrer Religion auseinander und begründen ihr extremistisches Handeln mit klassischen islamischen Quellen (z. B. Koran). Infolgedessen ist es von großer Wichtigkeit für Präventions- und Deradikalisierungsprogramme, nicht nur den Fokus auf sozioökonomische Aspekte zu legen, sondern auch auf eine kritische Auseinandersetzung mit fundamentalistischem Glauben und Heiligen Texten abzuzielen.

Zu einer ähnlichen Schlussfolgerung, wenn auch mit ganz anderen Methoden, kommen Koopmans et al. (2021) in ihrem Experiment zur religiösen Legitimation von Extremismus (siehe Box 9.3).

Box 9.3: Das Experiment von Koopmans et al. (2021) zur Rolle der Religion und des Fundamentalismus im Extremismus

In einer Studie mit über 8.000 Juden, Christen und Muslimen aus sieben verschiedenen Ländern (Zypern, Deutschland, Israel, Kenia, Libanon, Palästina, USA) wird der Frage nachgegangen, welche Rolle Religion im Extremismus einnimmt. Während Extremisten selbst angeben, von ihrem Glauben und ihren religiösen Schriften motiviert zu sein, ist dies ein stark umstrittener Aspekt in der aktuellen Extremismusforschung.

Hierzu ließen Koopmans et al. die Studienteilnehmenden zunächst einen Fragebogen ausfüllen, der nach soziodemografischen Variablen (z. B. Alter, Geschlecht, Einkommen), der Einhaltung religiöser Gebote (Gebet, Gottesdienstbesuch), Fundamentalismus und religiösem Wissen fragte. Im zweiten Teil wurden die Probanden zufällig in zwei Gruppen geteilt. Die Experimentalgruppe wurde mit einem Vers aus ihrer Heiligen Schrift konfrontiert, welcher tödliche Gewalt im Namen der Religion legitimiert (sog. Priming); die Kontrollgruppe hingegen las keinen solchen Vers. Anschließend wurden die Probanden nach ihrer persönlichen Einstellung dazu befragt, ob Menschen im Namen der Religion getötet werden dürfen.

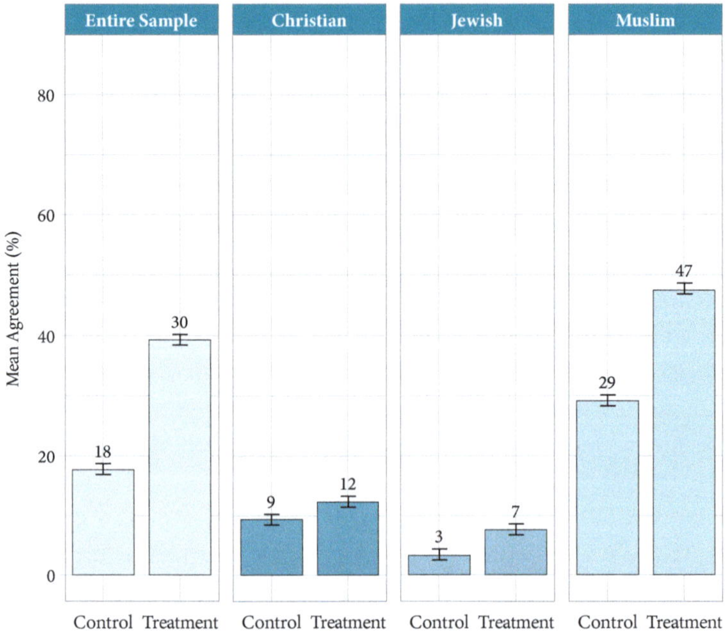

Abbildung 9.3: Höhere Zustimmung zu religiös motivierter Gewalt in der Experimentalgruppe (rechts) als in der Kontrollgruppe (links) (Quelle: Koopmans et al., 2021, S. 1507, © Routledge)

Die Ergebnisse (siehe Abbildung 9.3) zeigen, dass religiös motivierter Gewalt in der Experimentalgruppe stärker zugestimmt wurde als in der Kontrollgruppe. Dabei fällt auf, dass bei Muslimen die Zustimmung in beiden Gruppen besonders hoch ausfällt. Weitere Analysen zeigen, dass sowohl die Einhaltung religiöser Gebote, aber ganz besonders religiöser Fundamentalismus die Bejahung religiöser Gewalt begünstigt. Ob religiöses Wissen die Zustimmung zu religiöser Gewalt bremst, fällt im Religionsvergleich unterschiedlich aus. Während man dies für Juden bejahen kann und sich für Christen kein Zusammenhang zeigt, führt religiöses Wissen bei Muslimen sogar zu einer stärkeren Zustimmung zu religiöser Gewalt. Im Vergleich dazu hatten soziodemografische Variablen keinen oder nur einen sehr geringen Einfluss.

Die Autoren schlussfolgern, dass neben dem Priming mit Versen aus der jeweiligen Heiligen Schrift der Fundamentalismus Hauptmotor extremistischer Einstellungen bei Juden, Christen und Muslimen ist. Die hohen Werte bei Muslimen werden mit der Zunahme an fundamentalistischen Gruppen in den letzten 50 Jahren erklärt, welche gewaltlegitimierende Koranverse weltweit propagieren. Ein Diskurs innerhalb des Islam gegen fundamentalistische Auslegung und gegen die Verherrlichung religiöser Gewalt wird als effektives Gegenmittel gesehen.

Religionspolitisch stellen die Extremismusprävention und Deradikalisierungsprogramme den deutschen Staat seit dem 11. September 2001 und verstärkt seit den schweren Anschlägen 2015 und 2016 vor erhebliche Herausforderungen und Kosten. Allein die großen Bundesprogramme »Demokratie leben!« und »Nationales Präventionsprogramm« konnten im Jahr 2019 jeweils einen dreistelligen Millionenbetrag zur Förderung von Präventionsmaßnahmen und Projekten verwenden (Kiefer, 2019). Schaut man sich die zahlreichen Maßnahmen und Programme in Bund, Länder und Kommunen genauer an, fällt allerdings auf, wie selten dort religionsbezogene Themen vorkommen. Hier scheint religionspsychologische Expertise zu fehlen, um den endogenen Anteil religiös motivierter Gewalt genauer in den Blick zu nehmen.

Zusammenfassend kann gesagt werden, dass nur ein kleiner Anteil an Fundamentalisten auch tatsächlich zu extremistischer Gewalt neigt. Weiterhin ist Extremismus von einer Vielzahl an Faktoren beeinflusst (Rogers et al., 2007). Dazu zählen äußere Faktoren, wie gesellschaftliche und politische Rahmenbedingungen (Piazza, 2011) und die Wahrnehmung von Bedrohungen (Beller u. Kröger, 2018). Jedoch scheinen nach heutigem Erkenntnisstand religionsendogene Faktoren, wie Fundamentalismus und damit zusammenhängende Deutungsmuster der Heiligen Schriften (Koopmans et al., 2021), eine beträchtliche

Rolle zu spielen. Auch wenn die meisten Studien den islamistischen Extremismus behandeln, so soll hier betont werden, dass es in allen Weltreligionen, auch im Buddhismus und Hinduismus, extremistische Gruppierungen gibt (Juergensmeyer, 2017). Dies trifft auch auf das Thema des geistlichen, religiösen und spirituellen Missbrauchs zu (Anders u. Utsch, 2020).

9.3 Missbrauch

Religionswissenschaftlich belegt, können Religion, Gewalt und Macht eng miteinander zusammenhängen (Kippenberg, 2008). Aus psychologischer Sicht werden religiöse Rituale wie etwa ein Gebet dazu verwendet, sich in einer Situation eigener Ohnmacht an eine höhere Macht zu wenden und von dort Hilfe zu erhoffen. Seit jeher übernehmen religiöse Spezialisten die Vermittlerrolle zur höheren Macht. Sie werden von den Glaubenden dazu ermächtigt, die höhere Macht stellvertretend als Sprachrohr und Hand Gottes unmittelbar erfahrbar zu machen. Im Namen Gottes wird religiöse Autorität etabliert und in menschliches Leben eingegriffen. Diese Pastoralmacht (Foucault, 2007) kann den Gläubigen enorm entlasten und unterstützen, sie kann aber auch missbräuchlich angewendet werden.

Bei den Bemühungen der Kirchen, die Ursachen für sexualisierte Gewalt in ihren Reihen zu verstehen und Präventionsmaßnahmen einzurichten, rückt zunehmend das Thema eines verantwortlichen Umgangs mit Macht in den Mittelpunkt. Dabei kommt ein erschreckendes Ausmaß an Machtmissbrauch von Mitarbeitenden in Kirche und Diakonie zum Vorschein, der bis zu sexuellen Übergriffen reichen kann. Aber auch ohne diese konkreten Verbrechen ist spiritueller Missbrauch so schädlich, dass manche Betroffene als letzten Ausweg den Suizid wählen. Durch übergriffiges und strafbares Verhalten christlicher Leiter werden die biblische Lehre und der ethisch-moralische Anspruch von Liebe und Nächstenliebe in ihr Gegenteil pervertiert (Hack et al., 2021; Sautermeister u. Odenthal, 2021; Timmerevers u. Arnold, 2020; Wagner, 2019). Religiöser Machtmissbrauch ist aktuell nicht nur ein wichtiges Thema der christlichen Kirchen, sondern auch im Judentum (Feldman, 2017) und im Islam (Khorchide, 2020). Es relativiert den immensen Schaden und Vertrauensverlust natürlich nicht, dass ähnliche Verbrechen ebenfalls in vielen Freikirchen (Kessler, 2021), in buddhistischen Gemeinschaften (Anders u. Utsch, 2020), spirituellen Gruppen (Caplan, 2013), in der Psychotherapie (Schleu, 2021) oder sogar im Coaching (Wrede, 2014) ans Licht kommen und Aufarbeitungsprojekte auf den Weg gebracht werden.

9.3.1 Beispiele totalitärer Kontrolle

Jede menschliche Beziehung weist Strukturen von Herrschaft und Macht auf. Über offensichtliche Machtkonstellationen wie Arbeitnehmer/Arbeitgeber oder Eltern/Kinder hinaus gilt das auch für religiös-weltanschauliche Gruppen und Beziehungen. Klaus Mertes (2019, 2021), der seit 2010 ein wichtiger Impulsgeber zur Aufdeckung des sexuellen und spirituellen Missbrauchs in den Kirchen ist, begegnete dem Phänomen zum ersten Mal in den 1970er Jahren, als sich der Bruder eines Schulfreundes der Vereinigungskirche (»Moon-Sekte«) anschloss. Er war erschrocken über den Anspruch des Gurus, totalitäre Kontrolle auszuüben – und ebenso erschrocken über die unkritische Zustimmung der Kontrollierten. Es ist erstaunlich, dass die aktuellen Debatten um geistlichen Missbrauch so wenig Notiz von den Sektendiskussionen der letzten Jahrzehnte nehmen, bei denen diese Themen schon intensiv bearbeitet und Lösungsvorschläge erarbeitet wurden. Die hitzige Diskussion um manipulative Beeinflussung ist aber noch viel älter als die Debatten um »Sekten«. Beispielsweise bezeugt die Benediktusregel, dass Machtmissbrauch schon im 6. Jahrhundert in Ordensgemeinschaften als gefährlich eingeschätzt wurde, und enthält deshalb entsprechende Präventionsmaßnahmen (Puzicha, 2018).

Macht kann hilfreich und missbräuchlich eingesetzt werden. Touristen tun gut daran, in ihrem Wanderurlaub einem Bergführer zu vertrauen – auch wenn er sie in einen Hinterhalt locken und ausrauben könnte. Natürlich muss eine leitende Person auch manchmal unbeliebte Entscheidungen treffen. Die Frage ist nur: Setzt er seine Macht zum Wohl oder zum Schaden des oder der anderen ein? Im letzten Fall sprechen wir von Machtmissbrauch und dieser kann in unterschiedlichen Bereichen geschehen:

- in religiösen Kontexten (eine Äbtissin nutzt ihre Position gegenüber Novizinnen zum eigenen Wohl aus),
- in therapeutischen Kontexten (ein Heilpraktiker begründet die Angststörung einer Klientin mit traumatischen Erlebnissen in einem früheren Leben),
- in spirituellen Kontexten (der Leiter eines kirchlichen Hauskreises greift weitreichend in private Entscheidungen eines Mitglieds ein und begründet das theologisch).

Die Übergänge sind fließend, aber immer wird Vertrauen missbraucht.

9.3.2 Bindungserfahrungen und die Bedeutung der Gruppe

Jedes Kind kommt ohnmächtig zur Welt und ist viele Jahre lang auf Hilfe, Unterstützung und Förderung von Bezugspersonen angewiesen, bevor es eigenständig und selbstverantwortlich leben kann. Ein Kleinkind vertraut sich hilflos der Macht der Eltern oder anderen primären Bezugspersonen an, anders könnte es nicht überleben. Durch die totale Abhängigkeit des Säuglings von der Bezugsperson ist ein strukturelles Machtgefälle natürlich vorgegeben. Durch die verlässliche Versorgung und unbedingte Liebe der Bezugspersonen wächst im Kind ein Urvertrauen zur sozialen Umwelt und zu sich selbst heran (Erikson, 1982). Wenn die selbstlose Fürsorge verinnerlicht ist, löst ein fremdes Gegenüber nicht primär Angst und Unsicherheit aus, sondern weckt Interesse und Neugierde. Die Erfahrung, dass Bezugspersonen ihre eigenen Wünsche zugunsten der kindlichen Bedürfnisse zurückstellen können, führt zu einer sicheren Bindungserfahrung beim Kind und macht es im späteren Erwachsenenalter selbst beziehungs-, konflikt- und bindungsfähig.

Das Gefühl, einer Situation hilflos und ohnmächtig ausgeliefert zu sein, ist für alle Menschen belastend und kann auf Dauer zu seelischen Störungen führen. Viel gesünder und angenehmer ist das Gefühl der Kontrolle. Es stärkt das Selbstwertgefühl, wenn durch mein gezieltes Verhalten Menschen und Situationen so beeinflusst werden können, dass Probleme gelöst und Konflikte bewältigt werden (Meredith, 2021). Durch die Erfahrung der Selbstwirksamkeit wird das ehemals ohnmächtige Kind mutiger und selbstbewusster und bringt sich mit seinen Begabungen und Fähigkeiten in die Gemeinschaft ein. Dadurch erhält es Aufmerksamkeit und Anerkennung, die jedoch durch die Grenzen der anderen im Gemeinschaftsverbund reguliert werden. Dabei ist ein gewisses Maß an Selbstzuwendung und Selbstfürsorge gesund, solange niemandem geschadet wird und die freie Selbstbestimmung des Gegenübers respektiert wird (Potreck-Rose, 2017).

Gemeinschaft macht stark, und zur Gemeinschaftsbildung tragen ihre Leiterinnen und Leiter wesentlich bei. Problematisch wird ein Führungsverhalten dann, wenn es nicht dem Wohl der Gruppenziele dient, sondern Teilnehmer dazu benutzt werden, egoistische Bedürfnisse des Leiters zu bedienen. Wenn ein Gruppenangebot in einer religiös-spirituellen Tradition steht, werden dem Leiter großes Vertrauen und spezifische, fast übermenschliche Heilserwartungen entgegengebracht. Mit diesen Erwartungen verantwortlich umzugehen und manche Wünsche auch als unrealistisch zurückzuweisen, erfordert von spirituellen Lehrern eine große innere Stabilität, sonst werden sie Opfer ihrer eigenen Überschätzung und scheitern an ihrer Selbstbezogenheit, die häufig narzisstische Züge trägt. Das hat schon viele religiöse und spirituelle Lehrerinnen und Lehrer zu Fall gebracht. Eine Yogalehrerin hat deshalb Kriterien zum Gefährdungspotenzial psychospiritueller Gruppen zusammengestellt (Box 9.4):

Box 9.4: Kriterien zum Gefährdungspotenzial psychospiritueller Gruppen (Doerne, 2009)

1. *Regressive Tendenzen:* Dazu zählen Abwertung und Ausschluss des Verstandes, Idealisierung des frühkindlichen Verschmelzungszustandes als erstrebenswerten Spiritualitätszustand, eine magische und mythische Weltsicht sowie die Fehleinschätzung, Regression als Transformation zu deuten.
2. *Sabotage von Entwicklungsprozessen:* Unangenehmes und Verdrängtes werden tabuisiert, derartige Erlebnisse und Erinnerungen werden bagatellisiert, ein absolutes Harmoniestreben steht im Vordergrund; durch Extremerfahrungen werden die psychischen und physischen Schmerzgrenzen überschritten; die persönliche Entwicklung wird auf den transpersonalen Fortschritt beschränkt.
3. *Stärkung des Narzissmus:* Spirituelle Erfahrungen werden als persönliche »Leistung« beurteilt.
4. *Gemeinschaft über alles:* Individualität und Würde des Einzelnen werden den Gruppeninteressen unterstellt, Rückzug vor der Außenwelt und Förderung von Exklusivitätsdenken.
5. *Ungleichgewicht zwischen transzendenter und weltlicher Orientierung:* Alles Transzendente wird überbetont; die Lebenshaltung ist weltabgewandt, eigene Gefühle und Bedürfnisse werden verdrängt, die Eigenverantwortung wird vernachlässigt.
6. *Autoritäre Interpretationen spiritueller Inhalte und Erfahrungen:* Einzelne Aspekte eines Lehrsystems werden zum Dogma bzw. zur sicheren Wahrheit erhoben, ein persönlicher Handlungsspielraum sowie individuelle und kollektive Verantwortung werden abgelehnt; bedingungslose Hingabe an den Meister ist Pflicht.

Dem geistlichen Leiter wird in allen religiösen Systemen großes Vertrauen entgegengebracht. Er gilt als Mittler der höheren Wirklichkeit, aus der er oder sie besondere Einsichten und Glaubensfrüchte verfügbar machen kann – absolute Hingabe vorausgesetzt. Eine als geistlich »vollmächtig« erscheinende Person versteht es, zunehmend mehr Druck und Macht über andere Gemeindeglieder auszuüben. Zutreffend beschreibt der Münchner Psychiater Werner Huth (1988, S. 277): »Die Macht des charismatischen Führers besteht zu allererst darin, dass er für den Geführten die unterschiedlichsten Aspekte in sich vereint. Vor allem muss seine Person in aller Reinheit erstrahlen. So wird er zur vollkommenen Personifikation vor allem der Verlässlichkeit, so wie es die idealisierte Elternfigur für das Kleinkind war.«

Religiös legitimierte Macht ist in allen Glaubensrichtungen sehr wirksam – und hoch gefährlich, weil sie leicht übergriffig werden kann. Besonders unsichere und seelisch unreife Leitungspersonen sind gefährdet, ihre eigenen Schwächen mit der machtvollen Leitungsrolle zu kaschieren.

Die Benediktinerin Katharina Kluitmann (2021), ausgebildete Psychologin und Vorsitzende sowie Präventionsbeauftragte der Deutschen Ordensobernkonferenz, hat in ihrem »Fadenkreuz« die komplexen Beziehungsdynamiken des Missbrauchs aus der Betroffenenperspektive dicht zusammengefasst (siehe Abbildung 9.4). Im übertragenen Sinn können Gruppenmitglieder in das Fadenkreuz geraten und zur Zielscheibe für geistlichen Missbrauch werden. Im Zentrum erleben Betroffene mangelnde Freiheit in einer »totale Institution«, die den Alltag der Mitglieder bestimmt. Keine Intimsphäre wird zugestanden (»Grenzverletzung«), die Leitung stellt sich als »alleinseligmachend« und unangreifbar dar (»Idealisierung«), die »böse« Umwelt wird abgewertet und mit Kontaktverboten belegt (»Erniedrigung«). Menschliche Bedürfnisse gelten als schlecht, und jegliche Individualität ist unerwünscht. Entscheidende Elemente dieser destruktiven Dynamik sind eine ideal überhöhte Leitungsperson, die Isolation innerhalb der Gruppe und abspaltende Kontaktverbote nach außen, die Entwertung individueller Bedürfnisse bis hin zu körperlichen Übergriffen, die bis zum sexuellen Missbrauch reichen können. Spiritueller Missbrauch ist in der Regel die Voraussetzung dafür, dass sexueller Missbrauch im religiösen Kontext möglich wird.

9.3.3 Gruppen werden durch Zwang und Bindung destruktiv

Religionspsychologische Studien haben sowohl hilfreiche als auch schädliche Wirkungen starker religiöser Gruppenbindungen identifiziert: Häufig zieht der Beitritt zu einer religiösen Gruppe ambivalente Wirkungen nach sich. Einerseits liefern das intensive Gemeinschaftsgefühl, die klaren Wert- und Handlungsorientierungen sowie das Welterklärungsmodell manchen labilen Menschen Hil-

Abbildung 9.4: Fadenkreuz des geistlichen Missbrauchs (Kluitmann, 2021, S. 113, © Echter)

fen zur Lebensbewältigung (Buxant u. Saroglou, 2008). Andererseits können Entwicklungsverläufe auch gestört und blockiert werden, wenn Personen mit einer Gruppe symbiotisch verschmelzen, sich blind einem Meister unterordnen, ihre Individualität aufgeben und ein dualistisches Weltbild entwickeln, gemäß dem alle Außenstehenden moralisch verwerflich sind und in der baldigen Apokalypse zugrunde gehen (vgl. Kapitel 11).

Spiritueller Missbrauch wurde von britischen Psychologen als eine Form von emotionalem Missbrauch beschrieben (Oakley u. Humphreys, 2020). Er zeichnet sich durch ein systematisches Muster von Zwangs- und Kontrollverhalten in einem religiösen Kontext aus. Auf der Grundlage von empirischen Studien an Mitgliedern der anglikanischen Kirche beschreiben die beiden Psychologen spirituellen Missbrauch anhand von zwölf Merkmalen. Die ersten acht beziehen sich auf Zwang und Kontrolle (Manipulation, Ausbeutung; erzwungene Rechenschaftspflicht, Zensur, Gehorsam, Verschwiegenheitspflicht, Angst und Isolation). Die restlichen vier beleuchten spirituelle Aspekte: Kontrolle durch die gottähnliche Position, Missbrauch Heiliger Schriften, den Anspruch, Gottes Willen zu kennen, Androhung spiritueller Konsequenzen.

Konzepte wie »spiritueller Missbrauch« oder »Gehirnwäsche« sind aus dem Erleben der Opferperspektive heraus entstanden. Aus einer distanzierten sozialpsychologischen Perspektive liefert das Passungs-Modell (siehe Box 9.5) Erklärungen dafür, warum manche Menschen in einer bestimmten Lebenssituation das Angebot einer geschlossenen Gruppe für sich als hilfreich erleben.

Box 9.5: »Passung« oder »Gehirnwäsche«?

Seit den Forschungsprojekten der Enquete-Kommission »Sogenannte Sekten und Psychogruppen« des Deutschen Bundestages (1998) hat sich das Erklärungsmodell der Kult-Bedürfnis-Passung durchgesetzt. Demnach können die Angebote religiöser Gemeinschaften Antworten auf individuelle und soziale Lebensprobleme und Sinnfragen bieten. Ob sich diese positiven Wirkungen allerdings wirklich einstellen, hängt mit dem Ausmaß der Passung zwischen dem jeweiligen Gruppenangebot mit seinen spezifischen Lehrinhalten, Strukturen und vermittelten Erfahrungen und der individuellen Persönlichkeitsstruktur der Mitglieder, geprägt durch Prädispositionen, biografische Erfahrung und aktuelle Lebenssituation, zusammen.

Dieser Befund der Kommission konnte durch weitere empirische Studien erhärtet werden. Namini (2009) hat anhand einer Literaturübersicht und einer Längsschnittstudie mit Mitgliedern und Interessenten der Neuapostolischen Kirche, einer Pfingstgemeinde und der Zeugen Jehovas gezeigt, das sich das Modell der Person-Gruppe-Passung empirisch bewährt. Die Mitgliedschaft in einer neureligiösen Gruppe kann also zeitweise positive Effekte haben, wenn spezifische persönliche Bedürfnislagen vorhanden sind. Die genauen Gründe, warum manche eine Gruppe als zerstörerisch einschätzen, während andere selbst eine stark regulierende oder totalitäre Gruppe als schützend und stabilisierend erleben, sind aber psychologisch bisher zu wenig erforscht.

Weniger neutral ist das Modell der »Gehirnwäsche«, das »von Betroffenen häufig als sehr hilfreich erlebt wird« (Kluitmann, 2021, S. 116). In den 1950er Jahren verwendete ein amerikanischer Journalist erstmals diesen Begriff, um scheinbar unerklärliche Verhaltensänderungen amerikanischer Kriegsgefangener in China plausibel zu machen. Durch bestimmte »Psychotechniken« soll ein Mensch mithilfe von Gedankenkontrolle fremdgesteuert werden können (Utsch, 2014). Der Psychologe und Ex-Moon-Anhänger Steven Hassan (1993) sprach von einer kompletten Bewusstseinskontrolle durch eine Sekte, die durch Informations-, Verhaltens-, Gedanken- und Gefühlskontrolle die ursprüngliche Identität einer Person verdränge und durch eine neue Identität ersetzen würde. Eine derartige Kontrolle könne gezielt zur Persönlichkeitsveränderung eines Individuums eingesetzt werden. Allerdings weist die Forschung auf die notwendige Voraussetzung eines physischen Elements wie Gefangenschaft hin, damit eine weitreichende Gedankenkontrolle funktionieren kann. Das Konzept »Gehirnwäsche« gilt aus religionspsychologischer Sicht als überholt, weil es einseitig das Mitglied zum Opfer und den Leiter zum Täter macht (Murken u. Dambacher, 2014). Trotzdem wird eine übermächtige Manipulation, der man sich hilflos ausgeliefert fühlt, bis heute in Betroffenenberichten häufig zur Begründung der Sektenzugehörigkeit angeführt. Ein Grund dafür ist in der Entlastungsfunktion zu sehen, mit der sich Betroffene im Rückblick ihr Verhalten besser erklären können.

Offensichtlich ergänzen sich manipulative Methoden (»Gehirnwäsche«) mit individuellen Bedürfnissen (»Passung«). Menschen werden einerseits durch manipulative Bewusstseinstechniken von Leitenden in der Gruppe gehalten. Andererseits stillt die Gruppe frühkindliche Bindungsbedürfnisse, die zu einem eigenverantwortlichen Erwachsenen nicht mehr passen. Zukünftige Forschungen müssen hier noch mehr Licht in die Zusammenhänge bringen.

Katharina Meredith (2021), die selbst acht Jahre Mitglied einer spiritistischen Gruppe war und jetzt als psychologische Beraterin Aussteiger unterstützt, weist auf die problematischen Bindungserfahrungen in geschlossenen Gruppen hin. Im Rückgriff auf die Bindungsforschung erläutert sie, wie eine geschlossene Gruppe zunächst Schutz, Sicherheit und Sinnorientierung bietet. Das Erleben von Verständnis, Angenommensein und Akzeptanz stehe zu Beginn gänzlich im Mittelpunkt und überdecke kritische Signale. Der Druck, die unerfüllbaren Ansprüche, das Schwarz-Weiß-Denken, die zunehmende Isolierung und die Unterdrückung von Zweifeln und anderen Gefühlen, die als Warnsignale dienen könnten, kämen erst später. In der Arbeit mit ehemaligen Mitgliedern streng religiöser Gruppen komme es darauf an, gestörte Bindungserfahrungen nachreifen zu lassen. Vor allem müsse daran gearbeitet werden, mehr Grundvertrauen, Eigenständigkeit und ein stärkeres Gefühl der Selbstwirksamkeit zu erwerben.

9.3.4 Wie Missbrauch verhindern?

Machtmissbrauch ignoriert das Grundrecht auf freie Selbstbestimmung. Der Schaden wächst, wenn er von Verantwortlichen religiöser oder spiritueller Gruppen verübt wird, deren Lehre vorgibt, Menschen aus ihrer tief verwurzelten

Ichsucht befreien zu können. Lehrer, die ihre Macht missbrauchen, widerlegen ihre Botschaft – der Vorwurf der »Scheinheiligkeit« trifft leider bei vielen religiösen Leiterinnen und Leitern zu.

Geschlossene Gruppen können ein gefährlicher Nährboden für Machtmissbrauch sein, wenn die leitende Person nicht ihre eigenen Schattenseiten kennt. Manche Gruppenleiter sind den Erwartungen, Übertragungen und Ansprüchen an sie seelisch nicht gewachsen. Die enthusiastische Dynamik einer schnell angewachsenen Gruppe kann einen charismatisch begabten Leiter überfordern. Während in professionellen Schüler-Lehrer-Zusammenhängen gezielte Weiterbildungen, Supervisionspflicht, Beschwerdestellen u.a. als Qualitätssicherungsmaßnahmen etabliert sind, sind diese auf dem religiösen Feld selten anzutreffen.

In der Seelsorge können mit Morgenthaler (2017) fünf seelsorgliche Kompetenzen unterschieden werden: Selbstkompetenz im Umgang mit den persönlichen Stärken und Schwächen, zwischenmenschliche Beziehungskompetenz, thematisch-symbolische Kompetenz zur Deutung von Situationen und Menschen, Kontextkompetenz für ein spezielles Lebensumfeld sowie spirituell-theologische Kompetenz. Besonders die Überprüfung und Förderung der Selbstkompetenz scheint uns zur Vorbeugung von übergriffigem und missbräuchlichem Verhalten wichtig. In den Kirchen wurden deshalb verpflichtende Angebote zur Supervision und geistlichen Begleitung institutionalisiert, um Leitende für mögliche eigene Tendenzen zum Machtmissbrauch zu sensibilisieren.

ERSCHLIESSUNGSFRAGEN

1. Versuchen Sie die Theorie der Intratextualität und die Theorie der sozialen Identität auf das Beispiel der Neturei Karta in Box 9.1 anzuwenden. Welche Theorie passt besser zu dieser Gruppe?
2. »Viele von uns sahen Religion als harmlosen Unsinn an. Glaubensbekenntnisse mögen keine stichhaltigen Beweise enthalten, aber wir dachten, wenn die Menschen eine Krücke zum Trost brauchen, wo ist der Schaden? Der 11. September hat all das geändert. Offenbarter Glaube ist kein harmloser Unsinn, er kann tödlich gefährlicher Unsinn sein. Gefährlich, weil er den Menschen unerschütterliches Vertrauen in ihre eigene Gerechtigkeit gibt. Gefährlich, weil er ihnen den falschen Mut gibt, sich selbst zu töten, wodurch normale Hindernisse für das Töten anderer automatisch beseitigt werden. Gefährlich, weil er Feindschaft gegen andere lehrt, die nur durch einen Unterschied der ererbten Tradition

gekennzeichnet sind. Und gefährlich, weil wir uns alle auf einen seltsamen Respekt eingelassen haben, der die Religion auf einzigartige Weise vor normaler Kritik schützt. Hören wir jetzt auf, so verdammt respektvoll zu sein!« (Dawkins, 2001; eigene Übers.). Stellen Sie sich vor, Sie hätten die Möglichkeit, sich mit dem Religionskritiker Richard Dawkins auszutauschen. Wie würden Sie vor dem Hintergrund dieses Kapitels mit Dawkins diskutieren?

3. Stellen Sie die beiden Modelle der Gehirnwäsche und Passung gegenüber und diskutieren Sie die jeweiligen Vor- und Nachteile!
4. Welche Formen der Unterstützung sind für von spirituellem Missbrauch Betroffene am wichtigsten?

PERSÖNLICHE VERTIEFUNG/SELBSTERFAHRUNG

1. Haben Sie in Ihrem Umfeld bereits Erfahrungen mit einer Person wie unserer fiktiven Katrin (siehe Box 9.2) gemacht? War diese Person gegenüber bestimmten Personengruppen vorurteilsbeladen, so wie dies psychologische Studien festgestellt haben? Und an welchen Stellen können hier Grenzen, aber auch Überlappungen zum Extremismus gezogen werden?
2. Haben Sie schon einmal manipulative Gruppenerfahrungen gemacht? Welche Merkmale der Kriterienliste (Box 9.4) trafen dabei besonders zu? Haben Sie die Gruppe verlassen, und wie ging es dann weiter?

WEITERFÜHRENDE LITERATUR

Für einen detaillierten Einblick in die Geschichte religionspsychologischer Fundamentalismusforschung sowie grundlegender religionspsychologischer Theorien siehe Williamson (2020). Mit zahlreichen Fallbeispielen haben sowohl Hood et al. (2005) ihren intratextuellen Ansatz als auch Herriot (2009) seinen sozialpsychologischen Ansatz veranschaulicht. Einen gründlichen Überblick über Messinstrumente und empirische Ergebnisse zu positiven und negativen Konsequenzen von Fundamentalismus bieten Williamson und Demmrich (2023). Anschaulich ist der Überblick über »gefährliche Seelenführer« in kirchlichen Milieus bei Timmerevers und Arnold (2020). Stark erfahrungsbezogen argumentiert der Essay der amerikanischen Yogalehrerin Caplan (2013) und bietet damit spannende Einblicke in alternativ-spirituelle Heilungsansätze. Zu einem breiteren Überblick zu Schattenseiten des Glaubens siehe den Sammelband von Zwingmann et al. (2017a).

III Innenperspektiven: Positive und negative Glaubenserfahrungen

10 Religiöse Erfahrungen und Praktiken

Lernziele

1. Sie können die Konzepte der religiösen und mystischen Erfahrung definieren und voneinander abgrenzen.
2. Sie können drei Auslöser religiöser Erfahrungen anhand jeweils eines empirischen Befundes erklären.
3. Sie sind fähig, kritisch zu diskutieren, welche Rolle religiöse Erfahrungen und Rituale überhaupt noch in unserer heutigen Gesellschaft spielen.
4. Sie können unterschiedliche meditative Formen der Aufmerksamkeitssteuerung nennen und die gesundheitsförderlichen Auswirkungen regelmäßiger Meditation erläutern.

Abbildung 10.1: Derwisch
© Nelly Nieter

»As if both exist in me, a sense that I am beyond time outside of myself, and yet, I am present and so there I am a conduit that connects spirit and earth. Everything flows through me, and I am nothing and everything at the same time. I have no meaning as myself and yet I allow a flow of love and light to the universe that is not mine in person. It is beyond me.«
(Harel et al., 2021, S. 6; Praktizierender des Sema-Rituals sufistischer Derwische)

Glaubenserfahrungen sind für viele Menschen ein faszinierendes Thema und gelten wohl auch deswegen als eines der frühesten Themen der Religionspsychologie. Gerade die Beschreibung und Erklärung solcher Erfahrungen, der Versuch, diese mit psychologischen Methoden messbar zu machen, und die

Ergründung ihrer Auslöser gelten als Meilensteine in unserer Wissenschaftsdisziplin. Obwohl dieses Einführungsbuch den Glauben als grundlegendes psychologisches Konzept vertritt, werden wir in diesem Kapitel den etablierten Fachbegriff der religiösen Erfahrung, auch in Bezug und in Abgrenzung zur mystischen Erfahrung, benutzen.

In diesem Kapitel werden wir diesen Meilensteinen folgen. Zunächst geben wir einen historischen Einblick in die frühe Konzeptualisierung und Erforschung religiöser Erfahrungen, um die darauf aufbauenden heutigen Ansätze nachzuvollziehen. Im Anschluss fragen wir, wodurch religiöse Erfahrungen ausgelöst werden können, mit einem besonderen Fokus auf religiöse Rituale. Neben dem recht gut untersuchten Ritual des Gebets wird auch auf die Meditation und das Fasten eingegangen. Abschließend wird gefragt, welche Relevanz religiöse Erfahrungen in unserer zunehmend säkularisierten Gesellschaft haben.

10.1 Die Erforschung religiöser Erfahrungen im Wandel der Zeit

Was genau macht eine religiöse Erfahrung aus: Ist es ein bestimmtes Gefühl oder ein bestimmter Gedanke, der eine Erfahrung zur *religiösen* Erfahrung macht? Bereits die Pioniere unseres Feldes befassten sich mit diesen Fragen, da sie in der Erfahrung des Individuums mit etwas »Höherem« den Ursprung der Religion vermuteten. Aber auch die derzeitige Religionspsychologie ist seit den 1960er Jahren mit der zunehmenden Verbreitung außerchristlicher Religionen in unseren westlichen Kulturkreisen erneut mit dieser Frage konfrontiert. Erleben Buddhistinnen und Buddhisten in einer Mantrameditation etwas ganz anderes als katholische Christen beim Rosenkranzgebet? Oder gibt es eine psychologische Gleichförmigkeit, die es zulässt, solche Erfahrungen als ähnlich oder gleich zu kategorisieren? Im Folgenden wird ein kurzer Überblick über klassische und gegenwärtige Ansätze zu diesen Fragen gegeben.

10.1.1 Die religiöse Erfahrung als emotionales Phänomen: William James und Rudolf Otto

»Die besten Früchte der religiösen Erfahrung [sind] das Beste überhaupt [...], was die Geschichte zu bieten hat« *(James, 1902/2010, S. 273).*

Abbildung 10.2: William James (1903; Quelle: Harvard University; Wikimedia Commons)

Bereits einer der Begründer der Psychologie im US-amerikanischen Raum, William James (1842–1910, siehe Abbildung 10.2), analysierte in seinem 1902 erschienenen Werk »Die Vielfalt religiöser Erfahrungen« Dokumente über religiöse Erfahrungen von »religiösen Genies« (z. B. Jesus, Buddha, Luther). Ganz allgemein sieht James die Religion als »Gefühle, Handlungen und Erfahrungen von einzelnen Menschen in ihrer Abgeschiedenheit, die von sich selbst glauben, daß sie in Beziehung zum Göttlichen stehen« (James, 1902/2010, S. 63 f.). Bereits in dieser Begriffsbestimmung wird der emotionale, erfahrungsbasierte und individuelle Charakter von James' Religionsverständnis deutlich. Religiöse Erfahrungen werden für ihn u. a. vom Gebet als emotionale Glaubenserfahrung mit dem Göttlichen angestoßen. Zudem führt das Erleben von religiösen Erfahrungen zu »Früchten«, d. h. zu gesundheitsförderlichen Konsequenzen, wie der Verlust von quälenden Sorgen, dem tiefen Erleben von Glück und innerem Frieden, aber auch zur Ausbildung von Tugenden, z. B. Friedfertigkeit, Selbstaufopferung und Nächstenliebe.

Für James ist diese erfahrungsmäßige Begegnung mit dem Göttlichen eine emotionale Kontrastharmonie, die durch intensive Glücksgefühle bei einer gleichzeitigen Ernsthaftigkeit geprägt ist. James, der sich jahrelang mit der Psychologie von Emotionen beschäftigte (James, 1884), betont jedoch, dass es keine spezifische religiöse Emotion gebe, sondern dass eine Emotion (z. B. Liebe) dann religiös wird, wenn sie in Relation zum Göttlichen steht (z. B. Liebe zu Gott). Im Vergleich zur institutionalisierten Religion sind religiöse Erfahrungen für James so zentral, dass er diese sogar als den Ursprung aller religiösen Institutionen und Lehren sieht. Diese theologischen Lehren seien der Versuch, religiöse Erfahrungen der Religionsgründer in Worte zu fassen, sie zu Glaubensaussagen zu kristallisieren und über Institutionen transgenerational weiterzugeben. Leider, so James, erstarren diese Lehren zur Orthodoxie, und Gläubige, die institutioneller Religion folgen, erfahren die Begegnung mit dem Göttlichen überwiegend oder ausschließlich aus zweiter Hand.

Neben Bekehrungserlebnissen konzentrierte sich James auf die Analyse mystischer Erfahrung als Sonderformen religiöser Erfahrungen (zur Definition von Mystik siehe Kapitel 2). Mystische Erfahrungen werden als eine Verschmelzung mit dem Göttlichen erlebt (sog. *unio mystica*), wobei das Individuum fühlt, von dieser höheren Macht ergriffen zu werden (Passivität), die Erfahrung an sich sei jedoch flüchtig. Manchmal offenbare das Göttliche Wissen (noetische Qualität), ansonsten bleibe die Erfahrung gefühlsmäßig und somit unaussprechlich.

James kommt zu dem Schluss, dass es neben dem primären Bewusstsein des Selbst auch noch einen vorbewussten Bereich gibt, der Kognitionen und Emotionen beinhaltet, die wiederum Quellen von religiösem Glauben sein können. Bei den von ihm analysierten religiösen Genies sieht er das Tor zu dieser Region weit offenstehend, sodass diese über das Vorbewusste mit spirituellen Energien gespeist werden. Insgesamt sieht James die Möglichkeit des Wirkens eines göttlichen Wesens als gegeben an und reduziert religiöse Erfahrungen somit nicht ausschließlich auf nichtreligiöse Mechanismen (Demmrich u. Wolfradt, 2019a).

Abbildung 10.3: Rudolf Otto (1925; Quelle: Wikimedia Commons)

James' (1902/2010) Werk gilt in seinem Umfang und seiner Tiefe bis heute als einmalige Phänomenologie religiöser Erfahrungen. Kritisiert wurde er für die Auswahl religiöser Genies als Fallbeispiele und der daraus folgenden Ausblendung eher alltäglicher religiöser Erfahrungen, wie dem Geborgenheitsgefühl in Gott beim Gebet (Machoń, 2005).

Inspiriert von James ergründete nur wenige Jahre später der deutsche Theologe und Religionswissenschaftler Rudolf Otto (1869–1937, siehe Abbildung 10.3) religiöse Erfahrungen ebenfalls aus philosophisch-hermeneutischer Sicht. In seinem Werk »Das Heilige« analysiert Otto (1917/2004) den Ursprung der Religion, die er im Ergriffensein von einer höheren Macht (»das Numinose«) sieht, welche unaussprechlich sei und tief emotional erlebt werde. In dieser Begegnung fühle sich der Mensch hingezogen zum Numinosen *(mysterium fascinans),* sei aber gleichzeitig ebenso erschrocken gegenüber diesem *(mysterium tremendum).* Somit gibt es für Otto sehr wohl ein religiöses Gefühl, welches sich unverwechselbar durch diese spezifische Kontrastharmonie auszeichnet. Mit anderen Worten: Eine Erfahrung sei dann eine religiöse Erfahrung, wenn sie unendlich wundervoll und anziehend wirke, jedoch das Individuum ebenso unendlich demütig vor einer Allmacht, die das menschliche Fassungsvermögen übersteigt, erzittern ließe.

Der Kern aller Religionen ist für Otto, wie für James, somit nicht lehrreiche Überlieferung, sondern die menschliche Erfahrung mit dem irrational Göttlichen. Erst wenn eine Rationalisierung dieser Erfahrungen und Gefühle auftritt, verfestigt sich institutionalisierte Religion mit ihren ethischen Vorschriften.

Auch Ottos Werk gilt als eines der meistdiskutiertesten, nicht nur in der Psychologie, sondern auch in der Theologie und Religionswissenschaft. Kritische

Abbildung 10.4: Ein Angezogensein und gleichzeitig Erschrockensein ist wohl auch als Intensiverfahrung in der Natur erlebbar – auch wenn Rudolf Otto dies nicht *religiöse* Erfahrung nennen würde, kommt sie dieser sehr nahe. (»Der Wanderer über dem Nebelmeer« von Caspar D. Friedrich, ca. 1817. Quelle: Wikimedia Commons)

Stimmen wendeten ein, dass Otto durch die ausschließliche Fokussierung auf die Kontrastharmonie andere religiöse Erfahrungen, die z. B. als durchgehend positiv erlebt werden, ausblendet. Schaut man sich Ottos Material an, welches aus unsystematischen Berichten religiöser Erfahrungen in Bibel und auch nichtchristlicher Literatur stammt, so findet man nur schwer eine Erfahrung, die das *mysterium tremendum et fascinans* in seiner Gänze beschreibt. Zudem könne die Kontrastharmonie auch in anderen Situationen, wie in Naturerfahrungen (siehe Abbildung 10.4) oder beim Konsum psychoaktiver Substanzen, gemacht werden. In Westeuropa, wo sich immer mehr Menschen als spirituell und nichtreligiös bezeichnen, sind gerade Naturerfahrungen Brücken zur Berührung mit einer als größer empfundenen Wirklichkeit (Taylor, 2020). Rupert Sheldrake (2018) beschreibt Meditation, Dankbarkeit, Kontakte zur Tier- und Pflanzenwelt, Musik und das Pilgern als zeitgenössische Wege spiritueller Erfahrungen. Ausschlaggebend ist dabei aber, ob das Individuum diese Intensiverfahrung spirituell, religiös oder nichtreligiös deutet, d. h., dass Kognitionen hier durchaus eine Rolle spielen (Grom, 1992; Machoń, 2005).

10.1.2 Die religiöse Erfahrung als kognitives Phänomen: Karl Girgensohn

> »[S]o ist damit bewiesen, daß das gedankliche Moment zu den dominierenden Strukturelementen des religiösen Erlebens gehört.«
> *(Girgensohn, 1930, S. 437)*

Während James und Otto hermeneutisch arbeiteten, untersuchte der protestantische Theologe Karl Girgensohn (1875–1925, siehe Abbildung 10.5) religiöse Erfahrungen mit der Methode des psychologischen Experiments. Girgensohn sah den Schlüssel zur weiteren Erforschung von religiösem Glauben in der Selbstbeobachtung (Introspektion) nach der Präsentation religiöser Reize (Demmrich u. Wolfradt, 2019b). Die Beschreibung dieses ersten Experiments der Religionspsychologie sowie deren Ergebnisse fanden Eingang in Girgensohns Hauptwerk »Der seelische Aufbau des religiösen Erlebens« (1930). Die Probandinnen und Probanden wurden in den Experimenten dazu instruiert, religiöse Gedichte und Lieder zu lesen und diese auf sich wirken zu lassen, um danach das Erlebte zu beschreiben, welches protokolliert wurde.

Ein zentrales Ergebnis war, dass das intuitive, gefühlsmäßige Denken ausschlaggebend in der religiösen Erfahrung ist. Intuitives Denken sei vage, unkontrollierbar und auch unwiederholbar und grenze sich somit stark vom diskursiven, reflektierten Denken ab, das nur eine untergeordnete Rolle im religiösen

Abbildung 10.5: Karl Girgensohn (ca. 1900; Quelle: University of Tartu Library; Wikimedia Commons)

Erleben spiele. Dabei unterscheide sich das religiös-intuitive Denken von anderen intuitiven Gedanken durch den Bezug zu etwas, das über den Menschen hinausgehe (den Gottesgedanken). Dies bedeute auch, dass erst durch die Idee von Gott der Mensch sich zu Gott in Beziehung setzen könne, d.h., erst dann könne er oder sie Gefühle gegenüber dem Göttlichen ausprägen (Girgensohn, 1930). Mit diesem empirischen Ergebnis erweiterte Girgensohn die psychologische Perspektive auf religiöse Erfahrungen um eine kognitive Komponente. Sowohl um die Methode als auch um die Idee des Kognitiven in der religiösen Erfahrung versammelte Girgensohn zahlreiche Wissenschaftlerinnen und Wissenschaftler um sich, die sogar eine wissenschaftliche Schule bildeten (sog. Dorpater Schule; Demmrich u. Wolfradt, 2019b).

Die Anwendung der experimentellen Methode für einen religionspsychologischen Forschungsgegenstand, der Fokus auf alltägliche und nicht nur außergewöhnliche religiöse Erfahrungen sowie die Beachtung kognitiver Funktionen werden als außerordentliche Leistungen Girgensohns bis heute gewürdigt. Als problematisch hingegen wird die Auswahl von Girgensohns Probandinnen und Probanden gesehen, welche alle zu seinem Bekanntenkreis gehörten (Machoń, 2005). Aber auch der bewusste oder unbewusste Einfluss seiner früheren theologisch-philosophischen Arbeiten zur Gottesidee (Girgensohn, 1903) auf die Ergebnisse seiner Experimente wird kritisch hinterfragt (Demmrich u. Wolfradt, 2019b).

10.1.3 Forschungsboom ab den 1960er Jahren bis heute: Walter T. Stace, Ralph W. Hood, Ann Taves

Mit dem stärkeren Bewusstsein für außerchristliche Religionen entstand eine neue Welle an Forschung zu religiöser Erfahrung ab den 1960er Jahren vor allem in den USA. Während die früheren Ansätze religiöse Erfahrungen auf einen emotionalen oder kognitiven Faktor reduzierten, versuchen neuere Theorien mehrere Grundcharakteristiken religiöser Erfahrungen zusammenzutragen und diese psychologisch messbar zu machen.

Der Philosoph Walter Stace (1886–1967) befasste sich, in Anlehnung an James, mit mystischen Erfahrungen als Sonderform religiöser Erfahrungen (Stace, 1960). Dabei erweiterte er James' Fokussierung auf die Einheit mit dem Göttlichen, indem er die extrovertive (d.h. nach außen gerichtete Einheitserfahrung) von der introvertiven mystischen Erfahrung unterschied (d.h. nach innen gerichtete Einheitserfahrung). In seiner Analyse lebender und historischer Religionen und Kulturen stellte er eine psychologische Gleichförmigkeit solcher mystischen Erfahrungen fest. Für ihn stellen die folgenden Eigenschaften den universellen Kern aller mystischen Erfahrungen dar: Mystische Erfahrungen werden erlebt als

- eine Vorstellung, dass alle Dinge Teil eines großen Ganzen sind,
- die gepaart ist mit einem Verlust des Ich-Erlebens und
- einem Gefühl von Raum- und Zeitlosigkeit.
- Sie werden ferner als eine Wirklichkeit erlebt, d.h. als eine objektive Quelle von Wissen,
- und sind positiv-affektiv besetzt (z.B. Glück, Freude, Frieden)
- bei gleichzeitigem Gefühl des Heiligen, Sakralen, Göttlichen.
- Sie übersteigen zudem die eigene Logik (erscheinen paradox)
- und bleiben somit oft unbeschreiblich (können nicht in Worten ausgedrückt werden).

Ralph Hood (*1942) baute auf Staces Befunde auf und konstruierte die Mystizismus-Skala, welche die bis heute einschlägigste Skala zur Messung mystischer Erfahrungen darstellt (Hood, 1975, siehe Box 10.1). Da sie zudem traditionsgebundene Begriffe wie »Gott« vermeidet, kann sie interreligiös angewandt werden. Mittlerweile hat sich eine Drei-Faktoren-Struktur etabliert (Hood et al., 2001):

- Introvertive Erfahrungen zielen primär auf die Innenwelt des Individuums ab, wie das Gefühl von Raum- und Zeitlosigkeit oder von Unbeschreiblichkeit.
- Extrovertive Erfahrungen hingegen sind auf die Außenwelt gerichtet und umfassend, z.B. das Gefühl der Einheit mit allen Dingen.
- Der letzte Faktor, »Interpretation«, umfasst Erfahrungen, die mit positiven Gefühlen verbunden sind (z.B. tiefe Freude), als heilig interpretiert werden oder eine noetische Qualität ausdrücken (d.h. eine neue Sicht auf die Realität offenbart sich).

Hood geht wie Stace davon aus, dass mystische Erfahrungen durchgehend positiv erlebt werden und sie sich auch dadurch von religiösen Erfahrungen abgrenzen, da letztere positiv oder negativ erlebt werden können (z. B. Begegnung mit einer bösen Macht). Andere Religionspsychologen, die sich ebenso mit mystischen Erfahrungen beschäftigten (z. B. Lange u. Thalbourne, 2007), fanden jedoch auch negativ-emotionale Qualitäten mystischer Erfahrungen.

Box 10.1: Die Kurzversion der Mystizismus-Skala von Hoods (in der deutschen Version von Streib et al., 2021)

Im Folgenden werden Erfahrungen, die Menschen machen können, beschrieben. Bitte entscheiden Sie für jede einzelne Erfahrung, ob

+2 diese Beschreibung definitiv auf Ihre eigenen Erfahrungen zutrifft,
+1 diese Beschreibung wahrscheinlich auf Ihre eigenen Erfahrungen zutrifft,
0 Sie das nicht entscheiden können,
–1 diese Beschreibung wahrscheinlich nicht auf Ihre eigenen Erfahrungen zutrifft,
–2 diese Beschreibung definitiv nicht auf Ihre eigenen Erfahrungen zutrifft.

1. Ich habe eine Erfahrung gehabt, bei der es weder Raum noch Zeit gab.
2. Ich habe eine Erfahrung gehabt, als ob etwas Größeres als ich selbst mich aufnehme.
3. Ich habe eine Erfahrung gehabt, bei der ich erkannte, dass ich eins mit allem bin.
4. Ich habe eine Erfahrung gehabt, bei der mir eine neue Sicht der Wirklichkeit enthüllt wurde.
5. Ich habe eine Erfahrung gehabt, bei der ich die Vollkommenheit von allem spürte.
6. Ich eine Erfahrung gemacht, die ich als geheiligt erkannte.
7. Ich habe eine Erfahrung gehabt, bei der alle Dinge über Bewusstheit zu verfügen schienen.
8. Ich habe eine Erfahrung gehabt, die man nicht mit Worten ausdrücken kann.

Auswertung: Addieren Sie die Antworten über alle acht Items für ein globales Maß mystischer Erfahrungen auf, wobei höhere Werte für mehr mystische Erfahrungen sprechen. Sie können auch die Antworten auf folgende Items aufaddieren, um einen tieferen Einblick in die einzelnen drei Faktoren der Skala zu erhalten: Introvertiver Mystizismus: 1, 2, 8; Extrovertiver Mystizismus: 3, 7; Interpretation: 4, 5, 6

In einer Studie mit weiblichen und männlichen Christen, Muslimen und Hindus stellten Anthony und Mitarbeitende (2010) jedoch fest, dass eine Unterscheidung zwischen vertikalen und horizontalen (statt intro- und extrovertiven) mystischen Erfahrungen von größerer Bedeutung im internationalen Kontext sein könnte. Während Christen und Muslime eher vertikale, d. h. auf ein höheres Wesen ausgerichtete religiöse Erfahrungen machen, so machen Hindus vor allem Einheitserfahrungen mit einer horizontalen spirituellen Realität.

Es ist nicht ungewöhnlich, dass Individuen nur geringe Werte auf Hoods Mystizismus-Skala erreichen (siehe Box 10.1), da es sich zwar um einen stabilen Kern von Erfahrungen über Kulturen und Religionen hinweg handelt, die jedoch ziemlich außergewöhnlich sind und somit eher selten vorkommen. Religiöse Erfahrungen im Allgemeinen hingegen sind stärker kultur- und religionsgebunden (Hood, 2009), treten aber eher im Alltag auf (z. B. Geborgenheitsgefühl in Gott beim Gebet).

In den letzten Jahren konzentriert sich vor allem Ann Taves (*1952) auf solche religiösen Erfahrungen und fragt, wann alltägliche Erfahrungen als religiöse Erfahrungen in verschiedenen Kulturen und Religionen gedeutet werden (Taves, 2020a, 2020b). In den noch andauernden Studien werden Individuen ungewöhnliche Erfahrungen beschrieben (z. B. Déjà-vu, luzides Träumen, Erinnerungen an früheres Leben) und gefragt, ob sie diese erlebt haben. Falls ja, wird in einem zweiten Schritt danach gefragt, ob ein solches Erlebnis eine religiöse und/oder spirituelle Erfahrung für sie war und durch wen oder was diese Erfahrung ausgelöst wurde (z. B. durch eine höhere Macht, eine Energie und/oder einen psychologischen Prozess). Obwohl die Attribution religiös/spirituell kultursensitiv übersetzt wurde (z. B. *tao* in China, *dharma* in Indien), sind diese Bedeutungen nicht gleichzusetzen, sondern müssen in weiteren Studien aus ihrem kulturellen Kontext heraus verstanden werden, wozu die Probandinnen und Probanden auch befragt werden. In ersten Studien in fünf Kulturen über vier Kontinente zeigte sich ein starker Zusammenhang zwischen der Erfahrung einer Präsenz (z. B. Kräfte, andere Wesenheit, Tote) und der Attribution dieser Erfahrung als religiös/spirituell. Dieser kultursensible und gleichzeitig kulturverbindende Ansatz scheint für weitere zukünftige Forschung vielversprechend. Schlussendlich bleibt jedoch festzuhalten, dass die Religionspsychologie nach über 100 Jahren erneut bei James (1902) ankommt, um religiöse Erfahrungen begrifflich zu fassen:

Definition

Religiöse Erfahrungen sind »Erfahrungen von einzelnen Menschen [...], die von sich selbst glauben, daß sie in Beziehung zum Göttlichen stehen« (James, 1902/2010, S. 63 f.). Das »Göttliche« kann dabei eine persönliche oder unpersönliche Kraft, Macht, Energie oder eine andere als positiv oder negativ erlebte Entität sein, deren Präsenz gefühlt wird. Wenn Menschen davon überzeugt sind, dass sie durch das Erlebte in Beziehung zum Göttlichen kommen, deuten sie das Erlebte aus der Perspektive ihrer religiösen Glaubensüberzeugungen. Diese Attributionsleistung ist von ihrer Religion und Kultur abhängig (Taves, 2020b). Demgegenüber bilden mystische Erfahrungen, die durch eine veränderte Selbstwahrnehmung und/oder tiefen Erfahrung von Einheit *(unio mystica)* geprägt sind, ein kultur- und religionsunabhängiges psychologisches Phänomen (Hood, 2009).

10.2 Zentrale Impulse für religiöse Erfahrungen

Während mystische Erfahrungen intensiv sind und meist plötzlich auftreten, aber eher selten sind, kommen religiöse Erfahrungen bei religiös Praktizierenden häufiger im Alltag vor. Da solche Erfahrungen überwiegend positiv-emotional besetzt sind und sich Menschen dadurch oft eine besondere Beziehung zu etwas Höherem oder zu ihrem eigenen Selbst erhoffen, versuchen sie diese Erfahrungen mittels bestimmter Techniken herbeizuführen. Unter solchen Techniken zählen psychoaktive Substanzen, Reizdeprivation und Musik, wobei jedoch religiöse Rituale eine herausragende Rolle spielen (Sheldrake, 2018). Sie alle (und noch weitere, wie Stress oder besonders positive Emotionen; Hardy, 1979; Hood, 1995a) können dazu führen, dass Menschen sich in veränderte Bewusstseinszustände begeben (Vaitl et al., 2005; Vaitl, 2012), die eher dissoziativ (z. B. wie ein Flow-Erleben, eine Außerkörpererfahrung, das Gefühl, von etwas beobachtet zu werden; Schumaker, 1995) oder eher mystisch sein können (z. B. Einheitserfahrungen; Hood, 1975). Solche veränderten Bewusstseinszustände werden – unter bestimmten Bedingungen – religiös interpretiert (Taves, 2020b; vgl. Kapitel 4).

10.2.1 Psychoaktive Substanzen

Psychoaktiven Substanzen sind Drogen, die unseren Bewusstseinszustand beeinflussen und u. a. stark veränderte Wahrnehmungen des Selbst und der Umgebung bis hin zu Visionen und Halluzinationen (z. B. werden Objekte lebendig) auslösen. Die Nutzung solcher Drogen dient wohl schon seit Jahrhunderten der willentlichen Herbeiführung religiöser Erfahrungen. Zum Beispiel nutzten bereits die Azteken Meskalin, ein Kaktusgift, im Rahmen ihrer Rituale (Smythies, 1953).

Vor allem in den 1960er Jahren herrschte ein gesellschaftliches Umbruchklima vor, das die Untersuchung psychoaktiver Substanzen begünstigte. In der vielzitierten Studie von Pahnke (1966) nahmen 20 männliche Theologiestudenten an einer über zweistündigen Karfreitagsmeditation in ihrer Kirche teil. Die Hälfte der Probanden erhielt vorher Psilocybin (Wirkstoff in *magic mushrooms*), die andere Hälfte ein Placebo. Direkt danach, aber auch eine Woche und nochmals sechs Monate nach dem Gottesdienst wurden sie nach ihren Erlebnissen entsprechend den Eigenschaften mystischer Erfahrungen von Stace (1960; vgl. Abschnitt 10.1.3) befragt. Es zeigten sich signifikante Unterschiede zwischen den beiden Gruppen bezüglich aller erfragten mystischen Aspekte. Zudem führte die Meditation unter Psilocybin auch langfristig zu positiven Veränderungen der Einstellung zu sich selbst, zu anderen und zum Leben allgemein. Jedoch waren in diesem Experiment viele Bedingungen vorhanden, die die Interpretation einer drogeninduzierten Erfahrung zur religiösen Erfahrung werden lassen: religiöse Probanden besuchen eine Meditation in einer Kirche zum Karfreitag. Dennoch wurden diese Ergebnisse, wenn auch mit geringerer Effektstärke, im Großen und Ganzen auch außerhalb religiöser Settings repliziert (Ditman et al., 1962; Leary, 1964). Auch neuere Studien bestätigten die früheren Befunde (Griffiths et al., 2008, 2018).

Immer wieder werden kritische Stimmen laut, ob die Erfahrungen, die durch psychoaktive Substanzen angeregt werden, religiöse Erfahrungen sind. In der Zusammenfassung der Studien der 1960er Jahre berechnet Argyle (2000), dass ungefähr 35–50 % der Probandinnen und Probanden in verschiedenen Studien drogeninduzierte veränderte Bewusstseinszustände als religiös interpretieren. Er verweist an dieser Stelle auf eine Studie von Oxman et al. (1988), welche Beschreibungen veränderter Bewusstseinszustände untersuchte. Die Autoren fanden, dass religiöse Erfahrungen als lebensverändernd oder als Begegnung mit etwas Höherem gedeutet wurden, während drogeninduzierte Zustände überwiegend als reine Sinneseindrücke beschrieben wurden. Ähnliche Kritik wie zu einigen neuropsychologischen Ansätzen (vgl. Kapitel 4) wird auch hier laut, was die Verkürzung von religiösem Glauben auf die Dimension der religiösen Erfahrungen angeht. Eine »Intensiverfahrung [...] ohne Einbettung in eine religiöse Ethik oder Gemeinschaft« sei aufgrund ihrer Künstlichkeit eine »Religion aus der Retorte« (Grom, 2007, S. 201; vgl. Leuba, 1896).

10.2.2 Reizdeprivation

Die Suche nach Einsamkeit und Isolation als Mittel, Gott oder einer anderen Kraft näher zu kommen, wird vielen Religionsstiftern wie Jesus, Mohammed und Buddha zugeschrieben. Auch beinhalten viele alltägliche religiöse Praktiken deprivatorische Elemente, wie das Aufsuchen eines ruhigen Ortes oder das Schließen der Augen (Vaitl, 2012). In einer klassischen Studie von Greeley (1975) berichten die Probandinnen und Probanden, dass Momente stiller Reflexion in 42 % der Fälle Auslöser religiöser Erfahrungen waren.

Zwei der wenigen systematischen Studien dazu wurden von Hood und Kollegen durchgeführt. Der Versuchsaufbau beider Quasiexperimente ist ähnlich:

Zunächst wurden die intrinsische und extrinsische Religiosität der Probanden gemessen, danach legten sich die Studienteilnehmenden in einen licht- und geräuschlosen Isolationstank mit warmer Magnesiumsulfatlösung, welches ihren Körper auf der Wasseroberfläche treiben ließ. Im ersten Experiment (Hood u. Morris, 1981) hatten die Probanden die Aufgabe, sich entweder eine religiöse Figur oder eine Trickfilmfigur vorzustellen; danach wurden sie befragt, ob ihnen dies gelungen sei. Es zeigte sich, dass intrinsisch Religiöse nach einer religiösen Instruktion deutlich eher eine religiöse Figur imaginieren konnten als extrinsisch Religiöse. Beide Gruppen unterschieden sich jedoch nicht im Imaginieren von Trickfilmfiguren nach der entsprechenden Instruktion. Die Autoren schlussfolgern aus dieser Studie, dass nicht die Vorstellungsfähigkeit an sich bei intrinsisch Religiösen stärker ausgeprägt ist, sondern dass solche Personen stärker dazu neigen, Einsamkeit für Gebet und Meditation zu suchen, um religiöse Erfahrungen zu machen.

In dem zweiten Experiment (Hood et al., 1990) wurden die Probanden im Isolationstank selbst über eine Wechselsprechanlage instruiert, die Ruhe zu genießen, die entweder »eine religiöse Einsicht« oder »eine Einsicht« mit sich bringe. Nach zehn Minuten wurden die Probanden nach ihren religiösen und mystischen Erfahrungen befragt. Es zeigte sich, dass intrinsisch religiöse Teilnehmende deutlich mehr religiöse Erfahrungen in der Reizdeprivation machten als extrinsisch-religiöse Personen. Ausschließlich bei Menschen, die intrinsisch und gleichzeitig extrinsisch religiös motiviert waren, hatten die Untersuchungsbedingungen unterschiedliche Wirkungen: Diese Individuen berichteten nur dann religiöse Erfahrungen, wenn sie durch eine religiöse Instruktion geprimt

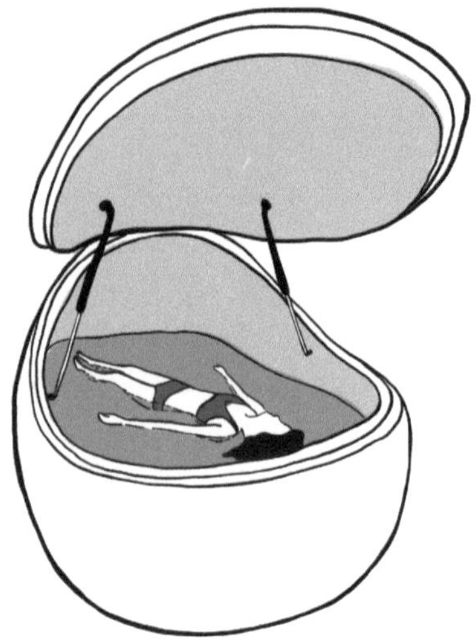

Abbildung 10.6: Isolationstank
© Nelly Nieter

wurden. Demgegenüber unterschied sich der Bericht mystischer Erfahrungen zwischen den drei Substichproben nicht, was erneut die Kontext- und Religionsunabhängigkeit mystischer Erfahrungen unterstreicht.

10.2.3 Musik

Aber nicht nur der Entzug sensorischer Reize, sondern auch ihr gezielter Einsatz kann zu religiöser Erfahrung führen. Es gibt bisher nur wenige systematische Untersuchungen über die religionspsychologischen Effekte von Musik (van Belzen, 2013). Was wir jedoch bisher wissen, ist, dass Musik der wohl häufigste Auslöser religiöser Erfahrungen ist (Greeley, 1975), vor allem dann, wenn religiöse Musik tiefe Emotionen anregt, und dies ist meist der Fall, wenn diese Musik aus der eigenen (Sub-)Kultur stammt (Hills u. Argyle, 1998; Miller u. Strongman, 2002). Aber auch allein Musik, die monoton, repetitiv, simpel und ohne Gesang ist, hat das Potenzial, religiöse Erfahrungen bei den Zuhörenden anzuregen. Mit anderen Worten: Sie sollte nicht intellektuell stimulierend und idealerweise rein instrumental sein, wie man dies z. B. von Trommeln, Gongs oder Klatschen kennt. Diese wiederholende Monotonie stimuliert neuropsychologische Prozesse, die mit Theta-Gehirnwellen in Zusammenhang stehen, die wiederum religiöse Erfahrungen hervorrufen können (Schumaker, 1995).

In einem interkulturellen Experiment ließ Demmrich (2020b) türkische und deutsche Probandinnen und Probanden religiöse Musik aus ihrer eigenen und der jeweils fremden Kultur hören. Es zeigte sich, dass christliche Orgelmusik – wahrscheinlich, weil sie zu ornamental ist – in beiden Gruppen kaum mystische Erfahrungen stimulierte. Dahingegen berichteten nach der Präsentation islamischer Rohrflötenmusik beide Gruppen mystische Erfahrungen, wobei Türkinnen und Türken noch höhere Werte aufwiesen als Deutsche. Es scheint somit, als ob religiöse Musik durch ihre Eigenschaften religiöse und mystische Erfahrungen begünstigen kann. Zusätzlich weisen Menschen, die in der religiösen Kultur sozialisiert wurden, aus der diese Musik stammt, einen Eigengruppenvorteil. Aber nicht nur die Wiederholung und Monotonie erlebter Reize, sondern auch Wiederholung und Monotonie von Verhalten, das wir ausführen, kann zum Erleben religiöser Erfahrungen beitragen.

10.2.4 Religiöse Rituale

Rituale spielen eine herausragende Rolle als Auslöser religiöser Erfahrungen (Greeley, 1975). Einige religiöse Rituale bedienen sich weiterer Auslöser religiöser Erfahrungen, wie psychoaktiver Substanzen (z. B. ritualbegleitender Konsum von psychoaktiven Pilzen bei zentralamerikanischen indigenen Völkern; Wasson, 1980), Musik (z. B. Orgelmusik im Gottesdienst oder Trommeln bei schamanistischen Ritualen; van Belzen, 2013) und Reizdeprivation (z. B. das Schließen der Augen beim Gebet; Ladd u. McIntosh, 2008). Aber auch ohne diese zusätzlichen Trigger sind Rituale schon allein aufgrund ihrer inneren Struktur geradezu prädestiniert, als Auslöser religiöser Erfahrungen zu fungieren (Rappaport, 2010).

Definition

Rituale sind Verhaltensweisen, die – ähnlich wie Routinehandlungen und Gewohnheiten – *formell-strukturiert* sind, d. h., sie wiederholen sich, ihre einzelnen Verhaltensbestandteile (z. B. Bewegungen) sind sequenziert und geordnet. Zudem werden Rituale – im Gegensatz zu Routinehandlungen und Gewohnheiten – *als ein Kontrast zu anderen Verhaltensweisen wahrgenommen,* d. h., das Ritual wird zeitlich, räumlich und/oder bedeutungsmäßig von anderen Verhaltensweisen abgesondert und dadurch als besonders wichtig oder mächtig erlebt. Steht ein Ritual zudem in Verbindung zu einer persönlichen oder unpersönlichen Macht oder Kraft, so spricht man von einem *religiösen Ritual* (Demmrich, 2016; Schnell, 2009; Xygalatas, 2022).

Bei der Durchführung eines Rituals kann aufgrund seiner formellen Struktur (vor allem bei rhythmischer Wiederholung) und aufgrund der Wahrnehmung seiner Andersartigkeit (als besonders wichtig oder mächtig) eine veränderte Realitätswahrnehmung ausgelöst werden (Rao u. Köpping, 2008). Diese veränderte Realitätswahrnehmung kann als religiöse Erfahrung gedeutet werden, was in Ritualen geschieht, die allein durchgeführt werden, aber ganz besonders in kollektiven Ritualen, in denen häufig ein starkes Zusammengehörigkeitsgefühl und somit eine Selbstentgrenzung erfahren wird (Durkheim, 1912/2007; Xygalatas, 2022). Als einschlägigste Rituale, die religiöse Erfahrungen auslösen können, gelten das Gebet und die Meditation (Greeley, 1975).

Gebet

Als das zentrale religiöse Ritual, welches die längste psychologische Forschungstradition aufweist (Heiler, 1918), auch weil es als »religiöse [...] Urhandlung« (Bucher, 2016, S. 296) gilt, ist das Gebet. Bereits in neuropsychologischen Experimenten konnte aufgezeigt werden, dass Gebete religiöse Erfahrungen stimulieren können (z. B. Azari et al., 2001; Newberg et al., 2003; vgl. Kapitel 4). In Bezug auf das Christentum hat die amerikanische Soziologin Margret Poloma (1991) eine Gebetstypologie entwickelt, in welcher sie vier Gebetsstile unterscheidet (siehe Box 10.2).

Box 10.2: Vier Gebetshaltungen (Poloma, 1991)

Bitte:	Was kann Gott mir geben?
Ritual:	Formalisierte Gebete
Meditation:	Betrachtung, Vertiefung, Stille
Gespräch:	Gefühl zwangloser Intimität

Ein wesentliches Ergebnis der umfangreichen Untersuchungen von Poloma (1991) besagt, dass sich im persönlichen Gebetsstil die individuelle Gottesbeziehung ausdrückt. Generell fand sie: Je persönlicher sich die Beziehung zwischen Individuum und Gott gestaltete, desto mehr Wohlbefinden stellte sich beim Individuum ein (Pfeifer, 2018). Nicht die Häufigkeit des Gebets scheint den Betenden selbst am wichtigsten zu sein, sondern dessen Intensität. Innerer Frieden, Nähe zu Gott und das Gefühl, von diesem geführt zu werden, sind nach Poloma Kriterien, die ein »wohltuendes« Gebet ausmachen. Wenn man sich Gott nur als einen kosmische Wunscherfüller vorstellt, von dem man auf seine Bitten positive oder abschlägige Bescheide erhält, oder wenn man das Gefühl hat, man könne mit Gott nur über Gebetsformeln in Verbindung treten, die von anderen verfasst worden sind, ist die Wahrscheinlichkeit geringer, dass man aus seinem Glauben tiefe Glücksgefühle bezieht. Wenn man hingegen in Gott einen Freund sieht, mit dem man jederzeit über alles reden kann, oder wenn man über eine Eigenart Gottes und seine Güte meditiert, findet man durch das Gebet eher zu einem tiefen Gefühl der Zufriedenheit und Freude.

Somit ist eine der Hauptmotivationen des Gebets die Begegnung mit dem Göttlichen. Dennoch ist das Gebet keineswegs nur darauf zu beschränken, sondern ist durch eine Multidimensionalität geprägt. Einige multidimensionale Ansätze unterscheiden das Gebet nach äußeren Formen und psychologischen Funktionen (z.B. religiöses, meditatives und psychologisches Gebet; Bänziger et al., 2008). Von besonderem Interesse an dieser Stelle ist für uns jedoch eine multidimensionale Betrachtung des Gebets aus innerer Perspektive, d.h. aus Gedanken, Gefühlen und Erfahrungen, die Menschen im Gebet machen. Spilka und Ladd (2006) liefern diesbezüglich einen einschlägigen Ansatz mit drei Gebetskategorien:

- »inward«: Verbindung mit dem eigenen Selbst. Hierzu zählen spontane Gebete ohne Selbstzensur, Vergebungsgebete, Gebete unter Tränen mit Fokus auf eigene Fehler, das Streben nach Formung des Selbst oder auch der Verzicht auf selbstische Wünsche.
- »outward«: Verbundenheit zwischen Mensch und Mensch. Beispiele sind Bitt- und Fürbittgebete, Heilungsgebete, Gebete um Beistand und auch »radikale Gebete«, die auf eine Veränderung anderer Personen, Institutionen und Gesellschaften abzielen.
- »upward«: vertikale Verbundenheit zwischen Mensch und dem Göttlichen. Hierunter fallen u.a. das Lobpreisgebet, aber auch das meditative und kontemplative Verweilen in der Begegnung mit dem Göttlichen sowie Einheitserfahrungen mit Gott (siehe Box 10.3).

Box 10.3: Kontemplation

Beschauung, Betrachtung (von lat. *contemplari,* entspricht dem griechischen *theoreo*). Ein Schlüsselbegriff der abendländischen Religionsgeschichte, der im christlichen Zusammenhang eine besondere Begegnungsform mit der göttlichen Wirklichkeit in einem veränderten Bewusstseinszustand bezeichnet. In der Transpersonalen Psychologie (Wilber, 1988) wird damit ein besonderer Bewusstseinszustand direkter Erfahrungserkenntnis einer größeren Wirklichkeit beschrieben. Der neue Forschungszweig »kontemplative Neurowissenschaften« untersucht die Hirnfunktionen Meditierender (Carcia-Campayo et al., 2021).

Zur Messung dieser Gebetsdimensionen steht auch eine reliable und valide Skala zur Verfügung. Auffällig dabei ist die Entsprechung zu Buchers (2014) Spiritualitätstheorie (siehe Kapitel 2), was für einen stabilen Kern religiösen

Glaubens spricht, nämlich der Verbundenheit auf vertikaler (upward), horizontaler (outward) und Tiefenebene (inward). Erneut stammen fast alle Theorien und Studien zum Gebet aus dem nordamerikanischen und europäischen (christlichen) Kontext. Dies ist verwunderlich, da auch in anderen Religionen das Gebet einen zentralen Stellenwert einnimmt. So gibt es z. B. im Islam neben dem Gebot des mehrfach täglichen Pflichtgebets (*salah* oder *namaz*; dreimal bei den Schiiten, fünfmal bei den Sunniten) auch nichtverpflichtende, informelle Gebete (*du'a*; vgl. Küng, 2004). Eine der wenigen empirischen Untersuchungen zu Erfahrungen, die Muslime in beiden Gebetsformen machen, hat Williamson durchgeführt (siehe Box 10.4).

Box 10.4: Eine Phänomenologie der Erfahrungen des muslimischen Gebets (Williamson, 2018)

Williamson (2018) führte Tiefeninterviews mit sieben Muslimen (fünf männlich, zwei weiblich, durchschnittlich 36 Jahre alt, alle hochgebildet) aus fünf verschiedenen Kulturen in den USA durch (mit Wurzeln in Pakistan, Bangladesch, Kamerun, Libyen und Usbekistan). Sechs der Probanden identifizierten sich als Sunniten und einer als Sufist. Eine hermeneutisch-thematische Analyse des Interviewmaterials zeigte vier voneinander abhängige Themen, die in allen Interviewprotokollen vorkamen (siehe Abbildung 10.7):

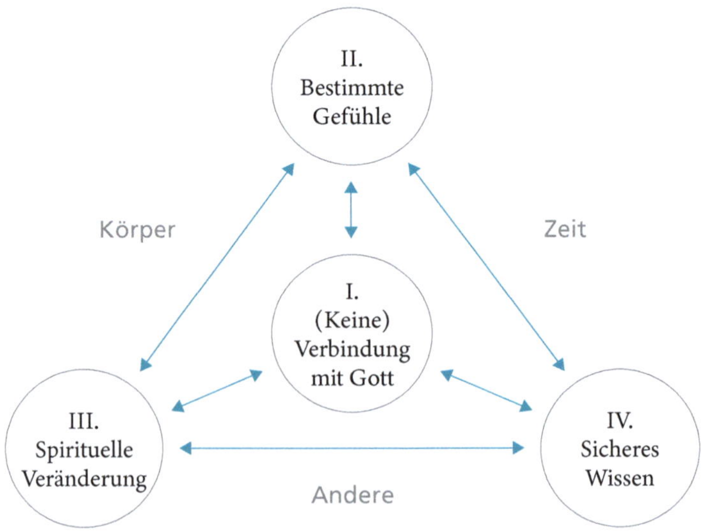

Abbildung 10.7: Thematische Struktur der Erfahrungen des muslimischen Gebets (Quelle: Williamson, 2018, S. 552, © Springer; eigene Übers.)

I. (Keine) Verbindung mit Gott: Keine Verbindung mit Gott wird häufig während des Pflichtgebets, vor allem dann, wenn es als mechanisch empfunden wird, berichtet. Eine Verbindung mit Gott wird meist während informeller Gebete wahrgenommen. Diese Verbindung ermöglicht Intimität und Ehrlichkeit, wird als Tür zu einer spirituellen Realität betrachtet und ist Voraussetzung für die folgenden drei Themen.

II. Bestimmte Gefühle: Gefühle des Friedens, der Erleichterung und der Harmonie dominieren im Gebet, manchmal treten auch taktile Wahrnehmungen auf wie Gänsehaut oder das Gefühl, von einer Hand berührt zu werden.

III. Spirituelle Veränderung: So wird eine Erfahrung beschrieben, die Gefühle während des Gebets verändert. Solche Gebetserfahrungen werden oft ausgelöst durch eine spirituelle Sehnsucht nach Gott oder durch Sorgen, die sich im Gebet auflösen.

IV. Sicheres Wissen: Das beschreibt eine Erfahrung, Gewissheit über Wissen zu erlangen, welches vorher nicht bekannt war oder welches erneut lebensrelevant wird (z. B. persönliche Offenbarung, sich Gottes Unterstützung gewiss zu sein). Dies verändert sehr häufig die Sicht auf Gott und die Beziehung zu ihm.

Williamson verbindet diese vier Themen mit den existenziellen Dimensionen menschlicher Erfahrung *Körper, Andere und Zeit.* Für ihn ist die muslimische Gebetserfahrung vor allem eine *körperliche Erfahrung:* Die Verbundenheit mit Gott wird häufig durch bestimmte Körperhaltungen (z. B. Niederwerfung) während des Pflichtgebets erlebt, bestimmte Gefühle stehen oft in Zusammenhang mit taktilen Erfahrungen, spirituelle Veränderung geht einher mit der Läuterung des Körpers von Verderbtheit und neue Einsichten durchdringen den Körper und verdichten sich zu sicherem Wissen. Gebet ist jedoch auch eine Erfahrung mit dem *Anderen,* in erster Linie Gott, mit dem eine Verbindung gefühlt wird und der sicheres Wissen vermittelt. Aber auch Erfahrungen mit anderen Menschen, für die gebetet wird oder die während des gemeinsamen Gebetes anwesend sind, spielen hier eine Rolle. Zuletzt fällt auch die *Zeitdimension,* wenn auch geringer, ins Gewicht: In der Verbindung zu Gott verlieren betende Musliminnen und Muslime mitunter das Zeitgefühl, wohingegen mechanistische Gebete als langwierig empfunden werden.

Erneut können wir hier zentrale Merkmale der Theorie von James (1902/1997) sehen, wie die mystischen Erfahrungen mit einem höheren Wesen, ihre noetische

Qualität und begleitende veränderte Bewusstseinszustände. Williamson schließt seine Studie mit der Schlussfolgerung, dass das Gebet starke und bedeutungsvolle religiöse Erfahrungen auslösen kann, die lebensverändernd wirken können.

Meditation

Nach den gesellschaftlichen Umbrüchen Ende der 1960er Jahre ist der Begriff »Meditation« zu einem der geläufigsten Wörter der religiösen Sprache geworden. Wortgeschichtlich geht er auf das Messen zurück: Meditative Verfahren sind Übungsmethoden, um für sich das »rechte Maß« zu finden. Meditative Entspannungs- und Versenkungstechniken unterstützen den Einzelnen dabei, immer wieder neu die spirituelle Grundfrage »Was will ich?« zu beantworten. Viele benutzen Meditation dazu, eine höhere Selbstsicherheit, mehr Durchsetzungskraft und inneren Frieden zu erlangen.

Zunächst ist Meditation immer ein bewusstes, absichtliches Heraustreten aus dem Tagesgeschehen. Um sich angesichts von tausenden Entscheidungsmöglichkeiten nicht zu verzetteln, kann das Hineinhorchen in sich selbst manches klarer machen – zunächst einmal die eigene Zerrissenheit und Unruhe. Alle Gedanken, Gefühle, Fragen und Sorgen schweigen, wenn es gelingt, den »reinen« Augenblick – ohne Bewertung! – wahrzunehmen und schätzen zu lernen.

Um die typischerweise auftretende Unruhe zu bewältigen, die sich im Regelfall zu Beginn des Übens einstellt, wurden unterschiedliche Methoden wie die Atembeobachtung, bestimmte Bewegungsabläufe und Vorstellungsübungen entwickelt. Sobald regelmäßig geübt wird, verändern sich die Wahrnehmung und Erfahrung des eigenen Körpers und der Umwelt. Grundsätzliches Ziel der Meditation ist es, Körper und Geist in Harmonie miteinander zu bringen. Besonders Übungen, die die Achtsamkeit schärfen, d. h. eine willentliche, nicht wertende Wahrnehmung der gegenwärtigen körperlichen und psychischen Prozesse (siehe Kapitel 7), haben sich dafür bewährt.

Das Bedürfnis nach meditativer Entspannung, einem besseren Kontakt zum eigenen Körper und vertiefter Selbstwahrnehmung hat deutlich zugenommen. Zahlreiche Krankenkassen übernehmen mittlerweile die Kosten für meditative Stressbewältigungsprogramme wie beispielsweise das Autogene Training, Yoga-Kurse oder achtsamkeitsbasierte Verfahren. Es existieren gesicherte Erkenntnisse darüber, dass durch Meditation herbeigeführte Entspannungszustände das Immunsystem stärken und die Belastbarkeit des Herz-Kreislauf-Systems erhöhen (Vaitl, 2012). Dabei zählt Yoga heute zu den am meisten genutzten und am besten untersuchten Entspannungsverfahren, das in Deutschland ca. 16 Millionen Menschen regelmäßig einüben (Cramer, 2019). Nachdem Yoga im Westen vielfach zu einer Wellness-Bewegung verflachte, gibt es in den letzten Jahren deutliche Bemühungen, den spirituellen Kern des religiösen Yoga-Weges wieder ins Zentrum zu rücken (Ott, 2017). Aber auch im Christentum ist Meditation ein zentrales, wenn auch vernachlässigtes Element (siehe Box 10.5).

Box 10.5: Die Vernachlässigung der christlichen Kontemplation

Sprechen wir heute von Meditation, so denken wir meist an den Buddhismus, den Hinduismus oder auch Praktiken ohne religiösen Bezug. Auffällig ist, dass christliche Methoden bis vor Kurzem auch in der Fachdiskussion kaum vorkamen, obwohl bemerkenswerte Vorarbeiten vorliegen (Kuhl, 2015; Thomas, 1973). In einem aktuellen Fachbuch über Spiritualität in der Psychotherapie werden vier Hauptströmungen für spirituelle Heilansätze mit ihren Ritualen vorgestellt: schamanische, buddhistische, Quantenheilungs- und hawaiianische Heilrituale (Brentrup u. Kupitz, 2015). Warum die deutschen Autoren allerdings christliche Traditionen nicht berücksichtigt haben, ist unverständlich.

Erstaunt bemerkt auch Vaitl (2012) in seinem Lehrbuch über veränderte Bewusstseinszustände, dass die in christlichen Traditionen verankerten Meditations- und Kontemplationsformen wissenschaftlich fast gar nicht untersucht worden seien. Ein Grund dafür mag sein, dass das therapeutische Erbe des Christentums wenig bekannt ist, worauf die *falsche* Behauptung eines renommierten Meditationsforschers hindeutet: »Während im Hinduismus und Buddhismus und manchen Formen des Taoismus Meditationstechniken eine zentrale Rolle spielen, ist Meditation im Islam sowie im Christen- und Judentum eher eine Randerscheinung« (Sedlmeier, 2016, S. 45). Diese Einschätzung verwundert angesichts der reichhaltigen und differenzierten jüdischen, christlichen und islamischen Kontemplationstheologien und -praktiken: Gläubige Musliminnen und Muslime sind angehalten, täglich mehrfach Ritualgebete zu verrichten; jüdische Männer sind verpflichtet, dreimal am Tag das Achtzehnbitten-Gebet zu verrichten. In einer qualitativen Studie mit einer deutschen Stichprobe wurden die Auswirkungen des Rosenkranzgebets bei praktizierenden Katholiken untersucht. Die überwiegende Mehrheit berichtete von einer stabilen Bindung zum Göttlichen und stressreduzierende Wirkungen, durch die Lebenskrisen leichter zu bewältigen waren (Stöckigt et al., 2021). Meditation und Kontemplation stellen in den abrahamitischen Religionen eine elementare, unverzichtbare Säule der Glaubenspraxis dar und sind keinesfalls eine Randerscheinung.

In der christlichen Tradition haben sich über Jahrhunderte verschiedene Übungswege der geschulten Aufmerksamkeit für die unsichtbare Gegenwart Gottes herausgebildet (Dahlgrün, 2009). Sowohl in der Ost- als auch der Westkirche wurden Praktiken der Kontemplation kultiviert, aus denen sich unterschiedliche Schulen christlicher Gottesbegegnung wie das Herzensgebet, die ignatianischen Exerzitien, das betrachtende Gebet oder das Körpergebet entwickelt haben (Storch et al., 2021). Es ist an der Zeit, dass die bewährten christlichen Ansätze der Kontemplation und Meditation in der Psychologie stärker berücksichtigt werden – in den USA gibt es dazu bereits Forschungsprojekte und entsprechende integrative Weiterbildungen (Knaab et al., 2019; Peteet et al., 2021; Plante, 2017). Neuerdings werden auch hierzulande Techniken zur Förderung christlicher Tugenden wie Mitgefühl, Vergebung und Dankbarkeit und die Nutzung kontemplativer Methoden intensiver beforscht (Freund u. Lehr, 2020; Handrock u. Baumann, 2017).

Fasten

Nahezu jede Religion kennt das Ritual des Fastens (Liebscher, 2012). Dabei sind für die Praktizierenden die körperlichen Aspekte, wie das Abnehmen, eher untergeordnet und Glaubensaspekte, wie religiöse oder mystische Erfahrungen, rücken in den Vordergrund. Bisher gibt es jedoch nur sehr wenige Studien zu diesen psychologischen Prozessen bei Gläubigen. Einen ersten tieferen Einblick liefert die in Box 10.6 vorgestellte Studie.

Box 10.6: Religiöses Intervallfasten und mystische Erfahrungen (Demmrich et al., 2021)

Intervallfasten erlebte in den letzten Jahren eine große Aufmerksamkeit. Interessanterweise gibt es einige Religionen, die Intervallfasten verpflichtend machen. Am bekanntesten ist wohl das islamische Fasten, welches für den Monat Ramadan (29 oder 30 Tage) Musliminnen und Muslimen die Abstinenz von Essen und Trinken von Sonnenaufgang bis Sonnenuntergang gebietet. Die wenigen psychologischen Studien, die bisher zum Ramadanfasten vorliegen, sind jedoch nicht längsschnittlich angelegt und/oder fokussieren sich auf nichtreligiöse Veränderungen während des Fastens, wie abnehmende Depressivität oder Gewichtsverlust (z. B. Khan u. Watson, 2010; Ugur, 2018).

Weniger bekannt hingegen ist das Fasten der Bahá'í. Ähnlich zum Ramadan wird in der Bahá'í-Religion auf Essen und Trinken von Sonnenaufgang bis

-untergang verzichtet, jedoch für einen kürzeren Zeitraum von 19 Tagen und immer im Monat März. Dem Bahá'í-Fasten und dessen Auswirkungen auf religiöse Erfahrungen widmete sich ein Forschungsteam der Charité Berlin und der Universität Münster (Demmrich et al., 2021). In einem groß angelegten interdisziplinären Forschungsprojekt befragten sie fastende Bahá'í über einen Zeitraum von vier Monaten u.a. nach ihren mystischen Erfahrungen (Hood, 1975) und ihrer Achtsamkeit vor, während und nach dem Fasten.

Mystische Erfahrungen werden bereits vermehrt einige Tage vor Fastenbeginn erlebt, was auf eine spirituelle Vorbereitung auf das Fasten hinweist. Ihren Höhepunkt erreichen sie dann während des Fastens, bevor sie nach dem Fasten signifikant abnehmen (siehe Abbildung 10.8). Ähnliches ergibt sich für die Achtsamkeit, welche stark während des Fastens ansteigt, jedoch selbst drei Monate nach dem Fasten noch signifikant höher ist als das Ausgangsniveau (siehe Abbildung 10.9).

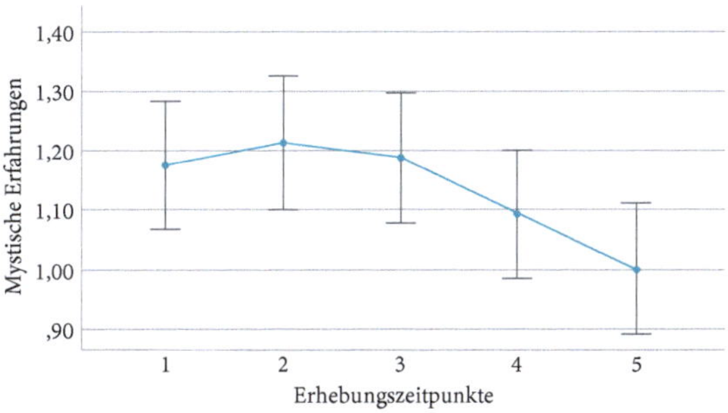

	t1	t2	t3	t4
t2	1.00			
t3	1.00	1.00		
t4	1.00	1.00	1.00	
t5	.01	.00	.00	.27

Abbildung 10.8: Mystische Erfahrungen vor (1), während (2, 3, 4) und nach dem Fasten (4, 5) (Quelle: Demmrich et al., 2021, S. 5, © APA)

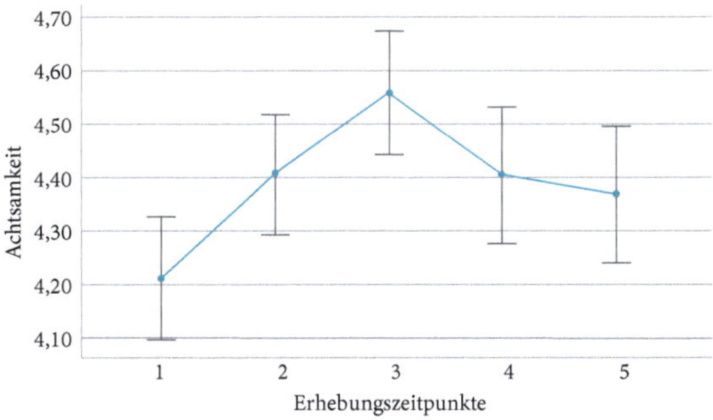

	t1	t2	t3	t4
t2	.00			
t3	.00	.00		
t4	.00	1.00	.00	
t5	.01	1.00	.00	1

Abbildung 10.9: Achtsamkeit vor (1), während (2, 3, 4) und nach dem Fasten (4, 5) (Quelle: Demmrich et al., 2021, S. 7, © APA)

Zudem fanden die Forscherinnen und Forscher, dass selbst bei Konstanthaltung zahlreicher weiterer Störvariablen eine erhöhte Achtsamkeit während des Fastens die Wahrscheinlichkeit vergrößert, dass Individuen mystische Erfahrungen während des Fastens machen. Eine nichtwertende Aufmerksamkeit auf das Hier und Jetzt scheint eine Voraussetzung zu sein, um solche Einheitserfahrungen innerlich (introvertiv) oder äußerlich (extrovertiv) zu machen, die dann als heilig oder noetisch interpretiert werden.

In dieser Studie fastender Bahá'í war es nicht verwunderlich, dass alle Probandinnen und Probanden einen starken religiösen Glauben hatten. Fraglich bleibt, ob auch nichtreligiöse Individuen religiöse Erfahrungen während eines (nichtreligiösen) Fastens machen. Hinweise darauf lieferte eine Studie, welche erhöhte ekstatische Erfahrungen des Hungerns aufdeckten konnte (z. B. Gefühl des Losgelöstseins vom eigenen Körper; Nash, 2006).

10.3 Religiöse Erfahrungen in einer säkularisierten Gesellschaft

Wenn psychoaktive Substanzen, Musik oder Rituale religiöse Erfahrungen auslösen können, ist dies auch bei nichtreligiösen Menschen möglich? Immer mehr Religionspsychologen sind in den letzten Jahren durch eine fortschreitende Säkularisierung unserer Gesellschaft mit solchen Fragestellungen konfrontiert. Kann z. B. Musik und Tanz auf einem Rave (auch ohne begleitende psychoaktive Substanzen) als eine mystische Erfahrung von den Beteiligten erlebt werden (Demmrich, 2020b)? Oder was erfahren Menschen, die von sich behaupten, nicht religiös zu sein, während der Meditation?

Um solchen Fragestellungen nachzugehen, wird u. a. mit nichtreligiösen Menschen geforscht. Studien, die in diesem Kapitel bisher vorgestellt wurden, wiesen immer wieder darauf hin, dass ein gewisser religiöser Glaube notwendige Bedingung sei, um Erfahrungen als *religiös* zu interpretieren (z. B. Taves, 2020b). Jedoch konnte auch gezeigt werden, dass in manchen Fällen ähnliche Erfahrungen gemacht werden können, die unabhängig von einem religiösen Glauben zu sein scheinen (Hood, 1975; Hood et al., 1990). Solche Erfahrungen im säkularen Kontext von nichtreligiösen Individuen werden meist nicht als »religiös« von den Erfahrenden gedeutet, sodass man in der Religionspsychologie in den letzten Jahren auch zunehmend von *spirituellen* Erfahrungen spricht (Taves, 2020b). In diesen Erfahrungen fühlen sich Menschen mit einer höheren Kraft (vertikal), mit der immanenten Welt (horizontal) oder dem eigenen Selbst (Tiefendimension) verbunden (Bucher, 2014, vgl. Kapitel 2).

Trigger spiritueller Erfahrungen, die im Fokus der Aufmerksamkeit stehen, sind häufig Rituale, die früher religiös waren, aber heutzutage zunehmend säkularisiert werden. Dazu zählen nicht nur das nichtreligiöse Fasten, welches spirituelle Erfahrungen auslösen kann (Nash, 2005; siehe Box 10.6), sondern auch verschiedene Formen säkularisierter Meditation (z. B. Yoga), die nicht nur spirituelles Erleben stimulieren, sondern bei langjährigem Praktizieren sogar das Weltbild des Individuums verändern können (Nikolova, 2020). Eine ähnliche Entwicklung stellen Schnell und Pali (2013) für das Pilgern fest, das größtenteils von nichtreligiösen oder mäßig religiösen Personen praktiziert wird. Unabhängig davon, ob ein Individuum religiös oder rein säkular (z. B. sportliche Herausforderung) motiviert war, entfaltete das Pilgern selbst nach vier Monaten ein sinnstiftendes Potenzial und eine Kraft, um Sinnkrisen zu überwinden. Zudem gab ein großer Teil der Pilgernden an, dass sie auch lange nach dem Pilgern mehr spirituelle Erfahrungen als vor dem Pilgern machten, und zwar sowohl auf Tiefenebene (Selbstverwirklichung) als auch auf vertikaler und horizontaler Ebene. Auch Demmrich (2016) konnte an ostdeutschen Jugendlichen zeigen, dass fast die Hälfte in häufig selbst entwickelten persönlichen Ritualen eine übermenschliche Macht erfahren – und dies unabhängig von Alter, Geschlecht, religiöser Sozialisation und Bildungsstand dieser Adoleszenten. Gerade diejenigen Rituale, die in Verbindung mit Musik stehen (z. B. in einer bestimmten Situation ein bestimmtes Lied wiederholt zu hören oder ein Instrument zu spielen), erfreuen sich nicht nur großer Beliebtheit unter Jugendlichen, sondern stehen auch in Verbindung mit tiefen Emotionen, einem Verlust des Raum- und Zeitgefühls sowie in Verbindung mit dem Erleben einer übermenschlichen Macht.

Aber auch weitere säkulare Trigger, wie das Erleben der Schönheit der Natur, das Betrachten eines Gemäldes, die Geburt eines Kindes und auch Sex gelten als häufige Auslöser religiöser oder spiritueller Erfahrungen (Greeley, 1975). Wie wir bereits bei Otto (siehe Abbildung 10.4) feststellten, machen Menschen in der Natur häufig solche Erfahrungen. In Interviews mit Kanadierinnen und Kanadiern, die einen starken Bezug zur Natur hatten, berichteten diese von spirituellen Erfahrungen, welche durch erhöhte Achtsamkeit und Einheitserfahrungen (horizontal und vertikal) beschrieben wurden (Witt, 2013). Als ein eindrückliches Beispiel sei hier ein Interviewausschnitt eines Teilnehmers angeführt: »I see nature as a manifestation of the beauty of the greater power. So if I interact with it, I'm coming closer to the higher power as well. If I take care of and love the land, then I appreciate something that the higher power has provided« (S. 177).

Wie das Zitat zeigt, ist ein weiteres zentrales Ergebnis dieser Studie, dass solche spirituellen Naturerfahrungen auch ein langfristiges Verantwortungsgefühl für Natur und Umwelt auslösen können.

Alles in allem scheinen weder ein religiöser Glaube noch ein religiöser Kontext (z. B. in Form eines religiösen Rituals oder von religiöser Musik) notwendige noch hinreichende Bedingungen für das Erleben einer religiösen, spirituellen oder mystischen Erfahrung zu sein. Die Wahrscheinlichkeit für das Erleben einer solche Erfahrung scheint jedoch zu steigen, wenn diese Bedingungen vorhanden sind (Argyle, 2000; Demmrich, 2020b). Ganz grundlegend zeigten jedoch Studien immer wieder auf, dass religiöse Erfahrungen auch unter jungen Erwachsenen in westeuropäischen Ländern – egal ob diese einer Religion angehören oder nicht – über die letzten Jahre deutlich zunahmen (Huber, 2016). Und selbst Menschen, die sich ausdrücklich als Atheisten oder Nichtreligiöse bezeichnen, nehmen spirituelle Erfahrungen als einen sehr wichtigen Teil ihres Lebens wahr (Demmrich u. Huber, 2019). Es scheint somit ein Bedürfnis nach Sinn, innerer Einkehr und transzendierenden Erfahrungen in unseren säkularisierten Gesellschaften zu geben, das auch nichtreligiöse Menschen dazu veranlasst, Rituale allein oder gemeinsam durchzuführen, bestimmte Musik zu hören, sich meditativ in der Natur zu versenken oder über andere Wege tiefgehende Erfahrungen zu machen, welche über das eigene Selbst deutlich hinausgehen und als religiös oder mystisch definiert werden können.

ERSCHLIESSUNGSFRAGEN

1. Wenden Sie das einleitende Zitat zum Derwisch-Ritual auf die Merkmale mystischer Erfahrung nach Stace und nach Hood an. Wodurch unterscheiden sie sich, was verbindet sie?
2. Was unterscheidet eine religiöse von einer mystischen und einer spirituellen Erfahrung? Versuchen Sie je ein lebensnahes Beispiel für jede dieser Erfahrungen zu finden, das die Unterscheidung untermauert.
3. Früher wurden Rituale als starre und mechanisch ablaufende Verhaltensweisen aufgefasst, die Zwangsverhalten ähneln. Begründen Sie vor der hier vorgeschlagenen Ritualdefinition, ob ein solches sinnentleertes Verhalten überhaupt als Ritual bezeichnet werden kann.
4. Diskutieren Sie vor dem Hintergrund der empirischen Studien zu spirituellen Erfahrungen in unserer säkularisierten Gesellschaft das Zitat

vom Peter Sloterdijk: »Auch der homo religiosus, der sich mit surrealen Riten an die Überwelt wendet, darf den verdienten Abschied nehmen« (Sloterdijk, 2010, S. 14).

PERSÖNLICHE VERTIEFUNG/SELBSTERFAHRUNG

1. Testen Sie sich selbst mit der Mystizismus-Skala von Hood. Haben Sie in Ihrem Leben solche Erfahrungen gemacht und falls ja, welche war für Sie am intensivsten?
2. Durch was wurde diese oder eine ähnliche Erfahrung in Ihrem Leben angestoßen? Finden Sie diesen Anstoß in der obigen Liste der Auslöser wieder oder sollte die Liste ergänzt werden?
3. Gab es in Ihrem Leben eine nichtreligiöse Situation, in der Sie eine Erfahrung machten, die über Sie selbst hinauswies? Würden Sie mit dem Wissen aus diesem Kapitel Ihre selbsttranszendierende Erfahrung als religiös oder mystisch bezeichnen?

WEITERFÜHRENDE LITERATUR

In der Mediathek des Deutschlandfunkes finden sich drei spannend gestaltete Beiträge zu den Theorien religiöser Erfahrung von James, Otto und Girgensohn (https://www.deutschlandfunk.de/die-anfaenge-der-religionspsychologie.886.de.html?dram:article_id=233651).

Auch gibt Machoń (2005) einen sehr detaillierten Einblick in die Theorien dieser frühen Religionspsychologen. Den bisher umfangreichsten Ansatz zur empirischen Erforschung religiöser Erfahrungen hat Hood (1995b) in seinem Handbuch vorgelegt. Zur vertieften Lektüre in die Psychologie des Rituals sind Xygalatas (2022), zum Gebet Spilka und Ladd (2012) und im deutschsprachigen Bereich das »Handbuch Gebet« (Arnold u. Thull, 2016) sowie der Klassiker von Hauenstein (2002) empfehlenswert. Leicht verständliche und anregende Einführungen zur Psychologie der Meditation bieten Sedlmeier (2016) und Ott (2010). Ausführliche Informationen zu Status und Entwicklung von religiösen Erfahrungen und religiösem Glauben im Allgemeinen und weltweit bietet der Religionsmonitor der Bertelsmann-Stiftung (https://www.bertelsmann-stiftung.de/de/unsere-projekte/religionsmonitor).

11 Umgang mit negativen Gottesbildern und »Sekten«-strukturen

Lernziele

1. Erklären können, wann ein Gottesbild aus psychologischer Perspektive als negativ angesehen werden kann.
2. Drei Ursachen negativer Gottesbilder und daraus abgeleitete Implikationen für den Umgang mit diesen aufzeigen können.
3. Merkmale destruktiver religiöser Gruppen beschreiben können.
4. Psychologische Unterstützungsstrategien kennen, die Aussteigerinnen und Aussteigern aus geschlossenen Gruppen eine Neuorientierung ermöglichen.

»Gott, heute will ich endlich mit dir nach 56 Jahren abrechnen und dir sagen, was ich aus Angst nie gewagt habe zu äußern. Jetzt sind mir endlich die Augen aufgegangen. In den vergangenen Jahren warst du meine ›Zuflucht‹. Wenn ich im grausamen Leben nicht zurechtkam, suchte ich Trost bei dir, dem Verursacher all meines Elends. [...] Wo ist das Leben in Fülle, das du mir versprochen hast, du Betrüger-Gott? [...] Ich schüttle dich ab, du sollst mir nicht länger mit deinen Schuldgefühlen im Nacken sitzen. Ich will leben und ich werde leben! Auch dafür gibt es einen Gott, aber das bist nicht du!«
(Frielingsdorf, 1992, S. 52 f.)

Religiöse und spirituelle Erfahrungen sind eng mit der Emotionalität des Menschen verknüpft. Auf diese Verbindung hat schon William James (1902/201, S. 59–840) in der zweiten Vorlesung seines religionspsychologischen Klassikers hingewiesen. Nach seinen Beobachtungen lösen religiöse Objekte ein ganzes Bündel von Emotionen unterschiedlicher Tönung aus, die sich je nach persönlicher Sichtweise unterscheiden: Furcht, Liebe, Angst, Freude, Zweifel, Ehrfurcht und anderes treten auf. Um die negativen Emotionen gegenüber Gott, deren Ursachen und Implikationen für die psychologische Praxis wird es im ersten Teil dieses Kapitels gehen.

Darüber hinaus lassen die Bereiche des Glaubens, der Religiosität und Spiritualität nur wenige Menschen emotional unbeteiligt. Entweder werden sie von diesbezüglichen Fragen angenehm berührt oder sie stoßen ihnen sogar sauer auf: Häufig bieten Glaube, Religion und Spiritualität sowohl Angenehmes als auch Anstößiges. Gerade in Bezug auf sog. »Sekten« ist eher Letzteres der Fall. Im zweiten Teil dieses Kapitels geht es demnach um solche destruktiven religiösen Gruppen. Das Kapitel schließt mit Strategien, die Aussteiger und Aussteigerinnen aus solchen Gruppen psychologisch unterstützen können.

11.1 Negatives Gottesbild

11.1.1 Definition

»Fürchte Gott und halte seine Gebote.«
(Prediger 12,13a)

»Ihm [Allah] gebührt die Gottesfurcht.«
(Sure 74:56a)

Die Heiligen Schriften der Weltreligionen betonen Gefühle der Gottesfurcht, häufig verbunden mit der Strafe Gottes, wenn man sich nicht an dessen Gebote hält. Ab wann jedoch Emotionen (gegenüber Gott oder einer anderen »höheren Autorität«) negativ sind und ob dies gleichbedeutend mit »psychologisch schädlich« ist, ist nicht so einfach zu beantworten (Demmrich, 2016; Utsch, 2022). Sind Schuld und Angst pauschal negative, also maladaptive Gefühle und machen sie uns vulnerabel für psychische Störungen? Oder blenden wir vielleicht Schuld und Angst, die ja zentrale moralische oder gar überlebenswichtige Funktionen erfüllen (Liddle, 2021; Tangney, 1994), durch verstärkte liberale Erziehung aus und können diese dann nicht mehr transzendieren (Nipkow, 2007)? Wie obige Verse aus Heiligen Schriften aufzeigen können, ist auch von theologischer Seite das rein hedonistische Empfinden gegenüber Gott mit einer Ausblendung von Schuld und Gottes Strafe nicht haltbar (Bucher, 2017). Die vereinfachte Formel »negative Emotionen gegenüber Gott = negatives Gottesbild = Vulnerabilität gegenüber psychischen Störungen« scheint somit nicht aufzugehen.

Dieser Differenzierung folgend, schlägt der Religionspsychologe Anton Bucher (2017) vor, ein Gottesbild dann als negativ zu bezeichnen, wenn es Zustände begünstigt, die psychologisch nicht wünschenswert sind. Darunter zählen Gottesbilder, die

- starke Ängste schüren, d. h., die nicht nur durch ein (adaptives) Gefühl der Ehrfurcht gegenüber Gott geprägt sind (Otto, 1917/2004; Prade u. Saroglou, 2016), sondern den Fokus auf die negativen Aspekte der Lebenswelt legen und diese überwiegend als Strafe Gottes interpretieren (z. B. Schaap-Jonker et al., 2017; Silton et al., 2014);
- mit maladaptiven Schuldgefühlen korrelieren, d. h., wenn Schuldgefühle dominieren, die losgelöst von einer eigenen Verantwortung sind; das Gottesbild ist dann durch Zurückweisung und Strafe geprägt und steht in Beziehung zu Depressivität, Angst und Neurotizismus (Albertsen et al., 2006; Khosravi et al., 2011);

- mit Zwangsgedanken (z.B. sich versündigt zu haben) oder Zwangshandlungen (z.B. ständiges Beten) einhergehen, welche häufig von maladaptiven Schuld- und starken Angstgefühlen gegenüber Gott begleitet sind (z.B. Ciupka-Schon u. Becks, 2018; Inozu, 2012; Siev et al., 2011);
- das Selbstwertgefühl negativ färben (und somit für deine Depression vulnerabel machen; z.B. Greenway et al., 2003; vgl. Kapitel 6);
- feindselige Einstellungen gegenüber anderen fördern, so wie dies bei einem stark autoritären Gottesbild (Fasahati u. Kalantarkousheh, 2014), vor allem bei fundamentalistisch Gläubigen (Moaddel u. Karabenick, 2021) häufig der Fall ist (vgl. Kapitel 9 zur Abwertung und Enthumanisierung der Fremdgruppe im Fundamentalismus);
- negatives religiöses Coping hervorbringen, d.h., wenn Gott nicht als unterstützende Ressource bei Herausforderungen im Leben gesehen, sondern die Gottesbeziehung als belastend erlebt wird oder die Lebensherausforderungen als Strafe Gottes interpretiert werden (z.B. Pirutinsky et al., 2011; Zwingmann et al., 2006). Auf die Theorie des religiösen Copings geht Box 11.1 ein.

Box 11.1: Religiöses Coping

Wie Menschen mit belastenden Situationen umgehen, um ihr Wohlbefinden wiederherzustellen, wird in der Psychologie mit dem Begriff »Coping« beschrieben. Viele Menschen wenden sich ihrem religiösen Glauben in schwierigen Zeiten ihres Lebens zu (Pargament, 1997). Religiöses Coping kann ebenso wie nichtreligiöse Copingformen auf der Ebene des Verhaltens (z.B. Beten), der Kognitionen (z.B. einen religiösen Sinn im Leiden finden) und der Emotionen (z.B. Trost durch die empfundene Nähe zu Gott erlangen) erfolgen. Zudem kann sich religiöses Coping positiv auswirken, z.B. indem die Liebe und Fürsorge Gottes gesucht werden oder Gott um Vergebung gebeten wird, oder das Coping kann negativ sein, z.B. indem man sich durch Gott bestraft oder von ihm verlassen fühlt (Pargament et al., 2011).

Bei negativem religiösem Coping wird die eigene Gottesbeziehung als belastend erlebt, was nachweislich zu erhöhter Depressivität und Ängstlichkeit führt (Cole, 2005; McConnell et al., 2006) und insgesamt das Stresserleben erhöht (Ano u. Vasconcelles, 2005). Negatives religiöses Coping hängt sogar bei körperlichen Erkrankungen mit schlechteren Genesungsprognosen zusammen, wahrscheinlich aufgrund einer stressinduzierten Schwächung des Immunsystems (Ai et al., 2009; Ironson et al., 2011).

Zum Glück ist das negative Coping ein vergleichsweise seltenes Phänomen (Herbert et al., 2009), ebenso negative Gottesbilder im Sinne von Bucher (2017). Dies zeigt sich vor allem in intergenerationalem Vergleich (Stein, 1994), was damit begründet wird, dass sich die Erziehung sowohl in Familien als auch in Institutionen wie Schule und religiösen Institutionen seit den 1960er Jahren liberalisiert hat (Hanisch, 1996; Nipkow, 2007; Saroglou, 2021; Tamminen, 1993).

11.1.2 Ursachen und Implikationen

Im Folgenden wird auf die primären Ursachen eingegangen, welche die bisherige religionspsychologische Forschung als ausschlaggebend für negative Gottesbilder verantwortlich macht. Kennen wir die Ursachen negativer Gottesbilder, so sollte der Weg zu den Möglichkeiten, wie mit diesen umgegangen werden kann, eigentlich ein nur kurzer sein. Jedoch gibt es bislang nur wenige Interventionsstudien zu negativen Gottesbildern (vgl. Bucher, 2017), auch weil psychotherapeutische Konzepte, die religiöse Elemente konstruktiv einbeziehen, noch in ihren Kinderschuhen stecken (Utsch, 2020; Utsch et al., 2018; Walach, 2021). Die hier vorgeschlagenen Interventionsmöglichkeiten sind somit keineswegs als erschöpfend zu begreifen und werden sicherlich in den nächsten Jahren durch weitere Forschung zunehmend ergänzt. Die bisher ausgearbeiteten Umgangsstrategien mit negativen Gottesbildern sind jedoch nicht nur auf den psychotherapeutischen Bereich beschränkt, sondern können häufig auch für Religionspädagogik und Seelsorge fruchtbar gemacht werden.

a) Unsichere Bindung als Ursache

Dass sich das Gottesbild aus dem Selbstwertgefühl der emotionalen Komponenten unseres Selbst, welches wir in Interaktion mit Anderen gewinnen, speist, wurde bereits in Kapitel 6 (Sozialpsychologische Ansätze) behandelt. Auch wurde angeschnitten, dass sich das Gottesbild aus dem Selbstwertgefühl speist, welches wiederum von Beziehungs- und Bindungserfahrungen mit signifikant Anderen beeinflusst wird (siehe Abbildung 6.4). Dieser Aspekt soll an dieser Stelle mit besonderem Bezug zu negativen Gottesbildern vertieft werden.

Die psychoanalytisch orientierte Objektbeziehungstheorie beschäftigt sich bereits früh mit dem Gottesbild (Freud, 1913/1955). Objektbeziehungen gelten als mentale Repräsentationen der Beziehung zwischen Subjekt und Objekt (in der Regel eine andere Person) und sind zentral geprägt durch Erfahrungen mit diesem Objekt. Durch ihre emotionale Besetzung beeinflussen Objektbeziehungen lebenslang unsere psychische Gesundheit. Gott wird in dieser Theorie als ein potenzielles Objekt begriffen und die mentale Repräsentation, das Gottesbild, wird etwa im Alter von drei Jahren ausgeprägt. Da Gott jedoch als Objekt sinnlich nicht wahrnehmbar ist, speist sich das Gottesbild aus den mentalen Repräsentationen signifikant Anderer, vor allem der Eltern. Das Gottesbild verändert sich dabei über die Lebensspanne hinweg, so wie sich auch die Beziehung zu signifikant Anderen im Laufe des Lebens ändert (Rizzuto, 1979).

Wie die Qualität dieser Beziehung zu solchen Anderen und dann auch zu Gott ist, ist gut mit der Bindungstheorie zu erklären (Lawrence, 1997), welche davon ausgeht, dass Menschen mit einem psychobiologischen System geboren werden, welches sie motiviert, Nähe und Schutz bei anderen zu suchen (Bowlby, 1969). Dieses System passt sich primär in der Kindheit den Interaktionserfahrungen mit signifikant Anderen an und wird zu einem inneren Modell (»internal working model«), welches weitere Beziehungen und Bindungen (z. B. enge Freundschaften, romantische Partnerschaft) dementsprechend strukturiert. Eine sichere Bindung zeichnet sich dadurch aus, dass der signifikant Andere als sicherer Rückzugsort in Zeiten von Stress und Verunsicherung vom Subjekt wahrgenommen wird sowie Exploration ermöglicht, wenn kein Schutz gesucht wird. Unsichere Bindung hingegen zeichnet sich durch mangelnde Unterscheidung zwischen sicheren und unsicheren Situationen aus. Folgen können Ängste sein, die durch Unzuverlässigkeit des signifikant Anderen ausgelöst werden, aber auch Vermeidung des signifikant Anderen oder ein desorganisiertes Verhalten gegenüber diesem (Ainsworth, 1985; Hazan u. Shaver, 1987). Auch Gott wird als eine solche Bindungsfigur verstanden, welcher einen sicheren Rückzugsort in Zeiten von Stress und Lebensschwierigkeiten bieten kann, und dies sogar ganz besonders gut, weil Gott immer erreichbar ist (Kirkpatrick, 1990). Interessant für die Religionspsychologie ist nun, ob sich die Bindung zu signifikant Anderen in der immanenten Welt (vor allem zu den Eltern, aber auch zu Partnern) und die Bindung an Gott komplementär oder kompensatorisch verhalten. Denn zu vermuten wäre ja auch, dass unsichere Bindungen in dieser Welt durch eine sichere Bindung zu Gott ausgeglichen werden. Empirische Studien konnten Belege hervorbringen, die in beide Richtungen verweisen. Einerseits zeigen Menschen, die sichere Bindungen in ihrem Kindesalter erfahren haben, eine sichere Bindung zu Gott. Andererseits tendieren unsicher gebundene Individuen dazu, sich Gott stärker zuzuwenden, wenn sie diesen als liebend und akzeptierend wahrnehmen (Granqvist et al., 2010).

Doch was sagt die Forschung dazu, wenn Individuen ein strafendes oder auch angstauslösendes Gottesbild haben? Ein solches negatives Gottesbild wurzelt zwar in einem autokratischen Erziehungsstil im Kindesalter, erstreckt sich jedoch zusammen mit einem unsicheren Bindungsstil hinein ins Erwachsenenalter (Dikie et al., 2006; Kirkpatrick 1995; Rizzuto, 1979). Eine solche Bindung zu Gott, welche durch starke Unsicherheiten, Angstgefühle oder Ambivalenzen geprägt ist, kann dann durch ein drängendes Gefühl nach ständiger Vergewisserung auch zu zwanghaften religiösen Praktiken, wie zwanghaftem Beten, führen (Fergus u. Rowatt, 2015).

Aus diesen empirischen Ergebnissen leitet sich somit eine erste handlungspraktische Implikation ab:

IMPLIKATION 1: HERANWACHSENDEN UND ERWACHSENEN EINE SICHERE BINDUNG ERMÖGLICHEN

Diese auch von religionspädagogischer Seite formulierte Implikation (z. B. Bucher, 2017) ist nicht nur auf Familien beschränkt, sondern kann sich auf alle Lebensbereiche, mit denen ein(e) Heranwachsende(r) in Kontakt kommt, erstrecken. Aber auch im Erwachsenenalter kann ein unsicherer Bindungsstil durch eine sichere Bindung, die ein Partner, eine Lehrerin oder eine religiöse Gemeinde ermöglichen, den Bindungsstil verändern, sodass auch eine sichere Bindung zu Gott, der als liebend und akzeptierend wahrgenommen wird, möglich wird (Kirkpatrick u. Shaver, 1992). Auch im therapeutischen Kontext wird eine sichere Bindung empfohlen, die die Therapeutin zu Klientinnen mit unsicherem Bindungsstil aufbauen sollte, um sie dann darin zu unterstützen, diese Bindungserfahrung auf die Beziehung zu anderen und zu Gott zu übertragen (Reinert et al., 2009).

Stärker therapeutisch ausgerichtete Studien untersuchten, inwieweit eine Objektbeziehungstherapie das Gottesbild verändern kann. In einer ersten Studie mit 99 christlichen Depressionspatientinnen und -patienten, die mit einer religionsbasierten an der Objektbeziehungstheorie orientierten Psychotherapie behandelt wurden (Cloud-Townsend Model), konnten Tisdale et al. (1997) nicht nur zeigen, dass sich das Selbstwertgefühl und die Beziehungen zu anderen verbesserten, sondern auch das Gottesbild deutlich und nachhaltig positiver wurde. In einer Fallstudie eines schwer depressiven Patienten mit Persönlichkeitsstörungen belegten Stålsett et al. (2010), dass eine Objektbeziehungstherapie mit religiösen Elementen (»VITA«) das Gottesbild in eine positive Richtung verschob. An neun christlichen Patientinnen und Patienten einer tagesklinischen

Einrichtung mit christlicher Beratung konnten Kim et al. (2018) zeigen, dass bei allen Patienten eine Verbesserung des Gottesbildes mit einer Verbesserung der Beziehung mit anderen einherging.

Die bisher aktuellste Studie stammt von Stulp et al. (2021), in welcher 37 Patientinnen und Patienten einer christlichen Klinik mittels religionsbasierter Therapie behandelt wurden, welche kognitive Verhaltenstherapie, Schema- und mentalisierungsbasierte Therapie miteinander kombiniert. Sie fanden eine starke Veränderung des Gottesbilds über den Therapieverlauf, welche signifikant mit der Veränderung der Objektbeziehungen einherging. Auch im muslimischen Kontext konnten ähnliche Erfolge bei Adoleszenten mit Verhaltensstörungen mittels einer religionsbasierten Objektbeziehungstherapie erzielt werden (Mohammadi et al., 2017, mit umfassendem Manual).

Aus diesen empirischen Ergebnissen leitet sich die zweite Implikation ab:

IMPLIKATION 2: ERWACHSENEN EINE RELIGIONSBASIERTE OBJEKTBEZIEHUNGSTHERAPIE ANBIETEN

Leider liegt bisher keine Studie vor, die testet, ob eine Objektbeziehungstherapie, welche keine religiösen Elemente enthält (z. B. klassische Schematherapie), das Gottesbild ebenfalls ändern könnte. Aus diesen Gründen ist eine religionsbasierte Therapie dieser Art zu empfehlen, soweit die Patientinnen und Patienten dafür offen sind. Psychotherapeutinnen könnten diese anwenden und Religionspädagogen und Seelsorger könnten eine solche Therapie Personen empfehlen, bei denen ein negatives Gottesbild in unsicheren Bindungsstilen und negativ besetzten Beziehungen zu signifikant Anderen wurzelt.

b) Negative religiöse Unterweisung als Ursache

Eher unwahrscheinlich ist, dass bei erwachsenen Menschen, die über sichere Bindungen bereits ein stabiles positives Selbstwertgefühl aufgebaut haben, die Vermittlung eines negativen Gottes ihr Selbstwertgefühl verringert (Benson u. Spilka, 1973). Jedoch kann bei Heranwachsenden, die gerade erst ein stabiles Selbstwertgefühl durch die Interaktion mit ihrer Umgebung aufbauen, eine profunde negativ-emotionale religiöse Sozialisation selbstwertschädigend wirken, psychische Störungen auslösen oder sogar tödlich enden (Grom, 1992, 2007; siehe das folgende Fallbeispiel Anneliese Michel). Wie bereits oben angemerkt, hat eine solche religiöse Sozialisation, die Schuld und Strafe überbetont, in den letzten Jahrzehnten stark abgenommen, und das Gottesbild wurde in eine positive Richtung verschoben (Nipkow, 2007; Saroglou, 2021; Stein, 1994). Die religiöse Vermittlung eines stark negativen Gottesbildes findet sich jedoch vor allem nach wie vor in fundamentalistischen Glaubensgruppen (Nelson u. Krolicak, 1984).

Fallbeispiel: Anneliese Michel

Wie eine stark negative religiöse Unterweisung bei Heranwachsenden selbstwertschädigend sein kann, ein stark negatives Gottesbild ausprägen und sogar tödlich enden kann, zeigt der Fall Anneliese Michel (1952–1976) auf. Anneliese wuchs in Bayern in einer streng religiösen, fundamentalistischen Familie auf. Ihre Familie gehörte einem religiösen Submilieu innerhalb der katholischen Kirche an, welche Neuerungen (II. Vatikanische Konzil) ablehnte, eine baldige Apokalypse mit ständiger Drohung eines Strafgerichts erwartete, asketische Elemente bis hin zur Leibfeindlichkeit exzessiv pflegte und auf Privatoffenbarungen, auch von Dämonen, hoffte, um Offenbarungslücken zu füllen oder Entscheidungen für die religiöse Gemeinde zu treffen (Demmrich, 2020c).

Kurz vor ihrem 16. Geburtstag erkrankte Anneliese an einer Schläfenlappenepilepsie (vgl. Kapitel 4), welche sich zunächst vorwiegend in Krampfanfällen deutlich machte, die medizinisch behandelt wurden. In den folgenden Jahren kamen krankheitsbedingt optische und olfaktorische Halluzinationen hinzu, welche von ihrer Umgebung (Eltern und Geistlichen) als Besessenheit gedeutet wurden. Dazu trug auch bei, dass Anneliese in diesem veränderten Bewusstseinszustand während der Anfälle mit tiefer Stimme sprach und eine Aversion gegen Religiöses entwickelte, sich z. B. aggressiv gegenüber religiösen Gegenständen verhielt (Mischo u. Niemann, 1983). Ihre Familie setzte die medizinische Behandlung daraufhin ab und wandte sich in ihrer Hoffnung auf Heilung Geistlichen zu, die Exorzismen nach dem Ritual der katholischen Kirche an Anneliese durchführten.

Diese stark religiöse Umgebung und Sozialisation führten zu einem sog. Trichtereffekt, d. h. ein verengtes Blickfeld, in dem nur noch religiös-magische Deutungen der Erkrankung und des Rituals zugelassen wurden. So ist nicht verwunderlich, dass Anneliese schrittweise diese Deutung ihrer Symptome als Besessenheit übernahm. Anneliese ging dabei auch davon aus, dass sie schon im Mutterleib von einem Dämon verflucht wurde – ein Glaube, welcher wahrscheinlich bereits seit ihrer Kindheit bestand. Dieses stark negative Selbstwertgefühl als verflucht, gestraft, nicht liebenswert einerseits und die strengen religiösen Ideale sowie der durch ihre Umgebung vermittelte strafende Gott andererseits führten zu einer Spaltung von

Bewusstseinsströmen (Dissoziation). Bestimmte Anteile von Annelieses Persönlichkeit und ihrer Verhaltensneigungen (z. B. aggressive Impulse gegenüber ihrer Umgebung) konnten in dieser strikten Umgebung nicht ausgelebt werden, spalteten sich folglich ab (Mischo u. Niemann, 1983) und wurden als »Dämon« interpretiert. Dies führte zu einer Selbstdestruktion, die sich in einer lebensbedrohlichen Verachtung der eigenen körperlichen Bedürfnisse (vor allem Essen und Trinken) niederschlug.

Im Laufe der etlichen langwierigen Exorzismen stellte sich jedoch keine Heilung bei Anneliese ein. Vor allem durch insistierende Suggestionen während der Exorzismen (»Bist du Judas?«, »Du, Dämon, bist schuld daran, dass …«) wurden ihre Dissoziation, ihr ohnehin schon stark negatives Selbstwertgefühl und ihre Deutung, von Dämonen verflucht und besessen zu sein, noch weiter vertieft. Kurz vor ihrem Tod wird dann von einem der Exorzisten eine Sühnebesessenheit interpretiert, d. h., dass Gott Anneliese stellvertretend für die Sünden der »heutigen Jugend« bestrafe (gemeint ist die Jugend nach der Liberalisierungsbewegung in den 1960er Jahren). Dieser Höhepunkt eines negativen Gottesbildes stilisierte Anneliese zur Märtyrerin und entlastete sowohl die Exorzisten als auch die Familie in ihrem nicht erfüllten Glauben an die Wirkung der Exorzismen.

Mischo und Niemann (1983) kommen in einem psychologisch-neurologischen Gutachten zu dem Schluss, dass neben der Epilepsie an sich Annelieses strenge fundamentalistisch-religiöse Unterweisung in Familie und Kirchgemeinde den entscheidenden Einfluss hatte, ihre Erkrankung im Sinne einer dämonischen Besessenheit zu deuten. Diese Deutung beeinflusste den Krankheitsverlauf weiter stark negativ, da Anneliese keine Nahrung mehr zu sich nahm.

Anneliese Michels Geschichte gilt als eines der berühmtesten Fälle von Besessenheit unserer Zeit und erlangte diese traurige Berühmtheit durch ihren Tod mit nur 23 Jahren nach 67 großen Exorzismen infolge von mangelnder Flüssigkeits- und Nahrungsaufnahme (Demmrich, 2020c). Im Gerichtsverfahren 1978 wurden die Eltern sowie die beiden Exorzisten zu Bewährungsstrafen verurteilt (Mischo u. Niemann, 1983).

Auch heute gibt es noch streng moralisierende Erziehungskonzepte, in denen Gott als unbarmherziger Richter instrumentalisiert wird. Darüber liegen erschütternde Erfahrungs- und Therapieberichte vor, etwa über einen »grausamen Gott und seine Dienerin« (Moser 2010; für das Judentum: Feldman, 2012; für den Pietismus: Aland, 2015). Dadurch entstehende Gottesbildprobleme und depressiv getönte Selbstwertkonflikte bis hin zu religiös bedingten Angst- und Zwangsstörungen sind behandlungsbedürftig. Früher wurde eine daraus resultierende Störung ekklesiogene (kirchenbedingte) Neurose genannt (Röhl, 2015; Zwingmann et al., 2017). Störungen durch dysfunktionale Religiosität und religiöse Zwänge sind auch heute noch verbreiteter, als man denkt. Zwei Experten für Zwangserkrankungen gehen von über 120.000 behandlungsbedürftigen religiös bedingten Zwangserkrankten in Deutschland aus (Ciupka-Schön u. Becks, 2018). Zusammen mit einem Seelsorger haben sie Ursachen und Behandlungsmöglichkeiten untersucht und eine Strategie entwickelt, wie Betroffene sich von einem einseitig-verzerrten Gottesbild befreien und ihren Glauben neu als Kraftquelle entdecken können. Das bedeutet aber für die Verantwortlichen religiöser Unterweisung in der Konsequenz, die dunklen Seiten Gottes nicht auszusparen, ohne daraus jedoch eine »Drohbotschaft« zu machen. In der religiösen Erziehung wird es künftig darauf ankommen, bei Unterweisungen »sowohl dessen [Gottes] Nähe, Zuwendung und Barmherzigkeit als auch dessen Ferne, Verborgenheit und Abwesenheit im Blick zu haben und sich erzieherisch zwischen diesen beiden Polen zu bewegen« (Ritter, 2010, S. 322).

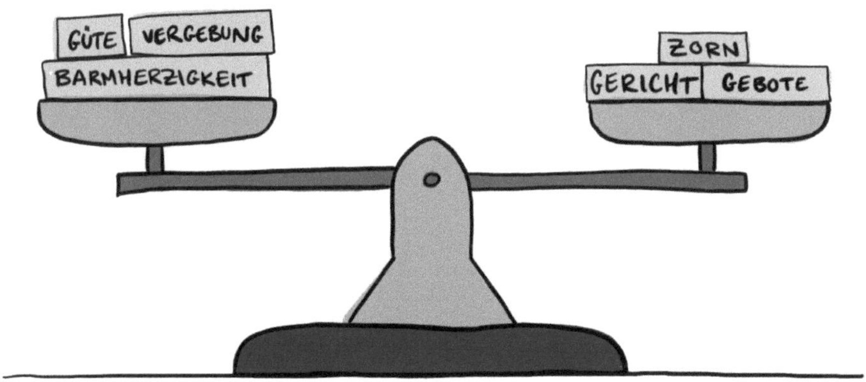

Abbildung 11.1: Waage © Nelly Nieter

Wenn sich eine negative religiöse Unterweisung, vor allem im Kindesalter, zu einem negativen Gottesbild verfestigt hat, so ist zu fragen, ob Narrative eines akzeptierenden Gottes dann ein »Gegengift« für ein negatives Gottesbild im Erwachsenenalter sein können. Falls ja, welche Voraussetzungen müssen dafür erfüllt sein? Einen interessanten Einblick liefern hierbei Ansätze, die christlich-tiefenpsychologisch und pastoralpsychologisch geprägt sind (siehe das folgende Fallbeispiel).

Fallbeispiel: Jana Herzberg

Im Rahmen eines Beitrags zur christlichen Tiefenpsychologie stellt Hanne Baar grafische Zeichnungen von Jana Herzberg vor. Von Jana Herzberg wissen wir ausschließlich, dass Grafiken im Rahmen eines Seminars, indem Zeit für sich selbst genommen werden sollte, entstanden sind. Herzberg fertigte laut einer anderen

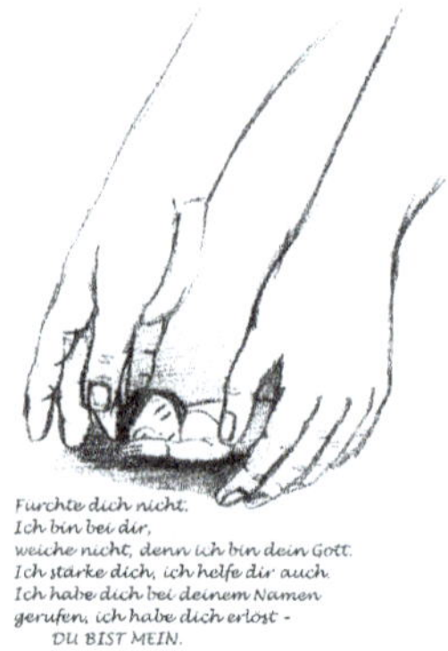

»Gottesverwechslung« (© Hymnus-Verlag) – Grafik 60

»Gottesverwechslung« (© Hymnus-Verlag) – Grafik 55

»Gottesverwechslung« (© Hymnus-Verlag) – Grafik 2

»Gottesverwechslung« (© Hymnus-Verlag) – Grafik 30

Abbildung 11.2–11.5: Jana-Herzberg-Grafiken (aus Baar, 1999/2014, Grafiken 3, 30, 60, 66; © Hymnus-Verlag; Vervielfältigung der Grafiken außerhalb des Buches verboten)

Seminarteilnehmerin mehrere Zeichnungen pro Sitzung in einem hochemotionalen, häufig weinenden und schluchzenden Zustand an. Dieses Seminar war der Auftakt für eine Reihe weiterer Grafiken, die dann über mehrere Jahre im Rahmen einer Therapie entstanden. Die meisten dieser Bilder sind negativ geprägt, jedoch zeigen sich gegen Ende des Buches positive Pendenten zu den vormals negativen Gottesbildern (siehe Abbildungen 11.2 bis 11.5).

Den Grafiken gehen Fallbeispiele voraus, in denen Menschen ein negatives Gottesbild überbetonen. Dieses negative emotionale Bild von Gott als strafend, fordernd, überfordernd eignen sich diese Personen mittels einer selektiven Aufmerksamkeit auf religiöse Unterweisung und der Rezeption von negativen Aspekten an (z. B. hören sie nur das Negative in Predigten). Diese Selektion scheint laut Baar wohl auch im negativen Selbstwertgefühl verwurzelt zu sein. Zudem geht Baar auf eine mögliche Änderung solcher negativen Gottesbilder über religiös-biblische Impulse ein, welche tiefe Selbstreflexion und Gewissensfreiheit anregen (z. B. 1. Korinther 10,29; Römer 14,23).

Kann aber eine solche Unterweisung, die einen liebenden Gott betont (z. B. Römer 5,8; Sure 6:54), auch das dem Gottesbild zugrunde liegende Selbstwertgefühl steigern? Dafür spricht sich der Münchner Religionspsychologe Bernhard Grom (1981, 1992, 2007) aus. Er postuliert einen – wenn auch nur bedingten, indirekten (siehe Abbildung 6.8) und wohl eher geringen – Einfluss solcher religiösen Instruktionen auf das Selbstwertgefühl. Denn gerade in der Therapie mit Menschen, die an psychischen Störungen und damit zusammenhängend häufig an einem negativen Selbstwertgefühl leiden (z. B. bei einer Depression), haben sich religiöse Elemente innerhalb der Psychotherapie bewährt (vgl. Kapitel 8). Zentral dabei ist, dass religiöse Anregungen und Anleitungen nicht nur auf der kognitiven Wissensebene verbleiben, sondern bewusst und tief emotional verarbeitet werden, d. h., wenn sie in einer »Auseinandersetzung mit automatischen Selbstwertdispositionen als *dissonant zur Selbstabwertung* und als *Motiv zu positiverer Selbsteinschätzung* bewusst werden« (Grom, 2007, S. 11, Hervorhebung im Original; ebenso Moriarty u. Davis, 2013).

Eine klassische Studie hierzu hat der Pastoraltheologie Frielingsdorf (1992) vorgelegt, welcher an einer nichtklinischen Stichprobe mit nahezu 600 katholischen Probandinnen und Probanden mit seiner Lebensskriptmethode (mit Manual) zum einen unreflektierte Projektionen negativer Elternbilder auf das Gottesbild mit den Klienten kritisch hinterfragt und zum anderen auch dämonische Gottesbilder identifiziert. Diese sollten um positive Gottesbilder ergänzt werden, die gleichzeitig auch das Selbstwertgefühl in eine positivere Richtung lenken. Dabei unterstreicht Frielingsdorf die Gottesebenbildlichkeit des Menschen (z.B. Genesis 1, Psalm 139), Gott als schützender gute Hirte (Jesaja 40,11–12, Psalm 23, Lukas 15,3 ff.), Gott als fürsorglicher Vater (Lukas 12,30, Lukas 15,11 ff.) und Gott als Mitleidender (Exodus 2,23, Jesaja 52–53, Markus 1,41) als wesentliche Narrative, um eine solche Veränderung des Gottesbildes bei Erwachsenen erfolgreich anzustoßen.

Mit rigoroseren Studiendesigns konnten Thomas et al. (2011) an 26 christlichen Erwachsenen, welche religiöse oder spirituelle Probleme aufwiesen, eine signifikante Verbesserung des Gottesbildes nachweisen durch einen gruppentherapeutischen Ansatz (mit umfassendem Manual), welcher direkt auf die Verbesserung des Gottesbildes abzielte. Dabei waren die kognitiv-restrukturierenden Anteile sowie die Bibliotherapie besonders ausschlaggebend für die Gottesbildveränderung. Auch wenn bisher der Nachweis der empirischen Wirksamkeit einer solchen Intervention für nichtchristliche Glaubensformen noch aussteht, so liegen doch schon bibliotherapeutische Ansätze im interreligiösen Kontext vor, die u.a. auf eine Änderung des Gottesbildes abzielen (Peseschkian, 1996; Tarhan, 2015).

Den gottesbildlichen Therapieansatz testeten Rasar et al. (2013) in einer nichtklinischen Stichprobe von 36 Studierenden, jedoch ohne den gewünschten Effekt einer Verbesserung des Gottesbildes zeigen zu können. Sie empfehlen daher die Therapie von Thomas et al. (2011) um weitere emotionale Elemente zu erweitern, wie kontemplatives Gebet und mehr Zeit für einzelne Therapiebausteine, um eine emotionsbasierte Informationsverarbeitung stärker anzuregen. Auch Snow und Mitarbeitende (2011) fanden in einer studentischen Stichprobe keinen Effekt auf das Gottesbild nach einer mehrwöchigen Intervention, die auf der Psalmkategorie der Klagelieder basierte. Eine ähnliche Studie zu einer narrativen Gottesbildtherapie konnte nur gemischte Ergebnisse hervorbringen (Olson et al., 2016). Diesen drei Studien ist gemein, dass sie an psychologisch gesunden, (hoch-)religiösen Studenten durchgeführt wurden, die keine spirituellen Probleme aufwiesen (z.B. bezüglich ihres Gottesbildes), sodass es wohl zu Deckeneffekten bei der Vorher-Nachher-Messung des Gottesbildes kam und auch eigentlich keine Indikation eines gottesbildveränderten Trainings vorlag.

Aus diesen Ansätzen und Untersuchungen leitet sich Implikation 3 ab:

IMPLIKATION 3: DIE UNTERWEISUNG EINES POSITIVEN GOTTESBILDES, DAS TIEF EMOTIONAL VERARBEITET WIRD

Dieser Vorschlag zum Umgang mit negativen Gottesbildern bezieht sich erneut nicht nur auf die religiöse Unterweisung in Therapie und Familien, sondern auch in Schulen, religiösen Institutionen und Seelsorge. In der Studie von Stein (1994), welche negative Gottesbilder und als eine unangenehm erlebte Gottesnähe vor allem bei älteren Menschen aufzeigen konnte, berichteten diese, dass sie einen strafenden Gott in Kirche und Schule (und weniger über ihre Eltern) kennengelernt und verinnerlicht haben. Denn nicht nur in Therapien, die mit einer tiefen Reflexion über sich selbst, der eigenen Umgebung und dem eigenen Gottesbild verbunden sind, sondern auch in Selbstwertkrisen oder gar in banalen Alltagssituationen kann religiöse Unterweisung das Gottesbild und das Selbstwertgefühl in eine positive Richtung verändern (Grom, 2007). Ausschlaggebend dabei bleibt die Notwendigkeit einer emotionalen Verarbeitung der religiösen Unterweisung, z. B. indem sie gegenteilig zu einer Selbstabwertung erlebt wird.

Wie bereits angesprochen muss dies nicht bedeuten, dass die religiöse Unterweisung nur noch positive Eigenschaften Gottes für gültig erklärt. Dies wäre theologisch schwierig, da in diesem Fall Gott zu einem »antiautoritären Himmelspapa« (Bucher, 2017, S. 26) stilisiert wird und zentrale Prinzipien der Heiligen Schriften ausgeblendet werden müssten (z. B. Psalm 9; Sure 9:5; Frielingsdorf, 1992). Solche Lehren über die Sündhaftigkeit und Unvollkommenheit des Menschen sind jedoch in den Weltreligionen an ein Heilsversprechen mit stark positiven Eigenschaften Gottes gekoppelt (z. B. der sündige Mensch, der aber ewiges Leben durch die Gnade und Vergebung Gottes erlangen kann; Grom, 2007). Auch wäre die Unterweisung eines Gottesbildes, das nur noch positive Eigenschaften aufweist, psychologisch und pädagogisch nicht zielführend. Zum einen kann die betroffene Person Reaktanz gegenüber solchen für sie doch dann eher sehr ungewohnten Unterweisungen ausprägen. Zum anderen sind Emotionen wie Schuld mitunter adaptiv, wenn sie uns eine Möglichkeit zur Selbstreflexion und zu moralisch angepasstem Verhalten eröffnen (Tangney, 1994), und diese für das Individuum und ebenso für das Zusammenleben in der Gesellschaft von hoher Relevanz sind (Liddle, 2021).

c) Psychische Störungen

Psychische Störungen gehen häufig mit einem geringen Wohlbefinden und einem negativen Selbstwertgefühl einher, was den Zusammenhang zu einem negativen Gottesbild erklärt (Morgan, 1979; Schaap-Jonker et al., 2002). Bucher (2017) verbindet in der obigen Definition (siehe Abschnitt 11.1.1) ein negatives Gottesbild mit Depression, Zwangs- und Angststörungen. In diesem Sinne mag die Therapie der zugrunde liegenden psychischen Störung auch das Gottesbild, weitestgehend als positive Nebenwirkung, verändern. Bereits weiter oben wurden Studien angesprochen, die auf eine religionsbasierte Objektbeziehungstherapie abzielen und beides, sowohl Gottesbild als auch das Selbstwertgefühl, in eine positive Richtung verschoben (Tisdale et al., 1997), zu einer geringeren Symptomatik verschiedener psychischen Störungen, wie Depression oder Persönlichkeitsstörungen (Stålsett et al., 2010), führten, aber auch zur Bewältigung von Lebenskrisen und Stress signifikant beitrugen (Kim et al., 2018; Stulp et al., 2021).

Weitere Studien fanden eine verbesserte psychologische Symptomatik und ein positiveres Gottesbild mittels mehrerer Sitzungen einer kontemplativen rezeptiven Gebetspraxis (sog. SOZO Training; Monroe u. Jankowski, 2016), eines spirituell-integrativen Therapieprogramms für weibliche Missbrauchsopfer (Murray-Swank, 2003, mit Manual), eines christlichen Therapieprogramms bei Drogenabhängigkeit (Kerlin, 2017 mit Manual), aber auch mittels eines multikulturellen und -religiösen integrativen Therapieprogramms (Currier et al., 2017). Darüber hinaus konnten Cheston und Mitarbeitende (2003), die eine Psychotherapie *ohne* religiöse Elemente bei 30 Patientinnen und Patienten anwandten, Ergebnisse in der gleichen Richtung zeigen.

Aus diesen empirischen Befunden leitet sich Implikation 4 für die Praxis ab:

IMPLIKATION 4: BEI PSYCHISCHEN STÖRUNGEN BIETET SICH IN ERSTER LINIE PSYCHOTHERAPIE AN, UM DAS SELBSTWERTGEFÜHL UND FOLGLICH DAS GOTTESBILD IN EINE POSITIVE RICHTUNG ZU LENKEN.

Eine solche Therapie kann, muss aber nicht zwangsläufig religiöse Elemente beinhalten. Wahrscheinlich zeigt sich jedoch ein Mehrwert der religionssensiblen Therapieformen bei Patientinnen und Patienten, die offen für religiöse Elemente sind, so wie wir das im Kapitel 8 bei Depressionen aufgezeigt haben (Koenig et al., 2012). Psychotherapeutinnen könnten diese religionsbasierte Therapieverfahren anwenden und Religionspädagogen und Seelsorgerinnen können diese bei einer solchen Indikation empfehlen.

Selbst Cheston et al. (2003), die die bisher einzige Studie vorlegten, die ein verbessertes Gottesbild ganz ohne religiöse Therapieelemente aufzeigen konnte, schlussfolgern, dass sich Therapeuten gegenüber unterschiedlichen Glaubensüberzeugungen ihrer Klienten öffnen, diese in der Anamnese abfragen und auch das Gottesbild als einen Beratungspunkt in therapeutischen Sitzungen aufnehmen sollten (siehe auch Reinert et al., 2009). Die Therapeutin könnte zusammen mit der Klientin darüber nachdenken, wie sie Gott emotional wahrnimmt und ob ein negatives Gottesbild auch mit dem psychologischen Leidensdruck in Verbindung steht (siehe auch Moriarty u. Davis, 2013). Dann könnte nämlich auch das Gottesbild als Vorhersageinstrument für das psychische Wohlbefinden nutzbar gemacht werden (siehe weiterführende Literatur).

11.2 Soziale Strukturen in geschlossenen religiösen Gruppen

11.2.1 Begriff und Verbreitung

Das Selbst- und Gottesbild sind entscheidende Säulen der eigenen Identität. Allerdings können ihre Entfaltung und gesunde Entwicklung in bestimmten sozialen Umgebungen auch gehemmt und gestört werden. Aufbauend auf den oben beschriebenen entwicklungspsychologischen Prozessen von Bindung kann die Mitgliedschaft in geschlossenen Gruppen, früher »Sekten« genannt, besser verstanden werden. Nach den kollektiven Selbstmorden der Davidianer im texanischen Waco 1993, der (Selbst-)Morde der Sonnentempler 1994/95 sowie dem Giftgasanschlag der Aum-Shinrikyo-Gruppe in Tokio 1995 setzte in vielen europäischen Staaten eine intensive religionspolitische Auseinandersetzung mit Neuen Religiösen Bewegungen ein, die landläufig als »Sekten« bezeichnet wurden. Es folgten Verschärfungen von Strafverfolgungsbestimmungen in Frankreich, Belgien, Spanien und Deutschland sowie auch die Installation ministerieller Arbeitsgruppen. In Deutschland gab es eine vom 12. Deutschen Bundestag eingesetzte Enquete-Kommission, die in ihrem Endbericht empfahl, den stigmatisierenden Begriff »Sekte« durch »konfliktträchtige Bewegung« zu ersetzen (Deutscher Bundestag, 1998). Doch dieser sperrige Begriff hat sich nicht durchgesetzt.

Der alltagssprachliche Begriff »Sekte« ist insofern missverständlich, weil er meistens stigmatisierend verwendet wird (Murken u. Dambaucher, 2014). Er wird in der Alltagssprache häufig mit negativer Konnotation verwendet, um eine manipulative Gruppe oder eine Guru-Bewegung zu charakterisieren (Kaufmann et al., 2020; Layton 2008). Mittlerweile wurde er in der Religionsforschung durch den Begriff der Neuen Religiösen Bewegung ersetzt.

Definition: Neue Religiöse Bewegungen

Der Begriff »Neue Religiöse Bewegung« (englisch: New Religious Movement, kurz: NRM) bezeichnet eher wertneutral eine religiöse Gruppe, welche sich von einer Mutterreligion abgespalten hat, z. B. das Christentum aus dem Judentum herkommend oder die Protestanten als Abkömmlinge der Katholiken. Neue Religiöse Bewegungen können dabei auf einem Kontinuum zwischen offenen (z. B. geringer Organisationsgrad ohne feste Mitgliedschaft) und geschlossenen sozialen Strukturen angeordnet werden (Wallis, 1998).

In diesem Kapitel möchten wir uns auf die letzteren, die geschlossenen, Gruppen konzentrieren.

Wegen der schwammigen Begrifflichkeit gibt es keine belastbaren Zahlen über die Anzahl und den Anteil Neuer Religiöser Bewegungen. Eine grobe Einteilung stellt ca. 3 % Mitglieder Neuer Religiöser Bewegungen der großen Mehrheit von Mitgliedern traditioneller Religionsgemeinschaften und einer wachsenden Gruppe von Menschen mit wechselnden, unklaren Glaubensüberzeugungen gegenüber (Murken u. Dambacher 2014). Heute erschwert die zugenommene weltanschauliche Vielfalt die Übersicht, weil die Mitgliederzahlen traditioneller Konfessionen kontinuierlich sinken und viele kleinere Gemeinschaftsbildungen geradezu sprießen (Grafiken und Daten zur Mitgliedschaft der Religionen in Deutschland, 2021). Obwohl in den letzten Jahren zahlreiche regionale Übersichten der ansässigen traditionellen und neuen Religionsgemeinschaften publiziert wurden, in denen die recht unübersichtliche Vielfalt alter und neuer Gruppenangebote in einer Region vorgestellt werden – oftmals mehrere hundert –, gibt es derzeit außer einem kirchlichen Handbuch (Pöhlmann u. Jahn, 2015) keine solide religionswissenschaftliche Übersicht. Da der im »Verlag der Weltreligionen« erschienene Band über »Neureligionen und ihre Kulte« (Cowan u. Bromlay, 2010) primär die amerikanische Religionskultur zwischen 1960 und 1990 behandelt, lässt er sich nur sehr eingeschränkt auf die europäische Situation anwenden.

Trotz dieser Unübersichtlichkeit lassen sich dennoch zentrale Merkmale festhalten, nach denen sich Neue Religiöse Bewegungen sowohl für die Wissenschaft als auch für den Alltag identifizieren lassen.

11.2.2 Zentrale Merkmale geschlossener religiöser Gruppen

Als ein zentrales Merkmal geschlossener religiöser Gruppen kann ihre Konstituierung über eine charismatische Führerpersönlichkeit bezeichnet werden. Die damit verbundenen Phänomene einer autoritären Persönlichkeitsstruktur, faschistoider Gruppendynamik oder fundamentalistischer Weltdeutungen (siehe Kapitel 9) sind recht präzise beschrieben worden (Conzen, 2005; Deikman, 2003; Grom, 2007; Volkan, 2005).

Wenn eine sozial geschlossene Gruppe, der man nur in einem längeren Prozess beitreten kann, dann noch eine apokalyptisch-endzeitliche Ausrichtung hat, wird sie besonders gefährlich. Immer noch erschütternd ist der Massensuizid, bei dem Jim Jones, der Gründer des »Peoples Temple«, im Jahr 1978 über 900 seiner Anhänger im Urwald von Guyana in den Tod führte (literarische Verarbeitung von Jones u. Jones 2008; Layton 2008). Ganz ähnlich rechneten die Angehörigen des Sonnentempelordens mit dem baldigen Weltuntergang, bevor es in den Jahren 1994/1995 zu 53 simultanen Suiziden in Kanada und in der Schweiz kam (Kapfhammer, 2008). Im Jahr 1997 begingen 39 Mitglieder des UFO-Kults Heaven's Gate durch Autoabgase Suizid. Dabei fanden sich bei solchen Gruppen zwei zentrale psychologische Faktoren, nämlich ein totaler Rückzug aus der sozialen Umwelt und deren Interpretation als universell böse.

Weltweite Aufmerksamkeit erhielt die japanische synkretistische Neue Religiöse Bewegung Aum Shinrikyo im Jahr 1995. Bei einem von Mitgliedern verübten Giftgasanschlag in der U-Bahn in Tokio wurden mehr als 6.000 Personen verletzt, 13 starben. Wegen dieses Sarin-Anschlags wurden in Folge zwölf führende Mitglieder der Gruppe zum Tode verurteilt und die Urteile im Jahr 2018 vollstreckt. Diese Gruppe wird als ein herausragendes Beispiel charismatischer Führung, gepaart mit totalitärer Gruppenstruktur und blinder Gefolgschaft der Mitglieder, betrachtet. Durch gezielte Anwendung von Meditationstechniken wie schnellem Atmen seien die Mitglieder in einen Zustand religiöser Erregung versetzt und an die Gruppe gebunden worden. Sie hätten mit der Zeit eine spezielle Gruppenidentität entwickelt, zu der es gehört habe, Gewaltanwendung der Gruppe nicht wahrzunehmen und auftauchende kritische Fragen zu unterdrücken (Beit-Hallahmi, 2004).

11.2.3 Wer lässt sich auf die Versprechen und Angebote geschlossener Gruppen ein?

Eine (zeitweise) Zugehörigkeit zu einer solchen streng hierarchischen Gruppe kann jedoch auch für manche Menschen eine hilfreiche Stabilisierung bedeuten, wie Box 11.2 zeigt.

Box 11.2: Zeuge Jehovas sein: Eher nützlich oder schädlich?

Bruno Deckert (2007) hat 24 ehemalige Zeugen Jehovas und 21 aktive Mitglieder ausführlich dazu befragt, welchen Nutzen sie aus der Mitgliedschaft ziehen bzw. welchen Schaden die Gemeinschaft bei ihnen angerichtet hat. Dabei ist er zu dem Ergebnis gekommen, dass die Zeugen Jehovas über vielseitige Instrumente und Maßnahmen verfügen, um Einflüsse, die das Glaubenssystem infrage stellen, abzuwehren. Der Autor, der selbst 15 Jahre lang Mitglied der Zeugen Jehovas war und deshalb diese Gemeinschaft auch aus der Innenperspektive kennt, sieht in dem ideologisch-dogmatischen Aufbau der Glaubenslehre und ihrer kollektiven Umsetzung die besten Voraussetzungen dafür, gegen jegliche Kritik zu immunisieren.

Diese Immunisierung basiert auf einer dogmatischen Begründung der Glaubensinhalte, die nicht weiter hinterfragt werden darf. Letzter Grund der Erkenntnis ist die von der Führung als einzig wahr legitimierte Interpretation der Bibel als göttliche Offenbarung. Deckert kritisiert, dass die Argumente zur Kritikabwehr logische Fehlschlüsse, wie Zirkelschlüsse, enthalten und sich je nach Angemessenheit verschiedener Wahrheitsebenen bedienen. Er arbeitet dabei die ambivalente Wirkung einer Gruppenzugehörigkeit heraus, die absolutem Gehorsam verpflichtet ist: »Sich geborgen und sicher zu fühlen, ein starker Effekt der Zugehörigkeit zu dieser Gemeinschaft, ist eng verknüpft mit dem Glauben an sie und ihre Werte. Das Bedürfnis nach Sicherheit durch Glaube und Gemeinschaft korrespondiert auf diese Weise unmittelbar mit der Absicherung des Glaubens und der Gemeinschaft gegen bedrohliche Einflüsse« (Deckert, 2007, S. 340).

Um die Konfliktträchtigkeit einer Gruppe einzuschätzen, müssen also unbedingt die individuellen Voraussetzungen und Bedürfnisse (z. B. nach Sicherheit) mitberücksichtigt werden.

In Zeiten persönlicher Instabilität, eines beruflichen Wechsels, einer existenziellen oder spirituellen Lebenskrise (siehe Kapitel 2) wächst die Anfälligkeit für eine geschlossene Gruppe mit ideologischer Selbst- und Weltdeutung. Bei einem labilen Selbstwertgefühl liegen die stabilisierenden Funktionen eindeutiger Sinnantworten und klarer Gruppenstrukturen auf der Hand, die eine straff organisierte Gemeinschaft bieten kann. Gerade Menschen, die sich von einer Optionsvielfalt überfordert fühlen, suchen einfache, klare Antworten in scheinbar geordneten Strukturen. Auch im 21. Jahrhundert gibt es einen erstaunlich hohen Bedarf an Gurus, Meistern und Erleuchteten (Baatz, 2017; Renger, 2012), sei es im Bildungs- oder Personalentwicklungsbereich, dem Coaching oder auch der Alternativmedizin. Dabei wird insbesondere auf dem esoterischen Lebenshilfemarkt die Sehnsucht von Menschen nach Sicherheit und Führung durch viele Meister oder spirituelle Lehrer mit einfachen Lösungsvorschlägen perfekt bedient. In der Familien- und Lebensberatung wird deshalb häufig nach einer »Sekten-Checkliste« gefragt, durch die Betroffene oder deren Freunde und Angehörige erkennen können, durch welche Merkmale sich eine geschlossene religiöse Gruppe kennzeichnet (siehe Box 11.3).

Box 11.3: »Sekten«-Checkliste

1. Bei der Gruppe findest Du exakt das, was Du bisher vergeblich gesucht hast. Sie weiß erstaunlich genau, was Dir fehlt.

2. Schon der erste Kontakt eröffnet Dir eine völlig neue Sicht der Dinge.

3. Das Weltbild der Gruppe ist verblüffend einfach und erklärt jedes Problem.

4. Es ist schwer, sich ein genaues Bild von der Gruppe zu machen. Du sollst nicht nachdenken und prüfen. Deine neuen Freunde sagen: »Das kann man nicht erklären, das musst du erleben – komm doch gleich mit in unser Zentrum.«

5. Die Gruppe hat einen Meister, ein Medium, einen Führer oder Guru, der allein im Besitz der ganzen Wahrheit ist.

6. Die Lehre der Gruppe gilt als einzig echtes, ewig wahres Wissen. Die etablierte Wissenschaft, das rationale Denken, der Verstand werden als Verkopfung, als negativ, satanisch oder unerleuchtet abgelehnt.

7. Kritik durch Außenstehende wird als Beweis betrachtet, dass die Gruppe Recht hat.

8. Die Welt treibt auf eine Katastrophe zu, und nur die Gruppe weiß, wie man die Welt retten kann.

9. Deine Gruppe ist die Elite und die übrige Menschheit krank und verloren, solange sie nicht mitmacht bzw. sich retten lässt.

10. Du sollst sofort Mitglied werden.

11. Die Gruppe grenzt sich von der übrigen Welt ab, etwa durch Kleidung, Ernährungsvorschriften, einer eigenen Sprache, strenge Reglementierung zwischenmenschlicher Beziehungen.

12. Die Gruppe will, dass Du alle »alten« Beziehungen abbrichst, weil sie Deine Entwicklung behindern.

13. Dein Sexualverhalten wird Dir exakt vorgeschrieben, etwa Partnerwahl durch die Leitung, Gruppensex oder auch totale Enthaltsamkeit.

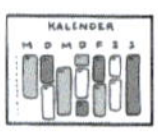

14. Die Gruppe füllt Deine gesamte Zeit mit Aufgaben: Verkauf von Büchern oder Zeitungen, Werben neuer Mitglieder, Besuch von Kursen, Meditation …

15. Es ist schwer, allein zu sein, jemand aus der Gruppe ist immer dabei.

16. Wenn Du zweifelst, wenn sich der versprochene Erfolg nicht einstellt, bist Du »selbst schuld«, weil Du Dich angeblich nicht genug einsetzt oder weil Du nicht stark genug glaubst.

17. Die Gruppe verlangt strikte Befolgung ihrer Regeln und Disziplin als einzigen Weg zur Rettung.

Wenn mehrere Punkte zutreffen: Vorsicht!

11.2.4 Empfehlungen zum Umgang mit Betroffenen und deren Angehörigen

a) Umgang mit Angehörigen

Die Beratung von Betroffenen geschlossener religiöser Gruppen gleicht in mancher Hinsicht der Suchtberatung. Selten melden sich Betroffene selbst, sondern deren Angehörige bei einer Beratungsstelle. Während die Angehörigen sich große Sorgen machen (Entfremdung von Familie und Freunden, starke Persönlichkeitsveränderung, Verdacht einer »Gehirnwäsche«), kann das die betroffene Person nicht verstehen, weil die Gruppe vordergründig die individuellen Bedürfnisse exakt befriedigt. Auch bei einer Suchterkrankung leiden in der ersten Phase die Angehörigen viel mehr, weil die betroffene Person mit der »Suchtkrücke« den Alltag leidlich bewältigen kann.

Die Forschungsprojekte der Enquete-Kommission haben hier das Modell der »Bedürfnis-Kult-Passung« entwickelt (Bundestag, 1998; siehe auch Box 9.5). Geschlossene religiöse Gruppen vermitteln Kontrolle und Geborgenheit angesichts einer potenziell chaotischen und bedrohlichen Zukunft und können damit eine Vielzahl spiritueller und psychologischer Bedürfnisse befriedigen. So stillt fundamentalistische Religiosität die Sehnsucht nach Gewissheit und bietet klare Handlungsanweisungen angesichts unübersichtlicher Vielfalt (Pargament, 2002). Und ebenfalls ähnlich zur Sucht kompensiert die Mitgliedschaft in geschlossenen Gruppen Vulnerabilitäten im Leben von Personen (z. B. wenige soziale Beziehungen, negative Lebenserfahrungen, unsichere Bindung in der Kindheit, Buxant u. Saroglou, 2008).

Was in brüchigen Übergangszeiten stabilisierend als »Lebenskrücke« dient, führt aber bei einer länger anhaltenden Bindung oft zu Konflikten, weil der gesunde Menschenverstand die rigide Enge der Gruppe verlassen oder die Abhängigkeit vom Gruppenleiter beenden will und Schritte der Eigenverantwortung und individuellen Selbstentfaltung gehen möchte. Wenn dann kritische Rückfragen verboten werden und mit massivem moralischem und sozialem Druck der Ausstieg verhindert werden soll (»Du begibst dich zurück in die Fänge Satans«), sind die früheren Angehörigen und Freunde oft wichtige Helfer zurück in die Welt realistischer Alltagskontakte.

Angehörigen von Mitgliedern in religiösen Extremgruppen ist deshalb zu empfehlen, immer wiederkehrende Streitpunkte der Gruppenzugehörigkeit zu meiden – die Positionen sind nach etlichen Diskussionen ohnehin bekannt. Langfristig erfolgversprechender ist es, einen günstigen Moment der Problemeinsicht abzuwarten und dann mit ermutigenden Worten die kritische Selbsteinschätzung zu unterstützen und Wege in die Selbstständigkeit und heraus aus der vereinnahmenden Gruppenbindung zu begleiten. Das wird aber nur möglich sein, wenn die manchmal lange Durststrecke der Gruppenbindung des Betroffenen tolerant ausgehalten und die Beziehung nicht gänzlich abgebrochen wird.

b) Umgang mit Betroffenen

Wo Radikalisierungsprozesse in religiösen Extremgruppen so weit fortgeschritten sind, dass das Risiko der Selbst- und Fremdgefährdung besteht, bedarf es professioneller Deradikalisierungs- bzw. Ausstiegsbegleitung. Staatlich geförderte Modellprojekte haben dazu Qualitätsstandards erarbeitet (Sischka, 2020). Die Beratung von radikalisierten Menschen und/oder ihres sozialen Umfelds stellt vorwiegend besondere Anforderungen an die Haltung der Beraterin und des Beraters. Die Handreichung des Netzwerks der Beratungsstelle »Radikalisierung« des Bundesamts für Migration und Flüchtlinge (BAMF, 2020) betont, dass ihre Beratung sich grundsätzlich an den Bedürfnissen der ratsuchenden Person orientiert und durch Achtung, Wertschätzung und die Anerkennung der Gleichwertigkeit aller Menschen bestimmt sei.

In der Beratung soll zwischen der Meinungs- bzw. Glaubensfreiheit und einem religiös begründeten Extremismus unterschieden werden. Wenn jedoch religiöser Glaube zur Durchsetzung und Legitimation eines Machtanspruchs instrumentalisiert wird, unterstützt die Beratung die menschlichen und demokratischen Grundrechte eines Mitglieds in einer geschlossenen Gruppe. Wenn beispielsweise nach Jahren der Gruppenzugehörigkeit zu Jehovas Zeugen in einer Krisensituation der Wunsch nach Selbstständigkeit und einer freieren Glaubensausübung in Konflikt zu den strengen Gruppenregeln der Gemeinschaft gerät, fördert die Beratung die Weiterentwicklung des Einzelnen und versucht, ihn vor dem Gruppendruck zu schützen und ihn zur freien Selbstentfaltung zu ermutigen. In der Regel ist viel Geduld und eine tragfähige Beziehung nötig, um durch fortwährende kritische Realitätskontrolle Betroffene zu ermutigen, die Erwartungen und Alltagsbewährung einer geschlossenen Gruppe zu hinterfragen. So wie man nach einiger Zeit seinen Kinderschuhen entwachsen ist, die früher ausgezeichneten Halt boten, ist an manchen Lebensübergängen auch ein Wechsel der Bezugsgruppen wichtig, um sich eigenständig weiterentwickeln zu können. Bei Mitgliedern einer geschlossenen Gruppe bedarf das manchmal professioneller religionssensibler Begleitung.

ERSCHLIESSUNGSFRAGEN

1. Definieren Sie »negatives Gottesbild« und erklären Sie, wieso es nicht ausreichend ist, eine solche Definition ausschließlich auf negative Emotionen gegenüber Gott aufzubauen.
2. Diskutieren Sie anhand des Fallbeispiels von Jana Herzberg, wie das Selbstwertgefühl das Gottesbild beeinflusst. Diskutieren Sie auch, ob es durch religiöse Anleitungen möglich gewesen wäre, ihr Selbstwertgefühl zu steigern. Falls ja: Wie könnten sich diese religiösen Anregungen und Anleitungen im Detail gestalten?
3. Welche Kriterien machen eine Neue Religiöse Bewegung zu einer geschlossenen religiösen Gruppe?
4. Kann jede(r) auf die Heilsversprechen einer geschlossenen religiösen Gruppe hineinfallen? Was sind günstige Passungsfaktoren, die eine phasenweise Zugehörigkeit zu einer geschlossenen Gruppe sinnvoll machen?

PERSÖNLICHE VERTIEFUNG/SELBSTERFAHRUNG

1. Betrachten Sie die Grafiken von Jana Herzberg. Haben Sie selbst negative Gottesbildanteile, die diesen ähneln? Falls Sie nicht an Gott glauben, können Sie sich fragen, ob positive oder negative Kräfte oder Energien Ihr Leben beeinflussen und wie Sie sich vor negativen Kräften schützen können.
2. Haben Sie selbst Erfahrungen in einer geschlossenen religiösen Gruppe gemacht? Was empfanden Sie hilfreich, was kritisieren Sie? Kennen Sie Menschen, die Mitglied in einer solchen geschlossenen Gruppe sind? Was fällt Ihnen im Umgang mit ihnen auf?

WEITERFÜHRENDE LITERATUR

Praktische Empfehlungen zum professionellen Umgang mit Religiosität und Spiritualität hat die Arbeitsgruppe einer psychiatrischen Fachgesellschaft veröffentlicht (Utsch et al., 2017). Detaillierte objektbeziehungstheoretische Implikationen für die klinische Praxis finden sich bei Reinert et al. (2009). Umfassende Richtlinien für Therapeuten zum Umgang mit negativen Gottesbildern geben Moriarty und Davis (2013). Die wohl detailliertesten Einblicke in verschiedene therapeutische Ansätze zur Veränderung des Gottesbildes bietet ein Sonderband des Journal of Spirituality in Mental Health (Ausgaben 3–4, 2007, vor allem Kapitel 4–10). Die Studie über »Sektenkinder« (Kaufmann et al., 2020) beschreibt mit berührenden Fallberichten den mühsamen Ausstieg aus geschlossenen religiösen Gruppen.

12 Bekehrung, Erleuchtung und die gläubige Identitätsbildung

Lernziele

1. Erklären können, welche Rolle die Krise in der (gläubigen) Identitätsentwicklung spielt.
2. Unterschiedliche Arten der Konversion bzw. der Dekonversion unterscheiden können (religiöse, interreligiöse, innerkirchliche, interkonfessionelle).
3. Esoterische Erleuchtungserfahrungen von Bekehrungserfahrungen abgrenzen können.
4. Psychologische Hilfen zur Glaubensentwicklung in den Zusammenhang der Identitätsentwicklung stellen können.

»Als er aber auf dem Wege war und in die Nähe von Damaskus kam, umleuchtete ihn plötzlich ein Licht vom Himmel; und er fiel auf die Erde und hörte eine Stimme, die sprach zu ihm: Saul, Saul, was verfolgst du mich? Er aber sprach: Herr, wer bist du? Der sprach: Ich bin Jesus, den du verfolgst [...] Saulus aber richtete sich auf von der Erde; und als er seine Augen aufschlug, sah er nichts. [...] Und Hananias [ein Jünger Jesu] ging hin und kam in das Haus und legte die Hände auf ihn und sprach: Lieber Bruder Saul, der Herr hat mich gesandt, Jesus, der dir auf dem Wege hierher erschienen ist, dass du wieder sehend und mit dem Heiligen Geist erfüllt werdest. Und sogleich fiel es von seinen Augen wie Schuppen und er wurde wieder sehend; und er stand auf, ließ sich taufen.«
Apostelgeschichte (9,3–6,17–18)

»Und da kam in der Zeit dieser Umbruch bei den Zeugen [Jehovas] [...] Und ich denk, dass das auch mit alles dazu beigetragen hat, dass wir dann diesen Ausstieg auch so problemlos geschafft haben, eigentlich. [...] Weil, ich war die Überzeugte und ich spürte, wie mein Mann immer mehr abdriftet. [...] Ich hab schon versucht, ihn zu halten. Und hab immer auch noch mit Gegenargumenten gearbeitet. Mein Mann, der hat dann auch Literatur, alles mögliche (sic!), bestellt. Und da spürte ich dann, als ich da so dieses erste Buch in Händen hielt, jetzt ist aus. [...] das war in dem Moment, fiel's mir wirklich wie Schuppen von den Augen. [...] Es war wohl dieser Prozess, der dahin geführt hat [...]. Aber dann war das wirklich: ›Jetzt ist vorbei.‹«
Gudrun (zit. nach Bullik et al., 2022, S. 267)

Religiöser Glaube ist auf einen Sinneswandel und eine Einstellungsänderung zurückzuführen, der zu einem bestimmten Zeitpunkt eingesetzt hat. Dieses Kapitel gibt Einblicke in die religionspsychologische Konversionsforschung, nachdem zunächst die Bedeutung der Krise im Prozess der Identitätsentwicklung erklärt wird. In einem weiteren Abschnitt wird der verbreitete Glaube der Esoterik näher beschrieben und am Beispiel der Satsang-Bewegung verdeutlicht. Abschließend wird erläutert, welche psychologischen Hilfen sich anbieten, um den Prozess der gläubigen Identitätsbildung zu unterstützen.

12.1 Die Bedeutung von Krisen in der Identitätsentwicklung

Menschen kommen hilflos zur Welt und würden im Gegensatz zu anderen Säugetieren bald sterben, wenn sie nicht mehrere Jahre lang liebevolle Versorgung, Pflege und Lernanleitungen ins Leben erhalten würden. Aufgrund der Unfertigkeit des Menschen und seiner im Vergleich zur Tierwelt gering ausgeprägten Instinkte charakterisierten Anthropologen ihn als »biologisches Mängelwesen« (Gehlen, 2009) oder als eine »physiologische Frühgeburt« (Portmann, 2000). Jeder Mensch steht vor der Herausforderung, seine körperlichen und seelischen Anlagen zu entfalten, zu trainieren und lebendig zu erhalten. Dabei ist das Projekt der Selbstentfaltung nicht mit dem Schulabschluss beendet – früher wurde das Abitur noch irreführend »Reifeprüfung« genannt –, sondern ein lebenslanger Prozess.

Die psychosoziale Entwicklung verläuft stufenförmig. In jeder Entwicklungsphase stehen spezifische Aufgaben an, die erlernt bzw. bewältigt werden müssen, um sich weiterzuentwickeln. Dabei übernehmen die Übergänge eine wichtige Funktion. Sie werden als Krisen erlebt, weil zu Beginn einer neuen Phase ein neues Denken oder Verhalten erforderlich ist. Die Strategien, die bisher angewendet wurden, funktionieren nicht mehr – ein Umdenken ist folglich erforderlich. Um Entwicklungskrisen erfolgreich zu bewältigen und den Wachstums- und Reifungsprozess nicht zu blockieren, ist eine kognitive und emotionale Neuausrichtung erforderlich. In jedem dieser krisenhaften Durchgangsstadien gilt es, sich von überholten, nicht mehr passenden Denk- und Verhaltensmustern zu trennen und neue Umgangsformen mit sich und der Umwelt einzuüben. Wir haben uns diese psychosozialen Entwicklungsschritte in Bezug auf die Glaubensentwicklung in Kapitel 5 näher angeschaut.

Dieser schrittweise Ablauf von Veränderungsprozessen gilt auch für die persönliche Glaubenshaltung. Ein kleines Mädchen sieht die Welt anders als zwanzig Jahre später als junge Frau. Ebenso lebt sie zu beiden Zeitpunkten in einem anderen Welt- und Gottesbild, beide haben sich verändert.

In der Religionspsychologie ist eine bestimmte Glaubensänderung, nämlich die Bekehrung, ein klassisches Thema. Bereits William James (1902/2010) befasste sich ausführlich mit Bekehrung im Kontext seiner Studie zu religiösen Erfahrungen. Vor allem Menschen mit einem »gespaltenes Selbst« bräuchten die Bekehrung für das Auflösen ihrer inneren Zerrissenheit, durch welche miteinander konkurrierende Bewusstseinsanteile wieder harmonisch zusammengefügt werden. Durch intensive, häufig plötzliche Glaubenserfahrungen (die als göttliches Eingreifen oder gar Wunder gedeutet würden) fühlten sich die Bekehrten frei, glücklich und mit sich und ihrer Umwelt im Reinen. Die Umkehrerfahrung einer Bekehrung markiere den Beginn einer neuen, gläubigen Identität.

12.2 Religionspsychologische Konversionsforschung

Mit Konversion (von lat. *convertere,* umwenden, umkehren) bzw. Bekehrung können verschiedene Sachverhalte bezeichnet werden. Meistens ist damit der Wechsel der Religionszugehörigkeit gemeint (*interreligiöse* Konversion, z. B. vom Islam zum Christentum). Es gibt aber je nach Zusammenhang andere Formen der Konversion: *religiöse* (z. B. vom Agnostiker zum Glaubenden), *interkonfessionelle* (z. B. vom Katholiken zum Protestanten), *innerkirchliche* (Wechsel des Frömmigkeitsstils, z. B. von einem liturgischen zu einem charismatischen Stil).

Durch die Ausbreitung neuer religiöser Bewegungen hat sich die Religionssoziologie ab den 1970er Jahren intensiver mit dem Phänomen der Konversion beschäftigt. Die amerikanischen Soziologen John Lofland und Rodney Stark (1965) haben die Konversionsmotive und -verläufe von Mitgliedern der Vereinigungskirche (Moon-Bewegung) untersucht. Ihr einflussreiches Konversionsmodell (Gooren, 2007) sieht in dem Konvertiten nicht eine schwache Person, die von einer fremden Glaubensrichtung beeinflusst und zum Übertritt gedrängt wurde. Vielmehr charakterisierten sie Konvertiten als aktive Sinnsuchende, die in der Glaubensgemeinschaft eine neue spirituelle Heimat gefunden haben. Bekehrung ist nach diesem soziologischen Modell kein irreversibler Zwangsprozess pathologischer Beeinflussung, sondern kann sich auch stabilisierend und positiv auswirken.

Die Enquete-Kommission des Bundestages »Sogenannte Sekten und Psychogruppen« hat Forschungsgutachten zum Thema »Konversion« erstellen lassen (Deutscher Bundestag, 1998). Als eine wichtige Motivation für einen Religionswechsel stießen die Forschenden bei den Konvertiten auf die Überzeugung, dass ihre Lebensthemen in der neuen Gemeinschaft (scheinbar) besser bearbeitet werden können. Die »Passung« von Sozialstruktur und Orientierungsangebot der Gruppe mit der Persönlichkeit des Individuums wird als ein wechselseitiger Prozess verstanden, dessen Zusammenspiel weitgehend den Verlauf einer Konversion bzw. Dekonversion bestimmt. Demnach ist für eine Konversion weniger die religiöse Entscheidung ausschlaggebend, sondern eher die bewusste Hinwendung zu einem sozialen Kontext und einem Lebensstil, der den Bedürfnissen des Konvertiten entgegenkommt. Hingegen bezeichnet der Begriff »Dekonversion« die – zur Konversion spiegelbildlich verlaufende (siehe einleitende Zitate von Paulus versus Gudrun) – Abwendung vom vorherigen Glauben. Sie kann in zwei verschiedenen Formen stattfinden: entweder eine Dekonversion zu einem anderen Glaubenssystem bzw. einer anderen religiösen Gruppe oder eine Dekonversion von Religion in privatisierte, häretische oder säkulare Glaubensformen (d.h. ohne Anschluss an eine andere religiöse Gruppe; Hood et al., 2022).

Box 12.1: Dekonversionsforschung

In Zeiten zunehmender Kirchenaustritte – in Deutschland, aber auch in vermeintlich stärker religiös geprägten Ländern wie den USA – beschäftigt sich ein Bielefelder Forschungsteam um Heinz Streib in Kooperation mit US-amerikanischen Kolleginnen und Kollegen seit über zwanzig Jahren mit dem Thema »Dekonversion« (z.B. Streib et al., 2009, 2022). Eine Vielzahl an Forschungsergebnissen, basierend auf quantitativen und qualitativen, quer- und längsschnittlichen Studien, wurden seitdem zusammengetragen, wobei die einschlägigsten Resultate hier angeführt werden sollen.

Das empirische Material erbrachte fünf wichtige Gründe für eine Dekonversion:

1. Verlust von spezifisch(en) religiösen Erfahrungen;
2. intellektuelle Zweifel, Leugnung oder Nichtübereinstimmung mit bestimmten Glaubensvorstellungen;
3. moralische Kritik;
4. emotionales Leiden;
5. Entfremdung von der Gemeinschaft.

Persönlichkeitspsychologisch scheint das Merkmal Offenheit für neue Erfahrungen ausschlaggebend für eine Dekonversion zu sein. Weiterhin bezeichnen sich Menschen, die Dekonversionserfahrungen gemacht haben, auffallend häufiger als »spirituell, aber nicht religiös« als Menschen ohne diese Erfahrung (vgl. Kapitel 1). Die Glaubensentwicklung ist dabei hochindividuell, es zeigt sich aber eine reifere religiöse Entwicklung im Sinne von höheren religiösen Stilen nach Streib (siehe Kapitel 5) bei Menschen mit Dekonversionerfahrungen. Insgesamt lassen sich fünf Dekonversionstypen finden, je nach Narrativ, welches die Dekonversion begleitet:

1. Narrativ der Suche nach Autonomie (vor allem bei Jugendlichen und jungen Erwachsenen);
2. Narrativ der lebenslangen Suche und späten Revisionen, d.h., neue Perspektiven auf frühere Erfahrungen einzunehmen (vor allem im fortgeschrittenen Lebensalter);
3. Narrativ des Verstoßenseins aus dem Paradies (d.h. Enttäuschung großer Hoffnungen, die einstmals auf diesen Glauben bzw. eine Glaubensgruppe gesetzt wurden);
4. Narrativ der Suche nach einem neuen Bezugsrahmen (d.h. Suchen nach und Finden von Intensität, Führung und Struktur im Glauben);
5. Narrativ der Überwindung von Zweifel (d.h. Rekonversion und erneutes Commitment nach einstiger Dekonversion).

In Bezug auf das Wohlbefinden zeigen die längsschnittlichen Ergebnisse eine Dynamik von Krise und Erholung: Während Lebenssinn und Selbstakzeptanz zu Beginn der Dekonversion gering sind, steigen sie im Laufe der Zeit erneut an.

Jenseits einer konfessionellen Zugehörigkeit ist zu bedenken, dass eine formale Religionszugehörigkeit kein zuverlässiger Indikator mehr für die persönliche Glaubenshaltung ist. Im Gegensatz zu früheren Generationen hat die starke Individualisierung die Bindekraft von Gruppenzugehörigkeiten immens geschwächt. Das betrifft nicht nur Religionsgemeinschaften, sondern genauso politische Gruppen, Sportvereine oder Hobbygruppen. Religionssoziologische Studien haben gerade für die zum Teil stark säkularisierten Länder Europas einen deutlichen Trend des »believing without belonging« nachgewiesen (Tromp et al., 2020). Jemand ist beispielsweise durch einen religionsphilosophischen Gesprächskreis in einer ostdeutschen Stadt Christ geworden, will aber wegen der Kritik an den organisierten Kirchen (Stichwörter »Missbrauchsskandale«, »Kirchensteuern«) nicht Kirchenmitglied werden, sondern hat sich nach der Großtaufe in einem See einer unabhängigen charismatischen Freikirche angeschlossen. Da diese keine Körperschaft des öffentlichen Rechts ist, gelten ihre Mitglieder formal als konfessionslos, obwohl sie gläubig sind. Auch der umgekehrte Fall eines »belonging without believing« (Oakes, 2015) ist häufig anzutreffen. Konkret kann das bedeuten, dass etwa ein Kirchmitglied als Angestellte eines kirchlichen Kindergartens aus beruflichen Gründen weiterhin Kirchenmitglied bleibt, obwohl sie persönlich nicht (mehr) an Gott glaubt. Deshalb können keine zuverlässigen Angaben über die Anzahl der Konversionen gemacht werden. Die meisten religiösen Gemeinschaften (nicht alle!) führen zwar Mitgliederlisten und erfassen Neuzugänge durch Taufen oder andere Rituale, nicht aber die religiöse Herkunft und Vorgeschichte ihrer Neumitglieder.

Was macht eine Bekehrung zu einem Kipppunkt der Biografie? Übereinstimmend berichten Konvertiten entweder von einem besonderen Bekehrungserlebnis oder einem Prozess spiritueller Transformation, wodurch sie deutlich zwischen einem »Vorher« und einem »Nachher« unterscheiden (Salzmann, 2016). Im Lebensrückblick nehmen die Konvertiten zumeist eine biografische Rekonstruktion ihrer Geschichte vor. Sie charakterisieren ihre Lebenssituation vor der Bekehrung als eher negativ, nach dem Glaubenswechsel als positiv. Die sozialwissenschaftliche Konversionsforschung beschreibt den Prozess der Einstellungsänderung als ein komplexes und dynamisches Phänomen aus drei zentralen psychologischen Faktoren: der Persönlichkeitsentwicklung, der subjektiven Erfahrungsqualität sowie den sozialen Einflüssen. Je nach Person und Situation können diese drei Faktoren ganz unterschiedlich stark ausgeprägt sein.

Ob persönlichkeitsspezifische Bedürfnisse oder das passende soziale Angebot der Gruppe zu einer Konversion geführt haben – in aller Regel geht ein Glaubenswechsel mit psychischen und sozialen Konflikten einher. Nach der Konversion findet eine Neuausrichtung der Werte statt, und die sozialen Kontakte verändern sich. Eine solche Lebensveränderung kann unter Umständen so extrem sein, dass sie zu psychosomatischen Störungen mit entsprechenden Symptomen führt. Deshalb ist der psychiatrische Krankheitsschlüssel DSM (Diagnostical and Statistical Manual) um die Diagnose »religiöses oder spirituelles Problem« (V 62.89) ergänzt worden. Diese Kategorie wird vergeben, wenn im Vordergrund der klinischen Aufmerksamkeit belastende Erfahrungen stehen, die den Verlust oder die Kritik von Glaubensvorstellungen nach sich ziehen. Gemeint sind u. a. Probleme im Zusammenhang mit der Konversion zu einem anderen Glauben oder das Infragestellen spiritueller Werte, auch unabhängig von einer organisierten Kirche oder religiösen Institution (Hofmann u. Heise, 2017; siehe auch Kapitel 7).

Die Bedeutung der Konversion wird heute dadurch relativiert, dass in modernen Gesellschaften die Bereitschaft gesunken ist, sich langfristig (auch religiös) zu binden. Zunehmend ist ein subjektiver Patchwork-Glaube vorzufinden, in dem verschiedene weltanschauliche Überzeugungen vermischt werden. Diese Mixtur wird permanent erweitert und verändert – den »spirituellen Wanderer« zeichnet seine »fluide Religiosität« aus. Die aktuelle Religionsforschung skizziert heute den Sinnsucher als jemanden, dessen Glaubensgeschichte von einer sukzessiven Abfolge zeitweiliger religiös-spiritueller Gruppenzugehörigkeiten geprägt wurde. Die Forschenden der Enquete-Kommission haben diesen Typus den »akkumulativen Häretiker« genannt, dessen Lebenslauf durch sequenzielle Bekehrungen im Sinne eines »Lebensabschnittsglaubens« gekennzeichnet ist (Deutscher Bundestag, 1998). Um die Zusammenhänge zwischen dem persönlichen Glauben und religiöser Bindung besser zu verstehen, ist neben den sozialen Faktoren auch die Berücksichtigung kultureller und gesellschaftlicher Einflussfaktoren unverzichtbar (siehe Box 12.2).

Box 12.2: Kultursensibles Verständnis von Konversion

Glaubensüberzeugungen und Religionszugehörigkeiten sind immer abhängig von den gesellschaftlichen und kulturellen Bedingungen. In Deutschland hat die konfessionelle Bindekraft nachgelassen, andererseits hat das Konversionsthema durch aktuelle gesellschaftliche Entwicklungen an Bedeutung gewonnen. Weil immer weniger Menschen in einem geschlossenen konfessionellen Milieu aufwachsen, wird die eigene Entscheidung in Glaubensfragen immer wichtiger. Konversionen werden neuerdings im Hinblick auf mögliche Manipulationen auch misstrauisch betrachtet. 20 bis 25 % der Anhänger des sogenannten Islamischen Staates sollen Konvertiten sein, und mehrere Tausend in Europa aufgewachsene Jugendliche haben sich von den vollmundigen Versprechen salafistischer Prediger locken lassen und sich den identitätsverändernden Prozessen einer Radikalisierung überlassen (Fischer u. Pfundmair, 2019). Durch die Migrations- und Flüchtlingswelle hat das Konversionsthema an aktueller politischer Brisanz gewonnen. Es besteht die Möglichkeit eines Bleiberechts für zum Christentum konvertierte Flüchtlinge, wenn eine Rückkehr aufgrund von Christenverfolgung im Heimatland aus humanitären Gründen nicht möglich ist. Durch gründliche Taufvorbereitungskurse und Prüfungen versuchen einige Kirchen, zu verhindern, dass eine Taufe als »Asyltrick« eingesetzt wird (Krannich, 2020). Für die schwierigen Entscheidungen einer zukunftsweisenden Migrationspolitik fehlen religionspsychologische Fakten und Bewertungen, zu denen auch die Wahrhaftigkeit einer Konversionserzählung zählt.

Es sind große kulturelle Unterschiede zwischen traditionellen und modernen Gesellschaften zu berücksichtigen, die in dem Einwanderungsland Deutschland zunehmend an Bedeutung gewinnen. Während in individualistischen Kulturen die Entscheidung des Einzelnen höchste Priorität besitzt, sind in kollektivistischen Kulturen gemeinschaftliche Konversionen üblich. Ein Familienoberhaupt lässt sich etwa zusammen mit seiner gesamten Familie taufen, ohne dass die einzelnen Familienmitglieder dazu befragt werden. In anderen Erdteilen sind Religionswechsel – im Gegensatz zu traditionell orientierten Landesteilen Deutschlands – nichts Besonderes. So konvertiert etwa die Hälfte der amerikanischen Bevölkerung nach Angaben des Pew Research Centers im Laufe ihres Lebens zu einer neuen Konfession bzw. Religion (aber meist innerkonfessionell zwischen protestantischen Freikirchen). In manchen anderen Kulturen, z. B. in Japan oder China, sind Konversionen unwichtig, weil religiöse Mehrfachzugehörigkeiten häufig vorkommen. Auch in Europa findet die Vorstellung einer multiplen religiösen Identität, dass sich z. B. Christinnen ebenso als Buddhistinnen verstehen, vermehrt Zuspruch (Bernhardt u. Schmidt-Leukel, 2008).

Neben multipler religiöser Identität haben sich durch buddhistische und esoterische Einflüsse Vorstellungen eines erleuchteten oder erwachten Bewusstseinszustandes bei uns verbreitet.

12.3 Esoterischer Glaube: Erleuchtung und Erwachen als ein religiöses Entwicklungsziel

Der Begriff »Erleuchtung« spielt nicht nur auf dem gegenwärtigen spirituellen Lebenshilfemarkt eine Rolle, sondern hat eine lange religionsgeschichtliche Tradition (Renger, 2016). Trotz der heute verbreiteten Technikgläubigkeit boomt parallel dazu nichtrationales Verhalten. Es ist heute kein Widerspruch mehr, während der Woche als IT-Expertin Computer zu programmieren und am Wochenende Engel-Seminare anzubieten. Viele Menschen können heute empirisches Wissen und esoterische Weisheit verbinden, ohne dabei Widersprüche zu empfinden. Vor Kurzem kam eine aus Südostasien stammende Musikerin, die sich vom Teufel besessen fühlte, in die psychotherapeutische Sprechstunde des Erstautors und bat um ein Befreiungsritual, damit der Bann des Bösen über ihrem Leben gebrochen werde und sie ein für alle Mal von den negativen Energien befreit sei. Eine Psychotherapie hatte die Musikerin wegen angeblicher Wirkungslosigkeit abgebrochen. Psychotherapeuten hierzulande können derartigen spirituell-religiösen Erwartungen oft nicht entsprechen (vgl. Kapitel 7).

Box 12.3 Woran glauben Esoteriker und Esoterikerinnen?

Das griechische Adjektiv *esoterikos* (»nach innen gerichtet«) bezeichnete in der Antike philosophische Lehren, die nur Eingeweihten mitgeteilt wurden. Seit der Neuzeit wird Esoterik als eine Denkform für höhere Erkenntnisgewinnung verstanden, die auf wesentliches und absolutes Wissen abzielt (von Stuckrad, 2004). Vier Merkmale esoterischer Erkenntnis sind charakteristisch (Faivre, 2001):

1. unsichtbare, nichtkausale, sondern analoge Beziehungen zwischen Kosmischem und Irdischem;
2. eine energetisch durchströmte, beseelte Natur;
3. meditative Verfahren als Brücken zwischen der materiellen und spirituellen Welt;
4. evolutionäre Entwicklung des menschlichen Bewusstseins bis zur höchsten Erkenntnis der eigenen Göttlichkeit.

Esoteriker und Esoterikerinnen glauben, durch meditative Verfahren in einen erwachten oder erleuchteten Bewusstseinszustand gelangen zu können, der Wahrheitserkenntnis ermögliche und Heilkräfte freisetze.

Esoterische Weltanschauungen sind weit verbreitet, ihre Angebote zum Teil der Alltagskultur geworden. Nüchterne Zahlen der jährlich erhobenen »Allgemeinen Bevölkerungsumfrage der Sozialwissenschaften (Allbus)« bestätigen den Trend zum Irrationalen. Mehr als die Hälfte der Befragten ist aufgeschlossen gegenüber Anthroposophie und Theosophie, jeder vierte Befragte ist offen gegenüber Wunder- und Geistheilern, und 40 % äußern Sympathie für Astrologie oder New Age. Umfragen zufolge halten drei Viertel der Deutschen alternativtherapeutische Angebote für wirksam, auch wenn man ihre Effekte wissenschaftlich nicht erklären kann. Religionswissenschaftler beobachten auf dem florierenden Markt spiritueller Gesundheitsangebote eine weitverbreitete Suche nach Sinn und existenzieller Orientierung (Klinkhammer u. Tolksdorf, 2015).

Zu unterscheiden ist dabei System- von Gebrauchsesoterik. Während die Zahl der Anhängerinnen und Anhänger systematischer esoterischer Glaubenssysteme – wie Rosenkreuzer, Templer, Theosophen, Anthroposophen oder Spiritisten – überschaubar ist, gibt es einen anhaltenden »Esoterikboom« auf dem Gesundheitsmarkt kommerzieller Anbieter. Astrologie, Tarot, Ayurveda, Reiki, Qigong, Homöopathie, Yoga – weltanschaulich begründete Methoden werden in der alternativen Gesundheitsversorgung immer beliebter.

Ein Hauptanwendungsfeld esoterischen Glaubens ist Heilung. Im Spannungsfeld von Religion und Therapie sind heute zahlreiche selbsternannte spirituelle Heilerinnen und Heiler tätig. Schätzungen zufolge werden allein in Deutschland auf dem psychospirituellen Heilungsmarkt pro Jahr 20 bis 25 Milliarden Euro verdient. Etwa 15 % des Jahresumsatzes des deutschen Buchhandels werden mit esoterischer Lebenshilfe erwirtschaftet.

Die Hoffnung auf Heilung, Befreiung und Erlösung sind die Folgen einer gläubigen Vertrauenshaltung. Ob Aura-Reinigerinnen, Reiki-Therapeuten, schamanische Beraterinnen, Engel-Dolmetscher oder ganzheitliche Astrologinnen – esoterische Einzelanbieter setzen auch auf den Glaubensfaktor und haben der Inanspruchnahme kirchlicher Seelsorgeangebote längst den Rang abgelaufen (Utsch, 2022). Leider fehlen verlässliche empirische Daten über ihre Verbreitung. Eine Studie Bochumer Religionswissenschaftler (Hero et al., 2008) hat aber schon vor Jahren allein in Nordrhein-Westfalen über 1.000 esoterische Lebenshilfeangebote gefunden, die pro Jahr von 90.000 Menschen konsultiert werden. Die Erklärungsversuche dafür, warum im aufgeklärten 21. Jahrhundert magische Rituale, esoterische Lebenshilfe und geschlossene Gemeinschaften nach wie vor großen Zulauf haben, sind vielfältig. Existenzielle Hilflosigkeitsgefühle und soziale Vereinsamung angesichts drohender Krisen – Stichwörter »Klima«, »Pandemie«, »Krieg in Europa« – liefern dafür plausible Gründe, sich in ein klares Gut-Böse-Deutungsschema einer geschlossenen Weltanschauungsgemeinschaft zurückzuziehen.

Die Sozialpsychologin Claudia Barth hat die Bedeutung esoterischer Seminare und Gruppen für die Identitätsbildung in ihrer Dissertation beschrieben. Esoterik wird hier als ein typisch postmodernes Phänomen einer subjektiven Methode der Lebensbewältigung beschrieben (Barth, 2012). Nach Barth hilft eine esoterische Lebensdeutung dem Einzelnen dabei, in der unsicheren und schwer einzuschätzenden Postmoderne zurechtzukommen. Sie fördere ein Gefühl von Authentizität, liefere Erklärungen und Entlastungen für Erfahrungen des Scheiterns und verschaffe scheinbare Erleichterung angesichts des Gefühls von Entfremdung und Selbstentfremdung. Auf Esoterikmessen hat die Forscherin die Motive der Besuchenden untersucht. Durch ein ausgewogenes Geschlechter- und Ost-West-Verhältnis bilden die Ergebnisse der Autorin ein breites Spektrum an Lebenserfahrungen ab. Sie betont, dass sich alle die von ihr interviewten Menschen unter das Emblem »esoterisch« einordneten. Als wichtiges Auswahlkriterium für die ausführliche Einzelfallauswertung legte die Autorin psychische Stabilität und eine gefestigte Weltanschauung fest – sie wollte die Haltung überzeugter Esoterikerinnen und Esoteriker kennenlernen. Auffällig viele der Befragten hätten die Lebensform »Single« gewählt und meistens seien sie finanziell abgesichert. Barth weist nach, dass fast immer das Scheitern oder ein Leiden an bestehenden Normalitäts- und Leistungszwängen der Ausgangspunkt für eine Neuorientierung des Lebenskonzepts war.

Ein wichtiges Ergebnis dieser Studie: Kann die Sinnsuche in esoterischen Milieus bei seelisch Gesunden durchaus zu einer Weiterentwicklung führen, ist die Gefahr für eine ungesunde Bindung an einen spirituellen Meister für seelisch Labile groß. Die Studie weist weiter darauf hin, dass bei der prinzipiell endlosen Suche nach einem erleuchteten Bewusstseinszustand mitmenschliche Qualitäten wie soziale Verantwortung oder Gemeinschaftsfähigkeit häufig verloren gehen. Für seelisch labile und kranke Menschen kann esoterische Lebenshilfe also gefährlich werden.

Eine Gefährdung geht von spirituellen Lehrerinnen und Lehrern aus, die ihre Glaubenslehren nicht zum Wohl ihrer Lernenden, sondern eigennützig einsetzen. Vorträge über östliche Weisheitslehren finden seit einigen Jahren auch in Deutschland vermehrt statt. Mehr noch als Wissensvermittlung bildet persönliche Lebensberatung einen festen Bestandteil dieser Veranstaltungen. Ein Beispiel dafür sind die Satsang-Angebote, die sich in der alternativ-spirituellen Beratungsszene ausgebreitet haben (siehe Box 12.4)

Box 12.4: Satsang

Das Wort »Satsang« stammt aus dem Sanskrit (*sat* = Wahrheit, *sangha* = Versammlung) und bezeichnet das Zusammensein mit einem Guru als verkörperte Wahrheit. Die Satsang-Bewegung als westlich-therapeutische Variante der hinduistischen Advaita-Philosophie (»Nicht-Zweiheit«) hat sich auf dem Markt alternativer Lebenshilfe fest etabliert. Im Zentrum der Bewegung steht die individuelle Suche nach Erleuchtung. Dieser angeblich anhaltende Bewusstseinszustand soll durch spirituelle Lehrende übermittelt werden können. Das Phänomen wird auch wissenschaftlich erforscht (Kilrea et al., 2023).

In einer Studie aus England wurden 34 international tätige, spirituell »erwachte« Lehrerinnen und Lehrer im Hinblick auf ihr Modell der Bewusstseinsentwicklung verglichen (Maurya et al., 2023). Alle haben Bücher über Spiritualität geschrieben, spirituelle Exerzitien geleitet und Vorträge und Schulungen zur spirituellen Suche gehalten. Die Studienteilnehmenden stammten aus Nordamerika, Asien, Europa und Mexiko und hatten unterschiedliche weltanschauliche Hintergründe (z. B. Buddhismus, Yoga, Hinduismus, Taoismus,

Christentum). Die Datenanalyse der Interviews führte zur Entwicklung eines Spiritual-Awakening-Evolution (SAE)-Modells, das den Prozess und die Entwicklung des spirituellen Erwachens erklären soll. Diesem Modell zufolge durchläuft das spirituelle Erwachen vier Phasen: eine anfängliche vorübergehende Veränderung der Wahrnehmung, weitere Praxis zur Unterstützung der spirituellen Entwicklung, Hingabe, eine kontinuierliche Reise der spirituellen Entwicklung. Diese Studie legt nahe, dass spirituelle Erweckungserfahrungen transkulturell vorhanden sind. Wie die Schülerinnen und Schüler jedoch die Begegnung mit ihren Lehrern erleben, ist bislang nicht untersucht worden.

Wie verläuft ein Satsang-Event? Nach einer Weile des meditativ-schweigenden Ankommens mit oder ohne (Live-)Musik folgt bei Satsang-Abenden eine in der Regel kurze Ansprache des Meisters oder der Meisterin. Frage-Antwort-Runden, bei denen die Fragen entweder auf der Bühne oder aus dem Auditorium gestellt werden können, nehmen dann den größten Raum ein. Neben Fragen zum spirituellen Weg werden oft Ratschläge für Freundschaften, Liebesbeziehungen oder das Berufsleben erbeten. Ohne Details zu erfragen oder therapeutisch vorzugehen, versucht die spirituelle Leitungsperson, bei dem Fragenden die Identifikation mit dem erfahrenen Leid zu durchbrechen. Häufig wird zurückgefragt, wer es denn genau sei, der das Leid erfahre. In der Gegenwart eines erleuchteten Meisters soll das (göttliche) Selbst erwachen und das alte Ego mit seinen Bedürfnissen verschwinden – so kann man eine weitverbreitete Haltung der Satsang-Szene zusammenfassen. Als Markenzeichen und Merkmal zur Unterscheidung von anderen Religionen ist dabei das Versprechen anzusehen, Heil und Erlösung nicht erst im Paradies, sondern schon hier im Diesseits finden zu können.

Als Beleg für den Boom und die Ausbreitung dieser Form von Lebenshilfe kann auf das Internetportal »Jetzt-tv.net« hingewiesen werden. Das Portal ist seit 2006 online und hat mittlerweile Tausende von Videomitschnitten und zum Teil auch Live-Satsangs von weit über hundert spirituellen Lehrerinnen und Lehrern veröffentlicht. Manche Satsang-Anbieter bieten zudem persönliche Beratung per Skype an. Interessenten können sich von zu Hause aus zum Satsang zuzuschalten, um dem spirituellen Lehrer live eine Frage zu stellen.

Als Autorität innerhalb dieses Milieus werden diejenigen Lehrenden angesehen, die selbst »erwacht« sind und ihren Lernenden die Erfahrung des Absoluten durch ihre Präsenz vermitteln können. Allerdings ist religiöses Charisma schwer zu bemessen – wodurch soll man echte von vorgetäuschter Erleuchtung unterscheiden können? Und je verbindlicher und geschlossener eine Gruppe ist, desto größer sind die Gefahren der Vereinnahmung und Kontrolle – zumal, wenn Schüler davon überzeugt sind, im Satsang mit der Wahrheit zusammen zu sein.

Als ein abschreckendes Beispiel kann auf Andrew Cohen (geb. 1955), den langjährigen »Star« der amerikanischen spirituellen Szene, verwiesen werden. Mit dem Konzept »Evolutionäre Erleuchtung« inklusive eigener Zeitschrift hat er offensichtlich die Sehnsucht vieler Sinnsucher nach Erleuchtung, verbunden mit Wunschvorstellungen über die Rettung der Menschheit, getroffen und bedient. Im Jahr 2013 hat er aufgrund von vehementer Kritik an seinem autoritären Führungsverhalten und an emotional missbräuchlichem Umgang mit Schülerinnen und Schülern nach Jahrzehnten erfolgreicher Projekte öffentlich seinen Rückzug erklärt und sich für Fehler entschuldigt. Der spirituelle Meister eines weltweiten Netzwerks gab freimütig zu, die ganze Zeit über nicht erkannt zu haben, dass er selbst von einem unverändert starken Ego angetrieben worden sei, obwohl engste Mitarbeiter ihn seit Langem vergebens auf den Widerspruch zwischen seiner Lehre von der Ichlosigkeit und der eigenen Praxis hingewiesen hätten.

Ein weiterer bekannter Satsang-Lehrer mit großer Anhängerschaft ist John de Ruiter (geb. 1959). Der Kanadier, der früher als Schuster und freikirchlicher Pastor tätig war, eröffnete vor 15 Jahren sein »College of Integrated Philosophy«. In diesem Sieben-Millionen-Dollar-Gebäudekomplex, dass er vor Kurzem verkaufte, unterrichtete er von 2007 bis 2021 eine wachsende Schülerschaft und tourte als Seminarleiter durch Europa und die USA. De Ruiter ist bekannt dafür, auf der Bühne zu sitzen, seine Anhängerinnen und Anhänger anzustarren und stundenlang nichts zu sagen. Kritiker bezeichnen den spirituellen Lehrer als »Ron Hubbard des Starrens«. Wenn er einmal spricht, können minutenlange Pausen einen Satz unterbrechen. Wenn ihm Fragen gestellt werden, antwortet die »lebende Verkörperung der Wahrheit«, wie er sich nennt, oft mit Schweigen.

Der Religionssoziologe Joosse (2006) hat das besondere Charisma dieses Lehrers untersucht. In seiner Studie kam er zu dem Ergebnis, dass der Erfolg de Ruiters von drei Faktoren abhängt: Erstens ermögliche sein Schweigen es seinen mehrheitlich weiblichen Anhängern, eine individuelle Bedeutung in die Stille hineinzuinterpretieren. Zweitens benutze er das Schweigen auch, um zu bestrafen oder um Menschen, die abweichende Meinungen haben, zu entmutigen. Die dritte Funktion von de Ruiters Schweigen bestehe darin, dass es scheinbar die Vertrautheit zwischen den Beteiligten erhöhe, vor allem, wenn de Ruiter sein Schweigen mit intensivem Starren kombiniere. Das Verhalten, sich lange tief in die Augen zu sehen, sei normalerweise bei Verliebten zu beobachten. De Ruiter verhalte sich so wie Menschen einer engen, persönlichen Beziehung. Viele verwechselten daher dieses Verhalten mit tatsächlicher Intimität.

Redegewandtheit und persönliche Ausstrahlung einer Lehrperson tragen zur Bewunderung und Verehrung durch Schülerinnen und Schüler bei. Die Bindung kann »von Projektionen persönlicher Erlösungsvorstellungen bis zur völligen Unterwerfung reichen« (Sottru, 2013, S. 6). Darauf sind schon manche Schülerinnen und Schüler dieser Weisheitslehre hereingefallen. Mutige Schüler de Ruiters haben Anfang 2023 Anklage gegen ihren Meister erhoben. Von Anhängerinnen aus dem engsten Kreis seiner Gemeinschaft wird ihm vierfache sexuelle Nötigung von Frauen vorgeworfen, die der Meister zugegeben hat. Nach Medienberichten begründete de Ruiter sein Verhalten damit, dass er von einem Geist angewiesen worden sei, sexuelle Handlungen an den Frauen vorzunehmen, um ihnen dadurch die Möglichkeit zu bieten, in einen höheren Bewusstseinszustand zu gelangen und spirituelle Erleuchtung zu erreichen. Nun muss sich de Ruiter vor Gericht verantworten wegen sexueller Nötigung in sieben Fällen, die er zwischen 2012 und 2019 in seinem College begangen haben soll.

Die Glaubensfähigkeit des Menschen kann beeindrucken, aber sie ist leider auch leicht verführbar. Fanatismus, das Schüren von Feindbildern und das Verschwörungsdenken nutzen den Glauben aus, um Mitmenschen abzuwerten und zu schaden. Manche Glaubensformen können in eine psychische Krise oder Erkrankung führen (siehe Kapitel 9). Welche konstruktiven Hilfen gibt es, damit der Glaube zu einer unterstützenden Säule der Identitätsbildung wird?

12.4 Psychologische Hilfen zur gläubigen Identitätsbildung

Im Lauf der Kindheit und Jugend entwickelt sich die Identität jedes Menschen: Wer bin ich, auf wen beziehe ich mich, worüber definiere ich mich, wohin gehöre ich, was macht mich aus? Die Identitätsentwicklung ist, wie oben beschrieben, ein lebenslanger Prozess, der Ressourcen wie positive Lebenserfahrungen, Vorbilder, Bezugspersonen, den Glauben und vieles mehr umfasst.

Nach Petzold (1984) ruht die Identität auf fünf Säulen (siehe Abbildung 12.1): Arbeit und Leistung, materielle Sicherheit, Gesellschaft und Soziales, Körper und Gesundheit sowie Werte und Sinn. Sind diese Säulen stabil, verfügt der Mensch in der Regel über die notwendigen Ressourcen, um die stetigen Herausforderungen im Leben zu meistern. Das Modell »Fünf Säulen der Identität« eignet sich dazu, die Stabilität der einzelnen Säulen zu erfragen und abzubilden. Sind einzelne Säulen zu wenig gefestigt, fehlen die notwendigen Ressourcen, und auch eine starke Persönlichkeit kann ins Wanken geraten. Manche haben in solchen Situationen die Tendenz, eine Ersatzidentität zu suchen und sich darüber neu zu definieren. Im negativen Fall können auch Suchtverhalten, Radikalisierung, gewalttätiger Extremismus oder kriminelle Handlungen die Folge sein. Insbesondere Mitglieder extremistischer Gruppierungen, wie beispielsweise der islamistischen, rechts- oder linksextremistischen Szenen, setzen an diesem Punkt an. Sie manipulieren »suchende« Menschen, indem sie die Ideologien, Werte und sozialen Beziehungen ihrer geschlossenen Gruppe als »Ersatzfamilie« anbieten (Butenkemper, 2023). Damit verleihen sie den von defizitären Identitätssäulen Betroffenen scheinbare Stabilität und schenken ihnen eine »neue« Identität.

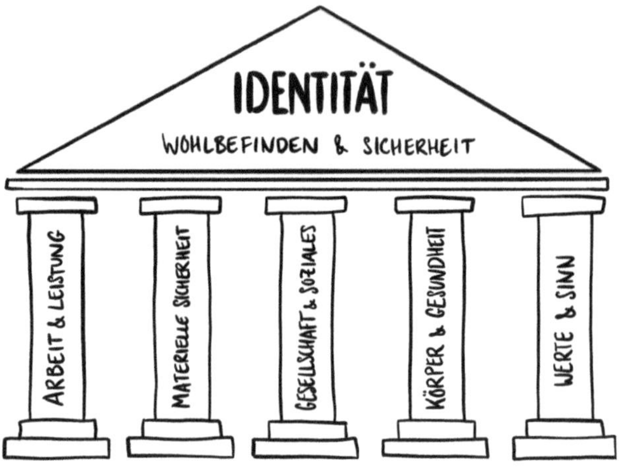

Abbildung 12.1: Die fünf Säulen der Identität (nach Petzold, 1984). Illustration: Nelly Nieter

Entwicklungskrisen haben entscheidende Auswirkungen auf das Leben und die Lebenspläne einer Person. Es ist empirisch erwiesen, dass wesentliche Veränderungen und Wachstum in der menschlichen Entwicklung aus einer erfolgreichen Auseinandersetzung mit Problemen und Krisen resultieren und dadurch ein neues Niveau der intellektuellen, sozialen und persönlichen Organisation erreicht werden kann (vgl. Kapitel 2).

Die fünfte Säule »Werte und Sinngebung« entspricht der Glaubensfähigkeit des Menschen (siehe Kapitel 1). Die persönlichen Ideale und Werte lassen sich nur erwartungsvoll glaubend verwirklichen. Sinn kann nur im zuversichtlich-vertrauensvollen Handeln entstehen. Wenn nach dem Fünf-Säulen-Modell die Dimension der Werte und des Sinns einen wichtigen Bestandteil bildet, dann sollte der Glaube als Teil der Identitätsentwicklung mitgefördert werden (siehe Box 12.5). Die Glaubensfähigkeit bedarf aber der kritischen Korrektur der aufgeklärten Vernunft, weil sie sonst leicht ins Fanatische abrutschen kann.

Box 12.5: Zur Verbindung der Identitäts- mit der Glaubensentwicklung

In den christlichen Kirchen ist die fehlende Abstimmung zwischen der Persönlichkeits- und der Glaubensentwicklung ihrer Mitarbeiter und Mitglieder immer wieder als eine Herausforderung thematisiert worden. Ein plakativer Buchtitel diagnostiziert bei vielen Christinnen und Christen zwar einem hohen theologischen Wissensstand, der aber mit emotionaler Unreife verbunden sei – solche Christen werden als »Glaubensriesen und Seelenzwerge« charakterisiert (Scazzero, 2013).

Schon einer der wegweisenden Theologen des vergangenen Jahrhunderts, Karl Rahner, hat nachdrücklich das Zusammenwirken von persönlicher und Glaubensentwicklung eingefordert. Ob etwa die »mystische Erfahrung eine normale Entwicklungsfrage auf dem Weg zur christlichen Vollendung« sei, wollte Rahner nicht generell beantworten: »Die Antwort hängt an der Psychologie: Inwiefern nämlich solche an sich natürlichen Versenkungsphänomene notwendig in einen personalen Reifungsprozess gehören« (Rahner, 1989, S. 99). Bemerkenswert ist, dass Rahner die Einbeziehung besonderer mystischer Erfahrung in die alltägliche Glaubenserfahrung als eine psychologische Angelegenheit ansieht! Hier zeigt sich die besondere Herausforderung einer Zusammenschau theologischer und psychologischer Perspektiven, um den menschlichen Reifungsprozess bestmöglich zu unterstützen.

Für den bekannten Mönch Thomas Keating (1923–2018), der die christliche Meditationsbewegung durch seine Methode des »Centering Prayer« bereicherte, ist »die Psychologie zur neuen Helferin der Theologie geworden« (Keating, 2012, S. 50). Sein Ansatz verbindet die moderne Psychologie mit klassischen geistlichen Lehrern des Christentums. Nach seiner Überzeugung liegen die größten Hindernisse für geistliches Wachstum in den Abgründen unbewusster Motive verborgen. Mittels psychologischer Analyse sollen diese Motive des »falschen Selbst« erkannt und durch eine regelmäßige Übung des kontemplativen Gebets überwunden werden. Diesen Heilungsprozess bezeichnet er sogar als »göttliche Therapie« (Keating, 2012, S. 12).

Wenn die Glaubensentwicklung nicht eingebettet ist in den personalen Reifungsprozess, sind innere Konflikte und Krisen unvermeidbar. Besonders deutlich hat das die Katholische Kirche in den letzten Jahrzehnten durch die ans Licht gekommenen Missbrauchsfälle erlebt. Deshalb wird dort seit einigen Jahren in besonderer Weise auf die richtige Auswahl der zölibatär lebenden Menschen geachtet. Es war längst überfällig, dass die Bildungskommission des Vatikans in ihren Leitlinien festgeschrieben hat, dass zukünftige Priesteramtsanwärter eine psychologische Eignungsprüfung durchlaufen müssen (Zollner, 2009). Die Notwendigkeit eines solchen Vorgehens unterstreicht eine psychologische Untersuchung an 150 Nonnen. Eine Franziskanerin und ausgebildete Psychologin hat in ihrer Dissertation Ordensschwestern mithilfe von biografischen Tiefeninterviews analysiert. Die Studie ergab den überraschenden Befund, dass in dieser Gruppe ein in sechs Dimensionen erhobenes Maß an »seelischer Reife« sehr ungewöhnlich verteilt war: Ordensschwestern im Mittelbereich gab es wenige, dagegen war die Gruppe mit sehr hohen und sehr niedrigen Reifewerten überproportional stark vertreten (Kluitmann, 2007). Besonders die zahlenmäßig deutlich am stärksten ausgeprägte Gruppe mit sehr geringen Reifewerten machte der Psychologin deutlich, dass hier ein hoher Handlungsbedarf im Hinblick auf Nachreifungsprozesse besteht.

Um die Kluft zwischen »Glaubensriesen und Seelenzwergen« abzubauen, hat sowohl in der katholischen als auch in der evangelischen Kirche seit einigen Jahrzehnten eine Renaissance der Seelsorgeform »Geistliche Begleitung« eingesetzt. Bei diesem Beratungsansatz steht die Förderung der persönlichen Gottesbeziehung im Mittelpunkt. Man kann ihn auch als eine Kombination von Glaubens- und Persönlichkeitsentwicklung verstehen. Die Begleitung erfolgt vor dem Hintergrund des seelischen Entwicklungsprozesses des Gegenübers. Die emotionale Tönung des Gottesbildes, die religiösen Übertragungen der primären Bezugspersonen und die Deutung der eigenen Lebensgeschichte sind biografisch geprägt worden. Um die Gefahren der Realitätsflucht, infantiler Größenfantasien, Projektionen, Übertragungen, Identifizierungen und anderer Irrtümer zu minimieren, die auf jedem spirituellen Weg lauern, hat sich die Geistliche Begleitung als ein nützliches Werkzeug erwiesen (Utsch, 2015). Diese Seelsorgeform ist als eine Wegbegleitung konzipiert und versucht eine geistliche Interpretation des Lebensverlaufs. Nicht nur in Glaubenskrisen erweist sich diese Begleitung als hilfreich. Durch das begleitende Mitverfolgen eines Lebensabschnitts kann die geistliche Entwicklung eingeschätzt und es können Impulse für weiteres Wachstum gegeben werden. Weiterbildungen in Geistlicher Begleitung werden von den ehren- und hauptamtlichen Mitarbeitern der katholischen und evangelischen Kirche in den letzten Jahren vermehrt in Anspruch genommen, um die Persönlichkeits- und Glaubensentwicklung besser zu synchronisieren (siehe Box 12.6).

Box 12.6: Das Gottesbild als Indikator der Glaubensentwicklung

In einer religionspsychologischen Studie wurden 160 Weiterbildungsteilnehmende Geistlicher Begleitung aus 16 (katholischen) Bistümern und drei (evangelischen) Landeskirchen zu ihren Erfahrungen befragt (Wagener u. Kießling, 2010). In diesen Befragungen erwies sich das Gespräch über die emotionale Tönung des Gottesbildes als ein wertvolles Hilfsmittel, um die Qualität der Gottesbeziehung zu bestimmen. Darüber hinaus zeigte sich, dass Begleiterinnen und Begleiter mit positiv besetzten Gottesbildern eher in der Lage waren, das Leben vom Glauben her zu deuten. Ein weiteres interessantes Teilergebnis besagt, dass durch die Fokussierung auf die Gottesbeziehung in der Geistlichen Begleitung auch signifikante Veränderungen auf der menschlichen Beziehungsebene eintraten. Dieser Befund kann als ein Beleg dafür verstanden werden, dass die seelischen Bewältigungsmechanismen in ähnlicher Weise sowohl bei der Glaubens- als auch der Persönlichkeitsentwicklung wirksam sind (Utsch, 2014).

In einer norwegischen Pilotstudie wurden die Gottesbilder der Patientinnen und Patienten ausdrücklich in die psychotherapeutische Behandlung mit einbezogen (Stalsett et al., 2010): 40 Patienten mit depressiven Störungen unterzogen sich in einer Klinik einem Therapieprogramm, das systematisch auch die Veränderung des Gottesbildes mit einbezog. Es nahmen nur Patienten an diesem Programm teil, bei denen sich in einer Voruntersuchung Hinweise auf pathologische Gottesbilder ergaben. Es zeigte sich, dass die konkrete therapeutische Arbeit am Gottesbild wirkungsvolle Verbesserungen der seelischen Störung nach sich zog. Die ersten Ergebnisse lassen es deshalb als nützlich erscheinen, diese Spur weiterzuverfolgen (vgl. Kapitel 11).

Glaubensentwicklung ist eine Entwicklungsaufgabe, die den Mut zur Ehrlichkeit, Konfliktbereitschaft und eine große Entschlossenheit zur inneren Weiterentwicklung auch angesichts der zu erwartenden Krisen voraussetzt.

Schon in der Tradition der christlichen Ordensgemeinschaften wurden psychologisch differenzierte Methoden entwickelt, um dem gläubigen Vertrauen mehr Raum in der Identitätsentwicklung zu geben (Grün, 2009; Hell, 2006). Eine bekannte Mystikerin in dieser Tradition, Teresa von Avila, hat in ihrem Buch

»Seelenburg« ein differenziertes Stufenmodell der Glaubensentwicklung vorgelegt. Bis heute liefert es »eine unvergleichliche Fundgrube an wertvollem Material für die Probleme und Krisen auf dem Weg der Erleuchtung« (Piron, 2012, S. 4). Die spanische Nonne verglich den geistlichen Wachstums- und Umformungsprozess mit der Entwicklung einer Seidenraupe (Box 12.7).

Box 12.7: Die Seidenraupe: Umformung in Gott nach Teresa von Avila (Plattig u. Hense, 2006, S. 95)

»Aus einem winzigen Ei entwickelt sich eine kleine Raupe, die allmählich größer wird, sich in einem Kokon einspinnt und schließlich als anmutiger Schmetterling in den Himmel aufsteigt. Das Ei ist Symbol für den Menschen, der am Beginn des geistlichen Lebens steht. Virtuell enthält es bereits die Gestalt des Schmetterlings, zu der es ausreifen soll. Gott schenkt diesem winzigen Etwas alles, was es zum Wachstum braucht: Wärme und Nahrung. Der Mensch darf dies annehmen und sich damit stärken. So hilft er selbst mit, heranzuwachsen und sich symbolisch gesprochen zu einer Seidenraupe zu entwickeln. Auch äußerlich ist diese Entwicklung sichtbar. Ab einem bestimmten Zeitpunkt wird dann jedoch ein anderer Beitrag des Menschen notwendig: Wie die Seidenraupe muss er einen Kokon spinnen, in dem er äußerlich zur Ruhe kommt, aber innerlich umso tiefgreifender verwandelt werden kann. Den geistlichen Kokon spinnt der Mensch, indem er betet. Die Gebete sind wie feine Seidenfäden, die den Menschen ganz eng mit Gott umschlingen. Alles Weitere muss der Mensch dann Gott überlassen. Wie die Seidenraupe muss er abwarten, was mit ihm in dieser Zeit der äußeren Ruhe geschieht. Geduld ist dann notwendig. Lange Zeit geschieht vielleicht gar nichts. Doch irgendwann schlüpft aus dem engen Kokon ein kleiner Schmetterling. Dieser erlebt eine neue Freiheit, eine ungekannte Weite. Zwischen Himmel und Erde flattert er sehnsüchtig umher, immer höher und höher. Aber dann spürt er, dass er auch jetzt nicht ans Ziel kommen kann. Er kann den Himmel nicht als Ruheplatz erreichen, er muss

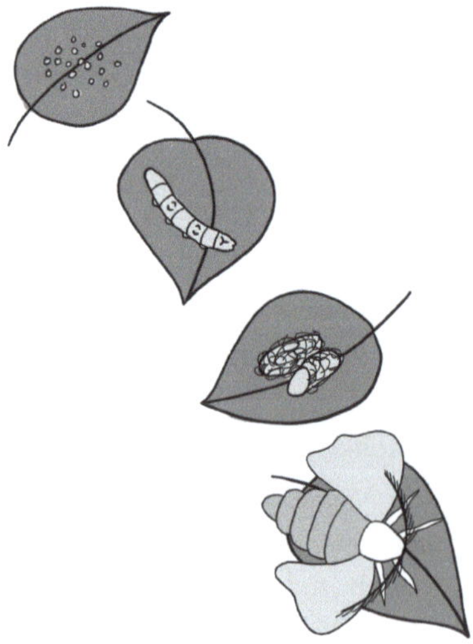

Abbildung 12.2: Von der Raupe zum Schmetterling © Nelly Nieter

immer wieder zur Erde zurückkehren. Auch der Schmetterling muss letztlich sterben, sagt Teresa, damit nichts mehr den Menschen schwer macht und auf der einmal erreichten Entwicklungsstufe festhält. Wenn der Schmetterling gestorben ist, gelangt der Mensch in einem neuen Zustand der selbstvergessenen Liebe zu Gott und den Menschen. Dies ist die äußerste Stufe des geistlichen Reifungsprozesses, die wir hier auf Erden erreichen können.«

Die Glaubensfähigkeit ist höchstwahrscheinlich eine anthropologische Konstante, d.h., jeder Mensch besitzt diese Fähigkeit (Joas, 2004; siehe Kapitel 1). Damit das Identitätsgerüst nach Petzold (Abbildung 12.1) in keine gefährliche Schieflage gerät, gehört es zu den menschlichen Entwicklungsaufgaben, auch den Bereich der Werte, des Sinns und des Glaubens zu entfalten und zu festigen. Die Entfaltung der Glaubensfähigkeit hängt maßgeblich von den charakterlichen Voraussetzungen und der religiösen Sozialisation ab. Das persönliche Beziehungsverhalten und die Erfahrungen mit primären Bezugspersonen bestimmen das Gottesbild und die Glaubenspraxis mit. Hier kann eine professionelle psychologische Analyse in der geistlichen Begleitung helfen, die Gefühle und unbewussten Haltungen gegenüber der größeren Wirklichkeit besser zu verstehen und dadurch zu verändern. »Wes Geistes Kind man ist«, erläutert der Jesuit Lambert, »das zeigt sich in seinen inneren Einstellungen, Haltungen, Motivationen. Dieser Innenwelt nachzuspüren, sie zu pflegen, ihr Wachstum zu fördern, das ist zentrales Geschehen geistlichen Begleitens. In diesem Sinne könnte man vielleicht auch sagen: Spiritualität ist der Kreuzungspunkt zwischen Theologie und Psychologie« (Lambert, 2012, S. 25). Bilder wie die »Wohnung« Gottes in der menschlichen Seele oder der »Schatz in zerbrechlichen Gefäßen« verdeutlichen diesen Zusammenhang.

Welche psychologischen Hilfen können die Entwicklung der Glaubensfähigkeit praktisch unterstützen? Eine wichtige Aufgabe des Glaubens sind nach dem Fünf-Säulen-Modell von Petzold die Sinngebung und die Werte. In den religiösen Traditionen wurden und werden Tugenden, Werte und Sinngebung des Tragischen in Lehre und praktischer Einübung kultiviert. Daran knüpfen heute therapeutische Ansätze an, um Mitgefühl und Gemeinsinn im Menschen zu stärken und den verbreiteten Egoismus und die soziale Isolation einzudämmen. Ein religionswissenschaftlicher Vergleich hat sechs Kerntugenden identifiziert, die nachhaltige heilsame Veränderungsprozesse in Gang setzen können (Seligman, 2005): Weisheit, Mut, Liebe, Gerechtigkeit, Mäßigung und Spiritualität. In der christlichen Tradition erinnert diese Aufzählung an die Sünden- bzw. Tugendlehre. Interessanterweise liegen etliche empirische Studien vor, die das theologische Grundwissen von den Todsünden psychologisch belegen (Bucher, 2012; Ernst 2006). »Sünde« wird in diesen Studien nicht moralisch bewertet, sondern kognitiv als Irrtum, ungesunde Lebenspraxis und falsches Denken beschrieben und entspricht damit einer »Wurzelsünde«. Als großer Makel haftet den selbstschädigenden Wurzelsünden ihre Ichbezogenheit an. Ihnen gegenüber steht bei den heilsamen Tugenden wie Liebe, Demut oder Besonnenheit der Gemeinschaftsbezug und die Beziehung im Mittelpunkt. Nicht das Ego, sondern das Du meines Gegenübers interessiert.

Das Konzept der Wurzelsünde entstammt der mittelalterlichen Tugendlehre und besagt, dass jeder Mensch durch eine bestimmte Fehlhaltung, seine »Wurzelsünde«, charakterisiert werden kann. Jeder von uns besitzt einen typischen »Fallstrick«, über das er oder sie immer wieder stolpert, wenn er sich nicht wappnet und vorbeugende Maßnahmen ergreift. Der Vorteil einer rein psychologischen Sicht besteht darin, dass man an Fehlhaltungen arbeiten kann.

Abbildung 12.3: Fehlhaltung © Nelly Nieter

Tugenden sind in Zeiten existenzieller Unsicherheit stark nachgefragt. In den aktuellen Psychotherapieausbildungen sind Ausbildungseinheiten über »religiöse« Tugenden wie Mitgefühl, Verzeihen oder Dankbarkeit weit verbreitet. Dafür wurden Anleitungen zur Umwandlung destruktiver Haltungen entwickelt. Ein Grundgedanke der mittelalterlichen Sündenlehre besagt, dass als Gegenmittel für jede Wurzelsünde eine heilsame Tugend existiert: Stolz bekämpft man mit Demut; Neid mit Liebe; Zorn mit Sanftmut; Faulheit oder Traurigkeit mit Heiterkeit; Geiz mit Armut; Völlerei mit Mäßigung; Gier mit Enthaltsamkeit.

Menschen hoffen darauf, ein langes, gesundes, erfolgreiches und glückliches Leben führen zu können. Destruktive Kräfte, die von außen und innen das Wohlbefinden beeinträchtigen, können durch das Erlernen positiver Haltungen eingedämmt werden. Hier kann die Psychologie noch einiges aus dem therapeutischen Erfahrungsschatz des Christentums und der anderen Religionen lernen.

ERSCHLIESSUNGSFRAGEN

1. Warum ist die Glaubensentwicklung in der Regel mit einer Krisenerfahrung verbunden?
2. Welche unterschiedlichen Formen der Konversion können unterschieden werden?
3. Wodurch unterscheidet sich System- von Gebrauchsesoterik?
4. Welche Faktoren bestimmen die persönliche Glaubenspraxis?

PERSÖNLICHE VERTIEFUNG/SELBSTERFAHRUNG

1. Gab es Ereignisse in Ihrem Leben, die zu einer grundsätzlichen Neuorientierung Ihrer Werte und Lebensziele geführt haben?
2. Vorbilder können bei der Identitätsentwicklung unterstützend wirkend. Haben Sie ein Vorbild, das für Sie sehr bedeutsam ist? Warum?
3. Welchen Einfluss nimmt hoffnungsvolles Vertrauen auf eine höhere Macht auf Ihr Selbstwertgefühl?

WEITERFÜHRENDE LITERATUR

Den aktuellen Stand der Konversions- und Dekonversionsforschung fassen Streib et al. (2022) nicht nur zusammen, sondern erweitern ihn um ihre längsschnittliche Untersuchung, welche durch anschauliche Fallbeispiele bereichert wird. Wie weit esoterische Überzeugungen mittlerweile in unserem Alltag vorkommen und wie daraus in manchen Fällen ein gefährlicher Glaube wird, der eine große Nähe zum Verschwörungsdenken aufweist, zeigt die umfangreiche Studie der Psychologin Pia Lamberty (2022). Persönlich und psychologisch differenziert erklärt Melanie Wolfers (2021), wie Vertrauen in uns, in andere und das Leben vertieft und dadurch Ängste abgebaut werden können. Die Theologin und Ordensfrau verbindet auf authentische Weise Weisheiten des Mönchstums mit psychologischem Wissen.

Ausblick: Reflektierter Glaube fördert das Gemeinwohl

»Vertrauen ist gut, Kontrolle ist besser«, heißt es im Volksmund – aber stimmt das wirklich? Ganz natürlich sind die Kontrollbedürfnisse über die Lebensbedingungen, denn sie vermitteln ein Gefühl von Sicherheit angesichts der Unwägbarkeiten alles Lebendigen. Die technischen Möglichkeiten können dieses Bedürfnis perfekt bedienen, denn Kameras, GPS-Überwachungen und spezielle Apps eröffnen vielfältige Einblicke in die Umgebung. Was aber tun, wenn bei einer zunehmend komplexeren Lebenswirklichkeit keine Kontrolle mehr möglich ist? Der größte Unsicherheitsfaktor ist der Mensch selbst, mit seiner Fehlerhaftigkeit, der Konzentrationsschwäche und seinen Launen und Stimmungen. Viele externe Faktoren können im Blick gehalten und kontrolliert werden, aber objektive Einblicke in die Innenwelt sind uns versperrt. Absichten und Motive, Wünsche, Erwartungen und Hoffnungen können als seelische Prozesse nicht sichtbar gemacht werden. Die Ursachen und Ziele menschlichen Verhaltens lassen sich nicht eindeutig naturwissenschaftlich erklären, weil diese von den individuellen Werten, Grundüberzeugungen und dem persönlichen Glauben abhängen. Folgerichtig vermitteln verhaltenstherapeutische Programme bei einem überkontrollierenden Verhalten Schritte zum Loslassen, Vertrauen auf die eigenen Ressourcen und Auffinden persönlicher Werte, um das eigene Leben als selbstbestimmt und subjektiv sinnvoll wahrzunehmen.

Der rasante wissenschaftliche Fortschritt hat bei vielen Menschen dazu geführt, ihre Welterklärung und Lebensdeutung einseitig von äußeren, messbaren Faktoren abhängig zu machen. Dabei sind statistische Wahrscheinlichkeiten und nackte Zahlenwert nur die eine Seite der Wirklichkeit – die Zahlen müssen gedeutet werden. Wie lange dauern zwei Minuten? In einer romantischen Sommernacht mit der passenden Begleitung am Seeufer vergeht diese Zeitspanne im Nu, mit dem Kopf unter Wasser ist sie gefährlich lang. Bei der Interpretation von Fakten kommt es auf die Umstände und persönlichen Voraussetzungen an, ein isolierter Zahlenwert sagt wenig aus.

Die menschliche Wirklichkeitsdeutung und das Selbstverständnis speisen sich hauptsächlich aus der der empirischen Faktenwelt. Es ist höchste Zeit, diese einseitige Sichtweise des Wissens um die Dimension des Glaubens zu ergänzen. In einem systematisch angelegten Entwurf über Brücken zwischen Psychotherapie und Spiritualität nimmt Walach (2021) die Wissenschaftsgläubigkeit des einseitig materialistischen Weltbildes unter die Lupe. Leidenschaftlich setzt sich der Autor für eine komplementäre Erkenntnisweise ein. Sie könne die experimentell überprüfbare äußere Erfahrung durch die innere Erfahrung als Tiefenstruktur ergänzen, vor allem durch Sinn, Werte und Ziele. Der dominierenden »Wissenschaftsreligion« wirft Walach vor, ihre Voraussetzungen nicht zu reflektieren und die existenziellen Fragen des Menschseins nicht beantworten zu können. Walach plädiert für eine psychospirituelle Integration, die naturwissenschaftliche Fakten mit der Weisheit der religiösen und spirituellen Traditionen verbindet. Er prangert dogmatisch verkrustete Religiosität an, die nur durch spirituelle Erfahrungstiefe erneuert und lebendig werden könne. Sein Buch will eine Brücke zwischen den beiden verfeindeten Positionen der streng wissenschaftlichen Analyse und der inneren Erfahrung des Glaubens bauen und beide Lager daran erinnern, dass sich beide Seiten zwingend ergänzen »wie die beiden Holme einer Leiter« (Walach, 2021, S. 201).

Der Bochumer Kulturpsychologe Jürgen Straub (2016) wirbt für ein offenes Gespräch zwischen den traditionellen Konkurrenten einer religiösen und säkularen Weltdeutung. Als Brückenkopf dient ihm die psychologische Identitätstheorie, die einen sachgemäßen Dialog mit Andersglaubenden ermögliche. Für Straub bietet gerade unser säkulares Zeitalter eine vorzügliche Plattform, auf der religiöse und säkulare Lebensformen friedlich miteinander zusammenleben könnten. Nach seiner Überzeugung verlaufe heute die politisch bedeutsame Trennlinie keineswegs zwischen gläubigen und ungläubigen Menschen, sondern zwischen Menschen, die ihr Weltbild reflektiert haben, und solchen, die einen totalitären Wahrheitsanspruch vertreten – entweder religiös oder säkular begründet. Ein religiöser Glaube, der in der personalen Identität eines Menschen verankert sei, so Straub, wäre für die Erfahrung von Zweifel, von neuen und alternativen Sinndeutungsmodellen offen. Derart personalisierter religiöser Glaube könne in einen offenen Dialog mit säkularen Lebensformen treten. Anstatt zu rivalisieren und sich gegenseitig abzuwerten, könne gemeinsam nach dem Sinn im Tragischen der menschlichen Existenz gefragt werden.

Die exemplarischen Entwürfe von Straub und Walach sind klug begründete Versuche, die menschliche Dimension des Glaubens in das psychologische Verständnis zu integrieren. Das ist heute wichtiger denn je, denn die beängstigend zugenommene Fremdenfeindlichkeit und Radikalisierung, der angewachsene Antisemitismus und ein ausuferndes Verschwörungsdenken machen Verständigungshilfen zwischen Wissen und Glauben nötig. Hier liefert die Religionspsychologie hilfreiche Ansätze, Glaubenshaltungen als Teil des Problems oder Teil der Lösung zu identifizieren und fremde Glaubenshaltungen besser zu verstehen. Wir hoffen, mit unserer Einführung dazu beizutragen und Impulse für interkulturelle, interreligiöse und interdisziplinäre Gespräche zu liefern.

Die Erinnerung an die menschliche Glaubensmöglichkeit hat darüber hinaus positive Auswirkungen auf das Gemeinwohl. Wenn der Mensch sich seinen existenziellen Fragen stellt und versucht, seinem Leben einen Sinn zu geben, wird ihm sein Angewiesensein auf die Umwelt und Mitwelt klar. Glück und Sinn lassen sich nicht im Alleingang und in der Einsamkeit finden. Im Gegenteil, Einsamkeit stellt eine große gesundheitliche Bedrohung dar. In Japan und Großbritannien wurden bereits Einsamkeitsministerien eingerichtet, um Hilfesuchenden Wege zurück in die Gemeinschaft zu bahnen. Auch die Bundesregierung hat eine Kampagne gegen die neue Volkskrankheit Einsamkeit gestartet und beteiligt sich an einem Kompetenznetzwerk (https://kompetenznetz-einsamkeit.de). Der Glaube hilft, Einsamkeitsgefühle zu überwinden und Teilhabe zu ermöglichen, weil die Zugehörigkeit zu einer Glaubensgemeinschaft soziale Unterstützung bietet.

Die Reflexion der eigenen Glaubensvoraussetzungen ist eine typisch menschliche Eigenschaft, die niemandem erspart bleibt, aber mit einem Zuwachs an Menschlichkeit belohnt wird. Bei der Suche nach tragfähigem Sinn und krisenresistenten Werten wird vor allem die Mitwelt und die Qualität des eigenen sozialen Netzes bedeutsam. Menschen, die an ihrer Glaubensentwicklung arbeiten, vertiefen ihre mitmenschlichen Qualitäten und zeigen mehr altruistisches Verhalten (Fischer et al., 2018). Auch aus säkularer, sozialpolitischer Sicht lohnt es sich also, dem Glauben mehr Aufmerksamkeit zu widmen.

Literatur

Adler, A. (2018). Der Sinn des Lebens. Vandenhoeck & Ruprecht. (Original 1933)

Agronin, M. E. (2014). From Cicero to Cohen: Developmental theories of aging, from antiquity to the present. The Gerontologist, 54(1), 30–39. https://doi.org/10.1093/geront/gnt032

Aguilar-Raab, C. (2021). Systemische Praxis und Buddhismus: Ein Wegweiser für achtsame Therapie und Beratung. Vandenhoeck & Ruprecht.

Ai, A. L., Seymour, E. M., Tice, T. N., Kronfol, Z., Bolling, S. F. (2009). Spiritual struggle related to plasma interleukin-6 prior to cardiac surgery. Psychology of Religion and Spirituality, 1(2), 112–128. https://doi.org/10.1037/a0015775

Ai, A. L., Wink, P., Paloutzian, R. F., Harris, K. A. (Hrsg.) (2021). Assessing spirituality in a diverse world. Springer. https://doi.org/10.1007/978-3-030-52140-0

Ainsworth, M. D. (1985). Attachments across the life span. Bulletin of the New York Academy of Medicine, 61(9), 792–812.

Aland, U. (2015). Die Gottesversprecher: Roman frei nach wahren Begebenheiten. Brunnen.

Albertsen, E. J., O'Connor, L. E., Berry, J. W. (2006). Religion and interpersonal guilt: Variations across ethnicity and spirituality. Mental Health, Religion & Culture, 9, 67–84.

Allolio-Näcke, L. (2016). Why Wilhelm Wundt's Völkerpsychologie can hardly be seen as an ancestor of (modern) psychology of religion. In J. A. Belzen (Hrsg.), A hundred years of the IAPR: A celebratory supplement to the Archive for the Psychology of Religion. Brill.

Allolio-Näcke, L. (2022). Anthropologie und Kulturpsychologie der religiösen Entwicklung: Eine Religionspsychologie. Kohlhammer.

Allport, G. W. (1963). Behavioral science, religion, and mental health. Journal of Religion and Health, 2(3), 187–197. https://doi.org/10.1007/BF01533333

Allport, G. W. (1966). The religious context of prejudice. Journal for the Scientific Study of Religion, 5(3), 447–457. https://doi.org/10.2307/1384172

Allport, G. W. (1971). Die Natur des Vorurteils. Kiepenheuer & Witsch.

Allport, G. W., Kramer, B. M. (1946). Some roots of prejudice. The Journal of Psychology, 22(1), 9–39. https://doi.org/10.1080/00223980.1946.9917293

Allport, G. W., Ross, J. M. (1967). Personal religious orientation and prejudice. Journal of Personality and Social Psychology, 5(4), 432–443 4. https://doi.org/10.1037/h0021212

Altemeyer, B. (2003). Why do religious fundamentalists tend to be prejudiced? International Journal for the Psychology of Religion, 13(1), 17–28. https://doi.org/10.1207/S15327582IJPR1301_03

Altemeyer, B., Hunsberger, B. (1992). Authoritarianism, religious fundamentalism, quest, and prejudice. International Journal for the Psychology of Religion, 2(2), 113–133. https://doi.org/10.1207/s15327582ijpr0202_5

Altemeyer, B., Hunsberger, B. (2004). A revised religious fundamentalism scale: The short and sweet of it. International Journal for the Psychology of Religion, 14(1), 47–54. https://doi.org/10.1207/s15327582ijpr1401_4

Altemeyer, B., Hunsberger, B. (2005). Fundamentalism and authoritarianism. In R. F. Paloutzian, C. L. Park (Hrsg.), Handbook of the psychology of religion and spirituality (S. 378–393). Guilford Press.

American Psychological Association (Hrsg.) (2015). APA dictionary of psychology. American Psychological Association.

Anders, A. I. M., Utsch, M. (2020). Missbrauch in religiösen Gemeinschaften anhand von Fallbeispielen buddhistischer Gruppen. PTT – Persönlichkeitsstörungen: Theorie und Therapie, 24(3), 222–238. https://doi.org/10.21706/ptt-24-3-222

Anderson, N., Heywood-Everett, S., Siddiqi, N., Wright, J., Meredith, J., McMillan, D. (2015). Faith-adapted psychological therapies for depression and anxiety: Systematic review and meta-analysis. Journal of Affective Disorders, 176, 183–196. https://doi.org/10.1016/j.jad.2015.01.019

Anderssen-Reuster, U., Brück, M. von. (2022). Buddhistische Basics für Psychotherapeuten. Schattauer.

Angel, A. (2022). Credition. Fluides Glauben. Kultur- und Wissenschaftsgeschichte von einem blinden Fleck und seinem Ende. Deutscher Wissenschafts-Verlag (DWV).

Angenendt, A. (2007). Toleranz und Gewalt: Das Christentum zwischen Bibel und Schwert. Aschendorff.

Ano, G. G., Vasconcelles, E. B. (2005). Religious coping and psychological adjustment to stress: A meta-analysis. Journal of Clinical Psychology, 61(4), 461–480. https://doi.org/10.1002/jclp.20049

Anthony, F.-V., Hermans, C. A. M., Sterkens, C. (2010). A comparative study of mystical experience among Christian, Muslim, and Hindu students in Tamil Nadu, India. Journal for the Scientific Study of Religion, 49(2), 264–277. https://doi.org/10.1111/j.1468-5906.2010.01508.x

Argyle, M. (2000). Psychology and religion: An introduction. Routledge.

Argyle, M., Beit-Hallahmi, B. (2013). The social psychology of religion. Routledge.

Arnold, M., Thull, P. (Hrsg.) (2016). Theologie und Spiritualität des Betens: Handbuch Gebet. Herder.

Arrowood, R. B., Cox, C. R. (2020). Terror management theory: A practical review of research and application. Brill.

Aslan, E., Akkılıç, E. E., Hämmerle, M. (2018). Islamistische Radikalisierung: Biografische Verläufe im Kontext der religiösen Sozialisation und des radikalen Milieu. Springer.

Asp, E., Ramchandran, K., Tranel, D. (2012). Authoritarianism, religious fundamentalism, and the human prefrontal cortex. Neuropsychology, 26(4), 414–421. http://doi.org/10.1037/a0028526.

Asser, S. M., Swan, R. (1998). Child fatalities from religion-motivated medical neglect. Pediatrics, 101(4), 625–629. https://doi.org/10.1542/peds.101.4.625

Atran, S. (2002). In Gods we trust: The evolutionary landscape of religion. Oxford University Press.

Atran, S. (2003). Genesis of suicide terrorism. Science, 299(5612), 1534–1539. https://doi.org/10.1126/science.1078854

Azari, N. P., Nickel, J., Wunderlich, G., Niedeggen, M., Hefter, H., Tellmann, L., Herzog, H., Stoerig, P., Birnbacher, D., Seitz, R. J. (2001). Neural correlates of religious experience:

Brain acitivity and religious experience. European Journal of Neuroscience, 13(8), 1649–1652. https://doi.org/10.1046/j.0953-816x.2001.01527.x
Baar, H. (Hrsg.) (1999/2014). Gottesverwechslung: Jana-Herzberg-Grafiken. Hymnus-Verlag.
Baatz, U. (2017). Spiritualität, Religion, Weltanschauung. Landkarten für systemisches Arbeiten. Vandenhoeck & Ruprecht.
Baetz, M., Bowen, R., Jones, G., Koru-Sengul, T. (2006). How spiritual values and worship attendance relate to psychiatric disorders in the Canadian population. The Canadian Journal of Psychiatry, 51(10), 654–661. https://doi.org/10.1177/070674370605101005
Balboni, T. A., VanderWeele, T. J., Doan-Soares, S. D., Long, K. N. G., Ferrell, B. R., Fitchett, G., Koenig, H. G., Bain, P. A., Puchalski, C., Steinhauser, K. E., Sulmasy, D. P., Koh, H. K. (2022). Spirituality in serious illness and health. JAMA, 328(2), 184–197. https://doi.org/10.1001/jama.2022.11086
Bänziger, S., Janssen, J., Scheepers, P. (2008). Praying in a Secularized Society: An Empirical Study of Praying Practices and Varieties. International Journal for the Psychology of Religion, 18(3), Article 3. https://doi.org/10.1080/10508610802117517
Barrett, J. L. (2004). Why would anyone believe in God? AltaMira Press.
Barth, C. (2012). Esoterik – die Suche nach dem Selbst: Sozialpsychologische Studien zu einer Form moderner Religiosität. Transcript.
Bartoszuk, K., Deal, J. E. (2016). Personality, identity styles, and fundamentalism during emerging adulthood. Identity, 16(3), 142–153. https://doi.org/10.1080/15283488.2016.1190725
Bassett, J. F., Williams, J. E. (2003). Protestants' images of self, God, and Satan as seen in adjective check List descriptions. International Journal for the Psychology of Religion, 13(2), 123–135. https://doi.org/10.1207/S15327582IJPR1302_04
Batson, C. D. (1976). Religion as prosocial: Agent or double agent? Journal for the Scientific Study of Religion, 15(1), 29–45. https://doi.org/10.2307/1384312
Batson, C. D. (1990). Good Samaritans – or priests and Levites? Using William James as a guide in the study of religious prosocial motivation. Personality and Social Psychology Bulletin, 16(4), 758–768. https://doi.org/10.1177/0146167290164015
Batson, C. D., Burris, C. T., Zanna, M. P., Olson, J. M. (1994). Personal religion: Depressant or stimulant of prejudice and discrimination. In M. P. Zanna, J. M. Olson (Hrsg.), The psychology of prejudice: The Ontario symposium (S. 149–169). Erlbaum.
Batson, C. D., Denton, D. M., Vollmecke, J. T. (2008). Quest religion, anti-fundamentalism, and limited versus universal compassion. Journal for the Scientific Study of Religion, 47(1), 135–145. https://doi.org/10.1111/j.1468-5906.2008.00397.x
Batson, C. D., Flory, J. D. (1990). Goal-relevant cognitions associated with helping by individuals high on intrinsic, end Religion. Journal for the Scientific Study of Religion, 29(3), 346–360. https://doi.org/10.2307/1386463
Batson, C. D., Gray, R. A. (1981). Religious orientation and helping behavior: Responding to one's own or the victim's needs? Journal of Personality and Social Psychology, 40(3), 511–520. https://doi.org/10.1037/0022-3514.40.3.511
Batson, C. D., Schoenrade, P. A. (1991). Measuring religion as quest: 1) Validity concerns. Journal for the Scientific Study of Religion, 30(4), 416–429. https://doi.org/10.2307/1387277
Batson, C. D., Schoenrade, P., Ventis W. L. (1993). Religion and the individual: A social-psychological perspective. Oxford University Press.
Batson, C. D., Stocks, E. L. (2004). Religion: Its core psychological functions. In J. Greenberg, S. L. Koole, T. A. Pyszczynski (Hrsg.), Handbook of experimental existential psychology (S. 141–155). Guilford Press.

Bäumer, R., Plattig, M. (Hrsg.) (2008). »Dunkle Nacht« und Depression: Geistliche und psychische Krisen verstehen und unterscheiden. Grünewald.

Becker, E. (1973). The denial of death. Free Press.

Becker, E. (1975). Escape from evil. Free Press.

Beit-Hallahmi, B. (2004). Death, fantasy, and religious transformations. In J. S. Piven (Hrsg.), The psychology of death in fantasy and history (S. 87–117). Praeger.

Beit-Hallahmi, B. (2016). Challenges to an evolutionary perspective on religion. In J. R. Liddle, T. K. Shackelford (Hrsg.), The Oxford handbook of evolutionary psychology and religion (S. 356–373). Oxford University Press.

Beller, J. (2017). Religion and militarism: The effects of religiosity, religious fundamentalism, religious conspiracy belief, and demographics on support for military action. Peace and Conflict: Journal of Peace Psychology, 23(2), 179–182. https://doi.org/10.1037/pac0000250

Beller, J., Kröger, C. (2018). Religiosity, religious fundamentalism, and perceived threat as predictors of Muslim support for extremist violence. Psychology of Religion and Spirituality, 10(4), 345–355. https://doi.org/10.1037/rel0000138

Bendien, E., Kruijthoff, D. J., Van Der Kooi, C., Glas, G., Abma, T. (2023). A Dutch study of remarkable recoveries after prayer: How to deal with uncertainties of explanation. Journal of Religion and Health, 62(3), 1731–1755. https://doi.org/10.1007/s10943-023-01750-6

Benson, H. (1998). Heilung durch Glauben: Selbstheilung in der neuen Medizin. Heyne.

Benson, P., Spilka, B. (1973). God image as a function of self-esteem and locus of control. Journal for the Scientific Study of Religion, 12(3), 297–310. https://doi.org/10.2307/1384430

Bering, J. (2011). The belief instinct: The psychology of souls, destiny, and the meaning of life. W.W. Norton.

Berkel, K. (1984). Theologie. In H. E. Lück, R. Miller, W. Rechtien (Hrsg.), Geschichte der Psychologie: Ein Handbuch in Schlüsselbegriffen (S. 195–201). Urban & Schwarzenberg.

Bernhardt, R., Schmidt-Leukel, P. (Hrsg.) (2008). Multiple religiöse Identität: Aus verschiedenen religiösen Traditionen schöpfen. Theologischer Verlag Zürich.

Berns, G. S., Bell, E., Capra, C. M., Prietula, M. J., Moore, S., Anderson, B., Ginges, J., Atran, S. (2012). The price of your soul: Neural evidence for the non-utilitarian representation of sacred values. Philosophical Transactions of the Royal Society B: Biological Sciences, 367(1589), 754–762. https://doi.org/10.1098/rstb.2011.0262

Bierhoff, H.-W. (2021). Prosoziales Verhalten. In Dorsch (Hrsg.), Dorsch – Lexikon der Psychologie. https://dorsch.hogrefe.com/stichwort/prosoziales-verhalten

Bitter, W. (Hrsg.) (1965). Psychotherapie und religiöse Erfahrung. Klett.

Blanke, O., Ortigue, S., Coeytaux, A., Martory, M.-D., Landis, T. (2003). Hearing of a presence. Neurocase, 9(4), 329–339. https://doi.org/10.1076/neur.9.4.329.15552

Blanke, O., Pozeg, P., Hara, M., Heydrich, L., Serino, A., Yamamoto, A., Higuchi, T., Salomon, R., Seeck, M., Landis, T., Arzy, S., Herbelin, B., Bleuler, H., Rognini, G. (2014). Neurological and robot-controlled induction of an apparition. Current Biology, 24(22), 2681–2686. https://doi.org/10.1016/j.cub.2014.09.049

Blogowska, J., Saroglou, V. (2011). Religious fundamentalism and limited prosociality as a function of the target. Journal for the Scientific Study of Religion, 50(1), 44–60. https://doi.org/10.1111/j.1468-5906.2010.01551.x

Boekel, W., Wagenmakers, E.-J., Belay, L., Verhagen, J., Brown, S., Forstmann, B. U. (2015). A purely confirmatory replication study of structural brain-behavior correlations. Cortex, 66, 115–133. https://doi.org/10.1016/j.cortex.2014.11.019

Boesch, E. E. (1980). Kultur und Handlung. Einführung in die Kulturpsychologie. Huber.
Boessmann, U., Remmers, A., Gruyters, T., Peseschkian, H., Röthke, H., Kittel-Schneider, S. (2016). Praktischer Leitfaden der tiefenpsychologisch fundierten Richtlinientherapie: Wissenschaftliche Grundlagen, psychodynamische Grundbegriffe, Diagnostik und Therapietechniken. Deutscher Psychologen Verlag.
Bonelli, R. M. (2018). Verbitterung und Vergebung. In M. Utsch, R. M. Bonelli, S. Pfeifer (Hrsg.), Psychotherapie und Spiritualität (S. 237–244). Springer.
Boothe, B. (2014). Wer glaubt, wird vielleicht nicht selig, aber klug. In E. Frick, A. Hamburger (Hrsg.), Freuds Religionskritik und der »Spiritual Turn«: Ein Dialog zwischen Philosophie und Psychoanalyse (S. 175–188). Kohlhammer.
Borghardt, T., Erhardt, W., Schillings, A. (2016). Buddhistische Psychologie: Grundlagen und Praxis. Arkana.
Boscaglia, N., Clarke, D. M., Jobling, T. W., Quinn, M. A. (2005). The contribution of spirituality and spiritual coping to anxiety and depression in women with a recent diagnosis of gynecological cancer. International Journal of Gynecological Cancer, 15(5), 755–761. https://doi.org/10.1111/j.1525-1438.2005.00248.x
Botvinik-Nezer, R., Holzmeister, F., Camerer, C. F. (2020). Variability in the analysis of a single neuroimaging dataset by many teams. Nature, 583, 84–88. https://doi.org/10.1038/s41586-020-2314-2319
Bowen, R., Baetz, M., D'Arcy, C. (2006). Self-rated importance of religion predicts one-year outcome of patients with panic disorder. Depression and Anxiety, 23(5), 266–273. https://doi.org/10.1002/da.20157
Bowlby, J. (1969). Attachment and loss. Basic Books.
Boyer, P. (2001). Religion explained: The evolutionary origins of religious thought. Basic Books.
Bransi, A. (2018). Muslime in der Psychotherapie. In G. Juckel, K. Hoffmann, H. Walach (Hrsg.), Spiritualität in Psychiatrie und Psychotherapie. Pabst.
Brentrup, M., Kupitz, G. (2015). Rituale und Spiritualität in der Psychotherapie. Vandenhoeck & Ruprecht.
Brown, K. W., Ryan, R. M. (2003). The benefits of being present: Mindfulness and its role in psychological well-being. Journal of Personality and Social Psychology, 84(4), 822–848. https://doi.org/10.1037/0022-3514.84.4.822
Bucher, A. A. (2012). Geiz, Trägheit, Neid & Co. in Therapie und Seelsorge: Psychologie der 7 Todsünden. Springer.
Bucher, A. A. (2014). Psychologie der Spiritualität: Handbuch. Beltz.
Bucher, A. A. (2016). Beten nützt – am meisten den Betenden: Empirisch-psychologische Befunde zur religiösen Urhandlung. In M. Arnold, P. Thull (Hrsg.), Theologie und Spiritualität des Betens: Handbuch Gebet (S. 296–305). Herder.
Bucher, A. A. (2017). Zornig und strafend – oder zu milde? Negative Gottesbilder. In C. Zwingmann, C. Klein, F. Jeserich (Hrsg.), Religiosität: Die dunkle Seite: Beiträge zur empirischen Religionsforschung (S. 23–42). Waxmann.
Bullik, R., Steppacher, A., Keller, B. (2022). »I mean, you never know what happens when you're getting really close to dying – But at the moment I can say I'm all calm about it.« Advancing in Old Age: The Case of Gudrun. In H. Streib, B. Keller, R. Bullik, A. Steppacher, C. F. Silver, M. Durham, S. B. Barker, R. W. Hood (Hrsg.), Deconversion revisited: Biographical studies and psychometric analyses ten years later (S. 261–285). Vandenhoeck & Ruprecht.

Bundesamt für Verfassungsschutz. (2021, Januar 19). Häufig gestellte Fragen (FAQs): Was ist der Unterschied zwischen radikal und extremistisch? https://www.verfassungsschutz.de/de/service/faq

Bundesministerium für Soziales, Gesundheit, Pflege und Konsumentenschutz. (2018, n.d.). Richtlinie zur Frage der Abgrenzung der Psychotherapie von esoterischen, spirituellen, religiösen und weltanschaulichen Angeboten sowie Hinweise für PatientInnen bzw. KlientInnen. https://www.sozialministerium.at/dam/jcr:14f29365-606a-41d5-84eb-a5f7a6e142ed/Abgrenzung_der_Psychotherapie_von_esotereischen,_spirituellen,_religi%C3%B6sen_und_weltanschaulichen_Angeboten_sowie_Hinweise_f%C3%BCr_PateitenInnen_bzw._Klient.pdf

Burris, C. T., Bailey, K. (2009). What lies beyond: Theory and measurement of afterdeath beliefs. International Journal for the Psychology of Religion, 19(3), 173–186. https://doi.org/10.1080/10508610902879982

Büssing, A., Beerenbrock, Y., Gerundt, M., Berger, B. (2020). Triggers of spiritual dryness – Results from qualitative interviews with religious brothers and sisters. Pastoral Psychology, 69(2), 99–117. https://doi.org/10.1007/s11089-020-00898-2

Butenkemper, S., Rohmann, D. (2023). Toxische Gemeinschaften: Geistlichen und emotionalen Missbrauch erkennen, verhindern und heilen. Herder.

Büttner, G., Dieterich, V.-J. (2000). Die religiöse Entwicklung des Menschen: Ein Grundkurs. Calwer.

Büttner, G., Dieterich, V.-J. (2016). Entwicklungspsychologie in der Religionspädagogik. Vandenhoeck & Ruprecht.

Buxant, C., Saroglou, V. (2008). Joining and leaving a new religious movement: A study of ex-members' mental health. Mental Health, Religion & Culture, 11(3), 251–271. https://doi.org/10.1080/13674670701247528

Byrne, G. (Regisseur). (2003). Flight from death: The quest for immortality.

Caplan, M. (2013). Brauchst Du einen Guru? Fluch und Segen einer spirituellen Schüler/Lehrer-Beziehung. Advaita Media.

Captari, L. E., Sandage, S. J., Vandiver, R. A. (2021). Spiritually integrated psychotherapies in real-world clinical practice: Synthesizing the literature to identify best practices and future research directions. Psychotherapy, 59(3), 307–320. https://doi.org/10.1037/pst0000407

Chau, L. L., Johnson, R. C., Bowers, J. K., Darvill, T. J., Danko, G. P. (1990). Intrinsic and extrinsic religiosity as related to conscience, adjustment, and altruism. Personality and Individual Differences, 11(4), 397–400. https://doi.org/10.1016/0191-8869(90)90222-D

Cheston, S. E., Piedmont, R. L., Eanes, B., Lavin, L. P. (2003). Changes in clients' images of God over the course of outpatient therapy. Counseling and Values, 47(2), 96–108. https://doi.org/10.1002/j.2161-007X.2003.tb00227.x

Chmielewski, F. (2018). Antworten auf die Fragen der Existenz – ein Vorschlag zur Integration existenzieller Themen in die Schematherapie. Verhaltenstherapie und Verhaltensmedizin, 39(4), 421–441.

Ciupka-Schön, B., Becks, H. (2018). Himmel und Hölle: Religiöse Zwänge erkennen und bewältigen. Patmos.

Cristofori, I., Bulbulia, J., Shaver, J. H., Wilson, M., Krueger, F., Grafman, J. (2016). Neural correlates of mystical experience. Neuropsychologia, 80, 212–220.

Clobert, M., Saroglou, V., Hwang, K. K. (2017). East Asian religious tolerance versus Western monotheist prejudice: The role of (in) tolerance of contradiction. Group Processes & Intergroup Relations, 20(2), 216–232. https://doi.org/10.1177/1368430215603458

Cole, B. S. (2005). Spiritually-focused psychotherapy for people diagnosed with cancer: A pilot outcome study. Mental Health, Religion & Culture, 8(3), 217–226. https://doi.org/10.1080/13694670500138916

Conzen, P. (2005). Fanatismus: Psychoanalyse eines unheimlichen Phänomens. Kohlhammer.

Cook, C. H. (2013). Recommendations for psychiatrists on spirituality and religion. In Royal College of Psychiatrists (Hrsg.), Position Statement PS03. Royal College of Psychiatrists.

Coolidge, F. L. (2020). Evolutionary neuropsychology: An introduction to the evolution of the structures and functions of the human brain. Oxford University Press.

Cowan, D. E., Bromley, D. G., Thornton, C.-J., Cowan, D. E. (2010). Neureligionen und ihre Kulte. Verlag der Weltreligionen.

Cragun, R. T., Sumerau, J. E. (2015). God may save your life, but you have to find your own keys: Religious attributions, secular attributions, and religious priming. Archiv für Religionspsychologie, 37(3), 321–342. https://doi.org/10.1163/15736121-12341307

Cramer, H. (2019). Wo und wie wirkt Yoga? Eine wissenschaftliche Bestandsaufnahme. ergopraxis, 12(5), 36–39. https://doi.org/10.1055/a-0883-2550

Currier, J. M., Foster, J. D., Abernethy, A. D., Witvliet, C. V. O., Root Luna, L. M., Putman, K. M., Schnitker, S. A., VanHarn, K., Carter, J. (2017). God imagery and affective outcomes in a spiritually integrative inpatient program. Psychiatry Research, 254, 317–322. https://doi.org/10.1016/j.psychres.2017.05.003

Cutting, M., Walsh, M. (2008). Religiosity scales: What are we measuring in whom? Archiv für Religionspsychologie, 30(1), 137–154. https://doi.org/10.1163/157361208X317006

Cyrulnik, B. (2018). Glauben: Psychologie und Hirnforschung entschlüsseln, wie Spiritualität uns stärkt. Beltz.

Dahlgrün, C. (2009). Christliche Spiritualität: Formen und Traditionen der Suche nach Gott. De Gruyter.

Darley, J. M., Batson, C. D. (1973). »From Jerusalem to Jericho«: A study of situational and dispositional variables in helping behavior. Journal of Personality and Social Psychology, 27(1), 100–108. https://doi.org/10.1037/h0034449

Darwin, C. (1874). Die Abstammung des Menschen. Salzwasser-Verlag.

Dawkins, R. (2001, October 11). Has the world changed? The Guardian.

Dawkins, R. (2020). Der Gotteswahn. Ullstein.

De Abreu Costa, M., Moreira-Almeida, A. (2022). Religion-adapted cognitive behavioral therapy: A review and description of techniques. Journal of Religion and Health, 61(1), 443–466. https://doi.org/10.1007/s10943-021-01345-z

Deikman, A. J. (2003). Them and us: Cult thinking and the terrorist threat. Bay Tree Publishing.

Delegiertenkonferenz des BDP (2022). Berufsethische Richtlinien des Berufsverbandes Deutscher Psychologinnen und Psychologen e.V. und der Deutschen Gesellschaft für Psychologie e.V. zugleich Berufsordnung des Berufsverbandes Deutscher Psychologinnen und Psychologen e.V.

Demmrich, S. (2016). Religiosität und Rituale: Empirische Untersuchungen an ostdeutschen Jugendlichen. Evangelische Verlagsanstalt.

Demmrich, S. (2020a). How to measure Baha'i religiosity: The CRSi-20 for Baha'is as a first reliable and valid measurement. Religions, 11(1), 29. https://doi.org/10.3390/rel11010029

Demmrich, S. (2020b). Music as a trigger of religious experience: What role does culture play? Psychology of Music, 48(1), 35–49. https://doi.org/10.1177/0305735618779681

Demmrich, S. (2020c). Eine religionspsychologische Perspektive auf Besessenheit: Die Studie von Traugott Konstantin Oesterreich (1921) und ihre heutige Relevanz. cultura & psyché, 1(1–2), 69–81. https://doi.org/10.1007/s43638-020-00004-6

Demmrich, S., Allolio-Näcke, L., Wolfradt, U. (im Druck). The psychology of religion in Germany up to 2020. In K. L. Ladd, J. Basu, V. DeMarinis, Ü. Ok, W. Zangari (Hrsg.), Cambridge International Handbook of the Psychology of Religion. Cambridge University Press.
Demmrich, S., Huber, S. (2019). Multidimensionality of spirituality: A qualitative study among secular individuals. Religions, 10(11), 613. https://doi.org/10.3390/rel10110613
Demmrich, S., Koppold-Liebscher, D., Klatte, C., Steckhan, N., Ring, R. M. (2021). Effects of religious intermittent dry fasting on religious experience and mindfulness: A longitudinal study among Baha'is. Psychology of Religion and Spirituality. https://doi.org/10.1037/rel0000423
Demmrich, S., Riegel, U. (Hrsg.) (2020). Religiosity in East and West: Conceptual and methodological challenges from global and local perspectives. Springer.
Demmrich, S., Wolfradt, U. (2019a). William James: The varieties of religious experience (1902). In C. Gärtner, G. Pickel (Hrsg.), Schlüsselwerke der Religionssoziologie (S. 83–91). Springer.
Demmrich, S., Wolfradt, U. (2019b). Die ›Gottesidee‹ als Wesensmerkmal der Religion im Denken Karl Girgensohns. Journal for the History of Modern Theology/Zeitschrift Für Neuere Theologiegeschichte, 26(2), 86–103. https://doi.org/10.1515/znth-2019-0017
Demont, O., Schenker, D. (2009). Ansichten vom Göttlichen: 22 Jugendliche. Salis Verlag.
Derksen, M. (2010). Realism, relativism, and evolutionary psychology. Theory & Psychology, 20(4), 467–487. https://doi.org/10.1177/0959354309350245
Dervic, K., Oquendo, M. A., Grunebaum, M. F., Ellis, S., Burke, A. K., Mann, J. J. (2004). Religious affiliation and suicide attempt. American Journal of Psychiatry, 161(12), 2303–2308. https://doi.org/10.1176/appi.ajp.161.12.2303
Deslandes, C., Anderson, J. R. (2019). Religion and prejudice toward immigrants and refugees: A meta-analytic review. The International Journal for the Psychology of Religion, 29(2), 128–145. https://doi.org/10.1080/10508619.2019.1570814
Dethlefsen, T. (1998). Schicksal als Chance: Das Urwissen zur Vollkommenheit des Menschen. Goldmann.
Deusinger, I. M. (1985). Die Frankfurter Selbstkonzeptskalen. Hogrefe.
Deutscher Bundestag. (1998). Endbericht der Enquete-Kommission »Sog. Sekten und Psychogruppen«. https://dip21.bundestag.de/dip21/btd/13/109/1310950.pdf
Deutscher Kongress für PsychoMedizin. (o. J.). https://kongress-psychomedizin.com/
Dietrich, O., Notroff, J., Walter, S., Dietrich, L. (2019). The early-neolithic monuments of Göbekli Tepe in southeastern Turkey. Handbook of Cognitive Archaeology: Psychology in Prehistory, 311.
Ditman, K. S., Hayman, M., Whittlesay, J. R. B. (1962). Nature and frequency of claims following LSD. Journal of Nervous and Mental Disease, 134, 336–352.
Dörner, K., Heinz, A., Brieger, P. H., Bock, T., Plog, U. (2019). Irren ist menschlich: Lehrbuch der Psychiatrie und Psychotherapie. Psychiatrie Verlag.
Dörr, A. (2001). Religiosität und psychische Gesundheit: Zur Zusammenhangsstruktur spezifischer religiöser Konzepte. Kovač.
Durkheim, É. (2007). Die elementaren Formen des religiösen Lebens. Verlag der Weltreligionen. (Original 1912)
Eagly, A. H., Wood, W. (2006). Three ways that data can misinform: Inappropriate partialling, small samples, and anyway, they're not playing our song. Psychological Inquiry, 17(2), 131–137.
Eibach, U. (2006). Gott im Gehirn? Ich – eine Illusion? Neurobiologie, religiöses Erleben und Menschenbild aus christlicher Sicht. Brockhaus.

Ellis, A. (1980). Psychotherapy and atheistic values: A response to A. E. Bergin's »Psychotherapy and religious values.« Journal of Consulting and Clinical Psychology, 48(5), 635–639. https://doi.org/10.1037/0022-006X.48.5.635

Ellis, A. (2000). Can rational emotive behavior therapy (REBT) be effectively used with people who have devout beliefs in God and religion? Professional Psychology: Research and Practice, 31(1), 29–33. https://doi.org/10.1037/0735-7028.31.1.29

Endrikat, K., Ennenbach, M. (2017). Evaluationsstudie zur Wirksamkeit eines achtsamkeitsbasierten Verfahrens der Buddhistischen Psychotherapie (BPT): Evaluation study of mindfulness based on BPT. Spiritual Care, 6(1), 69–80. https://doi.org/10.1515/spircare-2016-0148

Entwistle, D. N. (2015). Integrative approaches to psychology and Christianity: An introduction to worldview issues, philosophical foundations, and models of integration. Cascade Books.

Erikson, E. H. (1982). Der vollständige Lebenszyklus. Suhrkamp.

Erikson, E. H. (1994). Identity and the life cycle. W. W. Norton & Company.

Ernst, H. (2006). Wie uns der Teufel reitet: Von der Aktualität der 7 Todsünden. Ullstein.

Esch, T. (2017). Die Neurobiologie des Glücks: Wie die Positive Psychologie die Medizin verändert. Thieme.

Exline, J. J., Park, C. L., Smyth, J. M., Carey, M. P. (2011). Anger toward God: Social-cognitive predictors, prevalence, and links with adjustment to bereavement and cancer. Journal of Personality and Social Psychology, 100(1), 129–148. https://doi.org/10.1037/a0021716

Faivre, A. Schmidt, P. (2001). Esoterik im Überblick: Geheime Geschichte des abendländischen Denkens. Herder.

Fasahati, S., Kalantarkousheh, S. M. (2014). Perception of God and paranoia among Iranian university students. Psychology, 5(8), 986–992. https://doi.org/10.4236/psych.2014.58109

Feldman, D. (2017). Unorthodox: Eine autobiografische Erzählung. btb.

Fergus, T. A., Rowatt, W. C. (2015). Uncertainty, God, and scrupulosity: Uncertainty salience and priming god concepts interact to cause greater fears of sin. Journal of Behavior Therapy and Experimental Psychiatry, 46, 93–98. https://doi.org/10.1016/j.jbtep.2014.09.003

Ferguson, M. A., Nielsen, J. A., King, J. B., Dai, L., Giangrasso, D. M., Holman, R., Korenberg, J. R., Anderson, J. S. (2018). Reward, salience, and attentional networks are activated by religious experience in devout Mormons. Social Neuroscience, 13(1), 104–116. https://doi.org/10.1080/17470919.2016.1257437

Ferguson, M. A., Schaper, F. L. W. V. J., Cohen, A., Siddiqi, S., Merrill, S. M., Nielsen, J. A., Grafman, J., Urgesi, C., Fabbro, F., Fox, M. D. (2022). A neural circuit for spirituality and religiosity derived from patients with brain lesions. Biological Psychiatry, 91(4), 380–388. https://doi.org/10.1016/j.biopsych.2021.06.016

Filipp, S.-H. (Hrsg.) (1979). Selbstkonzept-Forschung: Probleme, Befunde, Perspektiven. Klett-Cotta.

Fischer, M. V., Pfundmair, M. (2019). Die Psychologie der terroristischen Radikalisierung: Wie sich Menschen radikalisieren und Prävention gestaltet werden kann. Psychologische Rundschau, 70(2), 138–141. https://doi.org/10.1026/0033-3042/a000440

Fischer, P., Jander, K., Krueger, J. (2018). Sozialpsychologie der menschlichen Existenz: Positive Psychologie und Psychologie der Religion. In P. Fischer, K. Jander, J. Krueger (Hrsg.), Sozialpsychologie für Bachelor (S. 179–201). Springer.

Flournoy, T. (1903). Les principes de la psychologie religieuse. Archives de Psychologie, 2, 33–57.

Fonagy, P., Nolte, T. (2023). Epistemisches Vertrauen: Vom Konzept zur Anwendung in Psychotherapie und psychosozialen Arbeitsfeldern. Klett-Cotta.

Foucault, M. (2007). Subjekt und Macht. In M. Foucault (Hrsg.), Ästhetik der Existenz: Schriften zur Lebenskunst (S. 81–104). Suhrkamp.

Fowler, J. W. (2000). Stufen des Glaubens: Die Psychologie der menschlichen Entwicklung und die Suche nach Sinn. Gütersloher Verlagshaus Mohn.

Frankl, V. E. (1984). Der leidende Mensch: Anthropologische Grundlagen der Psychotherapie (3. Auflage). Huber.

Frankl, V. E. (2007). Ärztliche Seelsorge: Grundlagen der Logotherapie und Existenzanalyse: mit den zehn Thesen über die Person (6. Auflage). dtv.

Frankl, V. E. (2014). The will to meaning: Foundations and applications of logo. Plume Books. (Original 1969)

Freeman, J. A. (2019). Is apostasy heritable? A behavior genetics study. Twin Research and Human Genetics, 22(2), 88–94. https://doi.org/10.1017/thg.2019.4

Freud, S. (1927). Die Zukunft einer Illusion. epubli.

Freud, S. (1955). Totem und Taboo. In J. Strachey (Hrsg.), The standard edition of the complete psychological works of Sigmund Freud, Vol. XIII (S. 1–255). Norton.

Freud, S. (2006). Das Lesebuch: Schriften aus vier Jahrzehnten (C. Schmidt-Hellerau, Hrsg.). S. Fischer.

Freund, H., Lehr, D. (2020). Dankbarkeit in der Psychotherapie: Ressource und Herausforderung. Hogrefe.

Frey, D. (Hrsg.) (2016). Psychologie der Werte: Von Achtsamkeit bis Zivilcourage – Basiswissen aus Psychologie und Philosophie. Springer.

Frick, E., Büssing, A., Rodrigues Recchia, D., Härtl, K., Beivers, A., Wapler, C., Dodt, C. (2021a). Spirituelle Bedürfnisse von Patienten eines Notfallzentrums. Medizinische Klinik – Intensivmedizin und Notfallmedizin, 116(3), 245–253. https://doi.org/10.1007/s00063-020-00653-8

Frick, E., Ohls, I., Stotz-Ingenlath, G., Utsch, M. (Hrsg.) (2018). Fallbuch Spiritualität in Psychotherapie und Psychiatrie. Vandenhoeck & Ruprecht.

Frick, E., Ziemer, P., Heres, S., Ableidinger, K., Pfitzer, F., Büssing, A. (2021b). Spirituelle Kompetenz in Psychiatrie und Psychotherapie – Hindernisse und Erfolgsfaktoren. Der Nervenarzt, 92(5), 479–486. https://doi.org/10.1007/s00115-020-00975-0

Frielingsdorf, K. (1992). Dämonische Gottesbilder: Ihre Entstehung, Entlarvung und Überwindung. Matthias-Grünewald.

Fuchshuber, J., Unterrainer, H. F. (2021). »Test Your Spirituality in One Minute or Less« Structural Validity of the Multidimensional Inventory for Religious/Spiritual Well-Being Short Version (MI-RSWB 12). Frontiers in Psychology, 12, 597565. https://doi.org/10.3389/fpsyg.2021.597565

Funke, D. (2021). Das Ungewisse und der innere Raum: Eine religionspsychologische Annäherung. Psychosozial-Verlag.

Gailliot, M. T., Stillman, T. F., Schmeichel, B. J., Maner, J. K., Plant, E. A. (2008). Mortality salience increases adherence to salient norms and values. Personality and Social Psychology Bulletin, 34(7), 993–1003. https://doi.org/10.1177/0146167208316791

Galanter, M. (2013). Charismatic groups and cults: A psychological and social analysis. In K. I. Pargament, J. J. Exline, J. W. Jones (Hrsg.), APA handbook of psychology, religion, and spirituality (Vol 1): Context, theory, and research. (S. 729–740). American Psychological Association. https://doi.org/10.1037/14045-041

Galen, L. W. (2012). Does religious belief promote prosociality? A critical examination. Psychological Bulletin, 138(5), 876–906. https://doi.org/10.1037/a0028251

Gallup, G., Jones, S. (1989). 100 questions and answers: Religion in America. Princeton Religion Research Center.

Garcia-Campayo, J., López del Hoyo, Y., Navarro-Gil, M. (2021). Contemplative sciences: A future beyond mindfulness. World Journal of Psychiatry, 11(4), 87–93. https://doi.org/10.5498/wjp.v11.i4.87

Gast, U. (Hrsg.) (2009). Trauma und Trauer: Impulse aus christlicher Spiritualität und Neurobiologie. Klett-Cotta.

Gebauer, J. E., Paulhus, D. L., Neberich, W. (2013). Big two personality and religoisty across cultures: Communals as religious conformists and agentics as religious contrarians. Social Psychological and Personality Science, 4(1), 21–30. https://doi.org/10.1177/1948550612442553

Gehlen, A., Rehberg, K.-S. (2009). Der Mensch: Seine Natur und seine Stellung in der Welt (14. Auflage). AULA-Verlag.

Gerbershagen, K., Trojan, M., Kuhn, J., Limmroth, V., Bewermeyer, H. (2008). Bedeutung der gesundheitsbezogenen Lebensqualität und Religiosität für die Akzeptanz von chronischen Schmerzen. Der Schmerz, 22(5), 586–593. https://doi.org/10.1007/s00482-008-0656-6

Gervais, W. M., Norenzayan, A. (2012). Analytic thinking promotes religious disbelief. Science, 336(6080), 493–496. https://doi.org/10.1126/science.1215647

Ghayas, S., Batool, S. S. (2017). Construction and Validation of Afterlife Belief Scale for Muslims. Journal of Religion and Health, 56(3), 861–875. https://doi.org/10.1007/s10943-016-0258-z

Giesekus, U., Jäger, E. M. (Hrsg.) (2023). Integrative Beratung: Grundlagen und Perspektiven für die Praxis. Vandenhoeck & Ruprecht.

Ginges, J., Hansen, I., Norenzayan, A. (2009). Religion and support for suicide attacks. Psychological science, 20(2), 224–230. https://doi.org/10.1111/j.1467-9280.2009.02270.x

Girgensohn, K. (1903). Die Religion, ihre psychischen Formen und ihre Zentralidee: Ein Beitrag zur Lösung der Frage nach dem Wesen der Religion. Deichert.

Girgensohn, K. (1930). Der seelische Aufbau des religiösen Erlebens. Bertelsmann.

Glock, C. Y. (1962). On the study of religious commitment. Religious Education, 57(sup4), 98–110. https://doi.org/10.1080/003440862057S407

Goldfried, J., Miner, M. (2002). Quest religion and the problem of limited compassion. Journal for the Scientific Study of Religion, 41(4), 685–695. https://doi.org/10.1111/1468-5906.00154

Goldman, R. (1964). Religious thinking from childhood to adolescence. Seabury.

Good, M., Inzlicht, M., Larson, M. J. (2015). God will forgive: Reflecting on God's love decreases neurophysiological responses to errors. Social Cognitive and Affective Neuroscience, 10(3), 357–363. https://doi.org/10.1093/scan/nsu096

Gooren, H. (2007). Reassessing controversial approaches to conversion: Toward a new synthesis. Journal for the Scientific Study of Religion, 46(3), 337–353. https://doi.org/10.1111/j.1468-5906.2007.00362.x

Grafiken und Daten zur Mitgliedschaft der Religionen in Deutschland – REMID – Religionswissenschaftlicher Medien- und Informationsdienst e. V. (2021, November 29). https://www.remid.de/info_zahlen_grafik/

Grafman, J., Cristofori, I., Zhong, W., Bulbulia, J. (2020). The neural basis of religious cognition. Current Directions in Psychological Science, 29(2), 126–133. https://doi.org/10.1177/0963721419898183

Graham, J., Haidt, J. (2010). Beyond beliefs: Religions bind individuals into moral communities. Personality and Social Psychology Review, 14(1), 140–150. https://doi.org/10.1177/1088868309353415

Granqvist, P., Fredrikson, M., Unge, P., Hagenfeldt, A., Valind, S., Larhammar, D., Larsson, M. (2005). Sensed presence and mystical experiences are predicted by suggestibility, not by the application of transcranial weak complex magnetic fields. Neuroscience Letters, 379(1), 1–6. https://doi.org/10.1016/j.neulet.2004.10.057

Granqvist, P., Mikulincer, M., Shaver, P. R. (2010). Religion as attachment: Normative processes and individual differences. Personality and Social Psychology Review, 14(1), 49–59. https://doi.org/10.1177/1088868309348618

Greeley, A. M. (1975). The sociology of the paranormal: A reconnaissance. Sage.

Greenwald, A. G. (1975). Does the Good Samaritan parable increase helping? A comment on Darley and Batson's no-effect conclusion. Journal of Personality and Social Psychology, 32(4), 578–583. https://doi.org/10.1037/0022-3514.32.4.578

Greenway, A. P., Milne, L. C., Clarke, V. (2003). Personality variables, self-esteem and depression and an individual's perception of God. Mental Health, Religion & Culture, 6(1), 45–58. https://doi.org/10.1080/1867467021000029381

Gribbins, T., Vandenberg, B. (2011). Religious fundamentalism, the need for cognitive closure, and helping. International Journal for the Psychology of Religion, 21(2), 106–114. https://doi.org/10.1080/10508619.2011.556999

Griffiths, B., Brück, M. von (1993). Bhagavad Gita: Mit einem spirituellen Kommentar. Kösel.

Griffiths, R. R., Johnson, M. W., Richards, W. A., Richards, B. D., Jesse, R., MacLean, K. A., Barrett, F. S., Cosimano, M. P., Klinedinst, M. A. (2018). Psilocybin-occasioned mystical-type experience in combination with meditation and other spiritual practices produces enduring positive changes in psychological functioning and in trait measures of prosocial attitudes and behaviors. Journal of Psychopharmacology, 32(1), 49–69. https://doi.org/10.1177/0269881117731279

Griffiths, R., Richards, W., Johnson, M., McCann, U., Jesse, R. (2008). Mystical-type experiences occasioned by psilocybin mediate the attribution of personal meaning and spiritual significance 14 months later. Journal of Psychopharmacology, 22(6), 621–632. https://doi.org/10.1177/0269881108094300

Grober, C., Heidenreich, T., Rief, W. (2016). Existenzielle Themen in der kognitiven Verhaltenstherapie. Psychotherapeut, 61(3), 229–236. https://doi.org/10.1007/s00278-016-0098-z

Grom, B. (1981). Gottesvorstellung, Elternbild und Selbstwertgefühl. Stimmen der Zeit, 106, 679–711.

Grom, B. (1992). Religionspsychologie. Vandenhoeck & Ruprecht.

Grom, B. (2000). Religionspädagogische Psychologie des Kleinkind-, Schul- und Jugendalters. Patmos.

Grom, B. (2007). Religionspsychologie. Kösel.

Grün, A. (2009). Mystik: Den inneren Raum entdecken. Herder.

Grzegorek, K. (2022). Reinkarnationstherapie: Seele auf Wanderschaft. Apotheken Umschau. https://www.apotheken-umschau.de/therapie/kritisch-hinterfragt/reinkarnationstherapie-seele-auf-wanderschaft-850701.html

Gunzerath, L., Faden, V., Zakhari, S., Warren, K. (2004). National institute on alcohol abuse and alcoholism report on moderate drinking. Alcoholism: Clinical and Experimental Research, 28(6), 829–847. https://doi.org/10.1097/01.ALC.0000128382.79375.B6

Guthrie, S. E. (1993). Faces in the clouds: A new theory of religion. Oxford University Press.

Hackney, C. H., Sanders, G. S. (2003). Religiosity and mental health: A meta-analysis of recent studies. Journal for the Scientific Study of Religion, 42(1), 43–55. https://doi.org/10.1111/1468-5906.t01-1-00160

Hall, D. L., Matz, D. C., Wood, W. (2010). Why don't we practice what we preach? A meta-analytic review of religious racism. Personality and Social Psychology Review, 14(1), 126–139. https://doi.org/10.1177/1088868309352179

Hamer, D. (2006). Das Gottes-Gen: Warum uns der Glaube im Blut liegt. Kösel.

Hampel, N. D., Brähler, E., Zenger, M., Albani, C., Heuft, G. (2020). Psychometrische Überprüfung der Kurzversion der Skala »Transpersonales Vertrauen« in einer deutschlandweiten repräsentativen Bevölkerungsstichprobe. PPmP – Psychotherapie · Psychosomatik · Medizinische Psychologie, 70(6), 237–245. https://doi.org/10.1055/a-1033-7627

Handrock, A., Baumann, M. (2017). Vergeben und Loslassen in Psychotherapie und Coaching. Beltz.

Hanisch, H. (1996). Die zeichnerische Entwicklung des Gottesbildes bei Kindern und Jugendlichen: Eine empirische Vergleichsuntersuchung mit religiös und nicht-religiös Erzogenen im Alter von 7–16 Jahren. Calwer-Verlag.

Hardt, J., Springer, A. (2012). Psychotherapie und Religion – Einige kulturgeschichtliche Anmerkungen. Psychotherapeutenjournal, 3, 210–212.

Hardy, A. C. (1979). The spiritual nature of man: A study of contemporary religious experience. Oxford University Press.

Härle, W. (2022). Vertrauenssache. Vom Sinn des Glaubens an Gott: Evangelische Verlagsanstalt.

Harms, E. (1944). The development of religious experience in children. American Journal of Sociology, 50(2), 112–122. https://doi.org/10.1086/219518

Hassan, S., Hemminger, H., Hassan, S. (1993). Ausbruch aus dem Bann der Sekten: Psychologische Beratung für Betroffene und Angehörige. Rowohlt.

Hauenstein, H. U. (2002). Auf den Spuren des Gebets: Methoden und Ergebnisse der empirischen Gebetsforschung. Asanger.

Hazan, C., Shaver, P. (1987). Romantic love conceptualized as an attachment process. Journal of Personality and Social Psychology, 52(3), 511–524. https://doi.org/10.1037/0022-3514.52.3.511

Heider, F. (1958). The psychology of interpersonal relations. Wiley.

Heiler, F. (1918). Das Gebet: Eine religionsgeschichtliche und religionspsychologische Untersuchung. Reinhardt.

Heine, S. (2005). Grundlagen der Religionspsychologie: Modelle und Methoden. Vandenhoeck & Ruprecht.

Hell, D. (2006). Die Sprache der Seele verstehen: Die Wüstenväter als Therapeuten. Herder.

Henley, T. B. (2018). Introducing Göbekli Tepe to Psychology. Review of General Psychology, 22(4), 477–484. https://doi.org/10.1037/gpr0000151

Henning, C., Belzen, J. A. van (Hrsg.) (2007). Verrückt nach Gott: Zum Umgang mit außergewöhnlichen religiösen Phänomenen in Psychologie, Psychotherapie und Theologie. Schöningh.

Henning, C., Murken, S., Nestler, E. (Hrsg.) (2003). Einführung in die Religionspsychologie. Schöningh.

Hero, M., Krech, V., Zander, H. (Hrsg.) (2008). Religiöse Vielfalt in Nordrhein-Westfalen: Empirische Befunde und Perspektiven der Globalisierung vor Ort. F. Schöningh.

Herriot, P. (2009). Religious fundamentalism: Global, local and personal. Routledge.

Hill, P. C., Edwards, E. (2005). Measurement in the psychology of religiousness and spirituality: Existing measures and new frontiers. In K. I. Pargament, J. J. Exline, J. W. Jones (Hrsg.), APA handbook of psychology, religion, and spirituality (Vol 1): Context, theory, and research. (S. 51–77). American Psychological Association. https://doi.org/10.1037/14045-003

Hill, P. C., Hood, R. W. (Hrsg.) (1999). Measures of religiosity. Religious Education Press.

Hill, P. C., Pargament, K., Hood, R. W., McCullough, Jr., Michael E., Swyers, J. P., Larson, D. B., Zinnbauer, B. J. (2000). Conceptualizing religoin and spirituality: Points of communality, points of departure. Journal for the Theory of Social Behaviour, 30(1), 51–77. https://doi.org/10.1111/1468-5914.00119

Hills, P., Argyle, M. (1998). Musical and religious experiences and their relationship to happiness. Personality and Individual Differences, 25(1), 91–102. https://doi.org/10.1016/S0191-8869(98)00004-X

Ho, A. V. L. H., Sim, T. N. (2013). The development and validation of a God-centered self-esteem scale. Journal of Psychology and Theology, 41(1), 36–47. https://doi.org/10.1177/009164711304100103

Hoffarth, M. R., Hodson, G., Molnar, D. S. (2018). When and why is religious attendance associated with antigay bias and gay rights opposition? A justification-suppression model approach. Journal of Personality and Social Psychology, 115(3), 526–563. https://doi.org/10.1037/pspp0000146

Holden, J. M., Greyson, B., James, D. (Hrsg.) (2009). The handbook of near-death experiences: Thirty years of investigation. Praeger Publishers.

Hood, R. W. (1975). The construction and preliminary validation of a measure of reported mystical experience. Journal for the Scientific Study of Religion, 14(1), 29–41. https://doi.org/10.2307/1384454

Hood, R. W. (1995a). The facilitation of religious experience. In R. W. Hood (Hrsg.), Handbook of religious experience (S. 568–597). Religious Education Press.

Hood, R. W. (Hrsg.) (1995b). Handbook of religious experience. Religious Education Press.

Hood, R. W. (2009). Mystical, religious, and spiritual experiences. In M. Souzan, L. J. Francis, J. O'Higgins-Norman, D. Scott (Hrsg.),International handbook of education for spirituality, care and wellbeing (S. 189–207). Springer.

Hood, R. W., Ghorbani, N., Watson, P. J., Ghramaleki, A. F., Bing, M. N., Davison, H. K., Morris, R. J., Williamson, W. P. (2001). Dimensions of the mysticism scale: Confirming the three-factor structure in the United States and Iran. Journal for the Scientific Study of Religion, 40(4), 691–705. https://doi.org/10.1111/0021-8294.00085

Hood, R. W., Hill, P. C., Williamson, W. P. (2005). The psychology of religious fundamentalism. Guilford Press.

Hood, R. W., Morris, R. J. (1981). Sensory isolation and the differential elicitation of religious imagery in intrinsic and extrinxic persons. Journal for the Scientific Study of Religion, 20(3), 261–273. https://doi.org/10.2307/1385548

Hood, R. W., Morris, R. J., Watson, P. J. (1990). Quasi-experimental elicitation of the differential report of religious experience among intrinsic and indiscriminately pro-religious types. Journal for the Scientific Study of Religion, 29(2), 164–172. https://doi.org/10.2307/1387425

Hood, R. W., Streib, H., Keller, B. (2022). What is deconversion? Critiques and current conceptualizations from a Faith Developmental perspective. In H. Streib, B. Keller, R. Bullik, A. Steppacher, C. F. Silver, M. Durham, S. Barker, R. W. Hood (Hrsg.), Deconversion revisited: Biographical studies and psycho-metric analyses ten years later (S. 17–32). Vandenhoeck & Ruprecht.

Huber, S. (2002). Zentralität und Inhalt: Ein neues multidimensionales Messmodell der Religiosität. VS Verlag für Sozialwissenschaften.

Huber, S. (2004). Zentralität und multidimensionale Struktur der Religiosität: Eine Synthese der theoretischen Ansätze von Allport und Glock zur Messung der Religiosität. In

C. Zwingmann, H. Moosbrugger (Hrsg.), Religiosität: Messverfahren und Studien zu Gesundheit und Lebensbewältigung (S. 79–105). Waxmann.

Huber, S. (2016). Religiöse Erfahrungen nehmen zu! Längsschnittanalysen zur Religiosität junger Erwachsener in den westeuropäischen Daten des Religionsmonitors 2008 und 2013. In T. Schlag, B. Roebben (Hrsg.), »Jedes Mal in der Kirche kam ich zum Nachdenken«: Jugendliche und Kirche (S. 64–77). Calwer Verlag.

Huber, S., Ackert, M., Scheiblich, H. (2020). Religiosität in unterschiedlichen Religionskulturen – Vergleiche auf der Basis der Centrality of Religiosity Scale. cultura & psyché, 1(1–2), 171–185. https://doi.org/10.1007/s43638-020-00007-3

Huber, S., Huber, O. W. (2012). The Centrality of Religiosity Scale (CRS). Religions, 3(3), 710–724. https://doi.org/10.3390/rel3030710

Huber, S., Krech, V. (2009). Das religiöse Feld zwischen Globalisierung und Regionalisierung: Vergleichende Perspektiven. Bertelsmann Stiftung.

Huber, S., Tanner, M., Scheiblich, H. (2020). Die dunkle Seite der Macht: Fallbeispiele negativer spiritueller Erfahrungen. cultura & psyché, 1(1–2), 145–155. https://doi.org/10.1007/s43638-020-00011-7

Hunsberger, B., Jackson, L. M. (2005). Religion, meaning, and prejudice. Journal of Social Issues, 61(4), 807–826. https://doi.org/10.1111/j.1540-4560.2005.00433.x

Hunsberger, B., Platonow, E. (1986). Religion and helping charitable causes. The Journal of Psychology, 120(6), 517–528. https://doi.org/10.1080/00223980.1986.9915483

Huth, W. (1988). Glaube, Ideologie und Wahn: Das Ich zwischen Realität und Illusion. Ullstein.

Huxel, K. (2000). Die empirische Psychologie des Glaubens: Historische und systematische Studien zu den Pionieren der Religionspsychologie. Kohlhammer.

Iljin, J. von, Klapheck, K., Ruppelt, F., Bock, T. (2015). Religiosität bei Psychosen – Fluch oder Segen? Ergebnisse aus dem SuSi-Forschungsprojekt. Kerbe 33(1), 29–33.

Ingram, B. L. (2012). Clinical case formulations: Matching the integrative treatment plan to the client. John Wiley & Sons.

Inozu, M., Karanci, A. N., Clark, D. A. (2012). Why are religious individuals more obsessional? The role of mental control beliefs and guilt in Muslims and Christians. Journal of Behavior Therapy and Experimental Psychiatry, 43(3), 959–966. https://doi.org/10.1016/j.jbtep.2012.02.004

Inzlicht, M., McGregor, I., Hirsh, J. B., Nash, K. (2009). Neural markers of religious conviction. Psychological Science, 20(3), 385–392. https://doi.org/10.1111/j.1467-9280.2009.02305.x

Ironson, G., Stuetzle, R., Ironson, D., Balbin, E., Kremer, H., George, A., Schneiderman, N., Fletcher, M. A. (2011). View of God as benevolent and forgiving or punishing and judgmental predicts HIV disease progression. Journal of Behavioral Medicine, 34(6), 414–425. https://doi.org/10.1007/s10865-011-9314-z

Iverach, L., Menzies, R. G., Menzies, R. E. (2014). Death anxiety and its role in psychopathology: Reviewing the status of a transdiagnostic construct. Clinical Psychology Review, 34(7), 580–593. https://doi.org/10.1016/j.cpr.2014.09.002

Jahn, E. (1965). Geschichte und Problematik der Arbeit. 40 Jahre Berliner Arbeitsgemeinschaft Arzt und Seelsorger. Berliner Hefte zur Förderung der evangelischen Krankenseelsorge, 18, 14–23.

James, W. (2010). Die Vielfalt religiöser Erfahrung: Eine Studie über die menschliche Natur. Insel-Verlag. (Original 1902)

Janet, P., Palézieux, N. de, Janet, P. (2013). Die Psychologie des Glaubens und die Mystik nebst anderen Schriften. Matthes & Seitz.

Jaspers, K. (1974). Existenzphilosophie: Drei Vorlesungen gehalten am Freien Deutschen Hochstift in Frankfurt a. M., September 1937. de Gruyter.

Joas, H. (2004). Braucht der Mensch Religion? Über Erfahrungen der Selbsttranszendenz. Herder.

Johnson, E. L., Myers, D. G. (Hrsg.) (2010). Psychology & Christianity: Five views. IVP Academic.

Johnson, M. K., Labouff, J. P., Rowatt, W. C., Patock-Peckham, J. A., Carlisle, R. D. (2012). Facets of right-wing authoritarianism mediate the relationship between religious fundamentalism and attitudes toward Arabs and African Americans. Journal for the Scientific Study of Religion, 51(1), 128–142. https://doi.org/10.1111/j.1468-5906.2011.01622.x

Johnstone, B., Bodling, A., Cohen, D., Christ, S. E., Wegrzyn, A. (2012). Right parietal lobe related »selflessness« as the neuropsychological basis of spiritual transcendence. International Journal for the Psychology of Religion, 22(4), 267–284. https://doi.org/10.1080/10508619.2012.657524

Johnstone, B., Glass, B. A. (2008). Support for a neuropsychological model of spirituality in persons with traumatic brain injury. Zygon, 43(4), 861–874. https://doi.org/10.1111/j.1467-9744.2008.00964.x

Jonas, E., Schimel, J., Greenberg, J., Pyszczynski, T. (2002). The Scrooge Effect: Evidence that mortality salience increases prosocial attitudes and behavior. Personality and Social Psychology Bulletin, 28(10), 1342–1353. https://doi.org/10.1177/014616702236834

Jones, C., Jones, K. (2008). Nicht ohne meine Schwestern: Gefangen und missbraucht in einer Sekte – unsere wahre Geschichte. Bastei-Lübbe.

Jong, J., Ross, R., Philip, T., Chang, S.-H., Simons, N., Halberstadt, J. (2018). The religious correlates of death anxiety: A systematic review and meta-analysis. Religion, Brain & Behavior, 8(1), 4–20. https://doi.org/10.1080/2153599X.2016.1238844

Joosse, P. (2006). Silence, charisma and power: The case of John de Ruiter. Journal of Contemporary Religion, 21(3), 355–371. https://doi.org/10.1080/13537900600926147

Juckel, G., Hoffmann, K., Walach, H. (Hrsg.) (2018). Spiritualität in Psychiatrie und Psychotherapie. Pabst Science Publishers.

Juergensmeyer, M. (1993). Why religious nationalists are not fundamentalists. Religion, 23(1), 85–92. https://doi.org/10.1006/reli.1993.1006

Juergensmeyer, M. (2017). Terror in the mind of God: The global rise of religious violence. University of California Press.

Jung, C. G. (1963). Über die Beziehung der Psychotherapie zur Seelsorge. In C. G. Jung (Hrsg.), Gesammelte Werke, Bd. 11 (S. 355–376). Rascher.

Kanol, E. (2021). Explaining unfavorable attitudes toward religious out-groups among three major religions. Journal for the Scientific Study of Religion, 60(3), 590–610. https://doi.org/10.1111/jssr.12725

Kapfhammer, H. P. (2008). Religiöser Wahn und wahnhafte Religiosität in religiösen Gruppierungen: Das Beispiel von apokalyptischer Suizidalität und Gewalt: Persönlichkeitsstörungen. Theorie und Therapie, 12, 123–136.

Kapogiannis, D., Barbey, A. K., Su, M., Zamboni, G., Krueger, F., Grafman, J. (2009). Cognitive and neural foundations of religious belief. Proceedings of the National Academy of Sciences, 106(12), 4876–4881. https://doi.org/10.1073/pnas.0811717106

Kastenmüller, A., Greitemeyer, T., Ai, A. L., Winter, G., Fischer, P. (2011). In the face of terrorism: Evidence that belief in literal immortality reduces prejudice under terrorism threat. Journal for the Scientific Study of Religion, 50(3), 604–616. https://doi.org/10.1111/j.1468-5906.2011.01578.x

Kaufmann, K., Illig, L., Jungbauer, J., Meredith, K., Rohmann, D. (2020). Sektenkinder: Über das Aufwachsen in neureligiösen Gruppierungen und das Leben nach dem Ausstieg. Psychiatrie-Verlag.
Keating, T. (2012). Das kontemplative Gebet. Vier-Türme-Verlag.
Kelley, H. H. (1967). Attribution theory in social psychology. Nebraska Symposium on Motivation, 15, 192–238.
Kendler, K. S., Liu, X.-Q., Gardner, C. O., McCullough, M. E., Larson, D., Prescott, C. A. (2003). Dimensions of religiosity and their relationship to lifetime psychiatric and substance use disorders. American Journal of Psychiatry, 160(3), 496–503. https://doi.org/10.1176/appi.ajp.160.3.496
Kerlin, A. M. (2017). Therapeutic change in a Christian SUD program: Mental health, attachment, and attachment to God. Alcoholism Treatment Quarterly, 35(4), 395–411. https://doi.org/10.1080/07347324.2017.1355218
Kessler, M., Schäfer, W., Utsch, M., Hübner, M. (Hrsg.) (2018). Menschen begleiten: Individuell – ganzheitlich – geistlich: Geschichte, Methoden und Beispiele der therapeutischen Seelsorge. LIT.
Kessler, M., Vetter, E., Schirrmacher, T., Kessler, M., Faix, T., Kessler, V., Marsch, A., Klotz, A., Köpke, F., Gersdorf, R., Schmidts, H.-G., Hörsting, A., Rust, H. C. (2021). Religiösen Machtmissbrauch verhindern. Brunnen.
Khan, Z. H., Watson, P. J. (2010). Ramadan experience and behavior: Relationships with religious orientation among Pakistani Muslims. Archiv für Religionspsychologie, 32(2), 147–167. https://doi.org/10.1163/157361210X500883
Khorchide, M. (2020). Gottes falsche Anwälte: Der Verrat am Islam. Herder.
Khosravi, Z., Zarabiha, E., Nemati, A. (2011). An investigation of the relationship among pathological and non pathological guilt feeling, religious attitude and mental health. Procedia – Social and Behavioral Sciences, 30, 1370–1373. https://doi.org/10.1016/j.sbspro.2011.10.265
Kiefer, M. (2019). Radikalisierungsprävention in Deutschland: Ein Problemaufriss. In A. Toprak, G. Weitzel (Hrsg.), Salafismus in Deutschland (S. 121–134). Springer.
Kienzler, K. (2007). Der religiöse Fundamentalismus: Christentum, Judentum, Islam. Beck.
Kilrea, K. A., Taylor, S., Bilodeau, C., Wittmann, M., Linares Gutiérrez, D., Kübel, S. L. (2023). Measuring an ongoing state of wakefulness: The development and validation of the inventory of secular/spiritual wakefulness (WAKE). Journal of Humanistic Psychology (in press). doi.org/10.1177/00221678231185891
Kippenberg, H. G. (2008). Gewalt als Gottesdienst: Religionskriege im Zeitalter der Globalisierung. Beck.
Kirkpatrick, L. A. (1995). Attachment theory and religious experience. In R. W. Hood (Hrsg.), Handbook of religious experience (S. 446–475). Religious Education Press.
Kirkpatrick, L. A., Shaver, P. R. (1990). Attachment theory and religion: Childhood attachments, religious beliefs, and conversion. Journal for the Scientific Study of Religion, 29(3), 315–334. https://doi.org/10.2307/1386461
Kirkpatrick, L. A., Shaver, P. R. (1992). An attachment-theoretical approach to romantic love and religious belief. Personality and Social Psychology Bulletin, 18(3), 266–275. https://doi.org/10.1177/0146167292183002
Kizilhan, J. I. (2015). Religion, Kultur und Psychotherapie bei muslimischen Migranten. Psychotherapeut, 60(5), 426–432. https://doi.org/10.1007/s00278-015-0039-2

Klein, C., Albani, C. (2007). Religiosität und psychische Gesundheit: Eine Übersicht über Befunde, Erklärungsansätze und Konsequenzen für die klinische Praxis. Psychiatrische Praxis, 34(2), e02-e12. https://doi.org/10.1055/s-2006-940095

Klein, C., Gottschling, S., Zwingmann, C. (2012). Deutschsprachige Fragebögen zur Messung von Religiosität/Spiritualität: Ein empirisch gestützter Vergleich ausgewählter Skalen. Spiritual Care, 1(3), 22–35. https://doi.org/10.1515/spircare-2012-0039

Klein, C., Zwingmann, C., Jeserich, F. (2017a). Religiöser Fundamentalismus: Merkmale, Konzepte, Messinstrumente und Korrelate. In C. Zwingmann, C. Klein, F. Jeserich (Hrsg.), Religiosität: Die dunkle Seite: Beiträge zur empirischen Religionsforschung (S. 139–166). Waxmann.

Klein, C., Zwingmann, C., Jeserich, F. (2017b). Religiöser Fundamentalismus in Europa und Nordamerika: Befunde zur Verbreitung und zu Zusammenhängen mit Vorurteilen und Werthaltungen. In C. Zwingmann, C. Klein, F. Jeserich (Hrsg.), Religiosität: Die dunkle Seite: Beiträge zur empirischen Religionsforschung (S. 167–202). Waxmann.

Klessmann, M. (2021). Theologie und Psychologie im Dialog: Einführung in die Pastoralpsychologie. Vandenhoeck & Ruprecht.

Klinkhammer, G., Tolksdorf, E. (2015). Somatisierung des Religiösen: Empirische Studien zum rezenten religiösen Heilungs- und Therapiemarkt. Universität Bremen Verlag.

Kluitmann, K. (2007). »Die letzte macht das Licht an?«. Eine psychologische Untersuchung zur Situation junger Frauen in apostolisch-tätigen Ordensgemeinschaften in Deutschland. Münster.

Kluitmann, K. (2021). Geistlicher Missbrauch: Die rasante Entwicklung eines uralten neuen Themas. In T. Hack, R. Hartmann, S. Lauber (Hrsg.), Machtmissbrauch und Gewalt (S. 103–132). Echter.

Knabb, J. J., Johnson, E. L., Bates, M. T., Sisemore, T. A. (2019). Christian psychotherapy in context: Theoretical and empirical explanations in faith-based mental health. Routledge.

Koenig, H. G. (2009). Research on religion, spirituality, and mental health: A review. The Canadian Journal of Psychiatry, 54(5), 283–291. https://doi.org/10.1177/070674370905400502

Koenig, H. G. (2018). Religion and mental health: Research and clinical applications. Elsevier.

Koenig, H. G., Ford, S. M., George, L. K., Blazer, D. G., Meador, K. G. (1993). Religion and anxiety disorder: An examination and comparison of associations in young, middle-aged, and elderly adults. Journal of Anxiety Disorders, 7(4), 321–342. https://doi.org/10.1016/0887-6185(93)90028-J

Koenig, H. G., King, D. E., Carson, V. B. (2012). Handbook of religion and health. Oxford University Press.

Koenig, H., Larson, D. B. (2001). Religion and mental health: Evidence for an association. International Review of Psychiatry, 13(2), 67–78. https://doi.org/10.1080/09540260124661

Koenig H. G., Pearce, M. J., Nelson, B. et al. (2015). Religious vs. conventional cognitive behavioral therapy for major depression in persons with chronic medical illness: A pilot randomized trial. Journal of Nervous and Mental Disease, 203(4), 243–251. https://doi.org/10.1097/NMD.0000000000000273

Kohlberg, L., Levine, C., Hewer, A. (1983). Moral stages: A current formulation and a response to critics. Karger.

Kohlberg, L., Lindquist, N. T. (1974). Zur kognitiven Entwicklung des Kindes: Drei Aufsätze. Suhrkamp.

Kolb, B., Whishaw, I. Q. (2015). Fundamentals of human neuropsychology. Worth Publishers.

Koopmans, R., Kanol, E., Stolle, D. (2021). Scriptural legitimation and the mobilisation of support for religious violence: Experimental evidence across three religions and seven countries. Journal of Ethnic and Migration Studies, 47(7), 1498–1516. https://doi.org/10.1080/1369183X.2020.1822158

Kossowska, M., Szwed, P., Wronka, E., Czarnek, G., Wyczesany, M. (2016). Anxiolytic function of fundamentalist beliefs: Neurocognitive evidence. Personality and Individual Differences, 101, 390–395. https://doi.org/10.1016/j.paid.2016.06.039

Krannich, C. (2020). Recht macht Religion: Eine Untersuchung über Taufe und Asylverfahren. V&R Unipress.

Krause, N. (2005). God-mediated control and psychological well-being in late life. Research on Aging, 27(2), 136–164. https://doi.org/10.1177/0164027504270475

Krauss, S. W., Hood, R. W. (2013). A new approach to religious orientation: The commitment-reflectivity circumplex. Rodopi.

Kristeva, J., Winkel, E. zum, Kristeva, J. (2014). Dieses unglaubliche Bedürfnis zu glauben. Psychosozial-Verlag.

Kruse, A. (2021). Das letzte Lebensjahr zur körperlichen, psychischen und sozialen Situation des alten Menschen am Ende seines Lebens. Kohlhammer.

Kübler-Ross, E., Kübler-Ross, E. (1971). Interviews mit Sterbenden. Droemer Knaur.

Kuhl, J. (2015). Spirituelle Intelligenz: Glaube zwischen Ich und Selbst. Herder.

Küng, H. (2004). Der Islam: Geschichte, Gegenwart, Zukunft. Piper.

LaBouff, J. P., Rowatt, W. C., Johnson, M. K., Thedford, M., Tsang, J.-A. (2010). Development and initial validation of an implicit measure of religiousness-spirituality. Journal for the Scientific Study of Religion, 49(3), 439–455. https://doi.org/10.1111/j.1468-5906.2010.01521.x

Ladd, K. L., McIntosh, D. N. (2008). Meaning, God, and prayer: Physical and metaphysical aspects of social support. Mental Health, Religion & Culture, 11(1), 23–38. https://doi.org/10.1080/13674670701475053

Ladd, K. L., Spilka, B. (2006). Inward, outward, upward prayer: Scale reliability and validation. Journal for the Scientific Study of Religion, 45(2), 233–251. https://doi.org/10.1111/j.1468-5906.2006.00303.x

Lambert, W. (2012). Landschaft geistlichen Begleitens. In P. Hundertmark, W. Mückstein (Hrsg.), Brennpunkt Leben – Brennpunkt Gott: Handbuch geistliche Begleitung (S. 14–27). Matthias-Grünewald-Verl.

Lamberty, P. (2022). Gefährlicher Glaube: Die radikale Gedankenwelt der Esoterik. Quadriga.

Lämmermann, G. (2006). Einführung in die Religionspsychologie: Grundfragen, Theorien, Themen. Neukirchener Verlag.

Lange, R., Thalbourne, M. A. (2007). The Rasch scaling of mystical experiences: Construct validity and correlates of the mystical experience scale (MES). The International Journal for the Psychology of Religion, 17(2), 121–140. https://doi.org/10.1080/10508610701244130

Längle, A. (2011). Geist und Existenz. Zur inhärenten Spiritualität der Existenzanalyse. Existenzanalyse, 28(2), 18–31.

Längle, A. (2021). Existenzanalyse und Logotherapie. Kohlhammer.

Lawrence, R. T. (1997). Measuring the image of God: The God image inventory and the God image scales. Journal of Psychology and Theology, 25(2), 214–226. https://doi.org/10.1177/009164719702500206

Layton, D., Mall, S., Layton, D. (2008). Selbstmord im Paradies: Mein Leben in der Sekte. Insel-Verlag.

Leary, M. R. (2014). Introduction to behavioral research methods. Pearson.

Leary, T. (1964). The religious experience: Its production and interpretation. Psychedelic Review, 3(1), 76–86. https://doi.org/10.1080/02791072.1970.10471364
Lermer, E. (2019). Positive Psychologie. Reinhardt-Verlag.
Leuba, J. H. (1896). Studies in psychology of religious phenomena: The religious motive, conversion, facts and doctrines. Orpha.
Liddle, J. R. (2021). Religion as a means of perceived security: Testing the Secure Society Theory. In J. R. Liddle, T. K. Shackelford (Hrsg.), The Oxford Handbook of evolutionary psychology and religion (S. 213–229). Oxford University Press.
Liddle, J. R., Shackelford, T. K. (2021). An introduction to evolutionary perspectives on religion. In J. R. Liddle, T. K. Shackelford (Hrsg.), The Oxford Handbook of evolutionary psychology and religion (S. 1–17). Oxford University Press.
Liebscher, D. (2012). Auswirkungen religiösen Fastens auf anthropometrische Parameter, Blutfettwerte und Hämodynamik normalgewichtiger gesunder Probanden. Technische Universität Dresden.
Linke, D. (2003). Religion als Risiko: Geist, Glaube und Gehirn. Rowohlt.
Loewenthal, K. M. (2000). The psychology of religion: A short introduction. Oneworld.
Lohaus, A., Vierhaus, M. (2019). Entwicklungspsychologie des Kindes- und Jugendalters für Bachelor. Springer.
Long, D., Elkind, D., Spilka, B. (1967). The child's conception of prayer. Journal for the Scientific Study of Religion, 6(1), 101–109. https://doi.org/10.2307/1384202
Lunn, J. (2009). The role of religion, spirituality and faith in development: A critical theory approach. Third World Quarterly, 30(5), 937–951. https://doi.org/10.1080/01436590902959180
Lupfer, M. B., Brock, K. F., DePaola, S. J. (1992). The use of secular and religious attributions to explain everyday behavior. Journal for the Scientific Study of Religion, 31(4), 486. https://doi.org/10.2307/1386858
MacDonald, D. A. (2000). Spirituality: Description, measurement, and relation to the five factor model of personality. Journal of Personality, 68(1), 153–197. https://doi.org/10.1111/1467-6494.t01-1-00094
MacGregor, N. (2020). Leben mit den Göttern. C.H. Beck.
Machoń, H. (2005). Religiöse Erfahrung zwischen Emotion und Kognition: William James', Karl Girgensohns, Rudolf Ottos und Carl Gustav Jungs Psychologie des religiösen Erlebens. Utz.
Madert, K.-K. (2007). Trauma und Spiritualitat: Wie Heilung gelingt. Neuropsychotherapie und die transpersonale Dimension. Kösel.
Malinowski, B. (1948). Magic, science and religion and other essays. Beacon Press.
Maraldi, E. de O. (2021). Parapsychology and religion. Brill.
Marty, M. E., Appleby, R. S., (Hrsg.) (1991). Fundamentalisms observed. University of Chicago Press.
Marks, M. (2018). Religionspsychologie. Kohlhammer.
Maurya, R. K., Jain, S., Grey, B., Clarfied, J. (2023). Evolution and process of spiritual awakening: A grounded theory study. Counselling and Psychotherapy Research, capr.12618. https://doi.org/10.1002/capr.12618
Mavrogiorgou, P., Chmielewski, F., Hanning, S., Juckel, G. (2020). Persönlichkeit, Lebensbedeutungen und Angst vor dem Tod bei affektiven Störungen: Pilotstudie mit ambulanten Psychotherapiepatienten. Psychotherapeut, 65(4), 304–312. https://doi.org/10.1007/s00278-020-00439-5
Mavrogiorgou, P., Meister, K., Juckel, G. (2018). Der Vergebungsprozess als ein psychotherapeutischer Behandlungsansatz. Verhaltenstherapie, 28(3), 167–176. https://doi.org/10.1159/000486579

McCleary, D. F., Quillivan, C. C., Foster, L. N., Williams, R. L. (2011). Meta-analysis of correlational relationships between perspectives of truth in religion and major psychological constructs. Psychology of Religion and Spirituality, 3(3), 163–180. https://doi.org/10.1037/a0022208

McConnell, K. M., Pargament, K. I., Ellison, C. G., Flannelly, K. J. (2006). Examining the links between spiritual struggles and symptoms of psychopathology in a national sample. Journal of Clinical Psychology, 62(12). https://doi.org/10.1002/jclp.20325

McCullough, M. E., Larson, D. B. (1999). Religion and depression: A review of the literature. Twin Research (1999), 2(2), 126–136. https://doi.org/10.1375/136905299320565997

McCullough, M. E., Willoughby, B. L. B. (2009). Religion, self-regulation, and self-control: Associations, explanations, and implications. Psychological Bulletin, 135(1), 69–93. https://doi.org/10.1037/a0014213

Mead, G. H., Morris, C. W., Huebner, D. R., Joas, H. (1934). Mind, self, and society. University of Chicago Press.

Medizin der Person (o.D.). Startseite – Medizin der Person. https://www.medecinedelapersonne.org/de

Meredith, K., Kaufmann, K., Illig, L., Jungbauer, J., Rohmann, D. (2021). Familieneinheit und Bindung in geschlossenen Gruppen. In Sektenkinder: Über das Aufwachsen in neureligiösen Gruppierungen und das Leben nach dem Ausstieg (S. 141–152). BALANCE Buch + Medien Verlag.

Mertens, W. (2014). Psychoanalyse im 21. Jahrhundert: Eine Standortbestimmung. Kohlhammer.

Mertes, K. (2019). Geistlicher Missbrauch. Stimmen der Zeit, 2, 93–102.

Mertes, K. (2021). Den Kreislauf des Scheiterns durchbrechen: Damit die Aufarbeitung des Missbrauchs am Ende nicht wieder am Anfang steht. Patmos.

Michalak, J., Heidenreich, T., Ströhle, G., Nachtigall, C. (2008). Die deutsche Version der Mindful Attention and Awareness Scale (MAAS). Psychometrische Befunde zu einem Achtsamkeitsfragebogen. Zeitschrift für Klinische Psychologie und Psychotherapie, 37(3), 200–208. https://doi.org/10.1026/1616-3443.37.3.200

Miller, D. T., Ross, M. (1975). Self-serving biases in the attribution of causality: Fact or fiction? Psychological Bulletin, 82(2), 213–225. https://doi.org/10.1037/h0076486.

Miller, M. M., Strongman, K. T. (2002). The emotional effects of music on religious experience: A study of the Pentecostal-charismatic style of music and worship. Psychology of Music, 30(1), 8–27. https://doi.org/10.1177/0305735602301004

Mischo, J., Niemann, U. (1983). Die Besessenheit der Anneliese Michel (Klingenberg) in interdisziplinärer Sicht. Zeitschrift für Parapsychologie und Grenzgebiete der Psychologie, 25(3–4), 129–193.

Milzner, G., Utsch, M. (2019). Religiöse und spirituelle Sinnsuche in der Psychotherapie: Georg Milzner und Michael Utsch im Gespräch mit Uwe Britten. Vandenhoeck & Ruprecht.

Moaddel, M., Karabenick, S. A. (2021). Measuring fundamentalism across the Abrahamic faiths. Journal for the Scientific Study of Religion, 60(3), 669–697. https://doi.org/10.1111/jssr.12730

Mohammadi, M.-R., Salmanian, M., Ghobari-Bonab, B., Bolhari, J. (2017). Spiritual psychotherapy for adolescents with conduct disorder: Designing and piloting a therapeutic package. Iranian Journal of Psychiatry, 12(4), 258–264.

Mohr, S., Gillieron, C., Borras, L., Brandt, P.-Y., Huguelet, P. (2007). The assessment of spirituality and religiousness in schizophrenia. Journal of Nervous & Mental Disease, 195(3), 247–253. https://doi.org/10.1097/01.nmd.0000258230.94304.6b

Mohr, S., Huguelet, P. (2004). The relationship between schizophrenia and religion and its implications for care. Swiss Medical Weekly, 134(2526), 369–376. https://doi.org/10.4414/smw.2004.10322

Monroe, N., Jankowski, P. J. (2016). The effectiveness of a prayer intervention in promoting change in perceived attachment to God, positive affect, and psychological distress. Spirituality in Clinical Practice, 3(4). https://doi.org/10.1037/scp0000117

Mönter, N. (2022). Religiöser Glaube und Spiritualität: Wandel und Vielfalt aus psychiatrischer und psychotherapeutischer Sicht. Kohlhammer.

Mönter, N., Heinz, A., Utsch, M. (Hrsg.) (2020). Religionssensible Psychotherapie und Psychiatrie: Basiswissen und Praxis-Erfahrungen. Kohlhammer.

Moos, T., Beck, J. L., Benad, M., Drews-Galle, V., Eurich, J., Friedrich, N., Höver, H., Hübner, I., Hofmann, B., Jöst, F., Mildenberger, G., Niewöhner, J., Reber, J., Sachße, C., Schröer, A., Tanner, K., Utsch, M., Wißmann, H., Gohde, J., … Sigrist, C. (Hrsg.) (2018). Diakonische Kultur: Begriff, Forschungsperspektiven, Praxis. Kohlhammer.

Moreira-Almeida, A., Sharma, A., Van Rensburg, B. J., Verhagen, P. J., Cook, C. C. H. (2016). WPA Position Statement on Spirituality and Religion in Psychiatry. World Psychiatry, 15(1), 87–88. https://doi.org/10.1002/wps.20304

Morgan, R. (1997). Interpersonal perceptions of self, parents, and God among hospitalized psychiatric patients and nonpatients. Dissertation Abstracts International, 40, 1962B.

Morgenthaler, C. (2017). Seelsorge. Gütersloher Verlagshaus.

Moriarty, G. L., Davis, E. B. (2013). Client God images: Theory, research, and clinical practice. In J. D. Aten, K. A. O'Grady, E. L. Worthington (Hrsg.), The psychology of religion and spirituality for clinicians: Using research in your practice (S. 145–174). Routledge.

Moser, T. (2010). Der grausame Gott und seine Dienerin: Eine psychoanalytische Körperpsychotherapie. Psychosozial-Verlag.

Motyl, M., Hart, J., Pyszczynski, T., Weise, D., Maxfield, M., Siedel, A. (2011). Subtle priming of shared human experiences eliminates threat-induced negativity toward Arabs, immigrants, and peace-making. Journal of Experimental Social Psychology, 47(6), 1179–1184. https://doi.org/10.1016/j.jesp.2011.04.010

Müller-Pozzi, H. (1975). Psychologie des Glaubens: Versuch einer Verhältnisbestimmung von Theologie und Psychologie. Kaiser.

Murken, S. (1998). Gottesbeziehung und psychische Gesundheit: Die Entwicklung eines Modells und seine empirische Überprüfung. Waxmann.

Murken, S., Dambacher, F. (2014). Neue religiöse Bewegungen oder Sekten? In E. Franke, Zentrum für Interdisziplinäre Religionsforschung (Hrsg.), Religiöse Minderheiten und gesellschaftlicher Wandel (S. 237–250). Harrassowitz Verlag.

Murray-Swank, N. A. (2003). Solace for the soul: A journey towards wholeness. Treatment manual for female survivors of sexual abuse. Loyola University.

Nasim, A., Utsey, S. O., Corona, R., Belgrave, F. Z. (2006). Religiosity, refusal efficacy, and substance use among African-American adolescents and young adults. Journal of Ethnicity in Substance Abuse, 5(3), 29–49. https://doi.org/10.1300/J233v05n03_02

National Center on Addiction and Substance abuse at Columbia University. (2001). Spirituality and religion reduce risk of substance abuse. National Center on Addiction and Substance abuse at Columbia University.

Neeleman, J., Lewis, G. (1994). Religious identity and comfort beliefs in three groups of psychiatric patients and a group of medical controls. International Journal of Social Psychiatry, 40(2), 124–134. https://doi.org/10.1177/002076409404000204

Neser, S. (2016). Vertrauen. In D. Frey (Hrsg.), Psychologie der Werte (S. 255–268). Springer.

Neubauer, R. L. (2014). Prayer as an interpersonal relationship: A neuroimaging study. Religion, Brain & Behavior, 4(2), 92–103. https://doi.org/10.1080/2153599X.2013.768288

Newberg, A. B., Iversen, J. (2003). The neural basis of the complex mental task of meditation: Neurotransmitter and neurochemical considerations. Medical Hypotheses, 61(2), 282–291. https://doi.org/10.1016/S0306-9877(03)00175-0

Newberg, A., Waldman, M. R. (2010). Der Fingerabdruck Gottes: Wie religiöse und spirituelle Erfahrungen unser Gehirn verändern. Kailash.

Nguyen, H. T. M., Ackert, M., Flückiger, C., Scheiblich, H. (2021). Centrality of Buddhist Religiosity Scale: Adaptation and validation of the Centrality of Religiosity Scale in a Buddhist sample in Vietnam. Religions, 12(2), 79. https://doi.org/10.3390/rel12020079

Nikolova, A. (2020). East–west religiosity: Some peculiarities of religiosity of European followers of Eastern teachings and practices. In S. Demmrich, U. Riegel (Hrsg.), Religiosity in East and West: Conceptual and methodological challenges from global and local perspectives (S. 77–98). Springer VS.

Nipkow, K. E. (2007). Pädagogik und Religionspädagogik zum neuen Jahrhundert. 1: Bildungsverständnis im Umbruch, Religionspädagogik im Lebenslauf, Elementarisierung. Gütersloher Verlagshaus.

Norenzayan, A. (2013). Big gods: How religion transformed cooperation and conflict. Princeton University Press.

Noyon, A., Heidenreich, T. (2012). Existenzielle Perspektiven in Psychotherapie und Beratung. Beltz.

Nynäs, P., Keysar, A., Kontala, J., Kwaku Golo, B.-W., Lassander, M. T., Shterin, M., Sjö, S., Stenner, P. (Hrsg.) (2022). The diversity of worldviews among young adults: Contemporary (non)religiosity and spirituality through the lens of an international mixed method study. Springer.

Oakes, K. (2015). Belonging without believing. CrossCurrents, 65(2), 229–238.

Oakley, L., Humphreys, J. (2020). Escaping the maze of spiritual abuse: How to create healthy Christian cultures. SPCK Publishing.

Obaidi, M., Kunst, J. R., Kteily, N., Thomsen, L., Sidanius, J. (2018). Living under threat: Mutual threat perception drives anti-Muslim and anti-Western hostility in the age of terrorism. European Journal of Social Psychology, 48(5), 567–584. https://doi.org/10.1002/ejsp.2362

Ohls, I., Kaiser, P. (Hrsg.) (2021). Existenzieller Umgang mit Trauer und Verlusten: Welche Hilfe bieten die Religionen im psychosozialen Kontext? Psychiatrie Verlag.

Olson, T., Tisdale, T. C., Davis, E. B., Park, E. A., Nam, J., Moriarty, G. L., Davis, D. E., Thomas, M. J., Cuthbert, A. D., Hays, L. W. (2016). God image narrative therapy: A mixed-methods investigation of a controlled group-based spiritual intervention. Spirituality in Clinical Practice, 3(2), 77–91. https://doi.org/10.1037/scp0000096

Oser, F. (1988). Das Verhältnis von religiöser Erziehung und Entwicklung: Ein religionspädagogisches Credo. Religionspädagogische Beiträge, 21, 12–12.

Oser, F. (1993). Wieviel Religion braucht der Mensch? Erziehung und Entwicklung zur religiösen Autonomie. Gütersloher Verlagshaus Mohn.

Oser, F., Gmünder, P. (1984). Der Mensch: Stufen seiner religiösen Entwicklung. Ein strukturgenetischer Ansatz. Benziger.

Oser, F., Gmünder, P. (2000). Der Mensch, Stufen seiner religiösen Entwicklung. Ein strukturgenetischer Ansatz. In G. Büttner, V.-J. Dieterich (Hrsg.), Die religiöse Entwicklung des Menschen: Ein Grundkurs (S. 123–152). Calwer.

Ott, U. (2010). Meditation für Skeptiker: Ein Neurowissenschaftler erklärt den Weg zum Selbst. Barth.

Ott, U. (2011). Religion in der neurowissenschaftlichen Forschung. In P. Becker, U. Diewald (Hrsg.), Zukunftsperspektiven im theologisch-naturwissenschaftlichen Dialog (S. 315–325). Vandenhoeck & Ruprecht.

Ott, U. (2021). Spiritualität für Skeptiker: Wissenschaftlich fundierte Meditationen für mehr Bewusstheit im Alltag. Barth.

Otto, R. (2004). Das Heilige: Über das Irrationale in der Idee des Göttlichen und sein Verhältnis zum Rationalen. Beck. (Original 1917)

Owen, A. D., Hayward, R. D., Koenig, H. G., Steffens, D. C., Payne, M. E. (2011). Religious factors and hippocampal atrophy in late life. PLoS ONE, 6(3), e17006. https://doi.org/10.1371/journal.pone.0017006

Oxman, T. E., Rosenberg, S. D., Schnurr, P. P., Tucker, G. J., Gala, G. (1988). The language of altered states. The Journal of Nervous and Mental Disease, 176(7), 401–408. https://doi.org/10.1097/00005053-198807000-00002

Pahnke, W. H. (1966). Drugs and mysticism. International Journal of Parapsychology, 8, 295–314.

Paloutzian, R. F. (2017). Invitation to the psychology of religion. Guilford Press.

Parens, H. (2015). Bindung, Aggression und die Prävention bösartiger Vorurteile. In K. H. Brisch, T. Hellbrügge (Hrsg.), Bindung, Angst und Aggression: Theorie, Therapie und Prävention (S. 12–46). Klett-Cotta.

Pargament, K. I. (1997). The psychology of religion and coping: Theory, research, practice. Guilford Press.

Pargament, K. I. (2002). The bitter and the sweet: An evaluation of the costs and benefits of religiousness. Psychological Inquiry, 13(3), 168–181. https://doi.org/10.1207/S15327965PLI1303_02

Pargament, K. I. (2011). Spiritually integrated psychotherapy: Understanding and addressing the sacred. Guilford Press.

Pargament, K. I., Feuille, M., Burdzy, D. (2011). The brief RCOPE: Current psychometric status of a short measure of religious coping. Religions, 2(1), 51–76. https://doi.org/10.3390/rel2010051

Pargament, K. I., Smith, B. W., Koenig, H. G., Perez, L. (1998). Patterns of positive and negative religious coping with major life stressors. Journal for the Scientific Study of Religion, 37(4), 710–724. https://www.jstor.org/stable/1388152

Parnia, S., Spearpoint, K., de Vos, G., Fenwick, P., Goldberg, D., Yang, J., Zhu, J., Baker, K., Killingback, H., McLean, P., Wood, M., Zafari, A. M., Dickert, N., Beisteiner, R., Sterz, F., Berger, M., Warlow, C., Bullock, S., Lovett, S., … Schoenfeld, E. R. (2014). AWARE – AWAreness during REsuscitation – A prospective study. Resuscitation, 85(12), 1799–1805. https://doi.org/10.1016/j.resuscitation.2014.09.004

Passer, M. W., Smith, R. E. (2009). Psychology: The science of mind and behavior. McGraw-Hill Higher Education.

Passie, T., Warncke, J., Peschel, T., Ott, U. (2013). Neurotheologie: Neurobiologische Modelle religiöser Erfahrungen. Der Nervenarzt, 84(3), 283–293. https://doi.org/10.1007/s00115-011-3384-6

Paukert, A. L., Phillips, L. L., Cully, J. A., Romero, C., Stanley, M. A. (2011). Systematic review of the effects of religion-accommodative psychotherapy for depression and anxiety. Journal of Contemporary Psychotherapy, 41(2), 99–108. https://doi.org/10.1007/s10879-010-9154-0

Pelham, B. Crabtree, S. (2008, October 8). Worldwide, highly religious more likely to help others: Pattern holds throughout the world and across major religions. Gallup Poll News Service https://news.gallup.com/poll/111013/Worldwide-Highly-Religious-More-Likely-Help-Others.aspx

Peng-Keller, S. (2020). Die spirituelle Dimension von Gesundheit: Ein Blick in die Geschichte. In M. Utsch (Hrsg.), Religiöse Psychotherapie? Seelsorge und Psychotherapie im Gespräch (S. 9–28). EZW-Texte, 267.

Persinger, M. A. (1999). Increased emergence of alpha activity over the left but not the right temporal lobe within a dark acoustic chamber: Differential response of the left but not the right hemisphere to transcerebral magnetic fields. International Journal of Psychophysiology, 34(2), 163–169. https://doi.org/10.1016/S0167-8760(99)00069–0

Persinger, M. A., Koren, S. A. (2005). A response to Granqvist et al. »Sensed presence and mystical experiences are predicted by suggestibility, not by the application of transcranial weak magnetic fields«. Neuroscience Letters, 380(3), 346–347. https://doi.org/10.1016/j.neulet.2005.03.060

Peseschkian, N. (1996). Der Kaufmann und der Papagei: Orientalische Geschichten in der Positiven Psychotherapie. Mit Fallbeispielen zur Erziehung und Selbsthilfe. Fischer.

Peteet, J. R., Moffic, H. S., Hankir, A., Koenig, H. G. (Hrsg.) (2021). Christianity and Psychiatry. Springer.

Petzold, H. G. (1984). Vorüberlegungen und Konzepte zu einer integrativen Persönlichkeitstheorie. Integrative Therapie, 10(3), 73–115.

Petzold, H., Sieper, J., Orth, I. (2010). Psychotherapie und »spirituelle Interventionen«? Psychologische Medizin, 21(4), 13–22.

Pfeifer, S. (2018). Das Gebet – Psychodynamik, Wirksamkeit, Therapie. In M. Utsch, R. M. Bonelli, S. Pfeifer (Hrsg.), Psychotherapie und Spiritualität (S. 227–236). Springer.

Piaget, J. (1986). Das moralische Urteil beim Kinde. Klett-Cotta. (Original 1926)

Piaget, J. (2017). Das Weltbild des Kindes. Klett-Cotta. (Original 1932)

Piazza, J. A. (2011). Poverty, minority economic discrimination, and domestic terrorism. Journal of Peace Research, 48(3), 339–353. https://doi.org/10.1177/0022343310397404

Piazza, J., Bering, J. M., Ingram, G. (2011). »Princess Alice is watching you«: Children's belief in an invisible person inhibits cheating. Journal of Experimental Child Psychology, 109(3), 311–320. https://doi.org/10.1016/j.jecp.2011.02.003

Pichon, I., Boccato, G., Saroglou, V. (2007). Nonconscious influences of religion on prosociality: A priming study. European Journal of Social Psychology, 37(5), 1032–1045. https://doi.org/10.1002/ejsp.416

Piron, H. (2012). Die Seelenburg von Theresa von Avila und ihre Bedeutung für die Psychotherapie. Bewusstseinswissenschaften, 18(1), 4.

Pirutinsky, S., Rosmarin, D. H., Pargament, K. I., Midlarsky, E. (2011). Does negative religious coping accompany, precede, or follow depression among Orthodox Jews? Journal of Affective Disorders, 132(3), 401–405. https://doi.org/10.1016/j.jad.2011.03.015

Plante, T. G. (2009). Spiritual practices in psychotherapy: Thirteen tools for enhancing psychological health. American Psychological Association.

Plante, T. G. (2017). The 4 Ds: Using Ignatian spirituality in secular psychotherapy and beyond. Spirituality in Clinical Practice, 4(1), 4–79. https://doi.org/10.1037/scp0000122

Plattig, M., Hense, E. (Hrsg.) (2006). Grundkurs Spiritualität des Karmel: Und führte Euch in das Land des Karmel. Katholisches Bibelwerk.

Pöhlmann, M., Jahn, C. (Hrsg.) (2015). Handbuch Weltanschauungen: Religiöse Gemeinschaften, Freikirchen. Gütersloher Verlagshaus.

Pollack, D. (1995). Was ist Religion? Zeitschrift für Religionswissenschaft, 3(2) 163–190. https://doi.org/10.1515/0023.163

Pollack, D., Demmrich, S., Müller, O. (2023). Editorial – Religious fundamentalism: new theoretical and empirical challenges across religions and cultures. Zeitschrift für Religion, Gesellschaft und Politik, 7(1), 1–11. https://doi.org/10.1007/s41682-023-00159-y

Pollack, D., Müller, O., Rosta, G., Dieler, A. (2016). Integration und Religion aus der Sicht von Türkeistämmigen in Deutschland. Exzellenzcluster Religon und Politik, Universität Münster. https://www.uni-muenster.de/imperia/md/content/religion_und_politik/aktuelles/2016/06_2016/studie_integration_und_religion_aus_sicht_t__rkeist__mmiger.pdf

Poole, R., Cook, C. C. H. (2011). Praying with a patient constitutes a breach of professional boundaries in psychiatric practice. British Journal of Psychiatry, 199(2), 94–98. https://doi.org/10.1192/bjp.bp.111.096529

Popp-Baier, U. (2003). Qualitative Methoden in der Religionspsychologie. In C. Henning, S. Murken, E. Nestler (Hrsg.), Einführung in die Religionspsychologie (S. 184–229). Schöningh.

Portmann, A. (2000). Biologie und Geist. Burgdorf.

Post, J. M. (1988). Terrorist psycho-logic: Terrorist behavior as a product of psychological forces. In W. Reich (Hrsg.), Origins of terrorism: Psychologies, ideologies, theologies, states of mind (S. 25–40). Cambridge University Press.

Potreck-Rose, F. (2017). Selbstfürsorge: Was hindert uns daran und wie lässt sie sich fördern? PiD – Psychotherapie im Dialog, 18(4), 24–30. https://doi.org/10.1055/s-0043-118249

Prade, C., Saroglou, V. (2016). Awe's effects on generosity and helping. The Journal of Positive Psychology, 11(5), 522–530. https://doi.org/10.1080/17439760.2015.1127992

Pratt, D. (2010). Religion and terrorism: Christian fundamentalism and extremism. Terrorism and Political Violence, 22(3), 438–456. https://doi.org/10.1080/09546551003689399

Preston, J. L., Ritter, R. S., Ivan Hernandez, J. (2010). Principles of religious prosociality: A review and reformulation. Social and Personality Psychology Compass, 4(8), 574–590. https://doi.org/10.1111/j.1751-9004.2010.00286.x

Preston, J. L., Salomon, E., Ritter, R. S. (2014). Religious prosociality: Personal, cognitive, and social factors. In V. Saroglou (Hrsg.), Religion, personality and social behavior (S. 149–169). Psychology Press.

Pruyser, P. W. (1972). Die Wurzeln des Glaubens. Eine Psychologie des Glaubens. Scherz.

Putra, I. E., Sukabdi, Z. A. (2014). Can Islamic fundamentalism relate to nonviolent support? The role of certain conditions in moderating the effect of Islamic fundamentalism on supporting acts of terrorism. Peace and Conflict: Journal of Peace Psychology, 20(4), 583–589. https://doi.org/10.1037/pac0000060

Puzicha, M. (2018). Gegen Machtmissbrauch: Das Zeugnis der Benediktusregel. Geist und Leben, 4, 379–389.

Raack, J. (2017). Die wechselhafte Beziehung von Spiritualität und Psychotherapie. Psychotherapie-Wissenschaft, 7(1), 59–76.

Ramachandran, V. S., Blakeslee, S. (1999). Phantoms in the brain: Probing the mysteries of the human mind. William Morrow.

Ramsay, J. E., Pang, J. S., Shen, M. J., Rowatt, W. C. (2013). Rethinking value violation: Priming religion increases prejudice in Singaporean Christians and Buddhists. The International Journal for the Psychology of Religion, 24(1), 1–15. https://doi.org/10.1080/10508619.2012.761525

Rao, U., Köpping, K.-P. (2008). Die »performative Wende«: Leben – Ritual – Theater. In K.-P. Köpping, U. Rao (Hrsg.), Im Rausch des Rituals (S. 1–38). LIT Verlag.

Raphael, F. J., Rani, S., Bale, R., Drummond, L. M. (1996). Religion, ethnicity and obsessive-compulsive disorder. International Journal of Social Psychiatry, 42(1), 8–44. https://doi.org/10.1177/002076409604200105

Rappaport, R. A. (2010). Ritual and religion in the making of humanity. Cambridge University Press.

Ray, S. D., Lockman, J. D., Jones, E. J., Kelly, M. H. (2014). Attributions to God and Satan about life-altering events. Psychology of Religion and Spirituality, 7(1), 60–69. https://doi.org/10.1037/a0037884

Reich, K. H. (1992). Religious development across the life span: Conventional and cognitive developmental approaches. In D. L. Featherman, R. M. Lerner, M. Perlmutter (Hrsg.), Life span development and behaviour (S. 145–188). Lawrence Erlbaum.

Reinert, D. F. (2005). Spirituality, self-representations, and attachment to parents: A longitudinal study of Roman Catholic college seminarians. Counseling and Values, 49(3), 226–238. https://doi.org/10.1002/j.2161-007X.2005.tb01025.x

Reinert, D. F., Edwards, C. E., Hendrix, R. R. (2009). Attachment theory and religiosity: A summary of empirical research with implications for counseling Christian clients. Counseling and Values, 53(2), 112–125. https://doi.org/10.1002/j.2161-007X.2009.tb00118.x

Renger, A.-B. (Hrsg.) (2012). Meister und Schüler in Geschichte und Gegenwart: Von Religionen der Antike bis zur modernen Esoterik. Vandenhoeck & Ruprecht.

Renger, A.-B. (Hrsg.) (2016). Erleuchtung: Kultur- und Religionsgeschichte eines Begriffs. Herder.

Richard, M., Freund, H. (2012). Religiosität und Spiritualität in der Psychotherapie. Psychotherapeutenjournal, 3, 191–298.

Richter, C., Armbruster, A.-K. (Hrsg.) (2021). An den Grenzen des Messbaren: Die Kraft von Religion und Spiritualität in Lebenskrisen. Kohlhammer.

Ringnes, H. K., Demmrich, S., Hegstad, H., Stålsett, G., Danbolt, L. J. (2019). End time and emotions: Emotion regulation functions of eschatological expectations among Jehovah's Witnesses in Norway. Journal of Empirical Theology, 32(1), 105–137. https://doi.org/10.1163/15709256-12341385

Ritter, W. H. (2010). Religiöse Erziehung als schwarze Pädagogik: Beobachtungen und Überlegungen zum destruktiven Potenzial religiöser Erziehung. In M. Leuzinger-Bohleber, P.-G. Klumbies (Hrsg.), Religion und Fanatismus. Psychoanalytische und theologische Zugänge (S. 308–324). Vandenhoeck & Ruprecht.

Rizzuto, A.-M. (1979). The birth of the living God: A psychoanalytic study. University of Chicago Press.

Rogers, M. B., Loewenthal, K. M., Lewis, C. A., Amlôt, R., Cinnirella, M., Ansari, H. (2007). The role of religious fundamentalism in terrorist violence: A social psychological analysis. International Review of Psychiatry, 19(3), 253–262. https://doi.org/10.1080/09540260701349399

Röhl, U. M. S. (2015). Macht Religion krank? Die Frage nach den »ekklesiogenen Neurosen«. Tectum.

Rosenberg, M. (1965). Society and the adolescent self-image. Princeton University Press.

Roser, T., Frick, E. (2014). Im Gespräch mit Kenneth I. Pargament. Spiritual Care, 3(3), 264–270. https://doi.org/10.1515/spircare-2014-0057

Rößler-Namini, S. (2009). Selbst gewählte Mitgliedschaft in neuen religiösen Bewegungen – eine Frage der Passung? Empirische Befunde und kritische Überlegungen. Tectum-Verlag.

Rothschild, Z. K., Abdollahi, A., Pyszczynski, T. (2009). Does peace have a prayer? The effect of mortality salience, compassionate values, and religious fundamentalism on hostility toward out-groups. Journal of Experimental Social Psychology, 45(4), 816–827. https://doi.org/10.1016/j.jesp.2009.05.016

Rowatt, W. C., Carpenter, T., Haggard, M. (2014). eligion, prejudice and intergroup relations. In V. Saroglou (Hrsg.), Religion, personality and social behavior (S. 170–192). Psycology Press.

Różycka-Tran, J. (2017). Love thy neighbor? The effects of religious in/out-group identity on social behavior. Personality and Individual Differences, 115, 7–12. https://doi.org/10.1016/j.paid.2016.11.009

Rudolf, G. (2015). Wie Menschen sind: Eine Anthropologie aus psychotherapeutischer Sicht. Schattauer.

Sabato, H., Kogut, T. (2018). The association between religiousness and children's altruism: The role of the recipient's neediness. Developmental Psychology, 54(7), 1363–1371. https://doi.org/10.1037/dev0000526

Salsman, J. M., Carlson, C. R. (2005). Religious orientation, mature faith, and psychological distress: Elements of positive and negative associations. Journal for the Scientific Study of Religion, 44(2), 201–209. https://doi.org/10.1111/j.1468-5906.2005.00276.x

Salsman, J. M., Pustejovsky, J. E., Jim, H. S. L., Munoz, A. R., Merluzzi, T. V., George, L., Park, C. L., Danhauer, S. C., Sherman, A. C., Snyder, M. A., Fitchett, G. (2015). A meta-analytic approach to examining the correlation between religion/spirituality and mental health in cancer: Religion/spirituality and mental health. Cancer, 121(21), 3769–3778. https://doi.org/10.1002/cncr.29350

Salzman, L. (2016). The psychology of religious and ideological conversion. Psychiatry, 16(2), 177–187. https://doi.org/10.1080/00332747.1953.11022922

Sandage, S. J., Brown, J. K. (2018). Relational integration of psychology and Christian theology: Theory, research, and practice. Routledge.

Sandage, S. J., Strawn, B. D. (Hrsg.) (2022). Spiritual diversity in psychotherapy: Engaging the sacred in clinical practice. American Psychological Association.

Saroglou, V. (2002). Religion and the five factors of personality: A meta-analytic review. Personality and Individual Differences, 32(1), 15–25. https://doi.org/10.1016/S0191-8869(00)00233-6

Saroglou, V. (2012). Adolescents' social development and the role of religion: Coherence at the detriment of openness. In G. Trommsdorff, X. Chen (Hrsg.), Values, religion, and culture in adolescent development. (S. 391–423). Cambridge University Press.

Saroglou, V. (2013). Religion, spirituality, and altruism. In K. I. Pargament, J. J. Exline, J. W. Jones (Hrsg.), APA handbook of psychology, religion, and spirituality (Vol 1): Context, theory, and research. (S. 439–457). American Psychological Association.

Saroglou, V. (Hrsg.) (2014). Religion, personality, and social behavior. Psychology Press.

Saroglou, V. (2016). Intergroup conflict, religious fundamentalism, and culture. Journal of Cross-Cultural Psychology, 47(1), 33–41. https://doi.org/10.1177/0022022115621174

Saroglou, V. (2017). Religion, personality and social behavior. Psychology Press.

Saroglou, V. (2021). The psychology of religion. Routledge.

Saroglou, V., Pichon, I., Trompette, L., Verschueren, M., Dernelle, R. (2005). Prosocial behavior and religion: New evidence based on perspective measures and peer ratings. Journal for the Scientific Study of Religion, 44(3), 323–348. https://doi.org/10.1111/j.1468-5906.2005.00289.x

Saunders, C. M. (2006). Selected writings 1958–2004. Oxford University Press.

Sautermeister, J., Odenthal, A. (Hrsg.) (2021). Ohnmacht, Macht, Missbrauch: Theologische Analysen eines systemischen Problems. Herder.

Sautermeister, J., Skuban, T., Lenz, V. (Hrsg.) (2018). Handbuch psychiatrisches Grundwissen für die Seelsorge. Herder.

Scagnetti-Feurer, T. (2011). Gesund oder krank? Eine vergleichende Untersuchung religiöser Visionen an PsychiatriepatientInnen und Gesunden. German Journal for Young Researchers, 2011(3), 59–79.

Scazzero, P. (2013). Glaubensriesen – Seelenzwerge? Geistliches Wachstum und emotionale Reife. Brunnen Verlag.

Schaap-Jonker, H., Eurelings-Bontekoe, E., Verhagen, P. J., Zock, H. (2002). Image of God and personality pathology: An exploratory study among psychiatric patients. Mental Health, Religion & Culture, 5(1), 55–71. https://doi.org/10.1080/13674670110112712

Schaap-Jonker, H., van der Velde, N., Eurelings-Bontekoe, E. H. M., Corveleyn, J. M. T. (2017). Types of God representations and mental health: A person-oriented approach. The International Journal for the Psychology of Religion, 27(4), 199–214. https://doi.org/10.1080/10508619.2017.1382119

Schieman, S., Bierman, A., Upenieks, L., Ellison, C. G. (2017). Love thy self? How belief in a supportive God shapes self-esteem. Review of Religious Research, 59(3), 293–318. https://doi.org/10.1007/s13644-017-0292-7

Schimel, J., Wohl, M. J. A., Williams, T. (2006). Terror Management and trait empathy: Evidence that mortality salience promotes reactions of forgiveness among people with high (vs. low) trait empathy. Motivation and Emotion, 30(3), 214–224. https://doi.org/10.1007/s11031-006-9040-y

Schjoedt, U., Stødkilde-Jørgensen, H., Geertz, A. W., Lund, T. E., Roepstorff, A. (2011). The power of charisma – Perceived charisma inhibits the frontal executive network of believers in intercessory prayer. Social Cognitive and Affective Neuroscience, 6(1), 119–127. https://doi.org/10.1093/scan/nsq023

Schlegel, M. (2020). Spiritualität – Eine evolutionäre und psychotherapiewissenschaftliche Perspektive: Spirituality – An evolutionary and scientific psychotherapy perspective. Spiritual Care, 9(1), 13–24. https://doi.org/10.1515/spircare-2019-0050

Schleu, A., Tschan, W. (2021). Umgang mit Grenzverletzungen: Professionelle Standards und ethische Fragen in der Psychotherapie. Springer.

Schmidt, K. (2000). Zuerst kam der Tempel, dann die Stadt: Vorläufiger Bericht zu den Grabungen am Göbekli Tepe und am Gürcütepe 1995–1999. Istanbuler Mitteilungen, 50, 5–41.

Schmidt, K. (2010). Göbekli Tepe – the Stone Age sanctuaries. New results of ongoing excavations with a special focus on sculptures and high reliefs. Documenta Praehistorica, 37, 239–256. https://doi.org/10.4312/dp.37.21

Schmied-Knittel, I. (2015). Nahtod-Erfahrungen. In G. Mayer (Hrsg.), An den Grenzen der Erkenntnis: Handbuch der wissenschaftlichen Anomalistik (S. 164–176). Schattauer.

Schneider, K. J., Krug, O. T., Pott, A., Schneider, K. J. (2012). Humanistisch-existentielle Therapie. Reinhardt.

Schnell, T. (2008). Deutsche in der Sinnkrise? Ein Einblick in die Sinnforschung mit Daten einer repräsentativen Stichprobe. Journal für Psychologie, 16(3), 1–22.

Schnell, T. (2009). Implizite Religiosität: Zur Psychologie des Lebenssinns. Pabst Publishers.

Schnell, T. (2020). The psychology of meaning in life. Routledge.

Schnell, T. (2020). Psychologie des Lebenssinns. Springer.

Schnell, T., Becker, P. (2007). LeBe: Manual des Fragebogens zu Lebensbedeutungen und Lebenssinn. Hogrefe.

Schnell, T., Keenan, W. J. (2011). Meaning-making in an atheist world. Archiv für Religionspsychologie, 33(1), 55–78. https://doi.org/10.1163/157361211X564611

Schnell, T., Pali, S. (2013). Pilgrimage today: The meaning-making potential of ritual. Mental Health, Religion & Culture, 16(9), 887–902. https://doi.org/10.1080/13674676.2013.766449

Schnetzer, S., Hurrelmann, K. (2022). Trendstudie: Jugend in Deutschland. Winter 2022/23. Die Wohlstandsjahre sind vorbei: Psyche, Finanzen, Verzicht. Simon Schnetzer.

Schowalter, M., Murken, S. (2003). Religion und Gesundheit: Empirische Zusammenhänge komplexer Konstrukte. In C. Henning, S. Murken, E. Nestler, Einführung in die Religionspsychologie (S. 138–162). utb.

Schumaker, J. F. (1995). The corruption of reality: A unified theory of religion, hypnosis, and psychopathology. Prometheus Books.

Sedikides, C., Gebauer, J. E. (2010). Religiosity as self-enhancement: A meta-analysis of the relation between socially desirable responding and religiosity. Personality and Social Psychology Review, 14(1), 17–36. https://doi.org/10.1177/1088868309351002

Sedikides, C., Gebauer, J. E. (2014). Religion and the self. In V. Saroglou (Hrsg.), Religion, Personality, and Social Behavior (S. 46–70). Psychology Press.

Sedikides, C., Gebauer, J. E. (2021). Do religious people self-enhance? Current Opinion in Psychology, 40, 29–33. https://doi.org/10.1016/j.copsyc.2020.08.002

Sedikides, C., Gregg, A. P. (2008). Self-enhancement: Food for thought. Perspectives on Psychological Science, 3(2), 102–116. https://doi.org/10.1111/j.1745-6916.2008.00068.x

Sedlmeier, P. (2016). Die Kraft der Meditation: Was die Wissenschaft darüber weiß. Rowohlt.

Seitz, R. (2023). Glaubensvorgänge und Glaubensinhalte. Neurowissenschaftliche Perspektiven für alte Fragen. Nervenheilkunde, 42, 294–304. http://doi.org/10.1055/a-2000-7087

Seitz, R., Angel, H.-F., Paloutzian, R. F., Taves, A. (2023). Editorial. Credition – An interdisciplinary approach to the nature of beliefs and believing. Frontiers in Behavioral Neuroscience, 17. https://doi.org/10.3389/fnbeh.2023.1217648

Seligman, M. E. P., Brockert, S., Seligman, M. E. P. (2005). Der Glücks-Faktor: Warum Optimisten länger leben. Bastei Lübbe.

Senderecka, M., Kossowska, M., Sekerdej, M., Szewczyk, J. (2019). Religious fundamentalism is associated with hyperactive performance monitoring: ERP evidence from correct and erroneous responses. Biological Psychology, 140, 96–107. https://doi.org/10.1016/j.biopsycho.2018.12.007

Senf, W., Broda, M., Altmeyer, S. (Hrsg.) (2020). Praxis der Psychotherapie: Ein integratives Lehrbuch. Thieme.

Shah, S., Crossley, J., Lockhart, A. (2021). Neturei Karta. In J. Crossley, A. Lockhart (Hrsg.), Critical dictionary of apocalyptic and millenarian movements. www.cdamm.org/articles/neturei-karta

Shariff, A. F., Norenzayan, A. (2007). God is watching you: Priming God concepts increases prosocial behavior in an anonymous economic game. Psychological Science, 18(9), 803–809. https://doi.org/10.1111/j.1467-9280.2007.01983.x

Shariff, A. F., Norenzayan, A. (2011). The birth of high gods: How the cultural evolution of supernatural policing agents infl uenced the emergence of complex, cooperative human societies, paving the way for civilization. In M. Schaller, A. Norenzayan, S. J. Heine, T. Yamagishi, T. Kameda (Hrsg.), Evolution, culture, and the human mind (S. 119–136). Psychology Press.

Sheldrake, R. (2018). Die Wiederentdeckung der Spiritualität: 7 Praktiken im Fokus der Wissenschaft. O. W. Barth.

Siegers, P. (2013). Reincarnation revisited: Question format and the distribution of belief in reincarnation in survey research. https://doi.org/10.13094/SMIF-2013-00007

Siev, J., Baer, L., Minichiello, W. E. (2011). Obsessive-compulsive disorder with predominantly scrupulous symptoms: Clinical and religious characteristics. Journal of Clinical Psychology, 67(12), 1188–1196. https://doi.org/10.1002/jclp.20843

Silke, A. (1998). Cheshire-cat logic: The recurring theme of terrorist abnormality in psychological research. Psychology, Crime & Law, 4(1), 51–69. https://doi.org/10.1080/10683169808401747

Silton, N. R., Flannelly, K. J., Galek, K., Ellison, C. G. (2014). Beliefs about God and mental health among American adults. Journal of Religion and Health, 53(5), 1285–1296. https://doi.org/10.1007/s10943-013-9712-3

Sinnott, J. D. (2003). Postformal thought and adult development: Living in balance. In J. Demick, C. Andreoletti (Hrsg.), Handbook of adult development (S. 221–238). Kluwer.

Skinner, B. F. (1948). »Superstition« in the pigeon. Journal of Experimental Psychology, 38(2), 168–172. https://doi.org/10.1037/h0055873

Skrzypińska, K. (2023). I believe, so I am: Reflections on the psychology of spirituality. Brill.

Slone, D. J. (2008). The attraction of religion: A new evolutionary psychology of religion. Bloomsbury Academic.

Sloterdijk, P. (Hrsg.) (2007). Mystische Weltliteratur. Gesammelt von Martin Buber. Köln: Diederichs.

Sloterdijk, P. (2010). Du mußt dein Leben ändern: Über Anthropotechnik. Suhrkamp.

Smith, T. B., McCullough, M. E., & Poll, J. (2003). Religiousness and depression: Evidence for a main effect and the moderating influence of stressful life events. Psychological Bulletin, 129(4), 614–636. https://doi.org/10.1037/0033-2909.129.4.614

Smythies, J. R. (1953). The mescaline phenomena. The British Journal for the Philosophy of Science, 3(1), 339–347. https://doi.org/10.1093/bjps/III.12.339

Snow, K. N., Mcminn, M. R., Bufford, R. K., Brendlinger, I. A. (2011). Resolving anger toward God: Lament as an avenue toward attachment. Journal of Psychology and Theology, 39(2), 130–142. https://doi.org/10.1177/009164711103900204

Society for the Psychology of Religion and Spirituality. (o. D.). Society for the Psychology of Religion and Spirituality – Division 36. https://www.apadivisions.org/division-36

Solomon, S., Greenberg, J., Pyszczynski, T. A. (2016). Der Wurm in unserem Herzen: Wie das Wissen um die Sterblichkeit unser Leben beeinflusst. DVA.

Sorenson, A. M., Grindstaff, C. F., Turner, R. J. (1995). Religious involvement among unmarried adolescent mothers: A source of emotional support? Sociology of Religion, 56(1), 71–81. https://doi.org/10.2307/3712040

Sosis, R., Alcorta, C. (2003). Signaling, solidarity, and the sacred: The evolution of religious behavior. Evolutionary Anthropology: Issues, News, and Reviews, 12(6), 264–274. https://doi.org/10.1002/evan.10120

Sottru, L. (2013). Advaita-/Satsang-Bewegung. In M. Klöcker, U. Tworuschka (Hrsg.), Handbuch der Religionen: Kirchen und andere Glaubensgemeinschaften in Deutschland und im deutschsprachigen Raum (S. 1–15). Westarp Science Fachverlag.

Speca, M., Carlson, L. E., Goodey, E., Angen, M. (2000). A randomized, wait-list controlled clinical trial: The effect of a mindfulness meditation-based stress reduction program on mood and symptoms of stress in cancer outpatients. Psychosomatic Medicine, 62(5), 613–622. https://doi.org/10.1097/00006842-200009000-00004

Special Issue »Research with the Centrality of Religiosity Scale (CRS)« (2020). https://www.mdpi.com/journal/religions/special_issues/CRS.

Spilka, B. (2012). Psychology of religion, history of. In R. W. Rieber (Hrsg.), Encyclopedia of the history of psychological theories (S. 923–934). Springer.

Spilka, B., Ladd, K. L. (2012). The psychology of prayer: A scientific approach. Guilford Press.

Spilka, B., Shaver, P., Kirkpatrick, L. A. (1985). A general attribution theory for the psychology of religion. Journal for the Scientific Study of Religion, 24(1), 1–20. https://doi.org/10.2307/1386272

Spitzenstätter, D., Schnell, T. (2020). Effects of mortality awareness on attitudes toward dying and death and meaning in life – A randomized controlled trial. Death Studies, 46(5), 1219–1233. https://doi.org/10.1080/07481187.2020.1808737

Spitzer, M. (2022). Naturwissenschaft und Glaube. Nervenheilkunde, 41(3), 183–191. https://doi.org/10.1055/a-1690-0554

Spranger, E. (1974). Zur Psychologie des Glaubens. In H.W. Bähr (Hrsg.), Gesammelte Schriften (S. 251–270). De Gruyter. (Original 1942)

Stace, W. T. (1960). Mysticism and philosophy. Macmillan.

Stack, S. (1992). Religiosity, depression, and suicide. In J. F. Schumaker (Hrsg.), Religion and Mental Health (S. 87–97). Oxford University Press.

Staemmler, F.-M. (2015). Das dialogische Selbst: Postmodernes Menschenbild und psychotherapeutische Praxis. Schattauer.

Stählin, W. (1911). Religionspsychologie. Noris, Bayerisches Jahrbuch für protestantische Kultur, 11, 46–49.

Stålsett, G., Engedal, L. G., Austad, A. (2010). The persecuting God and the crucified self: The case of Olav and the transformation of his pathological self-image. Pragmatic Case Studies in Psychotherapy, 6(2), 49–100. https://doi.org/10.14713/pcsp.v6i2.1024

Stark, R., Glock, C. Y. (1965). American Piety: Patterns of religious commitment. University of California Press.

Stavemann, H. H., Hülsner, Y. (2019). Integrative KVT bei existenziellen Problemen: Umgang mit der eigenen Endlichkeit und Todesangst. Beltz.

Steger, M. F. (2010). The Meaning in Life Questionnaire. http://www.michaelfsteger.com/?page_id=13

Stein, A. (1994). Vermittlung religiöser Inhalte und religiös begründete Ängste: Eine empirische Untersuchung im Bereich katholischer religiöser Erziehung. Verlag Die Blaue Eule.

Steinmetz, K.-H., Webersberger, R. (2019). Traditionelle Europäische Medizin: Altes Heilwissen zeitgemäß anwenden. Kneipp Verlag.

Stemmer, B. (2022). Religion und Religiosität aus neurowissenschaftlicher Sicht. In H. Bachmaier, B. Seeberger (Hrsg.), Religiosität im Alter (S. 243–267). Wallstein Verlag.

Stephan, V., Utsch, M. (2017). Der Einfluss von Religiosität auf die Bereitschaft, Psychotherapie in Anspruch zu nehmen. Spiritual Care 6(1), 57–68. https://doi.org/10.1515/spircare-2016-0204

Stephenson, M. T., Morgan, S. E., Roberts-Perez, S. D., Harrison, T., Afifi, W., Long, S. D. (2008). The role of religiosity, religious norms, subjective norms, and bodily integrity in signing an organ donor card. Health Communication, 23(5), 436–447. https://doi.org/10.1080/10410230802342119

Stöckigt, B., Jeserich, F., Walach, H., Elies, M., Brinkhaus, B., Teut, M. (2021). Experiences and and perceived effects of rosary praying: A qualitative study. Journal of Religion and Health, 60(6), 3886–3906. https://doi.org/10.1007/s10943-021-01299-2

Storch, M., Jäger, E. M., Klöckner, S. (2021). Spirituelles Embodiment: Stimme und Körper als Schlüssel zu unserem wahren Selbst. Arkana.

Straub, J. (2016). Religiöser Glaube und säkulare Lebensformen im Dialog: Personale Identität und Kontingenz in pluralistischen Gesellschaften. Psychosozial-Verlag.

Strawbridge, W. J., Shema, S. J., Cohen, R. D., Kaplan, G. A. (2001). Religious attendance increases survival by improving and maintaining good health behaviors, mental health, and social relationships. Annals of Behavioral Medicine, 23(1), 68–74. https://doi.org/10.1207/S15324796ABM2301_10

Strawn, B. D., Bland, E. D., Flores, P. S. (2018). Learning Clinical Integration: A Case Study Approach. Journal of Psychology and Theology, 46(2), 85–97. https://doi.org/10.1177/0091647118767976

Streib, H. (2001). Faith development theory revisited: The religious styles perspective. The International Journal for the Psychology of Religion, 11(3), 143–158. https://doi.org/10.1207/S15327582IJPR1103_02

Streib, H., Chen, Z. J., Hood, R. W., Jr. (2023). Faith development as change in religious types: Results from three-wave longitudinal data with faith development interviews. Psychology of Religion and Spirituality, 15(2), 298–307. https://doi.org/10.1037/rel0000440

Streib, H., Gennerich, C. (2011). Jugend und Religion: Bestandsaufnahmen, Analysen und Fallstudien zur Religiosität Jugendlicher. Juventa.

Streib, H., Hood, R. W. (Hrsg.) (2016). Semantics and psychology of spirituality: A cross-cultural analysis. Springer.

Streib, H., Hood, R. W., Keller, B., Csöff, R.-M., Silver, C. F. (2009). Deconversion: quantitative results from cross-cultural research in Germany and the United States of America. Vandenhoeck & Ruprecht.

Streib, H., Keller, B., Bullik, R., Steppacher, A., Silver, C. F., Durham, M., Barker, S., Hood, R. W. (Hrsg.) (2022). Deconversion revisited: Biographical studies and psycho-metric analyses ten years later. Vandenhoeck & Ruprecht.

Streib, H., Klein, C., Hood, R. W. (2021). The Mysticism Scale as a measure for subjective spirituality: New results with Hood's M-Scale and the development of a short form. In A. L. Ai, P. Wink, R. F. Paloutzian, K. A. Harris (Hrsg.), Assessing spirituality in a diverse world (S. 467–491). Springer.

Stuckrad, K. von (2004). Was ist Esoterik? Kleine Geschichte des geheimen Wissens. Beck.

Stulp, H. P., Koelen, J., Glas, G. G., de Heus, P., Eurelings-Bontekoe, L. (2021). Changes in implicit God representations after psychotherapy for patients diagnosed with a personality disorder: Associations with changes in explicit God representations, distress and object-relational functioning. Journal of Spirituality in Mental Health, 132–159. https://doi.org/10.1080/19349637.2020.1858733

Tajfel, H. (Hrsg.) (1978). Differentiation between social groups: Studies in the social psychology of intergroup relations. Academic Press.

Tamminen, K. (1993). Religiöse Entwicklung in Kindheit und Jugend. P. Lang.

Tangney, J. P. (1994). The mixed legacy of the superego: Adaptive and maladaptive aspects of shame and guilt. In J. M. Masling, R. F. Bornstein (Hrsg.), Empirical perspectives on object relations theory (S. 1–28). American Psychological Association.

Tarhan, N. (2015). Rumi Therapy. TİMAŞ.

Tateyama, M., Asai, M., Hashimoto, M., Bartels, M., Kasper, S. (1998). Transcultural study of schizophrenic delusions. Psychopathology, 31(2), 59–68. https://doi.org/10.1159/000029025

Taves, A. (2020a). Psychology of religion approaches to the study of religious experience. In P. K. Moser, C. Meister (Hrsg.), The Cambridge Companion to religious experience (S. 25–54). Cambridge University Press.

Taves, A. (2020b). Mystical and other alteration in sense of self: An expanded framework for studying nonordinary experience. Perspectives on Psychological Science, 15(3), 669–690. https://doi.org/10.1177/1745691619895047

Taylor, B. (2020). Dunkelgrüne Religion: Naturspiritualität und die Zukunft des Planeten. Brill.

Teehan, J., De Cruz, H., De Smedt, J. (2021). Evolutionary psychology and the study of religion. In T. K. Shackelford (Hrsg.), The SAGE handbook of evolutionary psychology. (S. 421–442). SAGE.

Teut, M., Dinges, M., Jütte, R. (Hrsg.) (2019). Religiöse Heiler im medizinischen Pluralismus in Deutschland. Franz Steiner.

Thomas, K. (1973). Seelsorge und Psychotherapie. 1: Meditation in Forschung und Erfahrung, in weltweiter Beobachtung und praktischer Anleitung. Steinkopf.

Thomas, M. J., Moriarty, G. L., Davis, E. B., Anderson, E. L. (2011). The effects of manualized group psychotherapy intervention on client God images and attachment to God: A pilot study. Journal of Psychology and Theology, 39(1), 44–58. https://doi.org/10.1177/009164711103900104

Thurstone, L. L., Chave, E. J. (1929). The measurement of attitude: A psychophysical method and some experiments with a scale for measuring attitude toward the Church. University of Chicago Press.

Timmerevers, H., Arnold, T. (Hrsg.) (2020). Gefährliche Seelenführer? Geistiger und geistlicher Missbrauch. Herder.

Tisdale, T. C., Key, T. L., Edwards, K. J., Brokaw, B. F., Kemperman, S. R., Cloud, H., Townsend, J., Okamoto, T. (1997). Impact of treatment on God image and personal adjustment, and correlations of God image to personal adjustment and object relations development. Journal of Psychology and Theology, 25(2), 227–239. https://doi.org/10.1177/009164719702500207

Tournier, P. (1947). Technik und Glaube. Furche-Verlag.

Treichler, M., Reiner, J. (2019). Anthroposophie-basierte Psychotherapie: Grundlagen – Methoden – Indikationen – Praxis. Salumed-Verlag.

Tromp, P., Pless, A., Houtman, D. (2020). ›Believing Without Belonging‹ in twenty European countries (1981–2008): De-institutionalization of Christianity or spiritualization of religion? Review of Religious Research, 62(4), 509–531. https://doi.org/10.1007/s13644-020-00432-z

Turner, J. C. (2010). Social categorization and the self-concept: A social cognitive theory of group behavior. In T. Postmes, N. R. Branscombe (Hrsg.), Rediscovering social identity (S. 243–272). Psychology Press.

Ugur, Z. B. (2018). Does Ramadan affect happiness? Evidence from Turkey. Archiv für Religionspsychologie, 40(2–3), 163–175. https://doi.org/10.1163/15736121-12341358

Unterrainer, H.-F., Ruttinger, J., Lewis, A. J., Anglim, J., Fink, A., Kapfhammer, H.-P. (2016). Vulnerable dark triad personality facets are associated with religious fundamentalist tendencies. Psychopathology, 49(1), 47–52. https://doi.org/10.1159/000443901

Utsch, M. (2012). Wenn Religiosität krank macht: Fakten und Folgen. In M. Utsch (Hrsg.), Pathologische Religiosität: Genese, Beispiele, Behandlungsansätze (S. 11–36). Kohlhammer.

Utsch, M. (2014a). Bewusstseinskontrolle. Materialdienst der EZW, 77(1), 29–33.

Utsch, M. (2014b). Psychologie der Spiritualität? Grenzen, Anwendungen und eine herausfordernde Gratwanderung. Geist und Leben, 87, 261–274.

Utsch, M. (2015). Professionelle Qualitätsstandards für Geistliche Begleitung. Wege zum Menschen, 67(4), 386–391. https://doi.org/10.13109/weme.2015.67.4.386

Utsch, M. (2018). Die Wellness-Bewegung als Gesundheitskult. In E. Brähler, H.-W. Hoefert, C. Klotter, Wandel der Gesundheits- und Krankheitsvorstellungen (S. 138–145). Pabst Science Publishers.

Utsch, M. (2020). Dialog oder Integration? Herausforderungen im Gespräch zwischen Psychotherapie und Seelsorge. In M. Utsch (Hrsg.), Religiöse Psychotherapie? Seelsorge und Psychotherapie im Gespräch (S. 51–69). EZW.

Utsch, M. (2022). Spirituelle Lebenshilfe boomt -wo bleibt die Seelsorge? Spiritual Care, 11(2), 167–169. https://doi.org/10.1515/spircare-2022-0011

Utsch, M., Anderssen-Reuster, U., Frick, E., Gross, W., Murken, S., Schouler-Ocak, M., Stotz-Ingenlath, G. (2017). Empfehlungen zum Umgang mit Religiosität und Spiritualität in Psychiatrie und Psychotherapie: Positionspapier der DGPPN. Spiritual Care, 6(1), 141–146. https://doi.org/10.1515/spircare-2016-0220

Utsch, M., Bonelli, R. M., Pfeifer, S. (2018). Psychotherapie und Spiritualität: Mit existenziellen Konflikten und Transzendenzfragen professionell umgehen. Springer.

Utsch, M., Klein, C. (2011). Religion, Religiosität, Spiritualität. Bestimmungsversuche für komplexe Begriffe. In C. Klein, H. Berth, F. Balck (Hrsg.), Gesundheit – Religion – Spiritualität: Konzepte, Befunde und Erklärungsansätze (S. 25–46). Juventa Verlag.

Vaas, R., Blume, M. (2009). Gott, Gene und Gehirn: Warum Glaube nützt. Die Evolution der Religiosität. Hirzel.

Vail, K. E., Juhl, J., Arndt, J., Vess, M., Routledge, C., Rutjens, B. T. (2012). When death is good for life: Considering the positive trajectories of Terror Management. Personality and Social Psychology Review, 16(4), 303–329. https://doi.org/10.1177/1088868312440046

Vail, K. E., Rothschild, Z. K., Weise, D. R., Solomon, S., Pyszczynski, T., Greenberg, J. (2010). A Terror Management analysis of the psychological functions of religion. Personality and Social Psychology Review, 14(1), 84–94. https://doi.org/10.1177/1088868309351165

Vaitl, D. (2012). Veränderte Bewusstseinszustände: Grundlagen – Techniken – Phänomenologie. Schattauer.

Vaitl, D., Birbaumer, N., Gruzelier, J., Jamieson, G. A., Kotchoubey, B., Kübler, A., Lehmann, D., Miltner, W. H. R., Ott, U., Pütz, P., Sammer, G., Strauch, I., Strehl, U., Wackermann, J., Weiss, T. (2005). Psychobiology of altered states of consciousness. Psychological Bulletin, 131(1), 98–127. https://doi.org/10.1037/0033-2909.131.1.98

van Belzen, J. A. (Hrsg.) (2013). Musik und Religion: Psychologische Zugänge. Springer.

van Belzen, J. A. (2015). Religionspsychologie: Eine historische Analyse im Spiegel der Internationalen Gesellschaft. Springer.

van Elk, M., Aleman, A. (2017). Brain mechanisms in religion and spirituality: An integrative predictive processing framework. Neuroscience & Biobehavioral Reviews, 73, 359–378. https://doi.org/10.1016/j.neubiorev.2016.12.031

Ventis, W. L. (1995). The relationships between religion and mental health. Journal of Social Issues, 51(2), 33–48. https://doi.org/10.1111/j.1540-4560.1995.tb01322.x

Vergote, A. (1970). Religionspsychologie. Walter.

Vieten, C., Wahbeh, H., Cahn, B. R., MacLean, K., Estrada, M., Mills, P., … & Delorme, A. (2018). Future directions in meditation research: Recommendations for expanding the field of contemplative science. PloS one, 13(11), e0205740.

Vieten, C., Lukoff, D. (2022). Spiritual and religious competencies in psychology. American Psychologist, 77(1), 26–38. https://doi.org/10.1037/amp0000821

Vignal, J.-P., Maillard, L., McGonigal, A., Chauvel, P. (2006). The dreamy state: Hallucinations of autobiographic memory evoked by temporal lobe stimulations and seizures. Brain, 130(1), 88–99. https://doi.org/10.1093/brain/awl329

Vogel, R. T. (2013). Existenzielle Themen in der Psychotherapie. Kohlhammer.

Volkan, V. D. (2005). Die Psychologie des religiösen Fundamentalismus. Psychosozial, 99(1), 123–132.

Wagemann, G. (2006). Verständnis fördert Heilung: Der religiöse Hintergrund von Patienten aus unterschiedlichen Kulturen. Ein Leitfaden für Ärzte, Pflegekräfte, Berater und Betreuer. Verlag für Wissenschaft und Bildung.

Wagener, H. J., Kießling, K. (2010). Quantitativ-empirischer Zugang zu Geistlicher Begleitung: Forschungsergebnisse. In K. Kießling, H. J. Wagener (Hrsg.), Geistliche Begleitung: Beiträge aus Pastoralpsychologie und Spiritualität (S. 105–169). Vandenhoeck & Ruprecht.

Wagner, D. (2019). Spiritueller Missbrauch in der katholischen Kirche. Herder.

Walach, H. (2021). Brücken zwischen Psychotherapie und Spiritualität. Schattauer.

Watson, P. J., Hood, R. W., Morris, R. J., Hall, J. R. (1984). Empathy, religious orientation, and social desirability. The Journal of Psychology, 117(2), 211–216. https://doi.org/10.1080/00223980.1984.9923679

Weker, M. (2016). Searching for neurobiological foundations of faith and religion. Studia Humana, 5(4), 57–63. https://doi.org/10.1515/sh-2016-0024

White, H. R., McMorris, B. J., Catalano, R. F., Fleming, C. B., Haggerty, K. P., Abbott, R. D. (2006). Increases in alcohol and marijuana use during the transition out of high school into emerging adulthood: The effects of leaving home, going to college, and high school protective factors. Journal of Studies on Alcohol, 67(6), 810–822. https://doi.org/10.15288/jsa.2006.67.810

Whitley, B. E. (2009). Religiosity and attitudes toward lesbians and gay men: A meta-analysis. International Journal for the Psychology of Religion, 19(1), 21–38. https://doi.org/10.1080/10508610802471104

WHO (1998). WHOQOL and Spirituality, Religiousness and Personal Beliefs (SRPB). World Health Organization.

WHO – Regionalbüro für Europa. (2019). Faktenblatt – Psychische Gesundheit (2019). https://www.euro.who.int/__data/assets/pdf_file/0006/404853/MNH_FactSheet_DE.pdf

Wilber, K. (1988). Die drei Augen der Erkenntnis: Auf dem Weg zu einem neuen Weltbild. Kösel.

Williamson, W. P. (2018). The experience of Muslim prayer: A phenomenological investigation. Pastoral Psychology, 67, 547–562. https://doi.org/10.1007/s11089-018-0831-3

Williamson, W. P. (2020). Conjectures and controversy in the study of fundamentalism. Brill Research Perspectives in Religion and Psychology, 2, 1–94.

Williamson, W. P., Demmrich, S. (2023). An international review of empirical research on the psychology of fundamentalism. Brill.

Wilson, D. S. (2002). Darwin's cathedral: Evolution, religion, and the nature of society. University of Chicago Press.

Wiltermuth, S. S., Heath, C. (2009). Synchrony and cooperation. Psychological Science, 20(1), 1–5. https://doi.org/10.1111/j.1467-9280.2008.02253

Windholz, G. (1986). Pavlov's religious orientation. Journal for the Scientific Study of Religion, 25(3), 320–327. https://doi.org/10.2307/1386296

Wink, P., Scott, J. (2005). Does religiousness buffer against the fear of death and dying in late adulthood? Findings from a longitudinal study. The Journals of Gerontology Series B: Psychological Sciences and Social Sciences, 60(4), 207–214. https://doi.org/10.1093/geronb/60.4.P207

Wirtz, M. A. (Hrsg.) (2020). Dorsch – Lexikon der Psychologie. Hogrefe.

Wirtz, U. (2003). Die spirituelle Dimension der Traumatherapie. Transpersonale Psychologie und Psychotherapie, 9(1), 7–15.

Wirtz, U. (2017). Traumatische Erfahrungen und Bewusstseinstransformation. In L. Hofmann, P. Heise (Hrsg.), Spiritualität und spirituelle Krisen: Handbuch zu Theorie, Forschung und Praxis (S. 244–254). Schattauer.

Witt, A. H. D. (2013). Pathways to environmental responsibility: A qualitative exploration of the spiritual dimension of nature experie. Journal for the Study of Religion, Nature & Culture, 7(2), 154–186. https://doi.org/10.1558/jsrnc.v7i2.154.

Wittenbrink, B., Hilton, J. L., Gist, P. L. (1998). In search of similarity: Stereotypes as naive theories in social categorization. Social Cognition, 16(1), 31–55. https://doi.org/10.1521/soco.1998.16.1.31

Wolfradt, U., Müller- Plath, G. (2003). Quantitative Methoden in der Religionspsychologie. In C. Henning, S. Murken, E. Nestler (Hrsg.), Einführung in die Religionspsychologie (S. 164–183). utb.

Workman, L., Reader, W. (2014). Evolutionary psychology: An introduction. Cambridge university press.

Worthington, E. L., Hook, J. N., Davis, D. E., McDaniel, M. A. (2011). Religion and spirituality. Journal of Clinical Psychology, 67(2), 204–214. https://doi.org/10.1002/jclp.20760

Wrede, B. (2014). Machtmissbrauch im Coaching. Coaching-Magazin, 3, 46–48.

Wuchterl, K. (2019). Religious-philosophical contingency and empirical theology. Journal of Empirical Theology, 32(2), 169–187. https://doi.org/10.1163/15709256-12341390

Wulff, D. M. (1997). Psychology of religion: Classic and contemporary. John Wiley & Sons.

Wulff, D. M. (2019). Prototypes of faith: Findings with the Faith Q-Sort. Journal for the Scientific Study of Religion, 58(3), 643–665. https://doi.org/10.1111/jssr.12615

Wundt, W. (1909). Völkerpsychologie: Eine Untersuchung von Sprache, Mythus und Sitte. Band 2: Mythos und Religion. Wilhelm Engelmann.

Wundt, W. (1920). Erlebtes und Erkanntes. Europäischer Hochschulverlag.

Wuthnow, R. (1993). Acts of compassion: Caring for others and helping ourselves. Princeton University Press.

Xygalatas, D. (2022). Ritual: How seemingly senseless acts make life worth living. Profile Books.

Yendell, A., Huber, S. (2020). The relevance of the centrality and content of religiosity for explaining Islamophobia in Switzerland. Religions, 11(3), 129. https://doi.org/10.3390/rel11030129

Ysseldyk, R., Matheson, K., Anisman, H. (2010). Religiosity as identity: Toward an understanding of religion from a social identity perspective. Personality and Social Psychology Review, 14(1), 60–71. https://doi.org/10.1177/1088868309349693

Zahl, B. P., Gibson, N. J. S. (2012). God representations, attachment to God, and satisfaction with life: A comparison of doctrinal and experiential representations of God in Christian young adults. International Journal for the Psychology of Religion, 22(3), 216–230. https://doi.org/10.1080/10508619.2012.670027

Zander, H. (1999). Geschichte der Seelenwanderung in Europa: Alternative religiöse Traditionen von der Antike bis heute. Wissenschaftliche Buchgesellschaft.

Zarzycka, B., Puchalska-Wasyl, M., Łysiak, M. (2022). Deconversion processes and quality of life among Polish adolescents: The mediating role of social support. The International Journal for the Psychology of Religion, 32(3), 196–213. https://doi.org/10.1080/10508619.2021.1946266

Zhong, W., Cristofori, I., Bulbulia, J., Krueger, F., Grafman, J. (2017). Biological and cognitive underpinnings of religious fundamentalism. Neuropsychologia, 100, 18–25. https://doi.org/10.1016/j.neuropsychologia.2017.04.009

Zimmer, C. (2004). Faith-boosting genes. Scientific American, 291(4), 110–111.

Zinnbauer, B. J., Pargament, K. I., Scott, A. B. (1999). The emerging meanings of religiousness and spirituality: Problems and prospects. Journal of Personality, 67(6), 889–919. https://doi.org/10.1111/1467-6494.00077

Znoj, H., Morgenthaler, C., Zwingmann, C. (2004). Mehr als nur Bewältigen? Religiosität, Stressreaktionen und Coping bei elterlicher Depressivität nach dem Verlust eines Kindes. In C. Zwingmann, H. Moosbrugger (Hrsg.), Religiosität: Messverfahren und Studien zu Gesundheit und Lebensbewältigung. Neue Beiträge zur Religionspsychologie (S. 277–297). Waxmann.

Zwiebel, R., Weischede, G. (2015). Buddha und Freud – Präsenz und Einsicht. Über buddhistisches und psychoanalytisches Denken. Vandenhoeck & Ruprecht.

Zwingmann, C., Hodapp, B. (2018). Religiosität/Spiritualität und psychische Gesundheit: Zentrale Ergebnisse einer Metaanalyse über Studien aus dem deutschsprachigen Raum. Spiritual Care, 7(1), 69–80. https://doi.org/10.1515/spircare-2017-0019

Zwingmann, C., Klein, C. (2011). Messung von Religiosität/Spiritualität im Rahmen der Gesundheitsforschung: Ein Überblick über deutschsprachige Fragebogenskalen. In C. Klein, H. Berth, & F. Balck (Hrsg.), Gesundheit – Religion – Spiritualität: Konzepte, Befunde und Erklärungsansätze (S. 65–91). Juventa Verlag.

Zwingmann, C., Klein, C. (2013). Sind religiöse Menschen gesünder, und wenn ja, warum? Ergebnisse empirisch-sozialwissenschaftlicher Forschung. Spiritual Care, 2(2), 21–36. https://doi.org/10.1515/spircare-2013-0025

Zwingmann, C., Klein, C. (2020). Religion and health from the view of psychology of religion: Empirical results, possible pathways, cultural context. In B. Jakob, B. Weyel (Hrsg.), Spirituality, mental health, and social support (S. 38–55). De Gruyter.

Zwingmann, C., Klein, C., Jeserich, F. (Hrsg.) (2017a). Religiosität: Die dunkle Seite. Waxmann.

Zwingmann, C., Klein, C., Jeserich, F. (2017b). »Ekklesiogene Neurose«: Entwicklung des Konzepts, Befunde und Bewertung. In C. Zwingmann, C. Klein, F. Jeserich (Hrsg.), Religiosität: Die dunkle Seite (S. 43–64). Waxmann.

Zwingmann, C., Wirtz, M., Müller, C., Körber, J., Murken, S. (2006). Positive and negative religious coping in German breast cancer patients. Journal of Behavioral Medicine, 29(6), 533–547. https://doi.org/10.1007/s10865-006-9074-3

Der Schreibzeitplan
Viel Stoff – schnell gelernt
Studieren mit Köpfchen